※ 当代中国调查报告之四 ※

THE QUALITY OF LIFE
IN CONTEMPORARY CHINA

李培林 等／著

中国社会科学院创新工程学术出版资助项目

# 当代中国生活质量

社会科学文献出版社
SOCIAL SCIENCES ACADEMIC PRESS (CHINA)

# 目 录

# 导 论
# 走向更加重视生活质量的阶段

李培林

中国确定了到 2020 年全面建成小康社会的目标，"小康社会"是对中国传统的宽裕生活的表达，是一种"小桥流水人家"的乡村田园景象，现在用以象征在实现现代化过程中的一个阶段性里程碑。全面小康社会并不仅仅是以人均 GDP 表示的经济发展水平，它更是以综合社会指标表示的生活质量。中国经过 38 年的改革开放，经济快速发展，社会发生巨大变迁，人民生活水平稳步提高，也开始走向一个更加重视生活质量的阶段。

## 一 从经济起飞阶段到新成长阶段

2008 年，中国改革开放正好经历了 30 年，人均 GDP 在这一年首次超过 3000 美元。从各种发展的迹象来看，笔者觉得中国经济社会发展实质上已经开始进入一个新阶段，其经济社会发展的阶段性特征，在很大程度上已经完全不同于此前 30 年的基本特征，即经济起飞阶段的特征。也就是说从那时起，笔者就认为中国已经跨越了经济起飞阶段。

那么，在经济起飞之后中国进入了一个什么发展阶段呢？当然，按照中国制定的自身发展目标，也可以说是进入"全面建成小康社会阶段"，这是对 2000 年到 2020 年发展阶段的概括。但这种表述不太容易进行国际比较，换句话说，"全面建成小康社会阶段"与国际上达成共识的"经济起飞阶段"是什么关系呢？

"经济起飞阶段"的概念是美国著名经济学家罗斯托（W. W. Rostow）于 1960 年在《经济成长的阶段》一书中提出的，他把一个国家和社会的经济成长分为五个阶段，后来又增加到六个阶段：传统社会阶段、准备起飞阶段、起飞阶段、成熟阶段、大众消费阶段、超越大众消费阶段。但实际上，对于多数发展阶段，罗斯托只是描述，并没有太严格地界定。他比较深入研究和界定的就是经济起飞阶段。他认为，起飞是突破经济的传统状态，需要三个条件：一是较高的积累率，积累占到国民收入的 10% 以上；二是要有起飞的现代工业主导部门；三是实现制度变革，建立能保证现代部门扩张的政治、经济和社会制度。在西方国家中，英国在 18 世纪的最后 20 年实现了起飞，法国和美国在 1860 年以前的几十年实现了起飞，德国在 1850～1875 年实现了起飞，日本在 19 世纪最后 25 年实现了起飞。也就是说，这些国家都用 20～30 年的时间完成了经济起飞。也可以看出，罗斯托所说的经济起飞，大体相当于基本实现工业化。罗斯托给出了一些经济起飞的具体指标，他在这方面的理论后来也被称为"罗斯托起飞模型"（rostovian take-off mode）。但罗斯托所说的其他发展阶段，多数都被忘记了，"大众消费阶段"虽然经常被媒体提及，但始终未成为一种理论。

笔者在改革开放以后，比较早地用"社会转型"来概括中国长时期的发展过程，即中国从农业的、乡村的、封闭半封闭的社会向工业的、城镇的、开放的社会转型，也就是一个国家和社会一般所经历的工业化、城镇化的现代化过程。这是一种常识性的理论概括，但在当时大家的注意力都集中在从计划经济向市场经济转轨的时候，这种概括提供了一种更长时期、更多维度的观察发展的视角。其假设是，即便经济体制改革完成，社会巨变也不会停滞，社会结构转型会成为一种不同于经济体制改革的更根本、更长远的社会变动动力。这种前传统－现代的长时期概括也有缺陷，就是没有细致的阶段性划分，难以形成具有操作性的定义，无法直接用于对每一个发展阶段的具体分析。所以，为了具体分析中国发展出现的阶段性变化，需要在起飞阶段之后，有一种新的阶段概括，笔者最后选择了"新成长阶段"这个概念。

2009 年年底，笔者在撰写《2010 年中国社会形势分析与预测》总报告时，用了"中国进入发展的新成长阶段"的标题。当时概括出"新成长阶段"在六个方面的基本特征：工业化、城市化进入中期加速的新成长阶段，社会结构变迁进入破除城乡二元结构的新成长阶段，人民生活进入大众消费的新成长阶段，高等教育进入大众教育的新成长阶段，社会保障进入构建覆盖全民体系的新成长阶段，改革从主要是经济改革过渡到全面改革的新成长阶段。

此后，笔者一直在试图对"新成长阶段"做出更有说服力的概括，表明这是一个完全不同于过去的新阶段。2014 年年底，笔者以"'新常态'背景下的新成长阶段"为题，为《2015 年中国社会形势分析与预测》一书写了篇代序，概括出如下一些重大的阶段转折特征。

第一，城镇化发展的阶段转折。国际上城镇化的发展阶段，通常被分为人口向城市集中、郊区化、逆城镇化、再城镇化等几个阶段。我国城镇化水平从 2011 年开始超过 50%，2015 年达到近 56.1%。我国城镇化是一种加速型、跨越式的发展，一方面人口向城镇的集中还没有结束；另一方面城镇郊区化和逆城镇化的趋势已经出现。这预示着一种新的阶段的到来，虽然这些迹象还只是以农家休闲、乡村养老、城市人经营乡村第三产业等形式表现出来，但这是一种未来大潮的征兆。城镇郊区化、逆城镇化并非城镇化的倒退，而是城镇化发展的新阶段，是城乡一体化的提升，孕育着巨大的新的发展空间。虽然中国这样的人口大国，恐怕很难单靠人口向大城市的集中解决城镇化问题，但估计我国城镇化要到 2035 年前后达到 75% 才会稳定下来。在这方面我国还有很大的发展空间和结构变动弹性，应当因势利导，积极推进新型城镇化。这种新态势也对流动人口的管理提出新要求，在城乡户籍分割的情况下，既要做好数以亿计的进城农民工融入城市的管理工作，也要做好城市人走入乡村休闲和经营的管理工作。

第二，就业和劳动力供求关系的阶段转折。中国的失业率在经济增长速度下行的情况下并没有出现上升，反映真实失业情况的城镇失业率调查，与统计口径有一定局限的城镇登记失业率非常接近，这在过去经济增长速度下行的时候是从未有过的，是一种意外的惊喜。在经济增长速度下行的时候，长江三角洲和珠江三角洲的企业却很担心春节农民工返乡之后不再回来，这在过去几十年经济周期变动中没有发生过。这主要是三个因素促成的：第一个因素是政府大力促进新增就业的措施发挥了作用，2014 年新增就业岗位 1000 多万个；第二个因素是现代服务业的快速发展发挥了就业拉动作用，服务业对就业的拉动作用大于第二产业和第一产业，如北京的快递服务业和汽车代驾服务业这种新业态的就业岗位大幅度增加；第三个因素是劳动力供求关系确实发生了深刻变化，劳动年龄人口的比重和劳动力人口总量都已开始下降，未来我国甚至会出现比较突出的劳动力结构性短缺。理论上测算的农村大量富余劳动力，由于农村劳动力的普遍老龄化和年龄匹配，已难以转移成有效的工业劳动力供给。中国的就业政策选择必须高度关注这一新的变化趋势，适应劳动力工资成本上升的新态势，加大劳动力的培训，把劳动力素质的提高作为效率提高的新增长点，在这方面我国还有很大的潜力。就业关乎民生，在当前就业严峻局面缓解的情况下，仍然不能掉以轻心，需要下大力气促就业、促创业，特别是做好大学生就业、产能压缩消化企业的职工安置、困难中小企业的职工再就业工作。社会治理工作仍然需要把帮助失业、待业人员作为一项重要工作抓实抓好。随着劳动力供求关系的变化，新生代农民工的权益诉求不断提高，劳动关系争议事件数量呈上升态势，要进一步疏通社会调解和依法治理的渠道。

第三，收入分配变化的阶段转折。改革开放以来，在拉开收入差距、提高经济效益的政策取向和市场经济本身规律的双重作用下，收入差距总体上呈一路扩大的态势。这种态势到 2008 年达到顶点，基尼系数为0.491。此后至 2014 年，基尼系数开始缓慢回落。这得益于三个因素：一是城乡差距开始缩小，农民人均纯收入增长速度已经连续 4 年快于城镇居民人均可支配收入的增长速度；二是区域差距得到控制，相对发展滞后的中西部地区经济增长速度已经连续近 10 年快于比较发达的东部地区；三是大规模减贫取得明显成效。在目前的世界大国中，美国、俄罗斯、印度等的收入差距都在扩大，只有中国和巴西出现了转折。我国收入分配状况的改善，为通过增加消费拉动经济和转变发展方式提供了新的有利条件。但目前我国在国际比较中收入差距仍然过大，这不仅不利于经济的增长和公平正义的发展目标的实现，也成为引发各种社会问题的深层原因，必须下大力气进行治理。

第四，职业结构变动的阶段转折。2015 年，我国经济产出总量中，第三产业比重首次超过50%，达到50.5%，这是我国即将从工业化中期转入工业化后期的重大标志。由于服务业的就业弹性高于工业更高于农业，这种经济结构的变动，也会深刻地反映到职业结构的变动中。或者说，我国或将开始一个新的职业结构阶段，即所谓的"白领时代"，"白领时代"指在全部从业人员当中，白领从业人员占到多数。西方国家一些有争议但备受关注的议题如"大众消费时代""中产阶层"等都是在这个阶段被提出的。"中产阶层"的形成，一方面有利于社会和谐稳定和主流价值观的形成；另一方面也意味着一个多样性、个性化时代的到来，社会治理将面临新的局面。

第五，居民生活消费的阶段转折。21世纪以来，我国最终消费率和居民消费率连续十几年都呈下降态势，但近年来情况正在发生变化，特别是最终消费和居民消费对经济的拉动作用日益强劲。2015年，我国最终消费对GDP增长的贡献率达到66.4%，成为最主要的经济增长推动力量。虽然我国模仿型排浪式消费阶段基本结束，但以多样性、个性化为特征的大众消费方兴未艾，特别是通信、休闲、旅游、养老、家政、医疗、教育、健身、网购等新型大众消费快速发展。人们对健康、食品安全、水和空气的清洁、满意度、幸福感等生活质量方面有了更高的要求。大众消费时代也日益产生"消费主义"偏向，"物质主义""拜金主义"和社会浮夸之风盛行，一旦出现经济紧缩，极易产生社会满意度下降和相对剥夺感，这是在社会治理中值得警惕的问题。

第六，老龄化过程的阶段转折。截至2014年，我国60岁以上老年人数已超过2亿，占总人口的14.9%。人口老龄化问题已经成为21世纪的全球性难题，而我国将拥有全世界最庞大的老年人群体，现在每天有2.5万人进入老年。我国老龄化的特点是，不仅数量庞大，而且速度快，年轻人向城市集中，使农村老龄化程度高于城市。我国老龄化给养老提出新要求，在家庭结构迅速小型化的背景下，家庭养老的传统机制受到威胁，因此社会养老安全网的建设更加重要。规模化的集中养老毕竟是少数，居家分散养老仍将是普遍形式，社区老年人的餐饮、医护、照料、紧急呼救等社会服务亟须发展。这些都需要创新社会治理方式，更好地发挥社会力量的作用，降低社会治理成本，提供更好的社会服务。

这些阶段转折特征，一方面说明，在经济增长告别高速增长进入中高速增长的"新常态"后，社会巨变并没有停滞，我国仍有很大的结构变动弹性和发展空间；另一方面说明，我国当前的发展遇到一系列完全不同于以前的新问题、新挑战，需要有应对的新战略、新政策、新举措。

## 二 从注重生活水平到更加重视生活质量

更加重视生活质量，是新成长阶段的基本特征之一，是一个国家和社会发展到一定阶段的必然现象，这一特征与新成长阶段在其他方面的特征是密切相连的。

改革开放之前，我国在发展中强调"先生产、后生活"，忽视生活消费对经济的促进作用，这一取向在经济发展中的影响，就是重视重工业，轻视与人民生活密切相关的轻工业，结果造成生产和消费的脱节，几乎各种生活必需品都出现短缺，基本的温饱问题也解决不好。改革开放以后，我国改弦易辙，从生活必需品生产着手，促进经济发展，人们的收入和消费水平快速提高。代表大众生活水平的"三大件"，从改革开放初期的自行车、手表、缝纫机，到20世纪90年代的电视机、电冰箱、洗衣机，再到现在的住房、汽车、保险，变化之快超出想象。

更加重视生活质量的标志之一，是对食品安全的重视。改革开放之初，人们几乎还没有食品安全的概念，那时候生活好的标志就是能够"吃饱"，那时普遍采用的衡量农民家庭生活水平的指标就是"人均口粮"。在"吃饱"的需求得到满足之后，"吃好"成了新的追求，"人均肉菜等副食支出在食品支出中的比重"成为衡量"吃好"的重要指标。在"吃好"的需求基本得到满足以后，人们则更加注重食品之外的其他消费，如教育、旅游、通信、休闲等，这时"食品消费支出占总消费的比重"，即国际普遍采用的"恩格尔系数"，成为衡量生活水平的基本指标。现在，在追求生活质量的阶段，人们不仅要"吃饱""吃好"，还要"吃得有机""吃得天然"。一系列频繁发生的食品安全事件，使人们把食品安全视为保障生活质量的重要方面。

更加重视生活质量的标志之二，是对生态环境特别是空气质量的重视。我们的孩提时代，几乎每天都是白天蓝天白云、夜间满天繁星，但那时我们并不觉得这些珍贵，生态环境与生活质量似乎也没有什么关系。改革开放以后，经济大发展，环境污染也随之加重，但多数人还是认为，这是提高收入和生活水平必须付出的代价，"先污染、后治理"也是难以逾越的发展路径。然而，有时一个事件会改变历史的走向。2013年1月中旬，北京市的严重雾霾天气持续数日，气象局发布最高级别的霾橙色预警，机场乘客大量滞留。从东北、华北到中部乃至黄淮、江南地区，中国中东部地区陷入大范围重度和严重空气污染，部分地区能见度不足百米。当时环保部监测的120个重点城市中，有67个处于污染水平，11个省市22条高速公路局部路段关闭。这一事件引起国民的深刻反思，我们到底在追求什么？发展是为了什么？如果生活在一个出门需要戴口罩的空气环境中，还谈什么生活水平和生活质量。新的社会共识在形成，"绿水青山就是金山银山"。

更加重视生活质量的标志之三，是对健身健康的重视。随着人们生活水平的提高，人均预期寿命成为衡量生活质量的重要指标。人均预期寿命的延长，不仅是因为人们生活得更好了，还是因为医疗保障制度的完善和医疗技术水平的提高。在过去时代出现的大规模致命流行病，如瘟疫、鼠疫、结核病、天花、血吸虫病、登革热以及其他各种病毒性流感，都逐步被人类征服了，但也出现了癌症等新的致命疾病。注重健身健康，已经成为提高生活质量的重要方面，与健身健康相关的产业也获得了极大的发展，体弱多病成为影响生活质量的重要因素。

更加重视生活质量的标志之四，是对社会参与的重视。乡土社会向城镇社会的转型，也是熟人社会向陌生人社会的转变。社会心理治疗的发达，往往与陌生人社会中人们的孤独、抑郁有关，与现代快节奏生活中人们的精神压力有关。中国的社会心理治疗并不发达，但中国人注重的人际关系在很多情况下起到了心理疗伤的作用。然而，随着社会的快速发展，陌生人社会中的孤独、抑郁、偏执等在蔓延。与此同时，人们的自由、权利、参与等意识也在增强，社会表达、社会信任、社会支持、社会公正、社会参与等都成为保障生活质量的重要条件。

更加重视生活质量的标志之五，是对主观感受的重视。长期以来，人们对生活质量的评价都主要基于物质生活条件和相关福利的指标，而现在人们的满意度、幸福感得到前所未有的重视。

## 三　关于生活质量研究的回顾和反思

从理论上较早注重生活质量问题的美国经济学家加尔布雷斯（J. K. Calbrith）在1958年所著的《丰裕社会》（*The Affluent Society*）一书中认为，生活质量并不仅仅以私人的富足来衡量，还指人们在生活舒适、便利以及精神上所得到的享受或乐趣。当然，他也指出，人们都把幸福作为追求的目标，但幸福的标准具有很大的不确定性。加尔布雷斯强调美国当时私人富足与公共污秽存在反差，认为公共污秽是影响生活质量的一个重要方面。他这样描写私人富足与公共污秽的鲜明反差：

　　开着桃木内饰、配备空调、动力转向和机动刹车功能的汽车出游的家庭，穿过了一座座坑坑洼洼、垃圾遍地、建筑破败、广告林立和到处立着横七竖八的电线杆的城市，到达了几乎被商业艺术遮蔽不见的乡村……他们从便携式冰箱里取出包装精美的食物，在污浊的河流边野餐。他们在一个停车场过夜，这里危及着公共卫生和道德。他们躺在尼龙帐篷下面的气垫床上，被腐败的垃圾散发出的阵阵恶臭包裹着，就在入睡前，或许他们会反思幸福为何如此不均等。（加尔布雷斯，1965）

　　加尔布雷斯认为，在生活达到富裕之后，人们的生活需求更多地转向公共服务的质量，所以必须转变只有私营部门生产财富的偏见。《丰裕社会》出版后风行一时，美国当时提出"向贫困开战"，成千上万的大学生被建议阅读《丰裕社会》。

　　加尔布雷斯写《丰裕社会》有其时代背景，美国当代著名历史学家方纳（Eric Foner）在《给我自由：一部美国的历史》中，专辟一章写"一个富裕的社会（1953～1960）"，他用了这样一些小标题：变化中的经济、城郊社会、西部的发展、消费文化、电视世界、新福特牌汽车、工作和家庭中的妇女、种族隔离的图景、公共住房与都市更新、分居的社会等。方纳这样描述当时美国人感受到的"黄金时代"：

　　20世纪50年代是一个风平浪静的时代。这是一个美国人享有普遍繁荣的时代，此时开始的一场前所未有的经济发展将一直延续到20世纪70年代初。数以百万计的美国人迁居到城郊，在那里美国工厂倾泻而出的一系列令人惊叹不已的消费品，包括汽车、电视机和各种家用电器……

　　在每个可用数据测量的方面——食物结构、住房质量、工资收入、教育和娱乐消遣等——大部分美国人都过得比他们的父辈和祖辈要好许多。1960年，据估计，有60%的美国人按政府的定义享有中产阶级生活水平。官方公布的贫困家庭数字，1950年时是所有家庭的30%，10年之后，这个数字降低到22%（当然，这个数字仍然代表1/5的美国人口）。（方纳，2010：1193、1202）

也正是在这个时期，美国的一些学者和政府管理人员开展了所谓的"社会指标运动"（social indicator movement），试图把综合的社会指标评价贯彻到发展战略制定、国情评估、社会规划、社会政策、生活质量评价等方面，其主旨是超越仅仅用经济指标衡量发展和生活的传统做法。

20 世纪五六十年代，生活质量的研究在美国各地蓬勃开展。1957 年密歇根大学的古瑞（Gurin）、威若夫（Veroff）和费尔德（Feld）联合几个大专院校做了一次全国随机抽样调查，主要研究美国民众的精神健康和幸福感。海德雷·坎吹尔（Hadley Cantril）1965 年发表了 13 国（包括美国）关于生活满意度的比较研究结果。几乎与此同时，诺曼·布拉德本（Norman Bradburn）在一项全国民意调查中研究了国家民众的幸福感。1964 年鲍尔主编了《社会指标》论文集，着重研究了国家的空间计划对美国社会的间接影响，这一研究成果激起了人们对生活质量这一领域的广泛重视。罗斯托在他 1971 年出版的《政治和增长阶段》一书中深入地探索了生活质量问题，并把"大众消费阶段"视为"起飞阶段"之后的更高发展阶段。

在生活质量的大规模问卷调查中，美国当时的两家最主要的大学调查机构——芝加哥大学全国民意调查中心和密歇根大学社会研究所积极参与，对采集生活质量的数据起了关键性的作用。此后，生活质量逐渐成为一个专门的研究领域，在世界各国展开，而且用综合的社会指标体系测量社会质量的做法在这一领域影响深远。

20 世纪 90 年代，各国研究机构都开始反思单纯以个别经济指标来衡量生活和发展水平的做法。联合国开发计划署（UNDP）在《1990 年人文发展报告》中提出人类发展指数（Human Development Index，HDI），用以衡量联合国各成员国经济社会发展水平，与世界银行以 GNP 经济指标对世界各国发展水平进行排序的传统形成鲜明对照。人类发展指数是以预期寿命、教育水准和生活质量三项指标为基础变量，按照一定的计算方法，得出的综合指标。1990 年以来，联合国开发计划署每年都发布世界各国的人类发展指数，在指导发展中国家制定相应发展战略方面发挥了极其重要的作用。1997 年，欧盟委员会指出，不能仅仅依靠经济促进政策来解决各国出现的问题，以经济政策为中心不能解决欧盟的结构性问题，只有重新审视社会政策，才能更有效地保证欧盟各国的政治、经济、社会稳定（Flynn，1997）。在这一背景下，欧盟发布了《欧洲社会质量阿姆斯特丹宣言》，宣言指出，欧盟各国必须要致力于提高各国的就业水平，减少贫困，增加公众所能享有的医疗和社会资源。该宣言把提升"社会质量"（social quality）作为欧盟制定政策的主要目标，明确指出衡量社会质量的指标体系由四个方面构成，即社会保障、社会凝聚、社会包容、社会赋权。① 社会质量的理论体系不同于生活质量（quality of life）或人类发展指数的理论体系，它更加注重体现个体发展与社会发展的互动过程。社会质量理论通过对经济和社会指标的测量，以个体在社会中的各个方面的保障水平、融入程度、发展机遇和能动能力等为视角，对整体的社会发展水平进行衡量，从而考量社会发展的质量（Beck et al.，2001）。

改革开放以后，随着人民生活水平的迅速提高，我国学者也开始关注生活质量问题，社会指标的重要性越来越受到重视。1983 年，国家统计局提出关于社会统计指标的提纲草案，并从 1984 年起陆续公布社会统计的系列数据。1985 年，美国社会学家林南教授和天津社会科学院社会学研究所合作在天津市进行了千户居民生活质量问卷调查。1987 年，林南又与上海社会科学院社会学研究所合作在上海市进行了一次关于市民生活的千户居民调查，并根据问卷调查资料，建立了关于社会指标与生活质量的结构模型。1987 年 10 月，在天津召开的"全国社会改革与生活方式理论研讨会"上，不少学者先后就生活质量的概念、指标及国外研究情况做了比较深入的探讨。此后，全国各地社会学界纷纷展开对生活质量的讨论和研究。

从 1988 年开始，中国社会科学院社会学研究所在与有关单位联合组成的课题组进行的"社会发展与社会指标"课题研究中，提出了衡量地区社会综合发展的五组指标。此后，中国社会科学院社会学研究所朱庆芳研究员主持的课题对我国生活质量和社会发展进行了多年的追踪评估，提出了包括居民消费、收入、吃穿用住、能源消费、生活方便程度、精神生活等在内的指标体系。1989 年，江苏省社会科学院社会学研究所"现代化和社会主义新人"课题组对江苏、河南、吉林、四川、广东五省城乡发出问卷，调查居民对自身生活质量的主观态度。1987～1990 年，北京大学社会学系生活

---

① 原文是："citizens should have access to an acceptable level of economic security and of social inclusion, live in cohesive communities and be empowered to develop their full potential."

质量课题组在北京、西安、扬州三市部分地区进行了多次抽样调查。研究人员除引入客观指标外，还对主观生活质量指标的影响这一项增加了参照标准，并通过中介评价指标将客观指标系列进行综合，形成了三级主、客观作用机制的生活质量模型。1991 年 12 月，由复旦大学人口研究所、南京大学人口研究所、北京经济学院人口研究所等共同组成的"中国人口生活质量比较研究"课题组在北京召开全国性生活质量学术研讨会，来自全国各地的学者就生活质量的定义、指标以及评估方法等进行了全面的探讨，提出了许多有益的见解，并以此次论文作为基础，于 1992 年出版了第一部关于生活质量研究的专著。

对"小康社会"的研究，把我国生活质量的研究提高到一个新的阶段。1991 年，中国社会科学院社会学研究所的陆学艺、李培林、朱庆芳等人发表了《2000 年中国的小康社会》一书，提出了包括六大类、60 个指标的中国小康社会指标体系，并进行了国际比较。2003 年，李培林、朱庆芳等人再次发表《中国小康社会》一书，进一步完善了全面小康社会的指标体系和评价标准，并对全国各省市区和 57 个主要城市进行了比较评价。在这一时期，国家统计局也正式公布了"小康社会指标体系"和"全面建设小康社会统计监测指标体系"。

人们对生活质量的重视推动了对生活质量的研究，而对生活质量的研究又反过来促进人们对生活质量评价标准的思考。通过对以往生活质量研究文献的梳理，我们可以概括出这样几点结论：第一，生活质量与生活水平是不同的概念，一般来说，提高生活水平是改善生活质量的基础，但生活质量并不完全由生活水平来决定；第二，在决定生活质量的物质条件中，随着生活水平的提高，人们的生活需求和期望也在发生变化，一些在生活水平较低阶段容易被忽略的因素，如空气清洁度、日照时间、交通状况、生活便捷度、人口集中程度、犯罪率等，都成为生活质量的重要影响因素；第三，随着生活水平的提高，主观指标也越来越成为衡量生活质量的关键指标，如幸福感、满意度、社会认同等，而这些主观指标还与一定的社会结构、社会关系、社会体制相联系。

## 四　本书的分析思路和写作框架

社会指标分析的兴起，极大地推动了对生活质量的研究。运用社会指标对生活质量进行评价，使得我们对不同国家、不同地区、不同城市之间生活质量的比较成为可能，而进行各国、各地区、各城市的生活质量比较排序，也往往会产生极大的新闻效应，受到广泛的关注。但是，这种社会指标的"排序热"也容易把研究引向歧途，即不再去追求揭示影响生活质量的因果规律，而是热衷于描述性的指标评价。

任何社会指标的评价体系都有一个致命的弱点，那就是这个体系很难是封闭的，无论你用什么方法对指标进行筛选，无论筛选出的指标是几个、几十个还是几百个，最终筛选的结果都不能完全说是"科学的""唯一的"，不同学者根据不同的理论假设筛选的结果是不同的，而任何指标的变动都会改变评价的排序结果。

生活质量的研究，应当回归到对发展规律的分析和揭示，这需要研究者在一系列具体的相关领域展开深入的探讨。当然，社会科学家对社会规律的把握，不可能像自然科学家对导弹轨迹的把握那样，做到那么精确，因为影响社会现象的各种不可控制的因素太多、太复杂。当然社会现象也不是完全杂乱无章的，它的变化和趋势受到深层社会运行规律的支配。

本项研究是基于对大规模问卷抽样调查数据的分析，但我们并不追求建立综合的社会质量评价体系，也不追求对不同区域和城市生活质量的评价，以往的此类研究已经有很多了，目前还看不出沿着这条路径进行研究能实现新的突破。我们希望本书的撰写能够从深度和广度上展现我们对"生活质量"的理解，在理论上建构"生活质量"的分析框架，以便能够回答目前社会指标体系评价结果所遇到的难题。比如，为什么一些被评价为生活质量较高的地方，人们却不愿意去那里生活？为什么一些被评价为生活质量较低的地方，那里居民的幸福感却较强？

在我们的分析和写作框架中，生活质量的影响因素包括四个方面：第一是客观条件，如收入和消费、就业、教育、住房、医疗；第二是主观感受，如幸福感、满意度、环境评价、"好社会"判断；第三是社会关系，如社会公平、社会信任、社会支持；第四是社会机制，如社会流动、社会参与、社会融合（见图0-1）。本书的章节结构也基本上是按照这个框架来安排的。

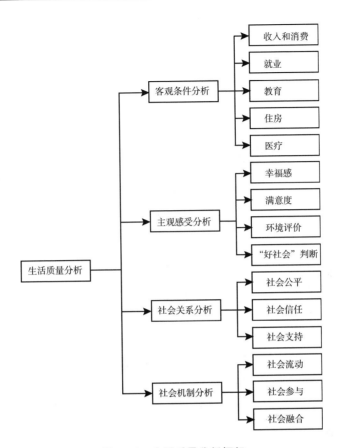

图 0 - 1　生活质量分析框架

# 第一章
# 消费分层和生活质量

张　翼

在经济的下行压力下，为了使中国摆脱"中等收入陷阱"的取路，相关人员不得不在各种刺激手段——出口、投资与消费中综合选择，并富有针对性地设计适合当下经济社会发展阶段的方针政策。在当前全球经济持续低迷，出口乏力，投资不振的大背景下，内需就成为刺激经济之当务之急的动力机制。而中国的消费市场，正如习近平总书记在 2014 年 12 月经济工作会议讲话中所指出的那样，正在从模仿型排浪式向多档次、个性化、多样化发展。这种态势，一方面反映了中国进入中等收入阶段之后消费的次第升级；另一方面也预示着社会阶层分化所导致的消费市场的逐渐分化。

于是，为刺激经济所进行的顶层设计，就既需要密切关注不同社会阶层的消费偏好，也需要将之与收入差距格局下不同阶层生活质量的改善相结合。基于此，笔者想从阶层结构视角，分析不同阶层的边际消费倾向，为刺激消费政策给出基于阶层分析的建议，并根据不同阶层的消费特征，讨论改善生活质量的具体途径。

另外，在生产者和流通者以不同商品的价格、质量和多样化的个性特征瞄准不同人群时候，消费者也以其购买偏好逐渐形成等级性类属。这是消费社会学研究得出的一个基本结论。不管是"夸富宴"，还是"有闲阶级"的消费需求①，抑或注入了文化符号内容的非理性消费

---

① "夸富宴"是美国人类学家博厄斯（Franz Boas）定义的一个概念，后来经他的学生本尼迪克特（Ruth Benedict）再度解释为"夸克特人的夸富宴会仪式"，即以明显浪费的方式夸耀自己的富有，并将自己与其他人区别开来。凡勃伦在《有闲阶级论》中，将有闲阶级的消费概括为"显眼的消费""装门面的消费"和"摆阔气的消费"。

方式①，都是一个社会在阶层分化中必然出现的消费趋势。在这种情况下，以阶层作为变量，研究中国的阶层结构，分析不同阶层人们的消费倾向，论述不同阶层的生活质量等，对于制定扩大内需与刺激消费政策，具有极其重要的现实意义与理论意义。

## 一 文献梳理、数据、研究方法与主要变量介绍

### 1. 文献梳理

1971年，罗斯托在《政治和成长阶段》中，于"大众消费阶段"之后增加了"超大众消费阶段"，以解释大众生活质量的提升诉求。按照罗斯托的理论，中国应处于"走向成熟阶段"与"大众消费阶段"的转折点上。王宁在论述中国社会的消费特征时也说：尽管从总体上看，中国社会仍是一个大众生产社会和精英消费社会并举的双轨社会，但城市社会正在步入消费社会（王宁，2009）。

可以这样说，工业社会的来临，使人类摆脱了其在农业社会的那种物质短缺状态，机器大生产方式开启了供给之路，增加了消费品的可选择性。在这种情况下，工业社会和后工业社会就逐渐被赋予了消费社会的特质。比如，在收入约束下，齐美尔就认为，在上层阶层强调其消费之异质性的同时，中产阶层和底层民众，会通过对"时尚"的模仿，拉近其与上层阶层的距离。② 也正如波德里亚所说的，进入消费社会之后，人们对物的消费已转化为对其社会地位的表征。所以，消费才在宏大的社会叙事中，凸显出阶层的符号化含义③，人们开始并不看重消费品的使用价值含义，而更看重消费品的符号价值。这在丹尼尔·贝尔的《资本主义文化矛盾》一书中，也有比较精到的描述（贝尔，2010）。后来的消费社会学研究——尤其是具有后现代特征的消费社会学研究，虽然强调的重点各有不同：或者看重大众传媒的诱导作用，或者看重消费的自主选择，但在对工业社会消费的阶层符号表征与身份区分上，则大多取得了

---

① 丹尼尔·贝尔在《资本主义文化矛盾》中，在讨论韦伯的研究的同时，分析了"理性消费"与"非理性消费"。
② 见齐美尔《时尚哲学》中的相关论述。
③ 参见波德里亚在《消费社会》中的相关论述。

一致认可。[①]

这种从质性研究视角对消费社会的描述与分析，深刻刻画了从农业社会向工业社会再向后工业社会、从商品短缺社会向商品供给过剩社会、从封闭型社会向深受全球化影响的社会之转型及转型结果的时代特征。但市场经济的波动性所导致的结果是极其复杂的。在经济上升时期，消费品的供给如萨伊定律一样，会自动产生需求。但在经济下行时期，消费的疲软性会使"剩余更为剩余"。于是，在消费结构的阶层符号特征存在的同时，还需要量化研究，在差异化市场需求的顶层设计中，设计为各个阶层——特别是中下阶层能够接受的制度安排，以满足或刺激大众的消费欲望。毕竟，只有消费产生的满足感，或消费之相对差距的缩小带来的满足感，才会影响大众的幸福感。

比较早地以量化指标描述消费之阶层差别的人当属德国统计学家恩格尔。他发现伴随收入的增长，食品在其总消费中的占比会逐渐下降。正因为如此，联合国粮农组织才依据恩格尔系数的高低，将消费者的阶层划分为最贫困阶层、勉强度日阶层、小康阶层、富裕阶层和最富裕阶层。[②] 改革开放以来，中国的恩格尔系数不断下降，从 1978 年城镇 57.5%、农村 67.7% 下降到 2000 年城镇 39.2%、农村 49.1%，再到 2013 年进一步下降到城镇 35.0%、农村 37.3%。[③] 在利用恩格尔系数的分层作用的同时，研究者也考虑到当时东亚金融危机对中国市场的影响，李培林、张翼在《消费分层——启动经济的一个重要视点》中，讨论了阶层作为一个客观变量对那一时期中国内需启动的政策含义（李培林、张翼，2000）。

但恩格尔系数有时具有某种程度的局限性。其一，伴随收入的上升，在长时段中，其的确会处于下降态势。可在短时段中，其有时会处于上升态势，有时会处于下降态势。其二，一般情况下，一个社会的恩格尔系数会比较稳定，但在某些特殊因素的影响下，因为供给市场的重大变化，消费者的消费结构亦会发生转变——其他消费项占比的上升或下降，使恩格尔系数出

---

① P. Bourdieu, 1984, *Distinction: A Social Critique of the Judgement of Taste*, London: Routledge & Kegan Paul. 另外，在对后工业社会的阶层区隔与消费的符号性特征研究中，也有一些后现代理论家认为阶层区分意义已不再明显，但这并不影响社会学经典理论家有关工业社会消费具有阶层区隔功能的论述。

② 按照联合国粮农组织的规定，恩格尔系数在 0.60 以上为最贫困阶层，0.50~0.59 为勉强度日阶层，0.40~0.50 为小康阶层，0.30~0.40 为富裕阶层，在 0.30 以下为最富裕阶层。

③ 通过对历年《中国统计年鉴》相关数据整理所得。

现重大波动，使其失去对生活质量的差异性解释力。比如说，一个用按揭购买了住房的家庭，可能会因为按揭支出的增加而导致其恩格尔系数大幅降低。同理，农民在修建房屋时，也会压缩食品支出费用。在这种情况下，恩格尔系数的降低，非但不能预示当期生活质量的提升，反倒正好因降低食品消费支出——抑或其他项消费支出①——从而阶段性地反映当期生活质量的下降。事实上，通过节衣缩食以购买昂贵的"耐用消费品"，是很多人的消费偏好。另外，在很多场景，按揭贷款需要用很长的时间去还清，但经济环境会处于波动状态。这样，如果经济下行降低了人们的当前收入或预期收入，在按揭贷款不可能随之减免时，恩格尔系数的降低就更与现实生活质量的提升相背离。食品价格的上升，或非食品价格的下跌，或收入差距拉大导致上层阶层收入增速较快、下层阶层收入增速较慢等，都会引起一个社会经过平均计算的恩格尔系数的上升。这就是说，有时恩格尔系数不会伴随收入的上升而处于绝对下降态势。

因此，从恩格尔系数的基本原理出发，将消费区别为维持基本生存必需的消费与用于未来发展的消费会更有意义，可以在讨论家庭消费结构的变化时将其用于分析人们的消费趋势及其购买行为。实际上，很多学者在研究收入构成与消费结构的时候，会将各种不同来源的收入与不同渠道的消费分别列项计算，并依次细化分析。② 因为分项单列的消费支出，易于区别不同消费在总消费中占比高低的变化趋势，也易于研究不同项支出对消费者当前及未来生活质量的影响。

正因为人们的需求具有层次性，所以，为满足需求而发生的消费行为才会更为明确地表现出层次性。恩格斯在1891年为《雇佣劳动与资本》写的导言中就将消费资料划分为生活资料、享受资料、发展和表现一切体力和智力所需的资料。马斯洛在其需求层次论中，也将人们的需求满足程度区别为生理需求、安全需求、社交需求、尊重需求和自我实现需求。按照马斯洛的理解，人们只有在首先满足了较低层次的需求之后，才可能会追求更高层次的需求。正因为如此，用于满足基本生存需求的消费，对于

---

① 除住房之外，导致恩格尔系数发生变化的因素还有很多，比如教育支出、医疗支出，抑或因为年老生活不能自理而发生的保姆费支出的增长等，都会降低食品支出的占比。

② 李实与罗楚亮的研究发现，教育、医疗、健康等支出的差异，不仅影响人们当前的收入差距，而且还对未来——子女的发展机会造成重要影响。参见李实、罗楚亮《我国居民收入差距的短期变动与长期趋势》，《经济社会体制比较》2012年第4期。

下层阶层来说，才具有根本意义——人只有维持生命的存在，才可能追求未来的发展。所以，以定量的方式，将以家庭为单位的消费数据区别为，消费者个人及家庭其他成员为维持劳动力的生产和再生产而发生的维持基本生存的消费——生存性消费，以及为追求更高生活质量和未来发展而发生的消费——发展性消费①，对于政策制定者来说，更具有顶层设计意义——不仅对消费市场的刺激具有瞄准意义，而且更能够保证消费的社会公正性。

　　与经济学家以货币方式抽象出对消费支出的列项分析所不同的是，社会学家主要关注不同阶层对具象化商品的消费选择与消费地点的安排（王建平，2007；朱迪，2012）。比如，常见的问卷设计，经常向被访者询问其在什么地方吃饭（询问的列项选择有大饭店、大排档、一般饭馆、街头小吃），在什么地方购买衣服；家里是否有电脑、电视机、冰箱、洗衣机、轿车等。② 在社会学研究的基本框架中，假设在大饭店吃饭、在品牌店购衣的人阶层地位高、生活品质优良。同理，家里有电脑、冰箱、洗衣机、电视机、轿车等人的消费水平高、阶层地位也高。这在买方市场阶段，甚至在从买方市场向卖方市场转型的最初阶段，无疑具有阶层区分性。但到了供给过剩的阶段，或到了卖方市场阶段之后，因为各个商品之使用价值差别不大，但其符号价值会超越其使用价值，于是简单地以商品的类目来作为阶层区分度就不灵了，比如轿车、电视机、冰箱、电脑的价格与品质就存在很大的区别。如果只粗略地以这种分类变量来进行阶层区分，其间的差异很难让人继续接受。但如果在问卷调查中要询问每一被访家庭某一耐用消费品（如轿车）的品牌、价格、配置、耗油量、购买地点等，无疑极其烦琐，而且这种数据也很难得到。③ 有关品牌与古董消费的调查显示，在"山寨"充斥市场的大背景中，更难以辨析真伪，也难以对数据做出较好的判别分析。

　　在这种情况下，如果不计阶层消费的具象品位差异，而假定具有品牌与文化符号含义的消费品具有较高的价格；也假定购买价格能够反映阶层之间支付能力的差异，就可以以家庭购买能力，或一个家庭当期支付的消费某类

① 可以将享乐性消费归类到发展性消费中。
② 近期的很多调查问卷——尤其是社会学类的调查问卷，就设计了吃饭、购衣、家用电器等内容。见历次 CASS 和 CAS 调查。
③ 布迪厄在研究不同阶层的消费取向时，使用了"品位"变量，将被访者区别为前卫与传统等。

商品或服务的货币额度为标准，从阶层分析的视角去研究人们的消费取向与消费结构，并以此讨论具有市场针对性的刺激政策。这种刺激政策的使用，还应该表现出最基本的社会公正特征。① 而加里·贝克尔，则通过量化和模型分析，更形象地将家庭或个人的消费行为视为一种"生产或再生产过程"——通过对消费品的消费过程生产出具有阶层意义的炫耀性满足感，以使收入的效用最大化（贝克尔，1987：9~10）。

**2. 数据介绍**

本文使用了中国社会科学院社会学研究所主持调查的 2013 年 CAS 数据。该数据采用随机抽样法在全国采集了 10206 个案例的资料，其间详细询问了每一案例的阶层归属、收入与消费资料，对一个家庭的饮食、衣着、水电费、房租、赡养费、红白喜事、教育、旅游、卫生、娱乐、家用电器、房屋按揭、通信费、交通费等进行了区分登录，使研究者可以分析被访对象的消费结构。

**3. 研究方法**

在消费社会学研究中，有人会以消费的具体商品作为研究对象，分析不同阶层的消费差异、消费偏好与消费趋势。也有人会从货币化的消费支出上发现不同阶层的实际消费额度，以此分析消费对其生活质量的影响。笔者在这里，主要以货币化的消费支出作为分析对象，考察不同阶层的实际消费状况。通过对平均消费倾向的分析展示消费与收入的关系，通过对边际消费倾向的分析展示收入增长对消费增长可能带来的弹性变化，并从阶层分析的视角提出政策性建议。

**4. 主要变量介绍**

第一，在操作性概念中，笔者以被访的阶层代表家庭的阶层。有研究认为个人的阶层并不能代表家庭的阶层，但提不出替代方案。同时也有更多的研究发现，父亲的阶层地位会正向影响子女的阶层地位；丈夫的阶层地位与妻子的阶层地位高度相关。于此，笔者将被访问对象，依据其在工作中的职业地位（是否属于业主阶层）、工作岗位的技术需要程度、工作中的权力支配关系等，将其划分为业主阶层、新中产阶层、老中产阶层、工人阶层与农民阶层。

---

① 刺激政策的投入，应该具备基本的社会公正特征。因此，政府的制度投入需防止消费造成中上层阶层与下层阶层出现更大的社会差距。

业主阶层主要指那些不仅自己参加劳动，还雇用了他人为自己的企业工作的阶层。这个阶层中又可以划分出大业主阶层（雇佣人数超过 8 人的阶层）和小业主阶层（雇佣人数在 7 人及以下的阶层）。① 但由于人数相对较少，笔者在这里将大业主阶层和小业主阶层统一合并为业主阶层。

中产阶层可以分类为新中产阶层和老中产阶层。在阶层分析中，有些人区分，也有些人经常不区分新老中产阶层。但在学理上，之所以要将中产阶层区分为新中产阶层（指受雇人员中的白领阶层）和老中产阶层（指各种类型的自雇阶层），是因为阶层出身、受教育程度和工作环境都存在很大区别。笔者在这里区分的主要原因是认为其消费水平存在差异。

工人阶层，即受雇于各类企业中的蓝领劳动者。这个阶层既包括了半技术半体力劳动阶层，也包括了主要依靠体力挣工资的蓝领劳动者。

农民阶层，即主要以农牧养殖业为生的家庭种植农，也即主要以家庭承包经营制为制度基础而种植自己家承包地的农民。在这里应该指出的是，如果被访者属于农场主的雇佣工人，在分析中就将其并入工人阶层；如果是农场主本人并雇用农业工人为其劳动，则将其并入业主阶层。

第二，在消费中，将家庭人均饮食、衣着、水电、住房、医疗、赡养及红白喜事的支出等定义为满足家庭成员基本需求的消费，即生存性消费。将家庭中人均教育、旅游、娱乐、家电、通信、交通等开支定义为满足自身及家庭成员未来发展需要的消费，即发展性消费。如果不计消费品的品牌，而从支出结构这一维度去考量生活质量的改善问题，无疑，教育、旅游、娱乐、家电、通信、交通等消费，就更具有积极的预示未来发展的意义。一个家庭在总体上会先支出生存性消费，再考虑支出发展性消费的额度。

在分析消费这个变量时，将消费支出定义为平均消费倾向和边际消费倾向。平均消费倾向指一个家庭的当期支出占当期收入的比例。边际消费倾向指一个家庭的当期消费支出与家庭当期收入的弹性变化状况。② 笔者先用初始模型分析各阶层总体意义的平均消费倾向和边际消费倾向，然后用扩展模型分别分析各阶层对生存性消费和发展性消费的边际消费倾向。

---

① 新左派分层社会学的代表人物赖特在其研究中，曾经将雇主阶层定义为雇用了 10 人及以上的阶层与雇用了 10 人以下的阶层。

② 根据凯恩斯绝对收入假说，$C_t = a + bI_t + U_t$，其中 $C_t$ 为一个家庭在 $t$ 期的消费，$a$ 为截距，$I_t$ 为该家庭在 $t$ 期的收入，$b$ 为边际消费倾向。

## 二　各个阶层的平均消费倾向和边际消费倾向

不管在哪个社会，消费都会受到收入结构的影响。而人们的收入，也会通过家庭的集体生活发生再分配——那些收入较高的家庭成员，会在利他主义原则下，将自己的收入贡献给无收入或收入较低的家庭成员（加里·贝克尔，1987：194～196）。所以，家庭人均消费的额度在消费研究中起着非常重要的作用。尽管消费者可以按照自己的偏好选择商品的款式，但必须在家庭总收入的约束下完成当期的消费支付。① 在这一维度上，阶层分析就具有了市场购买意义的约束力。

在将各个阶层区别为业主阶层、新中产阶层、老中产阶层、工人阶层和农民阶层之后，可以发现，业主阶层占劳动力总人口的比重为 4.67%，新中产阶层占比为 12.98%，老中产阶层占比为 13.92%，工人阶层占比为 33.60%，农民阶层占比为 34.83%。从这里可以看出，改革开放 30 多年的发展，已使中国的社会结构发生了重大转型——从以农民阶层为主的社会转变为以中产阶层、工人阶层和农民阶层为主的社会。如果将新老中产阶层合并，将业主阶层也并入中产阶层之中，则中产阶层、工人阶层和农民阶层各占 1/3 左右。中国社会阶层结构的这个变化结果，是我们当前理解所有社会政策配置取向的基础。

在计划经济转变为市场经济的过程中，中国阶层结构发生了长足变化，这种变化又强化了社会转型的大趋势，体现出了强烈的工人化趋势和显著的中产化趋势。可以说，中国现在是进入现代化以来工人阶层占比最高的时期，也是中产阶层——不管是新中产阶层还是老中产阶层迅速增长的时期。这使中国的中产化过程和工人化过程在同一时空发生。未来，伴随农业现代化的推进，也伴随土地流转速率的提升，还伴随各级各类教育招生数量的攀升，农民阶层的人数，还会继续减少，其占劳动力人口的比重，也会趋于降低。在特大城市与大城市后工业化特征的强化中，工人阶层的数量会在达到一定程度以后趋于稳定——工人阶层占劳动力人口的比重，也会失去继续增加的动力，一旦工业化完成，其也会停止不前。老中产阶层会如受儒家文化影响的东亚国家和地区一样，在达到一定数量后渐趋稳定。而唯有新中产阶

---

① 在数据处理中，如果个人以独居的方式生存，则也将其视为单个人的家庭。

层的数量，还会源源不断地增长，其占劳动力人口的比重也会趋于提高。与任何其他市场经济国家一样，业主阶层占劳动力人口的比重，不可能太高。

这就是说，中国未来的消费市场，会在新中产阶层力量的逐渐壮大中继续转型。但这个转型将是渐进式的。伴随中国经济体量的增大，依靠投资强力拉动增长的模式将逐步式微；伴随中国与国际市场关系的深化，以及国际贸易争端的频发，利用外需助力发展的波动性也会日渐明显。在这种情况下，内需的作用，将比以往任何时候都重要。

表1-1　各阶层的人口结构与消费倾向（初始模型）

| 阶层 | 各阶层人数占劳动力人口的比重(%) | 各阶层家庭平均消费倾向（%） | 各阶层家庭边际消费倾向 |
|---|---|---|---|
| 业主阶层 | 4.67 | 44.47 | 0.177 *** |
| 新中产阶层 | 12.98 | 76.23 | 0.471 *** |
| 老中产阶层 | 13.92 | 83.24 | 0.513 *** |
| 工人阶层 | 33.60 | 83.94 | 0.395 *** |
| 农民阶层 | 34.83 | 101.53 | 0.315 *** |

注：1. 因家庭阶层地位由户主阶层地位代表，故在计算各个阶层人数占比时忽略了家庭人口的多寡。2. *** $p < 0.001$。

但中国社会阶层结构的分化，伴随收入差距的拉大而展开。虽然近几年来，国家统计局公布的基尼系数趋于降低，但截至2014年年末，其也高达0.469[①]，属收入差距较大的国家。由收入决定的平均消费倾向，也显示了这种差距。从表1-1中可以知道，业主阶层的平均消费倾向为44.47%，新中产阶层为76.23%，老中产阶层为83.24%，工人阶层为83.94%，农民阶层为101.53%。农民阶层的平均消费倾向之所以超过了100%，原因在于对于某些最贫困的家庭而言，即使没有当期收入，其也必须支付一定的金额以维持基本的生活所需。所以，凯恩斯所论述的平均消费倾向的递减规律是显著的——伴随收入的提高，平均消费倾向会趋于降低。这就是说，收入较高的人——业主阶层只会将少部分收入用于当期消费，将其他部分作为剩余而用于储蓄或投资。但收入较少阶层必须将当前的收入花费在消费上以供所需——维持与社会发展同步所必需的消费标准。

---

① 《中华人民共和国2014年国民经济和社会发展统计公报》，http://news.xinhuanet.com/ttgg/2015-02/26/c_1114446937.htm。

但不同阶层家庭的边际消费倾向，并没有伴随阶层地位的提高而趋于降低，而呈现出中间阶层高，业主阶层与农民阶层低的态势（见图1-1）。这就是说，在收入增加的过程中，有些阶层的消费弹性比较大，有些阶层的消费弹性比较小。从2013年的调查可以看出，业主阶层和农民阶层相对较低，新中产阶层、老中产阶层和工人阶层则相对较高。

数据所呈现的这种态势，具有非常重要的政策含义。

第一，要以内需刺激经济增长，就必须首先提高较低社会地位阶层的收入水平。虽然处于较高社会地位阶层家庭的人均消费额度会高于较低社会地位阶层家庭的人均消费额度——上层阶层消费者会消费更高的人均净值，但其人口少、平均消费倾向比较低，即这部分人的消费，在达到一定程度时，会处于"市场临界"状态。也就是说，在收入差距较大时，因全社会收入中业主阶层占据了较高比重，下层阶层会因为缺钱而"消费不足"，但上层阶层则会因为"消费饱和"而难以继续消费。在这种情况下，当国内市场的消费品不能满足上层阶层之需求时，海外旅游与海外购物就会成为这个阶层的选择偏好——其会将在国内市场不能获得的购物满足感，释放在国际市场上。这种将内需转化为外需的行为，对全球市场的刺激是显著的，但对国内市场的刺激，则收效甚微。要避免上层阶层将可能的内需转化为外需，就需要提高国内商品品牌的生产竞争力，增加上层阶层选择的可替代性。如果国内的家庭日用品或日常消费品品牌价值及其竞争力难以快速提升，则上层阶层的海外购物偏好就不可能在短期改变，这反过来会影响内需刺激政策的效果。

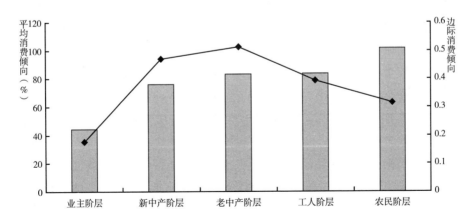

图1-1 各个阶层的平均消费倾向和边际消费倾向

　　另外，从平均消费倾向的数据上看，新中产阶层、老中产阶层、工人阶层和农民阶层都显示了较高的消费积极性，但农民阶层和工人阶层的消费潜力更大。这两个阶层的人数相加，超过了全部劳动力比重的 2/3，故其收入的增加，不仅会提升全国的消费能力，而且还会在更大程度上提高全社会的生活水平。从长远看，提升下层阶层的收入水平，更能刺激内需的增长，但提升农民阶层和工人阶层收入的过程是漫长的。在一个社会，一旦收入结构形成，影响收入分配的机制固化，收入结构的调整就非常艰难。另外，在企业的整体管理能力与技术含量不高时，单纯提升人工成本的做法也会影响企业的国际竞争力。所以，不管是农民阶层还是工人阶层，其收入的提升，需要与劳动生产率的提升同步。这就是说，消费结构的变化，依赖于收入结构的变化；收入结构的变化，依赖于产业结构的变化；而产业结构的变化，又依赖于技术创新的速率。

　　第二，边际消费倾向的倒 U 形特征，不仅证明了业主阶层收入的提高，难以刺激消费的弹性增长，而且还说明农民阶层的收入增长，也难以在短期内释放出概化性消费动力——可能对某些商品和服务的消费弹性会增长，但对另外一些商品和服务的消费弹性并不显著。而只有新中产阶层、老中产阶层、工人阶层的消费弹性比较大。在这中间，老中产阶层的边际消费倾向最强，其中的一个重要原因是这个阶层主要来源于年龄稍大的农民工。那些在城市盘下了店面而形成自雇工作状态的农民工，是在城市经历了长期的筛选之后被市民化的、被人为定义为农民工的那些人。这些人经过很长时间的城镇化过程，已经不愿再回归农村，虽然难以完全融入城市，但其以独有的草根性特征扎根在城市。所以，其具有较强的置业与消费动力。

　　为什么农民阶层的平均消费倾向很强，但边际消费倾向则较弱呢？一个可资解释的原因是：农民阶层的消费中，还存在一部分自给自足的成分，比如蔬菜、粮食以及部分水果等自我生产、自我消费，未发生商品化过程。除此之外，社会保障的不足主要是医疗保险和养老保险的不足，迫使他们不得不为自己准备未来的"保险"。到现在为止，农村居民养老保险水平还远远低于城镇职工养老保险；农村的医疗保险——新农合虽然有了很大程度的完善，但报销额度还很有限。在很多承保医院，不能报销的药物的使用比例还比较高。这些因素在很大程度上限制了农民阶层的消费能力。在整个农村地区，节衣缩食的现象还很突出。按照中国传统文化，农村老人的养老，需要依靠自己的子女。但人口流动，已经将成年子女拉入城市或周边的城镇。成年子女进入城镇或城市之后的置业消费，使其很难通过收入的转移，比较有力地支持父母亲的老年生活。这就使农村人口的老龄化、老龄人口的空巢化以及老年村庄社会公共物品的稀缺化同时发生。一方面，老年农民希望存钱以供生活不能自理时所需；另一方面，村庄的公共物品与服务日渐向城镇和县城集中，降低了农村居民消费的方便性和可及性，这些都会限制和约束农民阶层的当前消费需求。

新中产阶层具有更多的人力资本和文化资本，也有着相对较为固定的收入与社会保障，他们的消费能力更强，这就决定了其边际消费倾向较强。中产阶层大体上摆脱了对使用价值的简单追求，其在全球化浪潮中，更关注消费的符号价值。可以说，新中产阶层在后工业社会特征逐渐显化的过程中，还会继续强化对消费品符号价值的喜好。当消费品的使用价值退居其次，而其表征价值上升到较高考量标准的时候，厂商对消费者的竞争，抑或全球厂商对消费者的竞争，就会在阶层分化的市场中富有针对性地展开。

在这种情况下，在新中产阶层迅速成长、老中产阶层维持一定规模、工人阶层壮大到一定程度、农民阶层趋于缩小的阶层分化态势下，伴随中高收入阶段的来临，中国需要更重视消费品的阶层推销针对性，并在与国际厂商、国际品牌的竞争中培养自己民族的消费群体。如果厂商的市场瞄准人群不能细化，则竞争力就不可能提高。

## 三　不同阶层生存性消费和发展性消费的边际消费倾向

生活质量的提升，就是人们从生存性消费向发展性消费的转变。也就是说，如果人们将家庭收入的大部分或绝大部分花费在生存性消费上，则其在收入水平的约束下，就难以提升生活质量。如果人们在消费结构的转变中，逐步突破生存性消费的约束，而使发展性消费的额度与比重同时提升，则生活质量就会逐渐提高。因此，在这一维度，生活质量既具有自我主观评价意义，也具有他人主观评价意义，更具有客观评价意义。正因为如此，一个人的主观生活满意度可能很高，但其客观生活质量可能较低；相反，一个人的客观生活质量可能较高，但其主观生活满意度可能较低。为什么有些地区人们的生活水平较低，但自我感知的幸福感比较高？其中的主要原因在于其对生活的预期诉求与现实水准之间的距离较小。主观预期越高，现实水准越低，其间的差距所形成的痛苦体验就越强。在这一意义上，生活质量的客观性才具有可比性。

在前文中，笔者将生存性消费定义为一个家庭人均花费在饮食、衣着、水电、房租、医疗、赡养及红白喜事等方面的费用，而将一个家庭人均花费在教育、旅游、娱乐、家用电器、通信和交通等方面的消费定义为发展性消费。生存性消费占比较高时人们处于生存性消费状态；发展性消费占比较高时人们处于发展性消费状态。显而易见，一个阶层发展性消费的边际消费倾向越强，其生活质量的提升意义就越大。

表 1-2　各个阶层生存性消费与发展性消费的边际消费倾向（扩展模型）

| 生存性消费 | | | | | |
| --- | --- | --- | --- | --- | --- |
| | 农民阶层 | 工人阶层 | 老中产阶层 | 新中产阶层 | 业主阶层 |
| （常量） | 3144.867 *** | 3092.476 *** | 4892.054 *** | 3233.185 *** | 7155.003 * |
| 人均家庭收入 | .249 *** | .241 *** | .302 *** | .168 *** | .002 |
| 家庭居住区域（城镇 = 1） | 215.516 | 1280.117 *** | -459.356 | 1638.880 | 2221.005 |
| 家庭人均存款债权等 | -.016 | .041 *** | -.030 | .020 ** | .078 *** |
| 家庭人均受教育年数 | 246.553 | 995.813 *** | 64.349 | 357.643 ** | 230.585 |
| 家庭人均耐用消费品藏品等现值 | .039 ** | .056 *** | .017 | .000 | .061 *** |
| 家庭人均生产经营资产现值 | .001 | .018 *** | .000 | -.005 | -.002 |
| N | 1830 | 1562 | 688 | 584 | 195 |
| 调整后 $R^2$ | .130 | .292 | .248 | .273 | .552 |

| 发展性消费 | | | | | |
| --- | --- | --- | --- | --- | --- |
| | 农民阶层 | 工人阶层 | 老中产阶层 | 新中产阶层 | 业主阶层 |
| （常量） | 370.617 | -955.624 | -765.375 | -4255.860 | -7965.284 |
| 人均家庭收入 | .096 *** | .146 *** | .204 *** | .257 *** | .002 |
| 家庭居住区域（城镇 = 1） | 97.827 | 430.309 | -609.307 | 4847.203 | 2891.371 |
| 家庭人均存款债权等 | -.033 | -.012 | .017 | -.029 | .073 *** |
| 家庭人均受教育年数 | 364.917 * | 873.236 ** | 822.760 | 1564.047 | 4921.152 |
| 家庭人均耐用消费品藏品等现值 | .168 *** | .236 *** | .144 *** | .054 ** | .278 *** |
| 家庭人均生产经营资产现值 | .043 *** | .047 *** | .000 | .005 | -.003 |
| N | 1872 | 1612 | 710 | 598 | 200 |
| 调整后 $R^2$ | .092 | .236 | .225 | .098 | .231 |

　　注：在绝对收入假说的扩展模型中，控制了家庭居住区域、家庭人均存款债权、家庭人均受教育年数、家庭人均耐用消费品藏品等现值、家庭人均生产经营资产现值等变量。

从表 1 - 2 可以看出，在生存性消费的扩展模型中，农民阶层、工人阶层和老中产阶层的边际消费倾向较强，分别达到了 0.249、0.241、0.302，而新中产阶层在生存性消费支出方面的边际消费倾向则只有 0.168。但业主阶层在生存性消费支出方面的边际消费倾向很弱，只有 0.002 且不显著。由此可见，在当前中国社会，对于农民阶层和工人阶层而言，其主要的消费需求，仍然集中在生存性消费需求的满足上。受收入的影响，这两个阶层会将更多的消费支出花费在衣、食、住以及日常的水电、医疗、对老人的赡养和红白喜事等方面。

需要解释的是，对于农村来说，红白喜事的开支是一个绕不开的必须投入的花销——在熟人社会，人际关系的维护、朋友之间的来往、亲缘网络之间的支持等，都需要通过固定的仪式性事件加以维护。农民可以减少当期消费的其他项目，但难以削减人情开支。在差序格局网络中，根据血缘关系、姻缘关系和朋友关系的亲密程度，不同的人会为自己的亲友支出一个大体上"说得过去"的货币额。再加上"面子"的影响，农民阶层的人们不可能缩减这部分支出。[①] 所谓人情交换等也刺激了红白喜事等方面的支出。另外，伴随耕地价值的攀升与新农村建设速率的提升，农民在住房方面的投资也大幅度上升。从土木结构到砖石结构，再到钢筋混凝土结构住房的变化，显示了社会整体的进步。对于那些贫困家庭来说，如果其院落与住房"跟不上形势而翻新"，就会在村落受到"对比性压力"。最近几年，各级政府配套的乡村道路硬化与危房改造费用，也对农村村落的整治和房屋的修建起了"诱致性"作用。花费在老人身上的医疗费与赡养费也是农民阶层的一个主要开支。尽管"新农合"已在很大程度上保障了农民使用医疗资源的能力，但能够为农民信得过的医院，却主要集中在县城与地方性中心城市。在这种情况下，如果一位老人住院治疗，就得有好几个人随同轮流护理，于是就不得不发生一些药品之外的开销，比如，护理者需要居住在县城或中小城市的宾馆、需要购买一些食品、需要支付不能报销的检查费，如此等等。这在一定程度上加大了农民阶层的负担，限制了其对发展性消费的需求。正因为如此，农民阶层发展性消费的边际消费倾向是较弱的，只有 0.096。

---

① 很多地方号召要移风易俗，婚事和丧事简办，但难以收效的一个重要原因就在于传统亲缘人际关系网络仍然具有很强的社会支持力。即使在现代化程度较高的城市社区，如果人们居住的熟人环境仍然存在，则维持这种关系网络、求得网络内人们认同的消费就不可避免。

工人阶层是一个正在提升生活水平的阶层。这个阶层的大部分成员来自农民工，另外一个主要的构成是国有企业工人。[1] 对于国有企业工人而言，其收入是稳定的，而且会伴随当地物价水平的变化而享受到"调资"政策的保护。近期城镇职工养老保险每年都有10%的提升，提高了受惠企业工人阶层未来生活的"保险性"，工人阶层逐渐释放出了消费信心，推动了生活水平的提升，但国企工人的数量很有限。由农民工转化而来的产业工人，在市场波动中虽增加了收入——名义工资有了提升，但伴随城镇的生活成本——房租的上扬和食品价格的攀升，消费信心反而被消解了。青年农民工要结婚，如果在家乡的县城没有住房，就难以娶媳妇。丈母娘推动房价的结果，是男方掏空了家庭积蓄，降低了家庭在其他方面的消费能力。一个农民工甚或一个农民工家庭的全部劳动力，需要积攒多年的打工收入才能达到首付额度。而完成首付之后的按揭，则会长期挤压当期消费——因为生存性消费必须维持在一定的标准，所以，用于改善生活质量的消费就很难提升。还需要强调的是，由农民工转化来的工人阶层，因为不能融入当地城市，故其消费需求很难完全释放——他们徘徊于城市之间，没有居留的确定性心理，犹豫与彷徨于未来的漂移不定。他们不得不关注生存性消费，而难以追求发展性消费。其家庭的留守性与分离性特征，也消解了家庭作为一个整体而发生的消费动力。这体现在模型中，工人阶层的边际消费倾向虽强于农民阶层，但弱于老中产阶层和新中产阶层，仅为0.146。

老中产阶层，即以自雇方式维持生计的阶层，其中的绝大多数属于老年农民工，还有一部分属于近期自我创业的技术人员。由农民工转化而来的工人阶层，必须依靠自己的体力劳动和一定的技术水平来工作与生活。在这一意义上，受雇者的体力与技术——人力资本这一主要变量，会随时间的推移而贬值。所以，在歧视性市场环境中，逐渐变老的农民工越来越难以在制造业等领域觅职，进而先是被挤压到技术含量较低的建筑业，然后被挤压回农村。有些农民工为保住城市的工作岗位，生怕因为年老而失去工作，不得不染黑了自己的头发。[2] 但"变老的过程"迫使其不得不另觅职业。如果不愿

---

[1] 在20世纪90年代末期与21世纪最初几年的企业改制中，集体企业的数量已经越来越少。即使在地级城市层面，国有企业的数量也已经不多了。所以，绝大多数集体企业工人或转制到私营企业，或在买断工龄后退休。

[2] 城市论坛：《我国高龄农民工或超4000万　靠染发躲检查》，http://www.chengshiluntan.com/forum.php? archiveid=2&mod=viewthread&tid=5338318。

回农村种地，就在城市或家乡的城镇开店创业。城镇或城市的老龄化过程为他们提供了就业空间。一部分征地农民也因获得了拆迁补偿而加入这类低端服务业之中。因为处于服务业的低端，也因为处于阶层内部的密集竞争状态，故其收入相对有限。但这个阶层的家庭成员可以团聚在一起，故其生存性消费的边际消费倾向最强，其也具有发展性消费的冲动，比如，其发展性消费的边际消费倾向仅仅低于新中产阶层，达到了0.204。

新中产阶层是一个迅速提升自己生活水平的阶层。他们接受过大专及以上程度的教育，在收入上高于农民阶层、工人阶层和老中产阶层，在工作上属于白领劳动者。这个阶层的新进入者，会因为刚刚毕业于大学而需在其就业的城市购置房屋而心存压力，但当其完成这一消费过程，则会逐渐突破生存性消费的约束。所以，从总体上来说，其生存性消费的边际消费倾向比较弱，而发展性消费的边际消费倾向却相对最强，达到了0.257。所以，中国当前的消费升级与消费的个性化趋势，更显著地体现在新中产阶层上。他们深明人力资本的含义，舍得在教育上投资，更愿意花钱供子女出国留学；他们重视商品的符号化含义，追求品牌的市场价值；他们在电器革命的过程中，已经更换过好几代家用电器；他们也是轿车消费的主力军，不仅使中国成为"轮子上"的国家，而且拉动了自驾游，活跃了旅游经济；他们也开启了周末的消费市场，成为城市宾馆餐饮的消费主力军。所以，其在发展性消费方面的边际消费倾向达到了0.257，在所有阶层中弹性最大。

但意外的是，业主阶层既没有显示出生存性消费的显著性，也没有显示出发展性消费的显著性。为什么理论上比较富裕的阶层，在消费支出的弹性上，尤其是在控制了家庭人均生产性固定资产等变量之后的边际消费倾向，会失去统计显著意义？原初的设想是：雇用了他人劳动的业主阶层，在平均意义上，收入居于社会的最上层，应该更多地追求发展性消费，由此也应该在模型中显示出较大的发展性消费弹性。但数据处理的结果有违假定。原因何在？一个可能的解释是：一方面业主阶层的部分发展性消费被打入了企业的成本，这也是业主阶层惯常的做法，比如某些家用电器、汽车、以企业名义购买的改善型住房①等，就可以计入企业固定资产；另一方面，业主本人及家庭成员的出国旅游费用、教育培训费用、娱乐费用、通信与交通费用等

---

① 即使在北上广深这些大城市，政府对于以企业名义购买的房屋，也是不限购的。

也可以变相地被计入企业日常经营性开支之中。对于某些家族化的小业主阶层来说，家庭生活成本本身就与企业经营成本混在一起。因此，数据显示的不显著并不预示这个阶层在发展性消费方面的保守。

通过上面的分析可以看出，中国社会结构的轴心——阶层结构的变化，导致了消费市场的显著分化。农民阶层和工人阶层对生存性消费的边际弹性较大；老中产阶层既有较大的生存性消费弹性，也有较强的发展性消费冲动；新中产阶层已经将主要消费动力转移到发展性消费方面；业主阶层这个新富阶层的消费，可能已经超越了发展性消费阶段，而达到了较高的享乐型阶段。虽然媒体会经常报道这个阶层的炫富消费案例，但2013年CAS数据没有问及这方面的信息，故这里难以做出更为细致的分析，这是令人遗憾的地方。

各个阶层在生存性消费和发展性消费方面的边际消费倾向，一方面有利于政府制定具有针对性的消费刺激政策；另一方面也有助于市场瞄准各个阶层当前改善生活质量的诉求现状，因此也具有极其强烈的政策性含义。

第一，农民阶层和工人阶层是生存性消费的主要启动力量。老中产阶层既是生存性消费，也是发展性消费的主要动力。伴随经济的增长与社会的发展，这两个阶层已经快速地提升了自己的消费水平，极大地改善了生活条件。中国人的预期寿命之所以能够提升到75岁左右①，就是改革开放提升了全民的生活质量。但时代的进步，也将整个社会的贫困线与平均生活水平提升到新的高度。能够吃饱、能够穿暖、能够看电视等，或者在农民阶层的家庭也装备了煤气等，这是经济发展与社会进步等赋予的基本生活条件。伴随土地流转与村落住房的楼阁化，农民阶层的生存性消费还会继续扩张。在2008年的"家电下乡"②和"汽车下乡"③之后，还可以引导农民阶层继续增加生存性消费。工人阶层在完成了家用电器"以旧换新"的消费革命之

---

① 《中国人口平均预期寿命达74.83岁　十年提高3.43岁》，http：//news. sohu. com/20120810/n350317599. shtml。

② 自2007年12月起，"家电下乡"开始在山东、河南、四川及青岛"三省一市"试点。农民购买补贴范围内的家电产品，可以获得13%的财政补贴。从2009年2月开始，这一政策在全国范围内推行。后来，财政部、商务部、工业和信息化部发布了《关于家电下乡政策到期后停止执行等有关问题的通知》，"家电下乡"政策已于2013年1月31日结束。

③ 根据国务院2009年1月14日公布的《汽车行业调整振兴规划》，从2009年3月1日至12月31日，对购买1.3升及以下排量的微型客车以及将三轮汽车或低速货车报废换购轻型载货车的，给予一次性财政补贴。2010年年初，又将"汽车下乡"政策实施时间延长到2010年12月31日。

后，还可以在家庭装修方面启动新一轮的消费刺激。

当然，中国社会结构的变化，还将使人们的食物消费结构发生重大转变：从以粮食为主的消费向粮食和肉禽蛋奶菜等结合的消费转变；从依靠化肥和农药增产而生产食品向卫生环保安全的食品消费转变；从医疗服务较低的阶段向医疗服务较高的阶段转变。如果说城市中产阶层与业主阶层已经发生这样转变的话，那么，农民阶层和工人阶层也比以往任何时候都开始关心食品安全和食品营养。另外，从总体上来说，农民阶层、工人阶层、老中产阶层等在奶类和肉类的消费方面，还与新中产阶层和业主阶层等存在差距。同时，在老龄化过程中，老年人的医疗护理需求等，也应该是生存性消费的重要领域，有关这方面的需求，不用刺激也极其广阔。现在，广播节目的一项重要内容是向老年人推销医疗保健产品，但真实有效的药物与保健产品还很有限。这个市场会产生很大的消费需求。

第二，对于新中产阶层和业主阶层来说，他们应该是发展性消费的主力。不管是在特大城市还是在中小城市，他们都带动了城市消费品的升级换代。在新中产阶层与业主阶层迅速提高自己的发展性消费水平的过程中，因为市场供给的产品和服务的质量与个性化，远远满足不了这两个阶层的需求，所以，外资产品才在中国大量销售。大到名牌轿车市场，小到非常个性化的手机与皮包市场，都基本被外资企业占领。这就是说，国内企业现在面临的主要矛盾是新中产阶层崛起所产生的巨大消费市场以及业主阶层扩张的消费欲望与发展性消费产品短缺之间的矛盾。从 2015 年的手机消费方面可以看出，尽管经济下行的趋势很明显，但苹果手机所开发的新产品——iPhone 6S 和 iPhone 6S Plus 在几天内就被预订一空。在受使用价值退居其次以及符号价值、广告导引、市场话语霸权的影响下，整个社会的消费市场都会在竞争中日趋激烈。另外，发展性消费中的养生、娱乐与旅游等市场，还开发得很不够。那些开发得比较好的地方，在交通的可及性方面还缺少支持。另外，如何加大整个社会的生产与工作效率，缩短人们的工作时间，增加节假日与周末的"有闲供给"，也应该是启动消费升级的另外一个非常必要的政策投入内容。

## 四　结论与简短的讨论

2015 年 9 月，国家统计局发布的数据显示，8 月消费品零售总额同比增长 10.8%。<sup>①</sup> 这使投资驱动性增长转变为消费驱动性增长的预期更为强烈。<sup>②</sup> 但仔细分析后就会发现,在全社会必须消费一定量的产品才能维持发展的要件约束下,在推动 GDP 增长的因素中,主要是投资和出口的相对萎缩使消费之占比有所上升。因此,通过消费拉动国民经济增长还需要继续奋力激励。消费升级既是经济与社会发展的结果,也是全社会各个社会阶层改善生活质量的必由之路。在中国社会阶序化改善消费结构的过程中,通过对各个阶层平均消费倾向和边际消费倾向以及生存性消费和发展性消费的分析,我们可以得出以下基本结论。

第一,对于中低阶层而言,收入提升是消费升级和生活质量改善的关键。从平均消费倾向可以看出,农民阶层、工人阶层和老中产阶层最具消费潜力——他们迫切需要通过消费以改善当前的生存性生活质量。但收入限制了这几个阶层的消费,在收入增速有限的情况下,对未来生活"安稳"或"保险"的预期值越高,将越有助于消费。但社会保障的"保险"功能还有待释放。在经济环境日趋复杂的背景中,任何简单化的、口号性的提升下层阶层收入水平的建议,短期内在操作层面都难以落实。

对于农民阶层来说,在国际粮价低于国内粮价的大背景下,受人均种植面积较小的约束,农民阶层依靠粮食增产以提高自己收入的办法,已渐趋式微。粮食直补、农资综合直补、良种补贴十分有限。通过转移支付建立的新农合和居民养老保险的制度红利也已经释放。城镇职工每年将养老金提高10% 的政策已持续 10 年,但农村居民养老保险的最低标准从每月 55 元提高到从 2015 年起的每月 70 元。在通货膨胀的影响下,这种低保障、广覆盖的模式所起的"保险"作用越来越小。在经济下行影响了中央财政增速的可持续性后,农民阶层收入的提高,只能依赖农业现代化。农民阶层平均年龄的提升,正日益威胁农业、农村和农民自身的可持续发展。如何继续提高劳动生产率,如何通过有益的土地流转更大幅度地缩小农民阶层的规模以提高人均种植面积,就成为提升农民阶层收入的必由之路。

对于工人阶层来说,其收入在过去 10 年已有了长足的增长。整个农民工的平均收入,已经高出大学生的初职收入;技工的月平均收入,甚至高出

---

① 《8 月我国社会消费品　零售总额同比增长 10.8%》,光明网,http://news.gmw.cn/newspaper/2015 - 09/14/content_ 109182157. htm.

② 2014 年,消费对中国 GDP 增长的贡献率为 50.2%。2015 年上半年,消费对 GDP 增长的贡献上升到 60%。

大学生很多。农民工通过"用脚投票"并配以"弱者的反抗"，改变了20世纪末期的劳资关系格局，改善了自己的劳动环境。企业的技术升级过慢、劳动过程的工艺水平与自动化水平较低，限制了工人阶层在国际市场的竞争力。所以，依靠"三方谈判"机制继续提升收入的可能性受到了影响。因此，劳动生产率的提升速度，就成为工人阶层收入持续性提高的前提条件。城市房价的居高不下，增加了工人阶层的按揭压力和租房压力，为银行打工成为整个社会普遍的抱怨。通货膨胀对收入较低阶层的消费约束力远远大于上层阶层。在这种情况下，如果不控制衣食住行等生存性消费的成本，工人阶层发展性消费的开支能力就释放不出来，他们生活品质的改善就难以持续。在人口红利逐渐消失的情况下，劳动生产率的提升，就成为工人阶层提升收入和消费水平的主要举措。

对于老中产阶层来说，虽然其既有生存性消费的冲动，也有扩展发展性消费的希望，但主要从事服务业的老中产阶层，其收入增长的空间逐渐收缩，其经营的店面也在电商的冲击下门可罗雀。尽管想转变为高端服务业，但其难以获得银行贷款的支持，在低端服务业中的互相竞争也摊薄了利润。地方配置的鼓励创业的支持政策，也没有完全落到实处。虽然他们很想将企业做大做强，但残酷的市场竞争和经济的波动等，压缩了其发展的空间。他们不可能像市场转型初期那样赢得以小搏大的机会了。在这种情况下，其收入的提升，就既有赖于自身对市场的准确把握，也有赖于所提供的服务产品的质量提升。

第二，对于较高的阶层——新中产阶层和业主阶层而言，其已经基本超越了对生存性消费的诉求，而开始追求发展性消费。他们的收入相对稳定，他们是技术升级与劳动生产率提升的最先受益者，他们抵抗社会风险的能力也高于下层阶层。这两个阶层在衣食住行等消费上，会更加看重消费品的个性化符号价值。在发展性消费上，他们会更加追求高端服务业的品牌价值。他们在物质欲望的满足过程中，也会更看重消费对精神世界的满足程度，这会增加他们对文化产品的挑剔性。与高质量的、个性化的、凸显符号价值的、具有民族特色的物质消费品的短缺相一致，高质量的、有民族历史深度的、具有较高艺术展现力的文学艺术、绘画艺术、电影、电视、话剧等文化产品，也处于短缺状态。所以整个社会呈现的矛盾状况是：一方面是为中产阶层拒斥的粗制滥造的剧目的批量生产，但收视率与上座率低下；另一方面是进口大片的高票房。在这种消费结构供给格局中，要刺激新中产阶层和业主阶层的消费，就得解决这两个阶层消费品位的提升与民族产品产能供给之差距的矛盾问题。另外，还需要创新与开发与时代发展相适应的哲学社会科学等精神产品，以导引人们在现代化和后现代化过程中的世界观。如果物质供给的繁荣不能配以精神世界的丰富，则上层阶层就易于演化出物欲横流的消费观，在道德滑坡中享受醉生梦死，这会消解整个社会的进步与发展价值。

第三，要区分生存性消费品和发展性消费品的生产和供给方式。因为农民阶层、工人阶层和老中产阶层的消费诉求，主要集中在生存性需要的满足方面，所以，生存性商品的生产，还可以继续延续类型化、批量式供给之路。毕竟，在收入较低阶层将消费品的使用价值放在主要考量标准的情况下，生存性消费的模仿型排浪式特征还很强。但新中产阶层和业主阶层的消费，已经过渡到个性化、多样化、代际化、档次化阶段，这就需要将生产工艺与信息技术相结合，即将消费品的生产与互联网相结合，走私人化、定制化、特色化之路，使瞄准于新中产阶层的市场逐渐从批量生产阶段过渡到小批量定制阶段，再过渡到私人个性定制阶段。互联网、社交媒体与智能手机的使用，能够使消费者在线追踪商品信息，这已经为该类消费的流行奠定了坚实的基础。在服务业方面，也需要创新以消费者为中心的市场供给，开发出类型多样的保健、教育、娱乐、旅游、养老、休闲、生态环境等产品，满足新中产阶层和业主阶层的品位需求。从表1-3可以看出，在"发展经济与保护环境"之间也存在着阶层的显著差异。对于业主阶层和新中产阶层来说，大多数人偏好于"保护环境"之政策选择；但在老中产阶层、工人阶层和农民阶层那里，则有更多的人倾向于"发展经济"之政策选择。所以，阶层分化的现实，已经使消费与服务市场（环境可以作为公共消费品对待）都打上了深刻的阶层烙印。

表1-3　"发展经济比保护环境更重要"这句话是否符合您当前的想法

单位：%

| 阶　层 | 完全符合 | 比较符合 | 不太符合 | 完全不符合 | 说不清 | 合　计 |
|---|---|---|---|---|---|---|
| 业主阶层 | 5.6 | 19.1 | 51.8 | 20.9 | 2.6 | 100 |
| 新中产阶层 | 5.2 | 14.0 | 58.1 | 21.2 | 1.5 | 100 |
| 老中产阶层 | 8.1 | 26.2 | 47.7 | 13.0 | 5.0 | 100 |
| 工人阶层 | 7.8 | 22.9 | 50.9 | 14.4 | 3.9 | 100 |
| 农民阶层 | 8.6 | 30.7 | 41.5 | 8.3 | 10.9 | 100 |
| 小　计 | 7.6 | 24.8 | 48.2 | 13.3 | 6.1 | 100 |

当然，生活质量的提升是全面的，而不仅仅体现在以货币方式支付的消费方面。比如，闲暇时间的长短、工作过程的疲劳程度、家庭关系的和谐指数、朋友之间的感情亲密性以及社会的安逸性等。但消费应该是生活质量提升的基础，在市场经济大环境下，没有一定程度的消费支出，就不可能保障人们的生活质量。

# 第二章
# 就业质量及其影响因素

范 雷

随着我国劳动年龄人口总量的连年下降，较长时期以来影响我国劳动力市场供大于求的就业总量矛盾得到初步缓解，就业压力有所减轻。其中一方面，服务业的快速发展为吸纳就业创造了条件；另一方面，就业的结构性矛盾依然较为严重，供需错位导致大学毕业生就业问题短期内难以得到有效解决，高水平技术工人短缺现象也较为突出。而在经济增速放缓的背景下，特定区域、特定行业的就业问题将会更加凸显，局部性的劳动力市场供大于求的矛盾仍会显现。因此，解决就业的数量问题在今后的一定时期内仍将是政府确定经济发展增速的底线标准。

在注重就业数量的同时，就业质量问题也开始引发社会的关注。20世纪90年代中期以来，为缓解就业压力而实行的鼓励非正规就业措施，虽在很大程度上解决了就业数量问题，但也导致收入较低、就业不稳定等状况；大批农村劳动力在城镇就业，工作条件差、社会保障不足等问题也较为严重；而大学生就业难也直接影响了其就业质量，低质量就业现象突出。因此，在我国就业总量矛盾得到缓解的背景下，提高就业者的工资水平，改善就业者的工作条件、社会保障等，不仅有助于提高人们的就业质量，同时也能促进就业总量矛盾的进一步缓解。

## 一 就业质量研究的文献综述

就业质量反映的是劳动者与生产资料结合的状况，包括工作的性质、聘用条件、工资水平、工作稳定性、工作环境、社会保险和劳动关系等主要内容（刘素华，韩春民，2007）。随着经济全球化进程的加快，劳动关系也日益表现出全球化特征。跨国资本的进入不仅造成了不同国家间工人的矛盾，同时也使在一国之内有效协调劳资关系、维护劳动者权益变得复杂；而全球经济衰退也使失业率上升、就业质量下降等成为全球性问题（刘素华，2005；苏士尚，2007）。为此，1999 年 6 月第 87 届国际劳工大会提出了"体面劳动"理念，即在经济全球化的背景下，促进男女在自由、公正、安全和具备人格尊严的条件下，获得体面的、生产性的工作机会。此后，国外有关就业质量的研究在工作层面的就业质量评价体系、国家层面的就业质量整体评估框架和行业层面的工作岗位质量评价指标方面取得了较大的进展，形成了以国际劳工组织提出的"体面劳动"指标体系、欧盟委员会提出的"工作质量"指标体系、欧洲基金会提出的"工作和就业质量"指标体系为代表的多个指标评价体系（王阳，2014；田永坡、满子会，2013）。

受国外就业质量研究的影响，我国自 21 世纪初期开始对就业质量进行研究，并将其上升到政策层面，使提高就业质量成为政府工作的重要目标。我国学者在就业质量研究方面注意到就业质量必然受到一国的文化、历史和特殊国情的影响，突出强调了研究的本土化。因此，国内研究着重探讨了适应中国国情和现阶段经济发展状况的就业质量内涵、指标及影响因素。

就内涵而言，学者认为就业质量包含主观、客观，微观、宏观的划分。首先，学者们普遍接受了"就业质量概念是反映整个就业过程中劳动者与生产资料结合并取得报酬或收入的具体状况之优劣程度的综合性范畴"这一概念，指出劳动者在劳动中的客观状况与其对劳动过程的主观判断均应包含在就业质量的评价中（国福丽，2008）；其次，学者认为，就业质量通常在微观和宏观两个层次上被使用，微观就业质量是从劳动者个体角度包含了与其就业状况相关的一切要素，而宏观就业质量则是从一个国家或地区角度包含了与之相关的劳动力市场运行状况（刘素华，2005）。

就指标而言，依据对就业质量内涵的把握及具体理解的不同，学者们对就业质量指标设计也表现出较大差异。以宏观就业质量指标为例，有学者从就业机会不断增加、劳动资源充分利用、就业改善家庭生活、就业提高自身能力、失业后能及时就业、劳动者权益充分保障六个方面理解就业质量，提出了就业环境、就业能力、就业状况、劳动者报酬、社会保护和劳动关系六个维度的指标（赖德胜，2011）；以微观就业质量为例，有学者将就业质量理解为工作性质、工作条件、稳定与安全、个人尊重、健康与福利、社会保障、职业发展、劳资关系、机会平等九个方面，以就业稳定性指数、工作质量指数、劳资关系指数、福利和保障指数、职业发展指数分别进行测量（李军峰，2003）。总体来看，劳动力市场状况优化、劳动者收入增长、劳动者工作条件改善、劳动者社会保障状况完善、和谐劳动关系建立等成为人们构建就业质量指标的核心内容。

就影响因素而言，在就业质量研究的起步阶段，由于计划经济体制的作用依然存在，行政级别、政治面貌和工龄因素对就业质量的影响较为明显，而随着市场经济体制的逐步建立，人力资本、社会资本等因素的影响开始显现（赖德胜，2011；孟大虎、苏丽锋、李璐，2012；代锋、吴克明，2009），但户籍、所有制、行业、职业仍起着一定的作用（苏丽锋，2013）。

总之，我国的就业质量研究尚在起步阶段，就业质量概念的内涵得到初步梳理并获得学者认可，但在具体指标设计方面表现出各自不同的特点，同时受制于数据的可得性，在指标测量的完整性上存在不同程度的缺失。本文拟参考目前就业质量研究的已有成果，以微观客观数据对就业质量状况进行整体描述，同时以微观主观数据探讨就业质量的主要影响因素。

## 二 就业质量的现实状况

### 1. 就业状况保持基本稳定，但高学历青年人失业现象日益突出

劳动者的就业状况是反映就业质量的基本的宏观指标之一。一个国家或地区能否为劳动者提供更多的就业机会，成为衡量该国家或地区就业质量的重要标准。近年来，随着劳动年龄人口总量的逐年下降，产业结构逐步优化，第三产业吸纳就业作用的提高，以及政府促进就业政策的积极推进，我国就业形势总体平稳。国家统计局公布的 2014 年调查失业率的数据显示，2014 年年末，全国城镇失业率为 5.1% 左右。

从目前来看，就业形势的稳定为提高我国劳动者就业质量奠定了基础。总体来看，表现出以下几个特点。

第一，高等学校毕业生毕业即失业现象得到初步缓解。在调查中，就失业群体的失业原因看，2013 年高等学校毕业生因毕业后未工作而失业的比例较 2011 年有所下降，2011 年的这一比例为 17.5%，而 2013 年为

14.5%（见表2-1）。这表明目前尽管全国高校毕业生总人数连年增加，但在政府积极促进高校毕业生就业的政策推进下，高校毕业生的就业状况得到一定改善。

表2-1　失业群体的失业原因

单位：%

| 类　　别 | 2008年<br>（N=261） | 2011年<br>（N=106） | 2013年<br>（N=295） |
|---|---|---|---|
| 已离/退休 | 3.6 | 3.6 | 3.2 |
| 毕业后未工作 | 9.1 | 17.5 | 14.5 |
| 料理家务 | 14.2 | 13.9 | 24.8 |
| 因单位原因（如破产、改制、下岗/内退、买断工龄、辞退等）失去原工作 | 36.4 | 14.8 | 16.0 |
| 因本人原因（如家务、健康、辞职等）离开原工作 | 20.1 | 27.8 | 27.0 |
| 承包土地被征用 | 1.8 | 1.9 | 3.2 |
| 其他 | 14.8 | 20.3 | 11.4 |
| 合　　计 | 100 | 100 | 100 |

第二，长期失业问题得到解决，短期失业比例上升。从调查结果看，自2008年以来，失业群体中短期失业比例逐步提高，而长期失业比例逐步降低。2013年失业半年及以下的短期失业比例为43.1%，比2011年增加9个百分点（见表2-2）。这表明目前我国由经济结构转轨造成的长期失业问题逐渐得到解决，而由经济周期性波动、劳动者岗位匹配等造成的周期性、摩擦性短期失业问题逐步显现。

表2-2　失业群体的失业时间

单位：%

| 类　　别 | 2008年<br>（N=261） | 2011年<br>（N=106） | 2013年<br>（N=295） |
|---|---|---|---|
| 半年及以下 | 24.5 | 34.1 | 43.1 |
| 半年到一年 | 5.9 | 12.3 | 10.9 |
| 一年及以上 | 69.7 | 53.6 | 46.0 |
| 合　　计 | 100 | 100 | 100 |

第三，劳动者就业稳定性较高。从调查结果看，受访者中认为未来6个月内不太可能或完全不可能失业的比例为67.3%，而认为未来6个月内有

可能或完全有可能失业的比例为21.2%（见表2-3）。这表明目前人们的就业稳定性较高。

表2-3 您认为自己在未来6个月内失业的可能性有多大?

单位：人，%

| 类 别 | 人 数 | 百分比 | 类 别 | 人 数 | 百分比 |
|---|---|---|---|---|---|
| 完全有可能 | 359 | 7.4 | 完全不可能 | 2069 | 42.4 |
| 有可能 | 673 | 13.8 | 不清楚 | 181 | 3.7 |
| 一 般 | 379 | 7.8 | 合 计 | 4877 | 100 |
| 不太可能 | 1216 | 24.9 | | | |

第四，高学历失业者比例上升。就失业群体的学历构成看，高中及以上学历人群的比例上升，而初中及以下学历人群的比例下降。CSS 2008显示，高中及以上学历人群失业者比例为33.8%，2011年为43.3%，而2013年则达到57.1%；单就失业群体中大专及以上学历人群所占比例来看，2008年为7.5%，2011年为12.3%，而2013年则达到24.2%。这表明目前尽管高等学校毕业生初次就业矛盾有所缓解，但高学历青年人的就业问题日益凸显，该群体就业质量下降的状况应引起社会高度关注。

**2. 劳动者工资收入有所增长，但低收入群体工资增长缓慢，工资收入差距进一步拉大**

获得劳动报酬是劳动者参加劳动的最主要目的，因此在就业质量研究中，劳动者所得的收入或报酬情况往往被研究者作为衡量就业质量的重要方面，它是维持劳动者及其家庭日常生活的主要来源。近年来，解决收入分配问题成为政府民生工作的重点之一，保障人们收入的稳步增长并建立合理的收入增长机制成为政策的主要方面。

从调查结果看，2013年与2011年相比，非农就业劳动者的工资收入有了较大幅度的提高，其中2011年非农就业劳动者人均月工资收入为2460元，而2013年则上升到3292元，名义增长33.8%。从非农就业劳动者月工资收入五等分组看，最低组增长幅度较小，为14.2%（见表2-4），这表明目前尽管政府不断提高最低收入标准，但其对低收入群体的工资增长作用有限，低收入群体的工资增长缓慢。

从非农就业劳动者的收入差距看，2011年最高组平均工资收入是最低组的12.05倍，而2013年则为13.60倍，呈现出工资收入差距扩大的态势。

表 2-4　非农就业劳动者月工资五等分组

| 月工资分组 | 2011 年 | | | 2013 年 | | | 工资均值增幅(%) |
|---|---|---|---|---|---|---|---|
| | 均值(元) | 人数 | 标准差 | 均值(元) | 人数 | 标准差 | |
| 最低组 | 612 | 777 | 400.526 | 699 | 985 | 449.649 | 14.2 |
| 次低组 | 1371 | 457 | 142.613 | 1792 | 1113 | 229.654 | 30.7 |
| 中间组 | 1912 | 519 | 140.330 | 2408 | 484 | 148.001 | 25.9 |
| 次高祖 | 2715 | 542 | 299.396 | 3065 | 762 | 213.087 | 12.9 |
| 最高组 | 7372 | 423 | 9386.790 | 9503 | 777 | 34378.814 | 28.9 |
| 总　体 | 2460 | 2718 | 4333.102 | 3292 | 4121 | 15241.412 | 33.8 |

**3. 劳动者超时工作现象较为普遍，体力劳动者工作时间长于非体力劳动者**

在就业质量研究中，工作时间是衡量工作强度的主要指标，合理的工作时间有利于劳动者身心健康，同时也有助于劳动者平衡工作与家庭生活的关系。调查显示，2011 年非农就业劳动者每天平均工作 8.8 小时，有 42.6% 的人每天工作时间超过 8 小时；2013 年非农就业劳动者每天平均工作 9.1 小时，有 45.1% 的人每天工作时间超过 8 小时（见表 2-5）。这表明目前非农就业劳动者超时工作现象较为普遍，这在一定程度上降低了其就业质量。

尤其值得注意的是体力劳动者中超时工作现象极为普遍。调查表明，非农就业劳动者中，工作需要一定专业技能的人，每天工作时间超过 8 小时的比例约为 30%，每天工作时间约为平均 8.7 小时；而工作以体力或半体力为主的人，其每天工作时间超过 8 小时的比例在 55% 以上，每天工作时间约为平均 9.5 小时。从劳动者就业的单位类型看，个体工商户每天工作时间平均为 10.2 小时，私营企业工人每天工作时间平均为 8.89 小时，三资企业工人每天工作时间平均为 8.86 小时，均高于其他单位类型人群。这表明目前部分体力劳动者以延长劳动时间提高收入，同时一些企业强制劳动者超时工作的现象依然存在，而较高的劳动强度和较长的工作时间造成了体力劳动者就业质量的下降。

表 2-5　非农就业劳动者日工作小时数

| 类　别 | 2011 年 | | 2013 年 | |
|---|---|---|---|---|
| | 人　数 | 百分比 | 人　数 | 百分比 |
| 8 小时以下 | 441 | 14.3 | 664 | 13.6 |
| 8 小时 | 1325 | 43.1 | 2010 | 41.3 |
| 8 小时以上 | 1310 | 42.6 | 2195 | 45.1 |
| 合　计 | 3076 | 100 | 4869 | 100 |

### 4. 劳动者社会保障状况改善

社会保障制度是国家依法对公民实行的物质补偿和帮助的制度，其为分散风险，保障基本生活水平，维护社会稳定发挥着积极作用。因此，它也是衡量就业质量的重要指标之一。从调查结果看，目前非农就业者中，享有医疗保险的比例最高，2013 年达到 88.2%；其次为养老保险，2013 年达到 60.6%；而失业保险、工伤保险、生育保险的享有比例相对较低，2013 年分别为 23.3%、26.1% 和 17.3%。与 2011 年相比，2013 年非农就业劳动者的各类社会保障享有比例均有不同程度的上升（见表 2 - 6）。这表明目前劳动者的社会保障状况得到逐步完善。

表 2 - 6    非农就业劳动者各类社会保障享有状况

单位：人，%

| 类　别 | 2011 年 | | 2013 年 | |
|---|---|---|---|---|
| | 人　数 | 百分比 | 人　数 | 百分比 |
| 养老保险 | 1586 | 50.9 | 2954 | 60.6 |
| 医疗保险 | 2646 | 84.8 | 4299 | 88.2 |
| 失业保险 | 710 | 23.0 | 1130 | 23.3 |
| 工伤保险 | 751 | 24.3 | 1266 | 26.1 |
| 生育保险 | 422 | 13.7 | 839 | 17.3 |

### 5. 劳动者权益保障稳步提高，劳动合同签约率稳步上升

和谐的劳动关系是评价就业质量的主要指标，通常情况下，劳动合同签约率、劳动者集体协商状况、劳动者对单位事务参与程度等均为衡量劳动关系的具体指标。在 CSS 研究中，我们主要以劳动合同签约情况作为评价劳动关系的主要指标。调查结果显示，目前随着政府在规范市场化前提下的劳动用工行为、保障劳动者合法权益方面所做的努力不断加大，劳动合同签约率稳步上升。2011 年企业职工中签订劳动合同的比例为 56.5%，而 2013 年则上升为 61.3%。

从签订劳动合同的类型看，签订固定期劳动合同的比例有所上升，2011 年为 41.1%，2013 年则为 46.6%；从签订劳动合同的企业类型看，2013 年国有及国有控股企业劳动合同签约率为 88.3%，集体企业为 74.1%，私营企业为 50.1%，三资企业为 89.3%，与 2011 年相比，多数企业的劳动合同签约率均有所上升（见表 2 - 7）。

表 2 - 7 各类企业职工签订劳动合同情况

单位：%

| 类别 | 国有及国有控股企业 | | 集体企业 | | 私营企业 | | 三资企业 | | 合 计 | |
|---|---|---|---|---|---|---|---|---|---|---|
| | 2011 年 (N = 235) | 2013 年 (N = 409) | 2011 年 (N = 40) | 2013 年 (N = 85) | 2011 年 (N = 697) | 2013 年 (N = 1274) | 2011 年 (N = 41) | 2013 年 (N = 82) | 2011 年 (N = 1013) | 2013 年 (N = 1850) |
| 固定期限合同 | 56.3 | 64.2 | 53.7 | 56.1 | 34.0 | 39.0 | 62.8 | 67.3 | 41.1 | 46.6 |
| 无固定期限合同 | 25.9 | 22.7 | 13.1 | 15.5 | 9.3 | 9.2 | 23.4 | 19.6 | 13.8 | 12.9 |
| 试用期合同 | 1.7 | 0.9 | 2.9 | 1.0 | 0.8 | 1.4 | 4.6 | 2.4 | 1.3 | 1.3 |
| 其他 | 0 | 0.5 | 5.2 | 1.5 | 0.2 | 0.5 | 0 | 0 | 0.3 | 0.5 |
| 没有签 | 16.0 | 11.3 | 25.1 | 25.5 | 54.9 | 49.0 | 9.2 | 10.5 | 42.9 | 37.9 |
| 不清楚 | 0 | 0.5 | 0 | 0.4 | 0.8 | 1.0 | 0 | 0 | 0.5 | 0.8 |
| 合计 | 100 | 100 | 100 | 100 | 100 | 100 | 100 | 100 | 100 | 100 |

## 三 就业质量的主观评价

由于就业质量反映了整个就业过程中劳动者与生产资料结合并取得报酬或收入的具体状况之优劣程度，因此在微观层面上，人们对自身就业状况的主观评价就成为衡量就业质量的重要标准之一。在以往的研究中，有学者将工作满意度等作为衡量就业质量的重要内容，并且认为工作满意度已经取代工资成为衡量就业质量的主要指标（田永坡、满子会，2013）。本文拟以工作满意度评价为因变量建立线性回归模型，以描述人们对就业质量的主观评价并分析人力资本、社会资本以及制度性因素等的影响。

**1. 工作满意度描述**

我们以 10 分制询问人们对非农就业的工作满意度，具体包括工作环境、工作轻松程度、工作的安全性、收入及福利待遇、个人能力的发挥，以及对养老保障、医疗保障的满意度。结果表明，人们对工作的安全性满意度最高，得分均值为 7.16 分；其次为医疗保障，得分为 6.83 分；第三为个人能力的发挥，得分为 6.65 分。相对而言，人们对非农就业的收入及福利待遇、工作轻松程度的满意度较低，得分均值分别为 5.46 分和 5.80 分（见表 2 - 8）。总体来看，人们对工作满意度的评价处于中等偏上的水平。

表 2 - 8　工作满意度

| 类　别 | 工作满意度得分（分） | | | | | | | | | | 均值（分） |
|---|---|---|---|---|---|---|---|---|---|---|---|
| | 1 | 2 | 3 | 4 | 5 | 6 | 7 | 8 | 9 | 10 | |
| 工作环境 | 3.4 | 2.1 | 4.6 | 4.2 | 18.5 | 14.7 | 14.4 | 19.9 | 6.8 | 11.6 | 6.55 |
| 工作轻松程度 | 5.5 | 5.1 | 8.7 | 7.9 | 19.0 | 12.6 | 12.3 | 15.9 | 6.0 | 6.8 | 5.80 |
| 工作的安全性 | 2.6 | 2.0 | 4.2 | 4.6 | 12.5 | 8.7 | 11.5 | 21.7 | 12.4 | 19.8 | 7.16 |
| 收入及福利待遇 | 6.2 | 5.5 | 9.0 | 8.8 | 22.0 | 15.6 | 13.0 | 12.1 | 3.7 | 4.3 | 5.46 |
| 个人能力的发挥 | 2.5 | 1.9 | 3.8 | 4.5 | 17.1 | 14.8 | 15.5 | 21.4 | 9.5 | 8.9 | 6.65 |
| 养老保障 | 5.5 | 2.8 | 4.0 | 4.3 | 15.7 | 11.8 | 14.9 | 20.1 | 7.5 | 13.4 | 6.57 |
| 医疗保障 | 3.8 | 2.6 | 3.5 | 3.8 | 14.3 | 11.4 | 14.4 | 22.3 | 9.4 | 14.5 | 6.83 |

**2. 工作满意度影响因素分析**

分析中，我们将工作满意度的上述七个方面以相等权重加总平均作为因变量。将哑变量女性（以男性为参照），哑变量华北地区、哑变量东北地区、哑变量华东地区、哑变量华中地区、哑变量西南地区（以西北地区为参照），哑变量"60后"、哑变量"70后"、哑变量"80后"、哑变量"90后"（以"50后"及以前群体为参照），哑变量白领（以蓝领群体为参照）[1]，哑变量公有制单位就业、哑变量非公有制单位就业（以个体自雇就业为参照），哑变量非农户籍（以农业户籍为参照），哑变量非流动人口（以流动人口为参照），哑变量垄断性行业（以非垄断性行业为参照）[2]，哑变量正规就业（以非正规就业为参照）[3]，教育年限，工作技能[4]，社交生活满意度[5]等作为因变量（见表2-9）。

---

[1] 我们将国家机关党群组织企业事业单位负责人、专业技术人员、办事人员和有关人员、警察及军人等归为白领，而将商业工作人员、服务性工作人员、生产工人运输工人和有关人员等归为蓝领。

[2] 垄断性行业包括电力、燃气及水的生产和供应业，交通运输、仓储和邮政业，金融业和房地产行业；非垄断性行业包括采矿业，制造业，建筑业，信息传输、计算机服务和软件业，批发和零售业，住宿和餐饮业，租赁和商务服务业，水利、环境和公共设施管理业，居民服务和其他服务业；公益性行业包括科学研究、技术服务和地质勘查业，教育，卫生、社会保障和社会福利业，文化体育和娱乐业，公共管理和社会组织。

[3] 我们将在各类正规单位就业且有劳动合同（或无须签劳动合同的）定义为正规就业，将在各类正规单位就业而应签但未签劳动合同的定义为正规单位非正规就业，将自雇、自由职业者定义为非正规单位就业。

[4] 工作技能主要是体现现职工作对专业技能的要求，包括五个等级（5. 需要很高专业技能，4. 需要较高专业技能，3. 需要一些专业技能，2. 半技术半体力工作，1. 体力劳动工作）。

[5] 社交生活满意度以10分制计，1分为最不满意，10分为最满意。

表 2 − 9 分析变量的描述性统计

| 因变量 | 工作满意度 | 均 值 | 标准差 | 样本量 |
|---|---|---|---|---|
| | | 6.4038 | 1.53507 | 4086 |
| 性别特征 | 哑变量女性 | .3557 | .47880 | 4086 |
| 地区特征 | 哑变量华北地区 | .1237 | .32923 | 4086 |
| | 哑变量东北地区 | .0755 | .26428 | 4086 |
| | 哑变量华东地区 | .3328 | .47126 | 4086 |
| | 哑变量华中地区 | .2841 | .45105 | 4086 |
| | 哑变量西南地区 | .1140 | .31789 | 4086 |
| 年龄特征 | 哑变量"60后" | .2252 | .41777 | 4086 |
| | 哑变量"70后" | .2960 | .45656 | 4086 |
| | 哑变量"80后" | .2978 | .45734 | 4086 |
| | 哑变量"90后" | .0890 | .28477 | 4086 |
| 职业特征 | 哑变量白领 | .3141 | .46422 | 4086 |
| 制度性因素 | 哑变量公有制单位就业 | .2994 | .45805 | 4086 |
| | 哑变量非公有制单位就业 | .5317 | .49906 | 4086 |
| | 哑变量非农户籍 | .3926 | .48838 | 4086 |
| | 哑变量非流动人口 | .7952 | .40364 | 4086 |
| | 哑变量垄断性行业 | .1018 | .30239 | 4086 |
| | 哑变量正规就业 | .4353 | .49586 | 4086 |
| 人力资本 | 教育年限 | 10.7165 | 3.67324 | 4086 |
| | 工作技能 | 2.5675 | 1.24617 | 4086 |
| 社会资本 | 社交生活满意度 | 7.17 | 1.768 | 4086 |

总体来看，目前以工作满意度为核心的就业质量评价表现出以下特点。

第一，就性别而言，不同性别人群的就业质量评价差异显著，女性的工作满意度高于男性。单就工资而言，男性月收入为5765元，而女性为2810元，女性为男性的48.7%，但女性在工作安全性、工作轻松程度、工作环境方面的评价均显著高于男性，其在收入及福利待遇方面的评价也略高于男性。这表明女性对自身工作条件评价较好，同时对收入待遇方面的要求低于男性而易获得满足感。

第二，就地区而言，华北及华东地区劳动者的工作满意度高于其他地区。这表明在上述经济较为发达地区，其职业构成中白领所占比例较其他地区高，因此劳动者在收入及福利待遇、工作安全性、工作轻松程度等方面获得较高水平的保障，提升了该地区劳动者的工作满意度。

第三，就年龄而言，相对于20世纪50年代及以前出生的人，"80后""70后""60后"对自身工作满意度评价均显著较低，表明目前处于劳动力市场的中坚力量承担着较为繁重的工作压力，因此在工作满意度评价上较即将退出劳动力市场的人群要低。而"90后"因刚步入劳动力市场，尽管其满意度也相对较低，但差异不显著。

第四，就职业而言，白领劳动者的工作满意度在工作环境、工作轻松程度、工作安全性、收入和福利待遇、个人能力发挥等方面显著高于蓝领劳动者，而在养老及医疗保障方面的满意度低于蓝领劳动者。从社会保障享有情况看，白领劳动者享有养老及医疗保障的比例高于蓝领劳动者，因此可以说白领劳动者对社会保障水平的要求较蓝领劳动者高。

第五，就制度性因素而言，所有制、户籍、行业垄断性因素对就业质量的影响不显著。这表明目前随着经济体制转轨，制度性因素对人们就业质量产生的影响正在减弱。但是不是流动人口、是不是正规就业对劳动者的工作满意度影响仍较为显著。这表明目前在流动务工方面，劳动者在流入地的社会融入存在较大困难，工作条件、收入及福利待遇难以得到有效保障，社会保障相对脆弱；同时就非正规就业来说，劳动者的合法权益保障仍有待提高。目前非正规就业者比例为56.5%，其就业质量的提高对劳动者整体就业质量的改善起着决定性作用。

第六，就人力资本而言，以教育年限为代表的受教育程度对工作满意度的影响不显著，取而代之的是，劳动者就业岗位的工作技能水平影响显著。这表明目前仅凭较高学历而获得较好工作岗位的可能性较小，随着大学毕业生就业难现象的持续，其就业质量下降已较为普遍，高学历青年人在就业方面除面临失业压力外，收入水平下降、非正规就业增加、就业满意度较低、专业匹配程度弱化等问题也较为明显。

第七，就社会资本而言，对自身社交状况满意度越高，其工作满意度就越高，这表明目前社会资本对就业质量的改善起着较大的作用。在就业质量方面，社会资本的拥有状况影响着人们求职过程的成本及就业岗位的匹配程度，在竞争激烈的就业环境中，社会资本对提高就业质量起着关键作用。

表 2 – 10 线性回归模型系数（非标准化回归系数）

| | 常量 | 系 数 | 标准误差 | t | Sig. |
|---|---|---|---|---|---|
| | | 3.470 | .166 | 20.925 | .000 |
| 性别特征 | 哑变量女性 | .332 | .047 | 7.130 | .000 |
| 地区特征 | 哑变量华北地区 | .214 | .103 | 2.067 | .039 |
| | 哑变量东北地区 | .154 | .114 | 1.350 | .177 |
| | 哑变量华东地区 | .185 | .091 | 2.029 | .043 |
| | 哑变量华中地区 | – .079 | .092 | – .862 | .389 |
| | 哑变量西南地区 | .074 | .105 | .705 | .481 |
| 年龄特征 | 哑变量"60后" | – .220 | .086 | – 2.566 | .010 |
| | 哑变量"70后" | – .320 | .084 | – 3.795 | .000 |
| | 哑变量"80后" | – .247 | .088 | – 2.792 | .005 |
| | 哑变量"90后" | – .142 | .108 | – 1.313 | .189 |
| 职业特征 | 哑变量白领 | .269 | .063 | 4.284 | .000 |
| 制度性因素 | 哑变量公有制单位就业 | .130 | .084 | 1.543 | .123 |
| | 哑变量非公有制单位就业 | .288 | .064 | 4.496 | .000 |
| | 哑变量非农户籍 | .006 | .054 | .110 | .913 |
| | 哑变量非流动人口 | .120 | .056 | 2.122 | .034 |
| | 哑变量垄断性行业 | – .018 | .073 | – .239 | .811 |
| | 哑变量正规就业 | .152 | .057 | 2.651 | .008 |
| 人力资本 | 教育年限 | .004 | .009 | .449 | .653 |
| | 工作技能 | .161 | .021 | 7.770 | .000 |
| 社会资本 | 社交生活满意度 | .288 | .012 | 23.315 | .000 |
| | 调整后 $R^2$ | .186 | | | |
| | F 统计量 | 47.684 | | | |
| | 显著性水平 | 0.000 | | | |

# 四 结论及建议

通过对目前劳动者就业质量的客观描述和主观工作满意度的分析，我们可以对目前我国劳动者就业质量状况做以下概括。

一方面，随着劳动年龄人口总量的逐步减少，以及政府在积极促进就业方面的努力，我国就业总量问题得到初步解决，就业的稳定性较高，失业率保持在较低水平，短期失业增加而长期失业减少，这有利于失业者在短期内获得工作岗位实现再就业。另一方面，高学历青年人的失业现象较为严重，就业质量有所下降。在劳动者收入方面，人们的工资收入有所增加，但同时收入差距持续扩大，低收入人群工资增长缓慢，以延长劳动时间获得工资增长的状况时有发生，同时非公有制企业强制劳动者延长劳动时间的状况也较为普遍。劳资关系继续改善，劳动合同签约率稳步提高，社会保障享有程度也呈现逐步提高的状态，这表明目前我国在规范用工方面取得了较为明显的进展。总体来看，我国在劳动力市场运行的制度性建设方面取得成效，计划经济体制下造成劳动力市场分割的因素的影响正在减弱，所有制、户籍、行业垄断性对人们就业质量的影响不显著，但在应对大规模流动务工方面的制度保障亟待加强，应确保流动务工人员在流入地享有与本地务工人员相同的就业待遇和社会保障，同时应加大对非正规就业的保障，确保其正常的劳动权益不受损害。

为此，我们提出如下几点建议。

第一，继续推进积极的就业政策，保障我国就业状况的持续改善。尽管目前我国就业状况表现出较好的状态，但在经济增速下行的背景下，受经济波动影响，我国部分地区、部分行业的就业状况仍面临较大压力，新增就业人口数量依然庞大，高学历青年人群的就业状况有待改善，就业质量仍有待提高。因此，继续推进积极的就业政策，鼓励创业并降低创业门槛仍将是今后保障就业质量的重要环节。

第二，继续完善劳动力市场运行机制建设，建立劳动力合理流动机制。尽管目前原有计划经济体制因素对我国劳动力市场的影响逐渐减弱，阻碍流动务工的制度性障碍逐渐消除，但流动务工者的就业质量仍未得到有效提高。加快城镇化进程，建立公开、公平、公正的劳动力市场，促进劳动者合理流动，保障流动务工人员在流入地社会融入的体制机制仍需进一步完善。

第三，继续规范企业用工行为，努力保障劳动者权益。尽管目前我国在规范企业用工方面取得较大进展，劳动合同签约率稳步上升，社会保障享有比例不断提高，但强制超时用工现象依然存在，非正规就业的劳动权益保障仍是制度性难题。因此，必须进一步加大规范企业用工行为的力度，确保劳动者身心健康，同时提高劳动合同签约率，以有效缩小非正规就业规模。

第四，继续加强劳动者技能培训，不断提高劳动者素质。上述分析表明，劳动者岗位工作技能的提高对劳动者就业质量提升、工作满意度提高起着较为关键的作用。从调查结果看，目前仅有 39.7% 的劳动者在过去一年中参加过单位组织的工作技能培训。因此，各级政府和相关单位企业应重视对劳动者岗位工作技能的培训，不断提高劳动者素质。

第五，继续加强劳动力市场服务体系建设，为劳动者就业提供良好的保障。从目前劳动者求职的主要渠道看，与 2011 年基本相同，委托亲友找工作的仍处在首位，为 53.4%；在职业介绍机构登记的比例较低，为 12.8%；参加用人单位招聘或招考的比例为 26.9%。值得注意的是，利用网络及其他媒体求职的比例为 28.2%，较 2011 年上升了 4.3%。可见，尽管目前与劳动者就业相关的服务体系尚不健全，但在互联网等技术应用发展的背景下，人们的求职渠道正在发生积极的变化，这就对今后加强劳动力市场服务体系建设提出了新的要求。

# 第三章
# 教育、社会流动和生活质量

李春玲

　　人口的教育水平一直是衡量生活质量的重要指标。教育是人的最基本的权利之一，拥有较高教育水平可以让人获得较满意的工作、较高的收入以及事业发展的机会。尤其重要的是，贫困人群、弱势群体、社会下层民众通过获得教育，可以获得社会阶层向上流动的机会，从而缩小贫富分化，促进社会稳定和谐。同时，教育对社会流动的影响程度反映了社会公平水平和社会结构的开放程度。在社会不平等程度较高、社会结构较为封闭的传统社会，先赋性因素（比如家庭出身）决定了人们的社会经济地位，而社会结构较为开放、不平等程度较低的现代社会，后致性因素（通过个人努力而获得的能力）在决定个人社会经济地位时起到更重要的作用，而后致性因素中最重要的一个因素就是教育水平，因为教育给人们提供社会阶层向上流动的机会。本文重点分析中国人教育水平的提高和教育对个人社会经济地位获得的影响，从而从教育这一视角分析其与人们生活质量的关系。

## 一　教育事业发展与教育机会增长

　　1949 年新中国成立以来，中国的教育事业得到迅速发展，教育规模不断扩大，教育机会有所增加。新中国成立前，中国的教育事业非常落后，全国人口中 80% 以上是文盲，农村人口中文盲比重更大。全国学龄儿童入学率仅在 20% 左右。1947 年全国高等学校在校生共 15 万人，1946 年中等学校在校生共有 179.8 万人，小学在校生 2285.8 万人，若按当时全国 4.7 亿人口计算，平均每万人口中仅有高等学校学生 3 人，中等学校学生 38 人，小学生 486 人（陆学艺、李培林，1991：210）。然而，经过半个多世纪的发展，中国人的教育机会大大增加。国家统计局公布的第六次人口普查数据显示，2010 年全国每 10 万人中大学和大专文化程度的有 8930 人，高中和中专文化程度的有 14032 人，初中文化程度的有 38788 人，小学文化程度的有 26779 人（国家统计局，2014）。

经济改革以来，中国教育事业的发展进入了一个新的时期，政府不断增加对教育的投入，教育设施不断改进，教育质量明显提高。不过，教育机会的增加还是有所波动。经济改革的最初 10 年，中学阶段教育机会持续减少。1975 年小学毕业生升入初中的比例已达到 90.6%，而 1978 年则下降到 87.7%，1980 年下降到 75.9%，1986 年进一步下降到 68.4%。初中毕业生升学率也显示出相同的下滑趋势，1975 年初中毕业生升入高中的比例为 60.4%，1978 年猛降至 40.9%，1980 年略有回升为 45.9%，但之后继续下降，1985 年为 41.7%，1986 年为 40.6%，1987 年为 39.1%，1988 年为 38.0%，1989 年为 38.3%。中等教育机会减少的主要原因是教育系统的市场化（学费及相关费用上涨）、社会控制系统的放松（户口制度松动而农村人外出打工）以及经济领域的市场化（个体私营经济及雇工的出现），这些因素导致许多农村贫困家庭的子女放弃中等教育机会而外出打工挣钱，这一时期也出现了大量的童工。

1990 年以后，由于政府实施的一些措施，尤其是"希望工程"对贫困失学儿童的救助，以及劳动力市场的一些变化（如大批青壮年农民工进城打工而对童工需求下降）等，中学阶段的辍学现象得到部分控制，中等教育机会有所回升。新一轮教育机会增长是从 1990 年开始的，到 1994 年前后，小学升初中、初中升高中的升学率开始恢复到 1978 年的水平。自 20 世纪 90 年代以来，基础教育、中等教育机会供给的增长速度明显加快。到 2000 年，全国基本上完成了九年义务教育的普及工作，基本扫除青壮年文盲，初中毕业升学率超过 50%，高中毕业升学率达到 73.2%。高等教育机会在 90 年代增长缓慢，直到 90 年代末期政府推行大学扩招政策，高等教育机会才出现迅猛增长。

1999 年中国政府采取了大学扩招政策，高等教育规模急速扩张，高等教育机会迅速增长（见图 3 - 1）。在随后的 5 年里（大学扩招政策实施期间），中国高校招生人数以年均 20% 的幅度增长。高中毕业生进入大学的比例从 1998 年的 46.1% 猛增至 2003 年的 83.4%。2005 年（扩招政策的顶

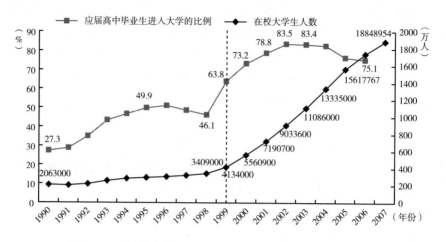

**图3-1　应届高中毕业生进入大学的比例及在校大学生人数**

点），全国普通高校招生人数是1998年的4.7倍，高校毛入学率达21%，在校生人数是1998年的3.9倍。2006年以来，虽然大学毕业生就业问题突出，高校扩招速度放缓，但仍维持约5%的增长幅度。

由于九年义务教育的逐步普及、初中升学率的上升和大学扩招政策的实施，人们的高等教育机会和高级中等教育机会在最近10年稳步增长。图3-2显示了2004~2013年6岁及6岁以上人口中获得各级教育水平的人口百分比，获得大学教育和高级中等教育机会的人口比例不断提高，获得大学教育的人口比例从2004年的5.7%上升到2013年的11.7%，获得高级中等教育

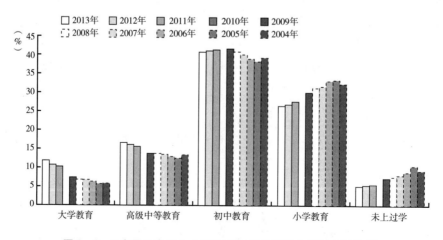

**图3-2　6岁及6岁以上人口中获得各级教育水平的人口比例**

的人口比例从 2014 年的 13.4% 上升到 2013 年的 16.5%。而与此同时，小学和文盲比例则明显下降，小学教育人口比例从 2004 年的 32.4% 下降到 2013 年的 26.4%，文盲比例从 2004 年的 9.2% 下降到 2013 年的 5%。

"80 后"和"90 后"青年是教育机会增长的最大受益者，教育发展水平的年代差异以及政府教育政策的变化，使不同年代出生的人拥有不同的教育机会，每一代人的升学概率和升学路径也有所不同。根据中国社会科学院社会学研究所"社会综合状况调查"（CASS – CGSS）2006 年、2008 年、2011 年和 2013 年调查数据，图 3 – 3 比较了不同年龄组人群各阶段升学率，显示出越年轻的人群升学率越高。当代中国青年群体的主体部分是出生于 20 世纪 80 年代和 90 年代的人，他们也被称为"80 后"和"90 后"。几乎 99% 的"80 后"和"90 后"青年都有机会进入学校接受教育；88.9% 的"80 后"和 97.6% 的"90 后"小学毕业生能升入初中，其比例分别高于"70 后"14 个百分点和 22 个百分点；53.6% 的"80 后"和 70.5% 的"90 后"初中毕业生能接受高级中等教育（高中/中专/职高等），其比例分别高于"70 后"14 个百分点和 31 个百分点；50.8% 的"80 后"高级中等学校毕业生能够进入大学，其比例高于"70 后"约 4 个百分点。目前"90 后"正处于考大学和上大学的时期，他们的升学率会更高。

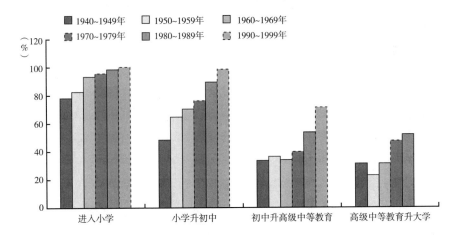

图 3 – 3　不同年龄组升学率比较

图 3 – 4 比较了不同年龄组人群的大学毛入学率，显示出大学毛入学率持续上升，尤其是最近 20 年上升得最为明显。"40 后"人群中只有 3.9% 的人能上大学，"50 后"中有 4.2% 能上大学，"60 后"中有 6.8% 能上大

学，"70 后"的这一比例几乎是"60 后"的两倍，而"80 后"上大学的比例又比"70 后"上升了 10.6 个百分点，达到 23.8%。"90 后"中的大学毛入学率则更高，目前达到上大学年龄的"90 后"中约有 1/3 有机会上大学。

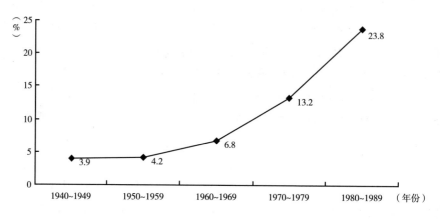

图 3-4　不同年龄组大学毛入学率比较

## 二　城乡和阶层之间的教育机会不平等

教育机会的迅猛增长为教育机会分配的平等化提供了一个良好的契机，原本机会较少的社会弱势群体有可能在机会数量猛增的情况下分享到新的机会。然而，尽管社会中下阶层和弱势群体的子女也分享了教育机会增长的益处，但是教育机会分配的不平等仍然存在。被调查者在评价"高考制度"和"义务教育"的公平程度时，约 15.4% 的人认为"高考制度"不公平，另外 15.7% 的人认为"不好说"；约 11.3% 的人认为"义务教育"不公平，5.4% 的人认为"不好说"。而且，教育水平越高的人越倾向于认为"高考制度"不公平，25.6% 的研究生教育水平的人认为"高考制度"不公平；28.0% 的大学本科教育水平的人认为"高考制度"不公平；27.4% 的大专教育水平的人认为"高考制度"不公平；18.8% 的中专职高教育水平的人认为"高考制度"不公平；16.1% 的高中教育水平的人认为"高考制度"不公平；13.6% 的初中教育水平的人认为"高考制度"不公平；9.7% 的小学教育水平的人认为"高考制度"不公平。这可能是由于获得了高等教育的人，尤其是来自社会中下阶层并获得了高等教育机会的人，更深切地感受到教育竞争中的不公平。

教育机会不公平现象最突出地表现在城乡之间和阶层之间。表3-1列出了"80后"各阶段的升学者与失去升学机会的人的父亲职业背景（代表阶层地位）和父亲户口身份（代表城乡身份）比例分布，以及"80后"总体的父亲职业和父亲户口比例分布，如果教育机会分配平等，那么各个阶段的升学者或被淘汰者的家庭背景比例应该与总体比例分布一致，两个比例之比即为1，如果两个比例之比不为1，则意味着存在不平等。而各阶段升学者家庭背景比例分布与总体比例分布差距越大（两个比例之比距离1较远），说明教育机会不平等程度越高。这样的对比分析充分显示出不同社会阶层和城乡之间的教育机会不平等程度。

表 3-1　"80后"升学与未升学者家庭背景比较

单位：%

| 16岁时父亲职业 | 是否进入小学 | | 是否由小学升入初中 | | 是否由初中进入高级中等教育 | | 是否由高级中等教育升入大学 | | "80后"总体 | 升入大学者比例与总体比例之比 |
|---|---|---|---|---|---|---|---|---|---|---|
| | 未进入 | 进入 | 未升 | 升学 | 未升 | 升学 | 未升 | 升学 | | |
| 管理人员 | 0 | 3.1 | 0 | 3.3 | 0.9 | 5.6 | 1.4 | 8.4 | 3.0 | 2.8 |
| 专业人员 | 0 | 3.4 | 0 | 3.8 | 1.1 | 6.3 | 1.7 | 8.8 | 3.3 | 2.7 |
| 办事人员 | 0 | 8.7 | 3.4 | 9.3 | 4.0 | 14.1 | 6.6 | 15.4 | 8.6 | 1.8 |
| 个体/自雇 | 0 | 7.5 | 3.7 | 7.9 | 5.9 | 9.7 | 6.5 | 10.3 | 7.4 | 1.4 |
| 工人 | 10.9 | 24.0 | 11.1 | 25.6 | 21.4 | 29.5 | 22.5 | 28.0 | 23.8 | 1.2 |
| 农民 | 89.1 | 53.3 | 81.7 | 50.1 | 66.7 | 34.8 | 61.3 | 29.1 | 53.9 | 0.5 |
| 合　计 | 100 | 100 | 100 | 100 | 100 | 100 | 100 | 100 | 100 | — |
| 16岁时父亲户口 | 是否进入小学 | | 是否由小学升入初中 | | 是否由初中进入高级中等教育 | | 是否由高级中等教育升入大学 | | "80后"总体 | 升入大学者比例与总体比例之比 |
| | 未进入 | 进入 | 未升 | 升学 | 未升 | 升学 | 未升 | 升学 | | |
| 农业户口 | 92.2 | 76.2 | 95.2 | 73.8 | 89.8 | 59.4 | 67.3 | 51.7 | 70.3 | 0.7 |
| 非农户口 | 7.8 | 23.8 | 4.8 | 26.2 | 10.2 | 40.6 | 32.7 | 48.3 | 29.7 | 1.6 |
| 合　计 | 100 | 100 | 100 | 100 | 100 | 100 | 100 | 100 | 100 | — |

注：高级中等教育包括普通高中和中等职业教育（职高、技校、中专等）；大学包括大学本科和大学专科。

我国学龄儿童入学早已普及，但仍有少量"80后"没有上学，虽然人数较少，但也占"80后"总数的1.8%。这些未进入学校接受教育的人绝大多数来自农村（92.2%），其中出身农民家庭者占89.1%，少量来自城镇的（7.8%）基本上都是工人家庭出身（10.9%）。这些人目前处于社会底层且基本没有机会获得阶层向上流动的机会。

　　未升入初中者情况类似，主要来自农村（95.2%）和农民家庭（81.7%），少数来自城镇（4.8%）和工人家庭（11.1%），极个别的人来自办事人员和个体/自雇人员家庭（7.1%）。"80后"接受初中教育时正是政府大力推进九年制义务教育的时期，初中教育的普及率提高很快，不断接近普及水平。但"80后"人群中还有约1/10的人未能获得初中教育机会，这批人与未接受教育的人相似，也很可能长期停留于社会底层。

　　由初中进入高级中等教育阶段这个关口是当前教育机会分化的一个关键点。接受了初中教育的"80后"中，接近半数（47.3%）未能通过这个关口，因此中止受教育历程。他们当中有89.8%来自农村，66.7%出身于农民家庭，还有21.4%来自工人家庭，其他阶层家庭子女中只有很少比例的人未能获得高级中等教育机会。这一构成与未接受教育的人和未升入初中的人相类似，即绝大多数是农民子弟，还有少量工人子弟。

　　由高级中等教育升入大学的关口时，又有大约半数的人出局，仅有不到1/4的"80后"通过各层关口成为优胜者，进入大学。比较每一级过关者的家庭背景分布比例——进入小学的人、由小学升入初中的人、由初中进入高级中等教育的人和由高级中等教育升入大学的人，可以发现，随着教育层次的提高，家庭背景的层次也逐级提高，白领家庭背景和城镇家庭背景的比例不断上升，而农民家庭背景和农村人的比例持续下降。表3-1列出"80后"不同家庭背景升入大学者比例与总体比例之比，显示管理人员和专业人员的子女在竞争大学教育机会中优势明显，他们在上大学的人中的比例约为其在"80后"总体中比例的3倍；办事人员子女也有一些优势，他们在上大学的人中的比例接近其在"80后"总体中比例的2倍；工人和个体/自雇人员子女上大学的比例则与其在总体中的比例接近，未显示明显的优势或劣势；但农民和农村子弟的劣势突出，他们在上大学的人中的比例远低于其在"80后"总体中的比例。

　　各阶段升学者与未升学者出身背景的比较显示，尽管"80后"的教育机会增长很快，但机会分配的不平等相当突出，城乡之间的教育鸿沟较深，管理人员阶层与专业人员阶层的教育机会优势明显，而农民阶层处于最为劣势的状态。2%的未接受教育的"80后"和11%的小学文化水平的"80后"来自社会底层家庭，他们目前也处于社会底层，而他们的下一代很可能仍停

留于社会底层，而这些人绝大多数是农村人。在初中进入高级中等教育阶段
和高级中等教育升入大学阶段被淘汰出局的人也多数来自乡村。很明显，当
前最突出的教育机会不平等是城乡之间的教育机会差异，教育机会的城乡差
异是城乡社会经济差距的后果，其也进一步强化了城乡社会经济差距，并且
通过代际传递使城乡差距得以长期维持。

与此同时，教育机会分配的不平等不仅表现在不同教育阶段的升学率方
面，而且在相同教育阶段的不同路径选择上也有所表现。在高等教育阶段，
不同大学的文凭含金量高低不同，在劳动力市场上的价值和回报差异较大；
同样，在高级中等教育阶段，进入普通高中还是职业学校对于个人未来发展
的意义也有所不同。社会中上阶层和城镇户口的人拥有较多机会进入好学校
或获得较优质的教育，而中下阶层和农村户口的人获取这类机会的可能性较
小。这意味着，即使在相同的教育阶段也存在等级分化。表 3 - 2 列出了进
入高等教育和高级中等教育的"80 后"的家庭背景情况。

表 3 - 2 接受不同类型高等教育和高级中等教育的"80 后"出身背景比较

| 16 岁时父亲职业 | 进入大专 | | 进入本科 | | 进入高中 | | 进入职高/技校/中专 | |
|---|---|---|---|---|---|---|---|---|
| | 比例 | 与在总体中相应比例之比 | 比例 | 与在总体中相应比例之比 | 比例 | 与在总体中相应比例之比 | 比例 | 与在总体中相应比例之比 |
| 管理人员 | 3.5 | 1.2 | 13.6 | 4.5 | 7.4 | 2.5 | 3.4 | 1.1 |
| 专业人员 | 7.4 | 2.2 | 10.6 | 3.9 | 6.9 | 2.1 | 5.6 | 1.7 |
| 办事人员 | 16.4 | 2.3 | 14.7 | 1.7 | 13.8 | 1.6 | 14.7 | 1.7 |
| 个体/自雇 | 10.3 | 1.4 | 10.2 | 1.4 | 10.5 | 1.4 | 8.7 | 1.2 |
| 工人 | 31.9 | 1.3 | 23.4 | 1.0 | 24.5 | 1.0 | 34.5 | 1.5 |
| 农民 | 30.5 | 0.6 | 27.5 | 0.5 | 36.9 | 0.7 | 33.1 | 0.6 |
| 合 计 | 100 | — | 100 | — | 100 | — | 100 | — |
| 16 岁时父亲户口 | 进入大专 | | 进入本科 | | 进入高中 | | 进入职高/技校/中专 | |
| | 比例 | 与在总体中相应比例之比 | 比例 | 与在总体中相应比例之比 | 比例 | 与在总体中相应比例之比 | 比例 | 与在总体中相应比例之比 |
| 农业户口 | 35.9 | 0.5 | 27.4 | 0.4 | 52.0 | 0.7 | 41.3 | 0.6 |
| 非农户口 | 64.1 | 2.2 | 72.6 | 2.4 | 48.0 | 1.6 | 58.7 | 2.0 |
| 合 计 | 100 | — | 100 | — | 100 | — | 100 | — |

首先，比较高级中等教育阶段两类学校的差异。在九年制义务教育接
近普及的情况下，选择是否进入高级中等教育以及选择进入哪种类型的高
级中等教育是当前中国教育分层的关键点，也是考察升学机会不平等的一
个起始点。在完成初中教育之后，一些人面临着很可能是影响个人未来发

展的一个重要选择。他们面前有三个选择：放弃继续升学的机会，升学进入普通高中，升学进入职高/技校/中专。47.3%的初中毕业生或初中辍学者放弃继续求学，他们当中89.8%来自农村，66.7%是农民子弟，21.4%是工人子弟，其他阶层的子女则较少；52.7%的初中毕业生继续升学，一部分进入普通高中，另一部分选择职业教育。表3-2比较了这两部分人的家庭背景情况。管理人员和专业人员子女更多地选择普通高中，他们在升入高中的人中的比例是其在总体中比例的两倍多；与此同时，专业人员和办事人员子女选择职业教育的比例略高于总体比例；个体/自雇人员和工人子女对这两类教育的选择较接近其在总体中的比例；而农民子女在这两类教育中的比例都大大低于他们在总体中的比例。由此可以看出，在高级中等教育阶段，出现了三个层次的教育分化，不同的社会阶层选择了不同的个人教育发展路径：上层和中上阶层（管理人员和中高层专业人员）子女大多数进入普通高中，然后考入大学；中下阶层（办事人员、低层专业人员、农村专业技术人员等）在子女学业成绩不理想而考大学希望较小的情况下会选择职业教育，掌握一定的专业技能后再进入劳动力市场；农民子女在学业成绩不理想而考大学希望较小的情况下较倾向于放弃升学，直接进入劳动力市场，外出打工挣钱。

其次在高等教育阶段，大学本科与大学专科的阶层差异类似。表3-2的数据显示，管理人员和专业人员子女考入本科高校的比例分别为其在总体中比例的4.5倍和3.9倍，这表明这两个阶层在竞争本科大学教育机会方面具有明显优势；其他阶层（除农民阶层）子女在竞争大专和大本入学机会方面没有显示明显的优势或劣势，他们在大专和大本中的比例较为接近其在总体中的比例；而农民子女则在这两类高等教育机会的竞争中都处于较为劣势的地位，他们在大专和大本的比例只有其在总体比例中的一半，在大专中的比例高于其在大本中的比例。

上述数据说明，我国教育事业发展虽有巨大成效但需更加关注教育不平等问题，1977年恢复高考以来，中国教育改革取得诸多成就。中国教育改革的一个重心是建立和完善一套制度体系——日益严格化的逐级考试制度和学校（如重点和非重点）等级分类系统，这一制度选拔和培养了大批精英人才，但同时也带来一些不平等后果。严格的考试制度虽然提供了机会公平竞争的途径——"分数面前人人平等"，但实际上竞争的过程并非绝对公平。拥有较多资源的优势群体会通过各种方式为其子女争取更多的教育机会，帮助其在激烈竞争中获得成功；而弱势群体，特别是农民子弟则处于劣势地位，他们更可能在层层考试选拔过程中被淘汰。如此竞争的结果很可能导致父辈中的阶层不平等和城乡不平等在子辈身上得以延续甚至强化，从而导致更加不平等的社会结果。为了避免这样的后果，在实施严格竞争考试制度时，需要采取某些手段，扶助教育机会竞争中的弱势群体，降低其教育成本和失败风险，提高他们的教育回报率，激发这些人的教育进取心，从而控制和弱化考试竞争所导致的城乡和阶层教育机会差异，使教育发挥促进社会公平的功能。

## 三　教育扩张与大学生就业难

高等教育扩张使"80 后"和"90 后"青年上大学的机会成倍增长，但与此同时也带来了另一个问题，那就是大学毕业生就业越来越难，大学生失业和不充分就业问题日益突出。1999 年政府实施大学扩招政策以来，我国的高等教育规模迅速扩大，大学毕业生人数逐年增长，2014 年高校应届毕业生人数高达 727 万，2015 年达到 749 万，是 10 年前的 2.2 倍，是 1998 年（大学扩招前）高校毕业生人数的 8 倍多。大学毕业生人数的快速增长，使许多毕业生找工作时遇到了困难，他们中的一些人因没有找到满意的工作而未能顺利就业。根据 2013 年"中国社会状况调查"，16 ~ 34 岁青年人口中约 1/5（20.4%）的人既没在上学也没有工作，这些青年人被称为"尼特族"。虽然"尼特族"的绝大部分是较低文化水平的青年人，但其中大约 17.4% 是大学毕业生，实际人数约 1392 万，他们构成了一个特殊的社会群体。

大学生"尼特"的人口构成与较低文化水平的"尼特"有明显差异，表 3-3 的数据充分显示了这一点。在高中及以下文化水平的"尼特"青年中，女性比例和已婚比例都约为 4/5。这说明，较低文化水平的"尼特"绝大多数是已婚的生育期女性。与较低文化水平"尼特"相比，大学生"尼特"中的女性比例和已婚比例都明显低很多。虽然女性大学生"尼特"比例高于男性，但大学生"尼特"两性之间的比例差距远小于较低文化水平"尼特"。同时，大学生"尼特"中未婚者的比例略高于已婚者，这表明，大学生"尼特"的主体并非已婚生育期女性。

表3-3 不同文化水平"尼特"的性别分布和婚姻状态

单位: %

| 类　别 | 性　别 | | | 婚姻状态 | | |
|---|---|---|---|---|---|---|
| | 男 | 女 | 合计 | 未婚 | 已婚 | 合计 |
| 小学及以下 | 12.2 | 87.8 | 100 | 7.5 | 92.5 | 100 |
| 初　中 | 17.0 | 83.0 | 100 | 19.6 | 80.4 | 100 |
| 高　中 | 24.7 | 75.3 | 100 | 27.7 | 72.3 | 100 |
| 大学及以上 | 43.4 | 56.6 | 100 | 52.0 | 48.0 | 100 |

　　大学生"尼特"的集中区域也与较低文化水平"尼特"不同。较低文化水平"尼特"主要集中于农村及农村周边的县城和小镇，即"县域社会青年"。而大学生"尼特"则更多地集中于二线城市，其次是三、四线城市。近年来困扰大学毕业生的一个问题是"逃离北上广"还是"逃回北上广"。大城市的就业机会多，但房价难以承受；中小城市房价和生活成本较低，但就业机会少，发展空间较小。一些"逃离北上广"的大学毕业生在中小城市难以找到合适的工作，导致他们成为"尼特"一族。另外，大学以下文化水平"尼特"的比例分布也不同。高中文化水平"尼特"在一线城市分布比例较低，这说明在一线城市，高中文化水平青年找到合适的工作比较容易，但与此同时，高中文化水平"尼特"在三、四线城市分布比例非常高，这说明有大量高中青年集聚在小城市而难以找到工作。初中及以下文化水平的"尼特"大多数集中于农村和小镇，他们不愿务农，但在当地较难找到非农工作（见表3-4）。

表3-4 不同文化水平"尼特"在各级城镇中的比例

单位: %

| 类　别 | 一线城市 | 二线城市 | 三、四线城市 | 镇 | 农村 | 合计 |
|---|---|---|---|---|---|---|
| 小学及以下 | 3.7 | 13.0 | 11.6 | 27.3 | 44.4 | 100 |
| 初　中 | 3.8 | 9.9 | 7.9 | 24.1 | 54.4 | 100 |
| 高　中 | 1.1 | 13.8 | 37.9 | 17.3 | 29.9 | 100 |
| 大学及以上 | 6.3 | 33.6 | 25.0 | 17.9 | 17.2 | 100 |

　　大学生"尼特"不工作的原因也与较低文化水平"尼特"有所不同。表3-5比较了不同文化水平"尼特"没有工作的主要原因。较低文化水平"尼特"从未就业的比例很低，他们中极少数人离开学校后从未工作过，同

时，较低文化水平"尼特"不工作原因的选择比例最高的是"家庭原因"，实际上多是因生育或照顾子女而不工作的已婚女性。大学生"尼特"则相反，只有少数人是因"家庭原因"而不工作，他们选择"从未就业"的比例远高于较低文化水平"尼特"，超过 1/4 的大学生"尼特"毕业后从未工作过，这些人大多依靠父母供养，他们是典型的"啃老族"。父母为了他们教育已经投入很多金钱，而他们毕业后父母还要继续供养他们。

表 3 – 5　不同文化水平"尼特"不工作的原因及延续时间

| 你目前没有工作的主要原因是什么？（%） | | | |
|---|---|---|---|
| 类　别 | 小学及以下 | 初　中 | 高　中 | 大学及以上 |
| 从未就业 | 0.1 | 3.0 | 8.6 | 27.4 |
| 家庭原因 | 66.5 | 51.4 | 41.9 | 14.9 |
| 自愿离职 | 30.6 | 27.5 | 33.7 | 39.6 |
| 单位辞退 | 0.1 | 1.5 | 6.5 | 6.8 |
| 其他 | 2.7 | 16.6 | 9.3 | 11.3 |
| 合　计 | 100 | 100 | 100 | 100 |
| 你目前在找工作吗？（%） | | | |
| 类　别 | 小学及以下 | 初　中 | 高　中 | 大学及以上 |
| 在找工作 | 21.0 | 18.9 | 34.4 | 54.7 |
| 准备自己创业 | 0.5 | 4.7 | 6.9 | 6.8 |
| 什么也不做 | 78.5 | 76.3 | 58.7 | 38.5 |
| 合　计 | 100 | 100 | 100 | 100 |
| 你目前已连续多长时间没有工作？（年） | | | |
| 类　别 | 小学及以下 | 初　中 | 高　中 | 大学及以上 |
| 均值 | 5.99 | 2.81 | 2.07 | 1.4 |

不论何种文化程度，"尼特"因单位（破产、裁员、改制、下岗等）辞退而失去工作的比例都很低，而选择"自愿离职"的比例很高，尤其是大学生"尼特"的这一比例最高，大约 2/5 的大学生"尼特"是自愿离职不工作的。也就是说，导致"尼特"出现的主要原因并非缺乏就业岗位，而是青年人未能找到合适的工作。这就是经济学家们通常所说的"结构性匹配失灵"：就业者与职位空缺的匹配出现了问题，大量的职位空缺而招不到就业者，而同时又有许多人没有工作，这导致人们要找到合适的工作需要花越来越多的时间，这一点在大学生"尼特"身上表现得最为突出。表 3 – 5 的数据显示，超过半数的大学生"尼特"正在找工作，这说明他们并非不

想工作，而是没有找到合适的工作。较低文化水平"尼特""正在找工作"的比例远低于大学生"尼特"，大多数低文化水平"尼特"目前不打算工作。不工作状态的持续时间长短也反映出大学生"尼特"与较低文化水平"尼特"的差别，大学生"尼特"不工作状态持续时间平均为1.4年，明显短于较低文化水平"尼特"群体。这说明大学生"尼特"是大学毕业生就业难现象带来的副产品，这些毕业生需要花较长时间寻找满意的工作，导致他们选择啃老而不就业。

## 四 教育与社会经济地位获得

在人们的教育水平不断上升的同时，教育对人们的收入提高和社会地位获得的影响也越来越大。在绝大多数现代工业社会，一个人的文化水平在某种程度上决定了这个人的收入水平，文化水平较高的人往往收入较高，文化水平较低的人收入较低，这也成为人们不断追求教育的主要动力。在经济改革之前的中国社会，受极左政策和平均主义分配原则的影响，个人的教育水平与其收入水平之间没有明显的关联（Parish，1984）。但是，经济改革以来，随着市场经济的推进，教育对收入的影响越来越明显，教育的经济回报率持续上升。中国社会科学院计量经济学研究所在1981~1987年对30个行业的企业职工共12万人进行的追踪调查结果显示，1981年城镇的教育收益率为2.5%，1987年为2.7%（Xin Meng，2000）。中国社会科学院经济学研究所1988年和1995年两次全国抽样调查数据分析结果显示，1988年城镇的教育收益率上升到3.8%，1995年提高到5.7%（赵人伟等，1999）。中国社会科学院人口与劳动经济研究所2002年五城市的调查所估计的教育收益率上升到10%（China Adult Literacy Survey Team，2002）。与此同时，中国社会科学院社会学研究所2001年全国抽样调查数据计算的教育回报率高达11.8%（李春玲，2003）。其后，中国社会科学院社会学研究所2006年、2011年和2013年"中国社会状况调查"估计的教育回报率基本维持在这一水平，分别为11.6%、12.2%和11.4%。

表3-6是采用2013年"中国社会状况调查"数据，根据Mincer方程估计出的教育回报率。结果显示，2013年全国范围的教育回报率为11.4%，即多接受一年教育，收入增长11.4%。不过，教育回报率存在城乡差异和体制内外的不同。城镇的教育回报率远高于农村，在城镇，多受一年教育，

表 3 – 6 2013 年教育回报率（Mincer 方程估计结果）

| 项目 | 全国 | 城镇 | 农村 | 体制内 | 体制外 |
|---|---|---|---|---|---|
| 常量 | 5.862<br>(.128) | 5.742<br>(.164) | 7.056<br>(.187) | 7.605<br>(.269) | 6.161<br>(.145) |
| 受教育年数 | .114<br>(.003) | .095<br>(.004) | .052<br>(.005) | .083<br>(.006) | .098<br>(.004) |
| 男性 | .642<br>(.026) | .555<br>(.033) | .848<br>(.038) | .201<br>(.042) | .695<br>(.029) |
| 年龄 | .111<br>(.006) | .142<br>(.008) | .063<br>(.009) | .073<br>(.013) | .099<br>(.007) |
| 年龄平方 | -.001<br>(.000) | -.002<br>(.000) | -.001<br>(.000) | -.001<br>(.000) | -.001<br>(.000) |
| 调整后 $R^2$ | .232 | .206 | .183 | .164 | .118 |
| N | 10206 | 10206 | 10206 | 10206 | 10206 |

收入增长 9.5%；在农村，多受一年教育，收入增长 5.2%。教育回报率的城乡差异说明，城乡产业层次导致收入分配机制有所不同，城镇中的产业层次较高，专业化水平较高，相应地需要专业性和技术型劳动者，高文化水平的就业人员将获得较高收入，而低文化水平就业人员收入较低。而我国农业的专业化、机械化水平较低，还处于低技能的简单劳动状态，高文化水平的劳动者并不一定能获得较高收入。不过，值得注意的是，虽然农村的教育回报率远低于城镇，但是近年来农村的教育回报率在逐步上升。20 世纪 80 年代和 90 年代农村的教育回报率几乎接近于零，2001 年农村教育回报率不到 1%（李春玲，2003），而 2013 年提高到 5.2%。这说明，我国农业生产的专业技术化水平在逐步提升，农业生产者也需要文化技能，高文化水平的劳动者在农业领域和农村地区也将获得越来越多的经济回报。

另外，教育回报率的体制内外差异反映了公有部门和非公有部门的市场化水平的差异。体制外的市场化水平更高，教育回报率也更高，多受一年教育，收入增长 9.8%；体制内的收入分配还保留部分计划经济体制分配原则，市场化水平较低，导致教育回报率低于体制外，多受一年教育，收入增长 8.3%。体制内的教育回报率低于体制外的现象将长期存在，这是由于我国市场化经济改革是由体制外向体制内逐步推进的。

教育除了有助于人们提高收入以外，还有助于人们实现社会阶层的向上流动，较高文化水平的人，更可能获得更高的社会地位和职业地位。图 3 –

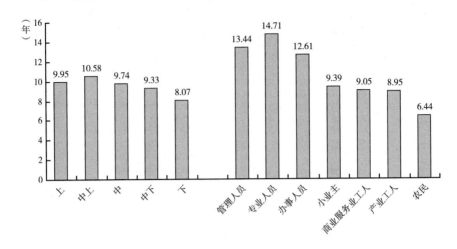

图 3 - 5    不同社会地位和职业地位人群的受教育年限

5 显示了人们的社会地位和职业地位与教育之间的相关程度。调查中有一项
提问："您认为您本人的社会经济地位在本地大体属于哪个层次？"回答选
项有五项：上、中上、中、中下、下。文化水平越高的人越倾向于认为自己
处于较高的社会地位等级，自认为处于"中上"层的人平均受教育年数最
长，达到 10.58 年，而自认为处于"下"层社会地位等级的人，平均受教
育年数只有 8.07 年。职业地位的状况也存在相似情况，职业地位越高的人，
教育水平越高。白领职业群体的平均受教育年数明显长于蓝领职业群体，三
个白领职业——管理人员、专业人员和办事人员——的平均受教育年数分别
为 13.44、14.71 和 12.61 年，而且"中上"层白领（管理人员和专业人
员）的平均受教育年数又长于"下"层白领（办事人员）。蓝领职业群体的
平均受教育年数比白领少 3~5 年，小业主、商业服务业工人和产业工人的
平均受教育年数只有约 9 年，而农民的受教育年数更短仅为约 6 年。不过，
值得注意的是，社会地位等级的最高层（上层）和职业地位等级的最高层
（管理人员）并非文化水平最高的群体，虽然他们的平均受教育年数也很
长，但短于其次高的社会地位和职业地位等级群体。这说明，要达到最高的
社会地位和最高的职业地位，仅仅依靠文化水平是不够的，人们还需要具备
其他能力素质，这样才能达到社会地位和职业地位的顶端。同时，还需要注
意的另一个现象是，虽然较高社会地位和职业地位群体的平均受教育年数长
于较低地位群体，但是高社会地位和职业地位人群的平均教育水平并不是特
别高。社会地位"中上"层白领的平均受教育年数接近 11 年，而"上"层

和"中"层大约为 10 年,即社会地位"中上"层群体的平均受教育水平大约是高中毕业。白领职业群体的平均受教育年数在 13～15 年,大多数的专业人员接受了高等教育,约半数管理人员和办事人员完成了高等教育,但是接近 1/3 的专业人员、半数的管理人员和办事人员是高中及以下文化水平。

　　教育水平与人们从事工作的性质之间也有明显的关联,较高文化水平的人更可能获得管理岗位和从事专业性工作。图 3-6 显示,管理人员比非管理人员平均多受 2 年教育;中高层专业人员比低层专业人员多受 1.5 年教育,比半技术工作人员多受约 3.5 年教育,比体力工人多受 5 年教育。与社会地位和职业地位群体一样,虽然管理岗位和专业岗位的从业人员的文化水平较高,但他们当中仍然有相当一部分没有接受高等教育。半数的中高层专业人员和 2/3 的低层专业人员没有接受高等教育,3/5 的管理岗位从业人员没有接受高等教育。

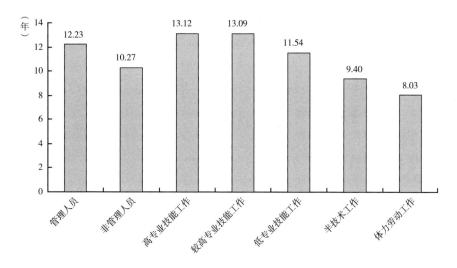

图 3-6　不同职业类型人员的受教育年数

# 五　小结

　　改革开放以来,特别是最近 15 年我国教育事业的迅速发展,使人们的受教育机会大幅度增加,文盲率明显下降,初中教育获得基本普及,高级中等教育和高等教育机会快速增加,"80 后"和"90 后"青年上大学的机会成倍增长，人口素质得到极大提高。教育水平的提高也使人们获得了更大的发展空间和更多的向上流动的机会。随着教育回报率的不断上升，教育在社会分层中的作用日益增强，教育对个人社会经济地位获得的影响也越来越大。文化水平越高，越可能获得较高的收入、较高的社会地位和较高的职业地位。这充分反映出，教育等后致性因素在我国社会分层中的作用在不断增强，而先赋性因素（如家庭出身、户口身份、性别等）的作用正逐步淡化，社会分配原则将会变得越来越公正合理。

然而，与此同时，教育机会不平等问题并未随着教育机会的增加而得到解决，阶层之间和城乡之间的教育机会分配不公平问题仍然比较突出，社会中下阶层和农村家庭子女往往在教育机会的激烈竞争中成为失败者，而中上阶层成员往往能争取到更多、更优质的教育资源。伴随着大学扩招政策而来的大学生就业难问题，使社会中下阶层和农村家庭的教育投资意愿下降，进一步扩大了城乡之间的教育不平等，缩小了他们的社会发展空间，增强了社会经济不平等的延续性。

# 第四章
# 城乡居民住房状况和住房不平等

范　雷

改革开放以来，我国城镇居民住房在延续新中国成立后再分配住房体制的基础上，经过再分配与市场化并轨住房体制，最终走向了市场化住房体制。随着我国城镇居民市场化住房体制的确立，住房由原来的"福利品"性质转变为"商品"性质，并在住房价格短期内急剧攀升的作用下，成为城镇居民积累财富的重要形式，具有了"投资品"的性质。据宜信财富与联办财经研究院的调查，目前中国家庭资产结构中，房产占65.3%[①]；另据北京大学中国社会科学调查中心的调查，在目前我国家庭财产的构成中，房产占绝对主导地位，房产在全国家庭平均财产中占74.7%。[②] 由此，居住问题已不仅仅是满足人们基本需求的"居者有其屋"的一般民生问题，在经济领域，房地产业已成为我国的经济支柱产业，深刻影响着经济结构的调整和经济增速的变化；在社会领域，住房状况成为社会成员的货币获取能力、职业能力、文化能力等多种社会分层标准的集中体现，深刻反映着目前我国社会分层的现状。[③] 因此，描述和分析我国住房市场化状况、审视住房市场化程度及其影响、描述住房不平等现状并对保障性住房政策效果进行评价，就成为本文的重点。本

---

① 《报告：近两年中国家庭资产增19%，房产贡献最大》，网易财经，2014年2月22日，money. 163. com/14/0222/16/9LN104FK00254TFQ. html。

② 《当前中国财产不平等程度已经很高》，财新网，2014年7月31日，opinion. caixin. com/2014 - 07 - 31/100711170. html。

③ 李斌、王凯：《中国社会分层研究的新视角——城市住房权利的转移》，《探索与争鸣》2010年第4期。

文以中国社会科学院社会学研究所主持的中国社会状况综合调查 2011 年和 2013 年数据（CSS2011①、CSS2013②）为依据，对上述问题进行描述和分析。

## 一　现阶段住房市场化程度及其影响

鉴于住房问题对我国改革开放以来社会转型的巨大影响，许多社会学者从 20 世纪 90 年代我国城镇居民住房处于再分配与市场化并轨体制时期，便开始探究中国住房体制改革对中国社会的影响。尽管当时的研究重点是从"住宅商品化的视角来观察中国单位制现象的作用和命运"（边燕杰等，1996），但其所描述的当时中国城镇居民住房"分配"中，"福利性原则渗入了商品交换性的原则"开创了改革开放以来对城镇住房机制问题研究的先河。其后对中国城镇居民住房市场化问题的研究主要集中在住房获得机制及其所映射的社会分层机制方面，并形成了三种具有代表性的结论："市场转型论"，强调住房市场化开辟了新的住房资源分配渠道，住房资源的占有状况更多地取决于个人在市场上的竞争能力与支付水平；"权力持续论"，强调在市场改革过程中，再分配权力仍然具有延续性，单位制和再分配权力仍然对住房资源的分配产生重要影响；"双重分层体系论"，强调一方面，按照市场运作逻辑，住房资源基于个人经济支付能力分化，另一方面，原有再分配体制中的权力精英，还可以在房改过程中抢占有利的政策机会或通过行政能力享受市场特权谋取住房利益（胡蓉，2012）。随着住房市场化的深入，原有再分配体制下的相关因素逐渐淡出，学者开始关注市场化条件下区域市场化程度对住房市场化的影响（胡蓉，2011）、精英群体对住房的市场化运作、城镇独生子女家庭购房能力、城镇房改房拥有者的购房能力（蔡禾、黄建宏，2013）等。

---

① 数据来自中国社会科学院社会学研究所于 2011 年 7 月至 11 月开展的第三次"中国社会状况综合调查"（CSS2011）。该调查在全国通过 PPS 抽样，覆盖了全国 28 个省区市的 100 个县（市、区）和 5 大城市、480 个村（居委会），共成功入户访问了 7036 位年满 18 周岁及以上的城乡居民。

② 数据来自中国社会科学院社会学研究所于 2013 年 6 月至 10 月开展的第四次"中国社会状况综合调查"（CSS2013）。该调查在全国通过 PPS 抽样，覆盖了全国 31 个省区市的 151 个县（市、区）、604 个村（居委会），共成功入户访问了 10206 位年满 18～69 周岁及以上的城乡居民。

从调查结果看，我国城镇居民住房市场化进程的快速推进提高了我国城镇居民的住房自有率，城镇居民自有住房的市场化程度迅速提高，同时城镇居民自有住房价值得到大幅提升。

**1. 住房市场化的快速推进提高了我国城镇居民的住房自有率**

改革开放以来我国城镇居民市场化住房体制改革的最大成果是城镇居民家庭住房自有率的大幅度提高。在再分配体制向市场化体制转换的过程中，从改革公房低租金制度着手，分阶段调整租金，并对公房实行全部或部分产权销售，使住户取得住房的所有权，最终使住房这种特殊商品得以进入消费品市场，实现了住房资金投入产出的良性循环。原公房作为最早进入住房市场化的房源，不仅大幅提高了城镇居民住房自有率，同时也盘活了住房资源，为城镇居民进入住房市场提供了市场能力。

据国家统计局披露，1983 年我国城镇居民家庭住房自有率为 9.4%，而 2008 年我国城镇居民家庭住房自有率达到 87.8%。① 而 CSS 数据显示，2013 年我国城乡居民家庭住房自有率为 93.5%，较 2011 年的调查上升了 1.9 个百分点；其中城镇居民家庭住房自有率为 89.6%，较 2011 年的调查上升了 1.7 个百分点。2013 年 18.6% 的家庭拥有两套以上住房，较 2011 年的调查提高了 3.5 个百分点。在中国传统的"安居"文化和快速增值的房地产市场共同作用下，拥有自有产权住房成为目前我国城乡居民，尤其是城镇居民的普遍愿望。

从表 4-1 可以看出，目前我国城镇居民自有住房中，有 60% 以上为 2000 年以后的住房市场化体制时期获得的。其中，直辖市的住房市场化启动较早，60.1% 的居民在 2000 年以后拥有了自有住房，21 世纪 10 年代拥有自有住房的比例为 6.3%；而省会城市及以下城镇居民中，21 世纪 10 年代获得自有住房的比例高于直辖市。

**2. 我国城镇居民自有住房的市场化程度迅速提高**

由原公房产权出售激活的城镇住房市场进一步提高了城镇居民自有住房的市场化程度。城镇居民在市场化体制转轨中所获得的市场能力在银行信贷的支持下，加速了城镇住房市场化的进程。目前我国城镇居民自有住房的市场化程度得到快速提高，商品房已成为城镇居民自有住房的最主要来源，原

---

① 《城乡居民生活从贫困向全面小康迈进》，国家统计局网站，2009 年 9 月 10 日，www. stats. gov. cn/ztjc/ztfx/qzxzgcl60zn/200909/t20090910_ 68636. html。

表 4 – 1  分地区自有住房获得年代

单位：%

| 类　别 | 直辖市 | 省会城市 | 地/县级市 | 县城 | 镇 | 农村 |
|---|---|---|---|---|---|---|
| 20 世纪 70 年代及以前 | 2.0 | 1.8 | 2.0 | 2.4 | 2.7 | 8.2 |
| 20 世纪 80 年代 | 4.3 | 3.7 | 6.0 | 7.8 | 9.5 | 18.3 |
| 20 世纪 90 年代 | 27.3 | 23.9 | 26.7 | 21.2 | 24.4 | 27.7 |
| 21 世纪 00 年代 | 60.1 | 55.8 | 51.5 | 52.3 | 47.4 | 34.6 |
| 21 世纪 10 年代 | 6.3 | 14.7 | 13.8 | 16.2 | 16.2 | 11.2 |
| 合　计 | 100 | 100 | 100 | 100 | 100 | 100 |

公房的比例下降；而保障性住房政策得以落实，保障性住房规模也有所扩大。从目前看，在获得自有住房的过程中，通过房地产市场购买商品房已成为最主要的渠道。从表 4 – 2 可以看出，目前在县级及以上城市中，居民自有住房中商品房的比例均在 55% 以上；其中，2011 年以来随着房地产开发向三、四线城市转移，县城居民自有住房中商品房的比例快速提高，由 2011 年的 43.2% 上升到 2013 年的 55.2%。随着住房市场化的推进，家庭自有住房中购买原公房的比例快速下降，其中直辖市居民自有住房中购买原公房的比例从 2011 年的 30.9% 下降到 2013 年的 14.2%。在住房市场化的同时，我们也可以看到，保障性住房的比例自 21 世纪 10 年代以来提高较为迅速，其中直辖市居民拥有自有产权保障性住房的比例由 2011 年的 0.8% 上升到 2013 年的 3.4%；省会城市居民拥有自有产权保障性住房的比例由 2011 年的 2.8% 上升到 2013 年的 11.7%。

表 4 – 2  分地区自有住房性质

单位：%

| 住房类型 | 年份 | 直辖市 | 省会 | 地/县级市 | 县城 | 镇 | 农村 |
|---|---|---|---|---|---|---|---|
| 自建住房 | 2011 | 4.2 | 11.6 | 16.2 | 35.3 | 63.9 | 94.2 |
| | 2013 | 8.8 | 6.3 | 14.3 | 26.1 | 47.1 | 94.9 |
| 购买商品房 | 2011 | 53.9 | 55.0 | 60.2 | 43.2 | 20.0 | 0.6 |
| | 2013 | 56.0 | 55.2 | 57.2 | 55.2 | 34.5 | 1.0 |
| 购买保障房 | 2011 | 0.8 | 2.8 | 2.1 | 2.5 | 0.9 | 0.1 |
| | 2013 | 3.4 | 11.7 | 2.9 | 1.9 | 1.3 | 0.2 |
| 购买原公房 | 2011 | 30.9 | 23.8 | 15.9 | 12.8 | 7.7 | 0.4 |
| | 2013 | 14.2 | 18.3 | 15.0 | 8.0 | 6.5 | 0.3 |

续表

| 住房类型 | 年份 | 直辖市 | 省会 | 地/县级市 | 县城 | 镇 | 农村 |
|---|---|---|---|---|---|---|---|
| 购买小产权房 | 2011 | 1.1 | 1.2 | 0.9 | 1.2 | 1.7 | 0.3 |
| | 2013 | 1.4 | 1.5 | 1.6 | 2.4 | 2.3 | 0.3 |
| 购买农村私有住房 | 2011 | 0 | 0.2 | 0.5 | 1.8 | 3.0 | 3.5 |
| | 2013 | 0 | 0.6 | 0.7 | 1.4 | 2.0 | 2.6 |
| 其他 | 2011 | 9.1 | 5.5 | 4.1 | 3.2 | 2.8 | 0.9 |
| | 2013 | 16.2 | 6.3 | 8.3 | 4.9 | 6.3 | 0.8 |
| 合　计 | 2011 | 100 | 100 | 100 | 100 | 100 | 100 |
| | 2013 | 100 | 100 | 100 | 100 | 100 | 100 |

**3. 住房市场化使城镇居民自有住房价值得到大幅提升**

住房市场化不仅使城镇居民住房自有率得到迅速提升，同时在房地产价格大幅飙升的背景下，城镇居民自有住房的资产价值也得到快速提高。表4－3显示，目前城镇居民自有住房未实现增值的比例均在10%以下；从居民自有住房增值10倍及以上的情况看，直辖市为27.2%，省会城市为16.7%，地/县级市为13.3%，县城为8.4%，镇为4.8%。从各类城镇居民自有住房平均增值幅度看，直辖市平均增幅为19.5倍、省会城市平均增幅为9.0倍、地/县级市平均增幅为5.9倍、县城平均增幅为3.9倍、镇平均增幅为3.3倍。

表4－3　分地区自有住房增值情况

单位：%

| 类　别 | 直辖市 | 省会城市 | 地/县级市 | 县城 | 镇 |
|---|---|---|---|---|---|
| 没有增值 | 3.9 | 4.2 | 6.2 | 6.2 | 4.1 |
| 增值1~2倍 | 33.2 | 53.3 | 45.8 | 54.2 | 59.3 |
| 增值3~4倍 | 15.6 | 14.3 | 18.7 | 17.3 | 17.8 |
| 增值5~6倍 | 11.6 | 5.7 | 7.1 | 5.3 | 5.4 |
| 增值7~9倍 | 8.7 | 5.7 | 8.7 | 8.7 | 8.6 |
| 增值10倍及以上 | 27.2 | 16.7 | 13.3 | 8.4 | 4.8 |
| 合　计 | 100 | 100 | 100 | 100 | 100 |

而从自有住房性质看，增值幅度最大的是购买原公房，增值幅度在10倍及以上的比例为32.5%，平均增值幅度为18.6倍；其次为购买保障房，增值幅度在10倍及以上的比例为23.3%，平均增值幅度为9.8倍；再次为

购买小产权房，其增值幅度在 10 倍及以上的比例为 12.2%，平均增值幅度为 6.2 倍；而购买商品房的增值幅度平均为 4.7 倍。城镇居民住房市场化体制为人们住房自有产权的获得提供了新的渠道，但从城镇居民自有住房的增值情况看，以原有再分配体制为基础而获得的原公房和以公共产品性质进入住房市场的自有产权保障性住房，均因其不同性质及不同程度的福利性，在进入市场交易状态下具有了极大幅度的获利空间。

表 4 - 4    自有住房性质增值情况

单位：%

| 类　别 | 购买商品房 | 购买保障房 | 购买原公房 | 购买小产权房 |
|---|---|---|---|---|
| 没有增值 | 7.2 | 5.2 | 2.0 | 9.5 |
| 增值 1 ~ 2 倍 | 63.0 | 31.0 | 22.7 | 56.7 |
| 增值 3 ~ 4 倍 | 15.6 | 26.7 | 17.2 | 14.9 |
| 增值 5 ~ 6 倍 | 5.5 | 5.2 | 9.8 | 2.7 |
| 增值 7 ~ 9 倍 | 4.3 | 8.6 | 15.8 | 4.2 |
| 增值 10 倍及以上 | 4.4 | 23.3 | 32.5 | 12.2 |
| 合　计 | 100 | 100 | 100 | 100 |

注：未考虑物价因素。

综上所述，改革以来我国城镇居民住房市场化体制的逐步建立，有效缓解了改革初期城镇居民住房短缺的状况，通过公房出租和出售为城镇住房市场化积累了资金，同时也提高了城镇居民住房的自有率，并为其住房市场能力的获得创造了条件。随着住房价格的抬升，城镇居民以住房资产为核心的家庭资产也得到大幅度增值。但是，在住房市场化转轨过程中，单位层级、个人在单位中的职位和资历，以及原公房出售中远低于市场的价格等不平等因素被合理化，最终转变为城镇居民之间住房市场化能力的差异。这一系列不平等因素在我国住房市场化的推进过程中将继续发挥影响。

## 二　现阶段住房不平等的主要表现

从以往的研究看，住房不平等涉及很多方面，包括：住房产权、住房构成、住房质量、住房面积。其中，住房产权不平等是指人们在是否拥有自有住房产权上的不平等，较没有自有产权住房的人，有自有产权住房的人被认为在已获得的生活机会及以后将会获得的生活机会方面均表现出其优势的一面；住房构成不平等是指通过住房本身的结构、类型等条件的差异，表现出其拥有者（或使用者）在社会经济地位上的差别；住房质量不平等是指住房拥有者（或使用者）在所居住房屋的设施完备状况方面的差异，它影响着居住者的生活质量；住房面积不平等是指住房拥有者（或使用者）所居住房屋的空间大小，功能性空间的独立程度，而对于自有住房而言面积大小还关系到家庭资产的差异。事实上，任何住房都会表现出住房产权、住房构成、住房质量、住房面积等方面的差异，关键在于这一差异是否明显带有社会群体间差异的特点，如果答案是肯定的，那么就表明在住房问题上房屋本身的特征差别已经成为制度性、社会性的问题，即表现为住房的不平等状况。

**1. 在住房产权方面，农村进城务工人员的城镇住房自有产权比例较低**

调查结果表明，目前城镇常住人口家庭中，有 70.7% 的人居住在自有住房中，有 20.7% 的人虽有自有住房但目前租住各类住房，有 8.6% 的人没有自有住房。从户籍及流动情况看，表 4－5 显示，城镇常住人口中，在现住房自有产权方面，本地非农户籍居民最高，84.0% 的人拥有现住房的产权；其次为本地农业户籍，其现住房产权自有率为 79.4%；而外来非农户籍人群中有 54% 的人租房，其现住房产权自有率为 46.0%；而外来农村户籍人群中有 76.8% 的人租房，表明农村进城务工人员在城镇的住房产权状况较差。

表 4－5　分户籍及流动状况现住房产权拥有情况

单位：%

| 类　别 | 本地农业户籍 | 外来农业户籍 | 本地非农户籍 | 外来非农户籍 |
|---|---|---|---|---|
| 住自有住房 | 79.4 | 23.2 | 84.0 | 46.0 |
| 有自有住房，但目前租住 | 15.4 | 62.7 | 7.2 | 38.6 |
| 租住各类住房 | 5.2 | 14.1 | 8.8 | 15.4 |
| 合　计 | 100 | 100 | 100 | 100 |

**2. 在住房构成方面，本地农村户籍人群的居住状况相对较差**

表 4－6 显示，从房屋类型看，本地农村户籍的现住房类型以 3 层以下

楼房和平房居多，合计为 57.5%；外来农村户籍人群次之，其现住房类型
为 3 层以下楼房和平房，合计为 33.4%；而本地非农户籍和外来非农户籍
的现住房类型则主要以 6 层以下楼房居多。

从房屋结构看，本地农村户籍人群现住房中，20.5% 的人的住房为砖木
结构；外来农村户籍人群因在城镇务工而租用城镇居民住房，因此在房屋结
构上与本地非农户籍差别不大。

表 4 - 6　分户籍及流动状况现住房构成情况

单位：%

| 类　别 | | 本地农村户籍 | 外来农村户籍 | 本地非农户籍 | 外来非农户籍 |
|---|---|---|---|---|---|
| 房屋类型 | 平房 | 28.1 | 16.4 | 12.3 | 9.3 |
| | 3 层以下楼房 | 29.4 | 17.0 | 13.1 | 7.6 |
| | 6 层以下楼房 | 31.2 | 46.8 | 51.5 | 53.3 |
| | 9 层以下楼房 | 9.3 | 14.8 | 17.4 | 15.6 |
| | 10 层以上楼房 | 2.0 | 5.0 | 5.8 | 14.2 |
| | 合　计 | 100 | 100 | 100 | 100 |
| 房屋结构 | 钢筋混凝土结构 | 54.2 | 64.1 | 64.6 | 70.5 |
| | 混合结构 | 22.6 | 21.1 | 22.6 | 20.8 |
| | 砖木结构 | 20.5 | 12.7 | 11.2 | 7.1 |
| | 其他 | 1.8 | 1.1 | 0.3 | 0.2 |
| | 不清楚 | 0.8 | 1.0 | 1.3 | 1.3 |
| | 合　计 | 100 | 100 | 100 | 100 |

**3. 在居住质量方面，外来农村户籍居民居住质量较差**

表 4 - 7 显示，从厨房、厕所、自来水、洗浴等方面的独用情况看，本
地非农户籍居民的居住质量较高，86.9% 的人拥有全部的独用设施；而外来
农村户籍居民居住质量较差，61.5% 的人拥有全部的独用设施，且有
18.7% 的人无独用设施。尽管外来农村户籍人群大部分租用城镇居民住房，
且在住房构成上与本地非农户籍人群没有表现出明显差别，但在住房质量上
出于居住成本的考虑，外来农村户籍人群更易选择低租金的、居住质量较差
的住房居住。

表4-7 分户籍及流动状况现住房质量情况

单位：%

| 类 别 | 本地农村户籍 | 外来农村户籍 | 本地非农户籍 | 外来非农户籍 |
|---|---|---|---|---|
| 无独用设施 | 2.3 | 18.7 | 1.3 | 14.4 |
| 有1项独用设施 | 3.1 | 5.2 | 1.2 | 1.5 |
| 有2项独用设施 | 5.8 | 5.3 | 2.9 | 2.6 |
| 有3项独用设施 | 11.3 | 9.3 | 7.6 | 6.3 |
| 全部为独用 | 77.5 | 61.5 | 86.9 | 75.2 |
| 合 计 | 100 | 100 | 100 | 100 |

**4. 在住房面积方面，外来农村户籍人群的家庭人均居住面积最小**

我们将城镇常住人口家庭人均居住面积分为五等分。其中，最低组平均为10.7平方米，次低组平均为21.1平方米，中间组平均为29.1平方米，次高组平均为40.8平方米，最高组平均为87.7平方米。城镇常住人口家庭人均住房建筑面积平均为32.5平方米。

调查结果显示，从户籍及流动情况看，本地农村户籍居民人均居住面积最大，人均44.9平方米；本地非农户籍居民其次，人均32.5平方米；而外来农村户籍居民居住面积最小，人均21.1平方米，56.0%的家庭人均面积处于最低组（见表4-8）。

表4-8 分户籍及流动状况现住房面积分组情况

单位：%

| 类 别 | 本地农村户籍 | 外来农村户籍 | 本地非农户籍 | 外来非农户籍 |
|---|---|---|---|---|
| 最低组 | 17.0 | 56.0 | 20.8 | 31.6 |
| 次低组 | 21.9 | 21.2 | 27.2 | 24.9 |
| 中间组 | 16.1 | 10.8 | 19.4 | 20.2 |
| 次高组 | 24.6 | 8.1 | 22.8 | 14.8 |
| 最高组 | 20.4 | 4.0 | 9.9 | 8.6 |
| 合 计 | 100 | 100 | 100 | 100 |

综合上述指标看，除住房构成一项外来农村户籍群体与外来非农户籍群体较为一致外，外来农村户籍群体在住房产权、住房质量、住房面积方面均低于其他群体。而从在本地居住的时间看，外来农村户籍群体中53.2%的人在本地居住时间达5年以上，平均居住时间为6.6年。2013年年底，我

国城镇常住人口 73111 万。经计算，外来农村户籍人口在城镇常住人口中的比例为 14.8%，其人口规模估计达到 10820 万人。因此，改善这一群体在城镇的居住条件成为一项巨大的社会工程。

表 4-9　分户籍及流动状况现住房不平等状况

| 类　别 | 本地农村户籍 | 外来农村户籍 | 本地非农户籍 | 外来非农户籍 |
|---|---|---|---|---|
| 住房产权（现住房自有率） | 自有住房比例高 | 自有住房比例极低 | 自有住房比例高 | 自有住房比例一般 |
| 住房构成 | 平房、砖木较多 | 6 层以下钢混居多 | 6 层以下钢混居多 | 6 层以下钢混居多 |
| 住房质量（全部独用） | 独用设施比例高 | 独用设施比例一般 | 独用设施比例高 | 独用设施比例较高 |
| 住房面积（平方米） | 人均面积高 | 人均面积较低 | 人均面积较高 | 人均面积较高 |

　　长期以来，城乡二元结构所导致的城乡分离，使农村居民无法在城乡间流动，更勿论其在城镇的定居。随着改革进程的推进，农村居民进城务工的障碍基本消除，但其在城镇的定居则因住房问题始终无法得到真正解决。农村进城务工人群被屏蔽在城镇住房再分配体制之外，因不能享受城镇住房再分配体制的福利，也就无法获得再分配体制转轨中所转移的市场能力。而在城镇住房全面市场化的状态下，外来农村户籍人群唯有依靠自身收入来实现其在城镇的以市场为基础的住房货币化分配。相对于外来农村户籍人群在城镇务工所受到的来自就业、医疗卫生、教育等公共服务限制，其在住房方面的状况更为艰难。这也是造成这一群体在城乡间"候鸟式"流动的关键性原因之一。相比住房再分配体制转型过程中城镇居民间所表现出的住房不平等，外来农村户籍人群面对貌似公平的住房市场所承受的住房不平等程度则更甚。因此，以往当我们探讨城镇住房市场化获得机制的时候，均是以再分配体制的存在为前提的。而真正需要以自身市场能力获得城镇住房分配的外来农村户籍人群，在住房市场化的体制下却表现出无能为力。所以，直至目前，在论及城镇住房市场化中的不平等问题时，实质探讨的依然是住房再分配体制转轨下的不平等，而非真正意义上的住房市场化体制下的不平等。

　　2005 年左右政府在解决城镇中低收入住房困难居民住房问题的同时，也意识到了外来农村户籍居民的城镇住房需求。建设部于 2005 年年初首次将研究解决农民工住房问题列为年度工作重点，2006 年《国务院关于解决农民工问题的若干意见》中明确表示，要多渠道改善农民工居住条件。

2007 年建设部在《全国住房公积金缴存使用情况》中首次提出：应将住房公积金制度覆盖范围扩大到包括在城市有固定工作的农民工在内的城镇各类就业群体。但城镇保障性住房建设依旧具有再分配体制的特征，不仅没有解决外来农村户籍人群的城镇住房需求问题，甚至在城镇居民间再次造成了住房不平等现象。

## 三　保障性住房政策的效果

随着中国城市化进程的快速推进，人口向大城市的流动加剧了大城市居住紧张状况；同时住房市场化过程中住房价格的快速上涨也使得城市低收入居民的居住状况日益恶化。为解决上述问题，各地政府自 2005 年左右借鉴发达国家经验，开始了面向城镇中低收入住房困难家庭提供保障性住房的建设，并在 21 世纪 10 年代初期加快了这一进程。

保障性住房是指政府为中低收入住房困难家庭所提供的限定标准、限定价格或租金的住房。到 2010 年年底，中国城镇保障性住房覆盖率已达 7%～8%，1140 万户城镇低收入家庭和 360 万户中等偏下收入家庭住房困难问题得到解决。据 CSS2013 数据，目前城镇常住人口家庭中租住廉租房的比例为 5.1%，购买保障房的比例为 2.9%。

有关保障性住房的研究主要集中在制度层面，研究者基于住房市场化背景下所出现的部分中低收入住房困难群体的这一现实，强调应注重住房的商品性与福利性的统一，以政府干预的方式完善住房保障体系，满足中低收入群体的住房需求（包宗华，2003；陆玉龙，2005）。

随着保障性住房建设的推进，其中的问题也不断暴露，住房保障资源分配不公所反映的公共住房保障领域里的福利外溢现象成为焦点之一（李斌，2009；马光红、田一淋，2010）。但对保障性住房的研究缺乏足够的调查数据作为支撑，无法得到进一步的实证分析，因此研究集中于对原则的论述和制度的设计。

根据 CSS2011、CSS2013 的数据，前一阶段保障性住房福利外溢现象较为严重，至少表现为以下三个特点。

### 1. 城镇保障性住房存在空置、浪费现象

保障性住房是为解决城镇中低收入住房困难家庭的住房问题而出台的政策。但从其目前的实施情况看，部分城镇住房非困难家庭或非中低收入家庭

购买了保障性住房。调查结果表明，从住房性质看，保障性住房的空置程度高于其他多数住房。数据显示，保障房的空置比例为 11.7%，同时有 2.6% 的保障房出租他人。保障房出租及空置者中，党政企事业单位负责人占 37.5%，专业技术人员占 25%；家庭人均收入为五等分组中次高组和最高组的占 81.8%。

**表 4 - 10　不同性质住房的使用情况**

单位：%

| 类　别 | 自建住房 | 购买商品房 | 购买保障房 | 购买原公房 | 购买小产权房 | 购买农村私有住房 | 其他 |
|---|---|---|---|---|---|---|---|
| 本人居住 | 79.6 | 74.4 | 75.3 | 82.0 | 75.9 | 83.9 | 76.2 |
| 家人居住 | 9.8 | 8.6 | 5.2 | 6.8 | 3.4 | 3.6 | 5.3 |
| 亲戚居住 | 1.7 | 1.7 | 1.3 | 1.2 | 1.7 | 1.2 | 2.6 |
| 出租他人 | 1.2 | 5.1 | 2.6 | 4.7 | 3.4 | 2.4 | 3.5 |
| 借与他人 | 0.1 | 0.4 | 1.3 | 0.3 | 1.7 | 0 | 0.9 |
| 没人居住 | 7.4 | 8.1 | 11.7 | 4.7 | 12.1 | 8.9 | 8.4 |
| 期　房 | 0.1 | 1.8 | 2.6 | 0.3 | 1.7 | 0 | 3.1 |
| 合　计 | 100 | 100 | 100 | 100 | 100 | 100 | 100 |

**2. 城镇保障性住房的保障性缺失，投资性甚至投机性凸显**

表 4 - 11 显示，从家庭自有住房数量看，保障性住房产权为本人者中，16.2% 的人其家庭有 2 套自有住房；8.1% 的人其家庭有 3 套住房。保障性住房制度存在缺陷，导致部分保障性住房成为个别群体投资甚至投机的渠道。原本的福利性因存在制度缺陷和巨大获利空间而演变为投资性甚至投机性。

**表 4 - 11　购买保障性住房者的家庭自有住房数量**

单位：%

| 类　别 | 自有住房数量 | | | | |
|---|---|---|---|---|---|
| | 有 1 套 | 有 2 套 | 有 3 套 | 有 4 套及以上 | 合计 |
| 自建住房 | 74.2 | 21.9 | 3.0 | 0.8 | 100 |
| 购买商品房 | 65.1 | 28.8 | 4.9 | 1.1 | 100 |
| 购买保障房 | 75.7 | 16.2 | 8.1 | 0 | 100 |
| 购买原公房 | 77.2 | 18.0 | 3.4 | 1.4 | 100 |
| 购买小产权房 | 80.8 | 19.2 | 0 | 0 | 100 |
| 购买农村私有住房 | 84.4 | 15.6 | 0 | 0 | 100 |
| 其他 | 73.6 | 22.6 | 2.8 | 0.9 | 100 |

**3. 城镇保障性住房分配过程中，原有再分配体制中的优势群体获得较多机会**

在以往对再分配体制转轨的研究中，学者发现管理精英比其他群体更有可能拥有住房产权，管理精英在住房面积和住房质量上也均优于其他群体——"党政精英在拥有市场购买力的同时，仍然享有着再分配权力所赋予的优势：他们中的很多人以优惠价购买'现住公房'或'经济适用房'"（边燕杰、刘勇利，2005）。在 CSS2011、CSS2013 中，我们依然发现，从各类自有住房产权所有者的住房性质看，党政企事业负责人群体购买保障房比例最高，为 2.4%（见表 4 - 12）。也就是说，相比其他职业人群，党政企事业负责人群体获得了更多的购买保障性住房的机会。

表 4 - 12　不同职业分类的自有住房产权所有者

单位：%

| 类　别 | 党政企事业负责人 | 专业技术人员 | 办事人员 | 商业人员 | 服务业人员 | 农民 | 工人 | 军警 | 其他 |
|---|---|---|---|---|---|---|---|---|---|
| 自建住房 | 22.0 | 19.9 | 24.1 | 56.4 | 47.6 | 94.6 | 66.7 | 12.5 | 46.4 |
| 购买商品房 | 59.3 | 63.2 | 54.5 | 31.7 | 29.8 | 1.3 | 21.0 | 81.3 | 42.9 |
| 购买保障房 | 2.4 | 0.8 | 1.6 | 0.6 | 0 | 0 | 1.9 | 0 | 0 |
| 购买原公房 | 11.0 | 11.9 | 13.8 | 5.1 | 12.0 | 0.5 | 4.3 | 6.3 | 7.1 |
| 购买小产权房 | 0 | 1.1 | 0 | 0.3 | 2.2 | 0.3 | 0.9 | 0 | 0 |
| 购买农村私有住房 | 0 | 1.1 | 0.4 | 2.9 | 3.1 | 2.4 | 3.4 | 0 | 3.6 |
| 其　他 | 5.3 | 1.9 | 5.5 | 2.9 | 5.3 | 0.9 | 1.7 | 0 | 0 |
| 合　计 | 100 | 100 | 100 | 100 | 100 | 100 | 100 | 100 | 100 |

同样，我们从表 4 - 13 可以看出，从受教育程度看，保障性住房产权为本人者中，大专及以上学历占 32.4%，与购买商品房者中的大专及以上学历占 37.5% 的比例最为接近。购买商品房群体的受教育程度与购买保障性住房群体的受教育程度结构相似，这或许意味着一个具有市场购买力的群体在制度安排下进入了保障性住房市场。

表 4 - 13　各类自有住房产权所有者的受教育程度分类

单位：%

| 类　别 | 未上学 | 小学 | 初中 | 高中 | 中专 | 职高技校 | 大学专科 | 大学本科 | 研究生 | 合计 |
|---|---|---|---|---|---|---|---|---|---|---|
| 自建住房 | 11.8 | 30.4 | 36.1 | 10.7 | 3.3 | 0.5 | 5.1 | 2.2 | 0 | 100 |
| 购买商品房 | 2.0 | 7.1 | 24.4 | 16.0 | 8.7 | 1.2 | 18.4 | 19.1 | 3.0 | 100 |
| 购买保障房 | 8.1 | 2.7 | 29.7 | 10.8 | 13.5 | 2.7 | 18.9 | 13.5 | 0 | 100 |

续表

| 类　别 | 未上学 | 小学 | 初中 | 高中 | 中专 | 职高技校 | 大学专科 | 大学本科 | 研究生 | 合计 |
|---|---|---|---|---|---|---|---|---|---|---|
| 购买原公房 | 4.3 | 12.7 | 24.9 | 19.9 | 12.0 | 1.2 | 14.4 | 8.4 | 2.2 | 100 |
| 购买小产权房 | 0 | 23.1 | 30.8 | 19.2 | 0 | 3.8 | 19.2 | 3.8 | 0 | 100 |
| 购买农村私有住房 | 6.3 | 31.3 | 37.5 | 21.9 | 0 | 0 | 3.1 | 0 | 0 | 100 |
| 其他 | 3.8 | 11.3 | 35.8 | 16.0 | 10.4 | 0 | 13.2 | 9.4 | 0 | 100 |

# 四　住房政策的讨论和建议

综合上述分析，我们可以看出，以往的保障性住房政策在解决一部分城镇户籍人口家庭住房困难的同时，也存在相当严重的分配不公问题。保障房政策制定及执行的疏漏，使再分配体制中的部分权力因素在获得了市场化能力的同时，也通过保障房政策继续享有了福利性。而最需要得到住房保障的外来农业户籍人口，则因户籍、经济能力等原因，而处于城镇住房困难群体的底层。据初步统计，目前城镇常住人口家庭中，住房困难群体占25.7%，其中3/4为外来农业户籍人群和本地新近城镇化的非农户籍人群，该群体因无力改善居住条件而承受较大压力。

随着住房市场化的推进，原有的再分配体制中的相关因素淡出或合法转化为市场能力之后，保障性住房制度的成败就成为衡量和评价市场化体制下住房平等的关键。因此，建立有利于推动城镇化进程，使外来人口获得住房保障的住房制度尤为重要。我们必须认识到，一个将外来农村户籍群体摒弃在外的住房市场化体制和保障性住房体制，必然带有再分配体制的印记，或者说只有再分配体制的变相存在，才会衍生出将外来农村户籍群体摒弃在外的住房市场化体制和保障性住房体制。

2013年年底中央农村工作会议将城镇化时间表进一步细化，提出了三个"1亿"目标。所谓三个"1亿"，即到2020年，要解决约1亿进城常住的农业转移人口落户城镇、约1亿人口的城镇棚户区和城中村改造、约1亿人口在中西部地区的城镇化。因此，重新审视以往的保障性住房制度，放开保障性住房申请者的户籍限制，对保障性住房实施严格的准入、退出机制设计并严格监管，就成为今后保障性住房制度发展的必然方向。

# 第五章
# 中等收入者和橄榄型社会

李培林　朱　迪

一个社会的生活质量，与收入分配的格局有密切关系。生活在贫富悬殊的社会，还是分配格局相对公平合理的社会，人们的满意度和幸福感都大不一样。

党的十八大报告提出，到 2020 年我国在收入分配领域要实现的目标是："合理有序的收入分配格局基本形成，中等收入者占多数，绝对贫困现象基本消除。"[①] 党的十八届三中全会的决定进一步提出，要"扩大中等收入者比重，努力缩小城乡、区域、行业收入分配差距，逐步形成橄榄型分配格局"。[②] 这是我国第一次把形成"橄榄型分配格局"作为改革和发展的目标写入中央文件。

究竟什么是"中等收入者"的标准？目前这个群体在我国收入分配格局中占多大比重？通过什么途径才能实现中等收入者占多数的橄榄型分配格局？这些问题在目前学术界的研究中还没有完全厘清。

## 一　中等收入者的概念和界定

"橄榄型分配格局"或"橄榄型社会"是学术界关于中等收入者占多数的分配格局或以中产阶层为主的社会的一种形象描述。在国内外社会学界和

---

① 《胡锦涛在中国共产党第十八次全国代表大会上的报告》，2012 年 11 月 18 日，http：// cpc. people. com. cn/n/2012/1118/c64094 - 19612151. html，2014 年 11 月 18 日。

② 《中共中央关于全面深化改革若干重大问题的决定》，2013 年 11 月 15 日，http：// news. xinhuanet. com/politics/2013 - 11/15/c_ 118164235. htm，2014 年 11 月 18 日。

经济学界，很多学者都习惯于用一些物品来形象地描述社会结构，如橄榄型、金字塔型、哑铃型、纺锤型、钻石型、洋葱型、倒丁字型等。这些描述基本上是在讨论两种典型的社会结构，一种是收入差距较大、穷人占绝大多数的金字塔型，另一种是中等收入者占多数的橄榄型，其他都是这两种典型类型的变形。这种讨论背后的基本假设是从传统社会向现代社会的转型，也是在收入分配方面从金字塔型向橄榄型的转变。

美国社会学家布劳认为，"一些社会结构是金字塔，底端分布着最多的人口，越往上人口数量越少。组织权威和社会财富都典型地以这种形态分布。还有一些社会结构则类似钻石型，底端往上人口数量先是增加然后再减少。西方社会的收入分配结构属于这种情况"（Blau，1977：26 – 54）。布劳强调，收入不平等既是群体内部收入不平等的结果，也是群体之间收入不平等的结果。英国社会学家帕尔总结了一些发达国家 20 世纪 70 ~ 80 年代收入分配结构的不同发展趋势，认为英国的收入结构可能从金字塔型向洋葱型转变，生活舒适、拥有自己房产的中产大众（middle-mass）逐步增加；而美国的收入结构可能会从金字塔型转变为哑铃型，穷人和富人都变多了，但中间群体越来越少，这是另一形态的收入两极化，如 1986 年时美国 5% 的最富裕家庭占 43% 的家庭收入，5% 的最贫困家庭仅拥有 4.7% 的家庭收入（Paul，1988：247 – 267）。

美国经济学家库兹涅茨在 1955 年美国经济协会的演讲中提出体现收入分配变化趋势的"倒 U 形曲线"，又称"库兹涅茨曲线"（Kuznets Curve）。他基于对 18 个国家经济增长与收入差距实证资料的分析，得出收入分配的长期变动轨迹是"先恶化、后改进"，收入差距"在前工业文明向工业文明过渡的经济增长早期阶段迅速扩大，而后是短暂的稳定，然后在增长的后期阶段逐渐缩小"，处于发展早期阶段的发展中国家比处于发展后期阶段的发达国家有更高的收入不平等（Kuznets，1955：1 – 28）。这一研究成果得到多国经验资料的支持，但也并非所有国家收入分配变化趋势都呈现这种轨迹。

法国经济学家匹克迪在《21 世纪资本论》中，通过研究西方社会 300 多年来收入分配的长期变动趋势，得出与库兹涅茨完全不同的结论。他认为资本的规律就是贫富差距扩大的规律，如果 GDP 的增速没有投资回报率高，就会使富者更富、穷者更穷。但根据对可以观察到的 300 多年数据的分析，投资回报率维持在年均 4% ~ 5%，而 GDP 年均增长只有 1% ~ 2%（Piketty，

2013）。

我国改革开放以来，经济快速发展，人民生活水平和资源配置效率大幅度提高，整个社会充满活力。但与此同时，收入差距也在不断扩大，1982～2013年，全国人均年收入的基尼系数从0.288上升到0.473，2008年达到最高点0.491，随后逐年微弱回落（见图5-1）。在这种背景下，调整收入分配格局，缩小收入差距，提高中等收入者的比重，建立公平合理的收入分配秩序，减少贫困，扩大国内消费，形成橄榄型分配格局，促进社会和谐和经济持续增长，成为我国在收入分配方面的主要政策取向。

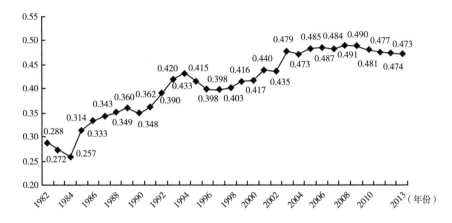

图5-1  1982～2013年我国人均年收入基尼系数变化

注：关于我国收入分配的基尼系数，我国学者、世界银行、经济合作与发展组织基于国家统计局收入数据或学界调查收入数据有多种估算，结果不尽一致，有时还有较大差别，这里尽可能采用达成共识的测算结果。

资料来源：1982～1999年数据来自毕先萍、简新华《论中国经济结构变动与收入分配差距的关系》，《经济评论》2002年第4期；2000～2002年数据来自胡志军、刘宗明、龚志明《中国总体收入基尼系数的估计：1985～2008》，《经济学》（季刊）2011年第4期；2003～2013年数据来自国家统计局公布的数据。

中等收入者一般是指在一个国家和社会中，生活比较宽裕，相对于高收入者和收入较低的贫困人口来说，收入处于中等水平的群体。中等收入者的概念与学界广泛使用的中产阶层（middle class）的概念有很大区别，尽管二者都是指一个国家或社会中处于中层的群体。中等收入者主要是反映收入分配格局变化，通过收入单一指标来进行测量；而中产阶层伴随着经济、社会和科学技术的发展进步，更多的是反映职业结构和社会结构的变动，即劳动者群体中白领劳动者大量增加、蓝领劳动者大量减少的趋势，因而使用以职业指标为主的多种指标测量，中产阶层也往往被称为"白领阶层"（米尔斯，2006）。本文的核心是收入分配格局，因此重点是中等收入者，分析思路围绕着扩大中等收入者比重来改善收入分配格局。

学术界对扩大中等收入者一般从发展水平和收入结构两种意义上理解（李培林，2007）。也就是说，中等收入者的标准，就像贫困人口的标准一样，有绝对标准，也有相对标准。绝对标准是从发展水平的意义上理解中等收入者的，也就是说我们设定一个中等收入者的收入线，随着收入和生活水平的普遍提高，中等收入者群体的比重也会逐步提高。比如国家统计局课题组以城市居民家庭年收入为口径，参照全面建设小康社会的相关指标、国际中等收入标准以及地区间收入差距，把年收入在6万~50万元的城市家庭定义为中等收入者家庭，根据2004年全国城市住户调查数据，测算出2004年我国中等收入者家庭约占城市家庭总数的5%（国家统计局城调总队课题组，2005）。国家发改委课题组以2020年全面建成小康社会时的城乡人均收入预测值作为中等收入者的收入标准，把家庭人均年收入在2.2万~6.5万元定义为中等收入者，使用国家统计局数据和外推预测法，估算1995~2010年我国城乡中等收入者的比例，得出1995年城镇中等收入者只占0.86%，2000年增长至4.34%，到2010年达到37%（国家发改委社会发展研究所课题组，2012）。

相对标准是从收入结构的意义上理解中等收入者，也就是说，决定中等收入者比重的因素，不仅是普遍的收入水平的提高，更主要的是收入分配结构的变化，如果随着普遍收入水平的提高收入差距也不断扩大，中等收入者的比重不但不会提高，还可能降低。比如，李培林将家庭人均收入在平均线至平均线2.5倍的人群定义为中等收入者，使用2006年中国社会状况综合调查数据得到中等收入者在全国占13%（李培林，2007）。徐建华等人把收入中值以下和以上各1/6的人群定义为中等收入者，认为该群体的成长壮大代表着收入分配的合理化（徐建华等，2003）。

国外学术界关于"中等收入家庭（户）"（middle income family/household）和"中等收入群体（人口）"（middle income group/population）的研究中，对中等收入者也主要有两类界定方法，分别使用绝对标准和相对标准，但大多数研究使用相对标准。

布鲁金斯学会高级研究员、经济学家霍米·卡拉斯认为，在当代社会，中产阶层通过消费为全球的经济增长做出了重要贡献，特别是亚洲的中产阶层，将快速增长并壮大，从而取代美国，成为驱动全球经济增长的主要力量（Kharas，2010）。为了测量这一"消费阶层"（the consumer class）并进行全球性比较，卡拉斯使用绝对标准来定义中产阶层，认为每人每天支出10美元至100美元（购买力平价指标）之间的家庭为中产阶层（Kharas，2010）这个支出范围的下限参考了两个贫困线最严格的欧洲发达国家——葡萄牙和意大利的平均贫困线，上限参考最富裕的发达国家卢森堡的收入中位值，由此排除了最贫穷的发达国家中的穷人和最富裕的发达国家中的富人。

　　使用相对标准的有两类：一类以贫困收入线作为参照标准，另一类使用收入中位值作为参照标准。在以贫困收入线作为参照标准的方法中，埃文斯和马斯尼塞依（Evans and Marcynyszyn）将收入处于贫困收入线及以下的家庭定义为低收入家庭，将收入处于贫困收入线以上但等于或低于4倍贫困收入线的家庭定义为中等收入家庭（Evans and Marcynyszyn，2004：1942 - 1944）。美国贫困收入线由卫生和公共服务部每年公布，作为社会救济和保障申请的标准。[①] 贫困收入线以家庭为单位，根据不同的家庭人口数，设置了不同的家庭收入贫困线，这些贫困标准也有地域差异。以美国48个相邻州为例，在2013年的贫困收入标准中，1人户家庭的贫困收入线为11490美元，3人户家庭的贫困收入线为19530美元。阿莱莫等人则将收入处于贫困收入线1.3倍及以下的家庭定义为低收入家庭，将收入处于贫困收入线1.3倍以上但等于或低于3倍贫困收入线的家庭定义为中等收入家庭，将收入高于3倍贫困收入线的家庭定义为高收入家庭（Alaimo，Olson and Frongillo，2001：1161 - 1167）。这种对不同收入家庭的界定方法也是为了与社会保障政策保持一致，基本的医疗、失业等社会保障一般针对的是低收入家庭和中等收入家庭。按照埃文斯和马斯尼塞依的定义，参照2013年贫困收入标准，美国中等收入者为家庭收入11490 ~ 45960美元（1人户）或者19530 ~ 78120美元（3人户）的人群（Evans and Marcynyszyn，2004：1942 - 1944）。根据托马森和海凯（Thompson and Hickey）的研究，典型的美国中下阶层（lower middle class）家庭收入大致在3.5万 ~ 7.5万美元（Thompson and Hickey，2005）。也就是说，这种定义下的中等收入者仍然类似"夹心层"的概念，包括了中下阶层和一部分

---

[①]　美国卫生和公共服务部，http：//aspe. hhs. gov/poverty/13poverty. cfm，2013年11月15日。

底层人群。

在以收入中位值作为界定标准的方法中，沃福森（Wolfson，1994：353－358）以及金肯斯和樊可姆（Jenkins and Van Kerm，2009）等人较系统地梳理了收入不平等的测量指标，其中一个较有意义的指标是将收入处于中位值的75%～150%的人群（家庭）或60%～225%的人群（家庭）定义为"中等收入者"，但到底使用哪种比例区间也存在争议。

美国和英国的政府统计都使用简单的五分法来定义中等收入者，通过中间20%家庭的平均收入及其占全部收入的份额，以及不同百分位的收入比例等指标考察收入分配和收入不平等情况。根据英国国家统计局报告，2010年英国中间20%家庭的年收入（扣除价格上涨因素后的可支配收入）平均为24400英镑，65%拥有自有产权的住房。[①] 根据美国人口普查局的报告，1967～1998年，美国中间20%家庭的收入占全部收入的比重由17.3%降至15%，而最富裕的5%家庭的收入占全部收入的比重由17.5%上升到21.4%。[②] 2010年，美国中间20%家庭的平均收入为49842美元，是近10年来的最低值。

根据美国人口普查局的数据，2012年美国家庭（户）收入中位值是51017美元。按收入等级将家庭（户）进行五等分，最低20%家庭（户）收入在20599美元及以下，中低20%家庭（户）收入为20600～39764美元，中间20%家庭（户）收入在39765～64582美元——低于家庭（户）收入的均值71274美元，中高20%家庭（户）收入在64583～104096美元，最高20%家庭（户）收入在104097美元及以上，最高5%的家庭（户）收入在191157美元及以上。[③]

在英国和美国的政府统计中，中间20%家庭所指的中等收入者并非生活优裕的中产阶层群体，而是类似"夹心层"。而且，学术界对以中间20%家庭为中等收入者的界定方法大都持异议，认为其难以反映收入分配格局的

---

① Office for National Statistics, Middle Income Households, 1977 – 2010/11, http://www.ons. gov. uk/ons/rel/household-income/middle-income-households/1977 – 2010 – 11/rpt – middle-income-households. html, 2013 年 11 月 15 日。

② United States Census Bureau, The Changing Shape of the Nation's Income Distribution：1947 – 1998, http://www. census. gov/hhes/www/income/data/index. html, 2013 年 11 月 15 日。

③ Carmen DeNavas-Walt, Bernadette D. Proctor and Jessica C. Smith, "Income, Poverty, and Health Insurance Coverage in the United States：2012," http://www. census. gov/prod/ 2013pubs/p60 – 245. pdf, 2014 年 1 月 10 日。

变化，从而不能恰当测量收入不平等。

综合以上所述，我们认为使用相对标准来定义中等收入者较为恰当，这样既考虑了收入差距，也能够衡量中等收入者的比重及其发展趋势，并且排除了货币购买力差异带来的干扰，因而能够从收入水平和人口比重两个维度来分析中等收入者。由于城乡居民收入差距较大，农村居民同城市居民在收入的构成和收入的影响机制上也有较大差异，本研究暂时只针对城镇居民。

但国内外现有的相对标准的测量方法均存在一些不足之处，参照贫困线、收入中位值的方法也并不适合我国，因为我国的贫困线以及城市居民最低生活保障标准都相对较低，收入中位值也远远低于收入均值，不适合用来描述中等收入者的收入和生活水平。在有关收入的统计指标中，比较适合测量差异的是收入分位值，这也是国内外政府统计中常用的测量收入分配结构的指标，本文在此基础上构建中等收入者的操作定义。

前文提到，中等收入者应该是指收入处于中等水平、生活较宽裕的人群。借鉴卡拉斯的思路，我们使用"排除法"定义这部分中等收入者的收入范围——排除最富裕和生活较困难的人群。如果将城镇居民的收入进行由低到高的排序，根据所使用数据的收入分布，处于收入分布中第95百分位以上的应当属于最富裕的人群，本文称之为"高收入者"，处于收入分布中第25百分位及以下的应当属于生活较困难的人群（包括贫困人口）。排除这两部分人群，其余的即为中等收入者，其收入上限为城镇居民收入的第95百分位（含），收入下限为城镇居民收入的第25百分位。我们将生活较困难的人群进一步分为"中低收入者"——处于城镇居民收入第5至第25百分位（含）之间的人群，和"低收入者"——处于城镇居民收入第5百分位及以下的人群。本文从收入结构的意义来理解中等收入者，需要考察其收入结构及发展趋势，所以也关心其他收入阶层，包括低收入者、中低收入者和高收入者。

本文所定义的中等收入者的收入范围的计算方法为：

$$上限 = 中值 + （全距 /20） \times 9$$
$$下限 = 中值 - （全距 /20） \times 5$$

以此类推，中低收入者的收入范围的计算方法为：

$$上限 = 中值 - （全距 /20） \times 5$$

下限 = 中值 − (全距 /20) × 9

全距指最高收入水平与最低收入水平之差，中值指最高收入水平与最低收入水平之和的 1/2。其中，最高收入水平定义为 10% 最高收入家庭的人均年收入，最低收入水平定义为 10% 最低收入家庭的人均年收入。

虽然这种通过收入分布来定义的方法存在一定局限性，比如不同收入阶层边界的设置以及最高和最低收入水平的定义可能有一定随意性，但是基于研究者对我国居民收入的经验认识，以及参照现有的研究，这种方法具有理论依据，因而能够很大程度保证测量的精度和效度，相比现有的使用相对标准的测量方法，本文使用的定义和计算方法更科学，操作上简单易行，应用范围也较广泛，既能应用于原始数据，也能应用于聚合数据。

本研究使用家庭人均年收入，而非被访者汇报的个人收入，之所以将其作为收入的测量指标，是因为一个人的生活机会不仅受到个人收入的影响，在很大程度上也受到共同生活的家庭成员收入的影响。基于这样的假设和收入定义，根据其在文中所起到的作用，"中等收入者"可以在家庭或者个人的层次上理解。当计算所占比重和发展趋势的时候，强调其统计学意义，"中等收入者"指涉的是家庭层次的概念，"中等收入者"的规模和发展趋势实质上测量的是"中等收入家庭"的规模和发展趋势。同时，"中等收入家庭"的成员当然也可以从个人层次被理解为"中等收入者"，当与中产阶层的概念进行类比，讨论阶层认同以及主观生活预期时，"中等收入者"指涉的是个人层次的概念，因而可以用个人层次的变量来理解。

## 二　我国城镇中等收入者的规模估计

在数据来源方面，现有研究有的使用国家统计数据，有的使用学界调查数据，这可能也是造成研究发现存在分歧的原因之一。国家统计数据为通过抽样调查户的簿记而收集的收入数据，较为可靠，但样本户中最富裕的群体难以被抽到，学者也难以获得原始数据；学界调查数据为依靠被访者的回忆而获得的收入数据，较易出现漏报、错报，但数据公开，可以验证。本文使用的数据来源于中国社会科学院社会学研究所主持中国社会状况调查 2006 年、2008 年、2011 年和 2013 年的调查数据（文中简称

CSS2006、CSS2008、CSS2011、CSS2013)。该调查使用多阶随机抽样的方法，范围覆盖全国各省/自治区的城乡区域，抽样设计基本保证数据能够分别代表城镇和农村地区，调查对象为18周岁及以上的中国公民。2013年数据的有效样本约10206个，2011年为7036个，2008年为7139个，2006年为7061个。

CSS系列调查收集的是被访者前一年的家庭收入数据，即CSS2006、CSS2008、CSS2011、CSS2013分别收集的是2005年、2007年、2010年和2012年的家庭收入数据，但为了便于同其他变量一起分析，本文统称为当年的数据。本研究针对城镇地区，因此数据分析只保留了城市样本。由于收入是主要分析变量，也去掉了家庭人均年收入缺失的样本以及收入的极端值。[①] 处理之后，CSS2013、CSS2011、CSS2008、CSS2006进入分析的样本分别为5162个、3990个、3658个和3421个。

按照调查经验，学界调查数据的收入指标在回答时容易被低估（李培林、张翼，2008），为此我们参照国家收入统计数据，按照1.3~1.5的系数对数据进行了调整。调整后的各年城镇家庭人均收入为2013年27081元，2011年21263元，2008年16347元，2006年12872元。

根据前文定义，2013年，中等收入者的收入范围为家庭人均年收入28760元至99544元，中低收入者的收入范围为家庭人均年收入8536元至28760元，低收入者和高收入者的收入范围分别为家庭人均年收入8536元及以下和99544元及以上。2011年，中等收入者的收入范围为家庭人均年收入23211元至80709元，中低收入者的收入范围为家庭人均年收入6783元至23211元；低收入者和高收入者的收入范围分别为家庭人均年收入6783元及以下和80709元及以上。2008年，中等收入者的收入范围为家庭人均年收入16788元至57080元；2006年，中等收入者的收入范围为家庭人均年收入13178元至45252元。这四年各收入群体的收入范围如表5-1所示。虽然各收入群体的收入都有所增长，但是高收入者的收入下限增长更快，而低收入者的收入上限和中低收入者的收入上限都增长较慢，因而城镇地区的收入差距在逐渐扩大。

---

① CSS2013去掉的是家庭人均年收入为0的样本。CSS2011去掉的是家庭人均年收入小于240和等于2000000的样本。CSS2008去掉的是家庭人均年收入小于100的样本。CSS2006去掉的是家庭人均年收入小于100和等于1500000的样本。

**表 5 - 1　城镇各收入群体的家庭人均年收入下限**

单位：元

| 类　别 | 2006 年 | 2008 年 | 2011 年 | 2013 年 |
|---|---|---|---|---|
| 低收入者 | — | — | — | — |
| 中低收入者 | 4014 | 5276 | 6783 | 8536 |
| 中等收入者 | 13178 | 16788 | 23211 | 28760 |
| 高收入者 | 45252 | 57080 | 80709 | 99544 |

表 5 - 2 列出了 2006~2013 年城镇各收入群体的规模，总体来看各收入群体所占人口比例变动不大，中等收入者在 27%~28% 附近摆动，中低收入者维持在 50% 左右，低收入者在 20% 左右，高收入者在 3% 左右。本质上可能反映了收入分配改革的艰难，既有利益格局难以突破，高收入者的利益垄断已经形成，低收入者和中低收入者缺乏向上流动的通道和机会。较积极的信号是，2013 年部分低收入者的生活有所改善，上升到中低收入者，低收入者的比重缩小至 18%，中低收入者增长至 55%，但是中等收入者的规模发展仍处于停滞状态。后文将对此研究发现做详细的分析。

**表 5 - 2　城镇各收入群体的规模**

单位：%

| 类　别 | 2006 年 | 2008 年 | 2011 年 | 2013 年 |
|---|---|---|---|---|
| 低收入者 | 20 | 20 | 22 | 18 |
| 中低收入者 | 50 | 49 | 51 | 55 |
| 中等收入者 | 27 | 28 | 24 | 25 |
| 高收入者 | 3 | 3 | 3 | 2 |

注：统计的单位是家庭。

本文也将上述估算同卡拉斯的定义进行比较，结果显示，本文按照相对标准估算的中国中等收入者的规模，比按照卡拉斯使用的绝对标准估算的规模要小一些。卡拉斯使用 2005 年国际购买力平价（international comparison program），1 美元相当于 3.45 元人民币[①]，那么每人每天支出 10 美元至 100 美元相当于支出人民币 34.5 元至 345 元，符合此标准的人群为中等收入者。

---

[①]　http：//siteresources. worldbank. org/ICPINT/Resources/icp-final-tables. pdf，2013 年 12 月 10 日。

按照每年 365 天计算，家庭人均年支出在 12592.5～125925 元的人为中等收入者。以 2011 年为例，国家统计局报告城镇居民平均消费倾向为 70.5%。[①]如果将卡拉斯的定义应用于 CSS2011 数据，换算得到城镇家庭人均年收入在 17862～178617 元的城镇居民为中等收入者，城镇中等收入者占城镇人口的 38%，远高于按相对标准测算的 24%。

2006～2013 年，各个收入群体的平均收入都在增长，但高收入者的收入增长显然更快（见图 5－2）。以 2006 年收入为基准，2013 年低收入者的家庭人均年收入比例为 198%，中低收入者的家庭人均年收入比例为 216%，中等收入者的家庭人均年收入比例为 204%，而高收入者的家庭人均年收入比例为 292%。尤其是 2008～2013 年，在其他收入群体的平均收入增长 1 万多元、几千元甚至几百元的情况下，高收入者的家庭人均年收入增长了 14 万多元，五年间增长了 147%。

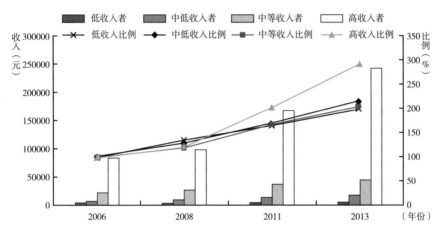

图 5－2　城镇各收入群体的家庭人均年收入和以
2006 年为参考的家庭人均年收入比例

收入所占份额（该群体收入总和/总体收入总和）是反映收入结构的一个指标。图 5－3 比较了城镇各收入群体的人口所占比重和收入所占份额。2013 年，仅占城镇人口 2% 的高收入者占 20% 的收入份额，18% 生活困难的低收入者却占 3% 的收入份额。2006 年至今，中等收入者所占收入份额呈

① 《"十一五"经济社会发展成就系列报告之九：全国城镇居民收支持续增长　生活质量显著改善》，2011 年 3 月 7 日，http://www.stats.gov.cn/ztjc/ztfx/sywcj/201103/t20110307_71321.html，2013 年 12 月 10 日。

下降的趋势，从 2006 年的 48%、2008 年的 46%、2011 年的 43% 降至 2013 年的 42%，而高收入者所占收入份额呈现微弱上升趋势，从 2006 年的 18%、2008 年的 19% 增长至 2011 年和 2013 年的 20%，反映收入差距的拉大。2006 年以来，中低收入者的收入份额微弱增长，并且这一增长的态势在 2013 年得到进一步强化，同该群体的人口比重逐年扩大有关。

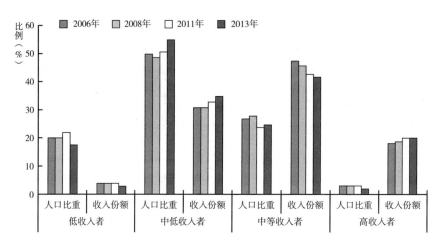

图 5 - 3　城镇各收入群体的规模和收入份额

注：统计的单位是家庭。

综观 2006～2013 年城镇居民的收入结构，收入差距的状况仍较严峻，尤其体现在收入分配结构的两端——高收入者和低收入者，并且中等收入者仍处于非常弱势的地位，无论从人口比重还是从收入所占份额来讲都是如此。但是，中低收入者收入水平的上升释放了一个积极的信号，可能成为收入分配结构调整的突破点，当然收入分配结构是否朝着健康的趋势发展还需要对未来几年数据进行监测。

为了与欧美国家的收入结构进行比较，本文也用收入分位值比例的指标来比较收入差距，分析结果表明，中国城镇地区的收入差距也较突出，但是相对来讲，收入差距小于美国。最高和最低收入分位值之间的比例显著低于美国，比如第 90 百分位与第 10 百分位、第 95 百分位与第 20 百分位、第 80 百分位与第 20 百分位的收入比例，说明最富裕和最贫困群体之间的收入差距小于美国（见表 5 - 3）。为了与美国的该指标保持一致，我们使用家庭收入来计算不同收入分位值的比例，结果也是如此。同美国的收入结构类似，我国城镇的收入差距主要存在于高收入与低收入之间，而中等收入与中低收入、中低收入与低收入之间的收入差距较小。

表 5 – 3　2012 年中国城镇居民和美国居民收入比例的比较

| 收入比例 | 中国（家庭人均收入） | 中国（家庭收入） | 美国（家庭收入） |
| --- | --- | --- | --- |
| $90^{th}/10^{th}$ | 8.52 | 7.22 | 11.93 |
| $95^{th}/20^{th}$ | 7.32 | 6.45 | 9.28 |
| $95^{th}/50^{th}$ | 3.57 | 3.84 | 3.75 |
| $80^{th}/50^{th}$ | 1.90 | 2.00 | 2.04 |
| $80^{th}/20^{th}$ | 3.90 | 3.36 | 5.05 |
| $20^{th}/50^{th}$ | 0.49 | 0.60 | 0.41 |

注：美国数据来源于 U. S. Census Bureau, *2013 Current Population Survey*, *Annual Social and Economic Supplement*。

从收入的构成来看，城镇各收入群体间差异显著。在高收入家庭中，高回报的收入来源明显较丰富，经营利润分红占家庭收入比例最高，为 61%，此外，金融投资收入占 3%，出租房屋和土地收入占 2%，而工资收入只占家庭收入的 31%。但在其他群体的家庭收入构成中，收入来源明显较单一，工资收入都是最大的一块，分别占中等收入家庭收入的 67%，中低收入家庭收入的 71% 和低收入家庭收入的 59%（低收入家庭的社会救助福利收入和社保收入等的比例较高）；此外，经营收入所占份额最高的为中等收入家庭，占 16%，但是中等收入家庭、中低收入家庭和低收入家庭中金融投资和出租房屋、土地的收入所占比例都不足 3%。因此，收入来源主要是劳动所得，缺乏多样化的收入渠道是中等收入家庭、中低收入家庭和低收入家庭收入较低、增长幅度较小的主要原因之一。

除了微观层面的收入来源因素之外，宏观层面的收入分配制度对收入结构也产生重要影响。首先一般来说，劳动者报酬总额占 GDP 的比重越高，国民收入初次分配越公平，但我国的劳动报酬增长缓慢，该比重低于大多数发达国家（孙慧，2012）；而从上文分析可见，劳动报酬是中等收入及以下家庭的主要收入来源，因而可以解释这些家庭同高收入家庭之间的收入差距。其次，收入分配向资源性和垄断性行业倾斜，使得这些行业的从业人员尤其是高管收入过高（王小鲁，2010）。最后，由腐败、逃税、管理漏洞而获得的灰色收入是高收入阶层收入快速增长的重要原因（王小鲁，2007）。

高收入阶层通过各种非正常手段使其收入比低收入阶层以更快速度增长，这是导致我国居民收入差距非正常扩大的最主要原因（陈宗胜、周云波，2001）。21世纪初以来，我国经济持续增长，但这种增长更多地依赖大规模投资，在很大程度上给灰色收入和垄断收入提供了机会，这些因素促成稳定坚固、错综复杂的利益集团的形成，若要打破这种"收入关系网"，需要我国经济发展方式的转型以及多项制度改革和监管措施的配合。

此外，城镇化对收入结构变动也产生一定影响。城镇化进程吸收了农村的剩余劳动力，但对劳动力的选择性进一步加大了收入差距（李实，2012）。高技术、高学历人才将会更受欢迎，带动这些人群的工资水平快速上升，同时也加剧了农村贫困问题和失业问题，使年龄较大、缺乏技术的劳动力收入增加的空间越来越小。每年800万~900万的大学毕业生面临劳动力竞争问题，学历技能、就业方向符合市场需求的毕业生更有竞争力，而自身规划不合理或盲目就业的毕业生则面临更少的就业机会，城镇化和经济发展推动的市场竞争也会拉大这部分较高层次劳动力之间的收入差距（李春玲，2012）。因此需要采取措施推进农村的扶贫、减贫，加强对农民工尤其是新生代农民工的技术培训，促进大学生合理就业，由此提高低收入者的收入水平，发展有技术和有知识的劳动力成长为中等收入者。

## 三　中等收入者的阶层认同和生活预期

为了更深刻理解收入分配格局变化与社会结构变动的关系，有必要考察中等收入者与中产阶层的关系，从而阐明中等收入者的发展前景和意义。

按照国际社会学界的通常标准，本文从职业、受教育程度和收入三个维度定义中产阶层。把职业上属于国家机关、党群组织，企事业单位负责人，专业技术人员以及收入（家庭人均年收入）高于城镇居民平均水平的办事人员，商业服务业职员等非体力劳动者统称为中产阶层。

我们使用CSS2011数据，分析了中产阶层与中等收入者的交互情况（见表5-4）。分析结果显示，有70%的中等收入者属于中产阶层，另有30%的中等收入者虽然收入较多但在职业或者受教育程度上不符合中产阶层的标准，属于非中产阶层。进一步的分析显示，这部分属于非中产阶层的中等收入者，主要由蓝领高技术工人和个体户构成。由表5-4也看到，11%的中低收入者属于中产阶层，说明部分白领或者接受过高等教育的人群虽然职业地位较高，但实际上收入并未达到中等收入者的水平。进一步的比较显示，"中等收入者"的家庭人均年收入为 52639 元，高于中产阶层的家庭人均年收入 42976元，而中产阶层的受教育程度显著较高（中等收入者和中产阶层的本科及以上学历的比例分别为 29% 和 37%），同时中产阶层的职业地位较高（中产阶层全部为脑力劳动和半体力劳动，而中等收入者中只有 70% 为脑力劳动和半体力劳动）。所以，相较于中产阶层，中等收入者的经济地位较高，但文化资本较少，职业地位较低；从社会发展的层面来讲，社会结构的发展和调整，不仅需要收入分配格局的改善，也需要职业结构的变动和受教育水平的普遍提高。

表 5 - 4　中产阶层与中等收入者的交互分析（CSS2011）

| 类　别 | 中等收入者 | 中低收入者 | 总　体 |
|---|---|---|---|
| 中产阶层(%) | 70 | 11 | 27 |
| 非中产阶层(%) | 30 | 89 | 73 |
| 总体(%) | 100 | 100 | 100 |
| 总样本(个) | 803 | 2142 | 2945 |

注：1. 去掉了家庭人均年收入小于 240 元和等于 2000000 元的样本、中产阶层相关变量的缺失样本以及年龄大于 60 岁的样本，因而样本量比前面只估算中等收入者的样本量要小。2. 表中"中等收入者"包括了本文的中等收入者和高收入者，"中低收入者"包括了本文的中低收入者和低收入者。

　　在不同发展阶段，人们对收入分配格局的感受差异很大。在经济发展鼎盛时期的日本，绝大多数人认为自己的经济社会地位属于"中层"，号称"1 亿皆中流"。一般认为，在分配制度稳定的情况下，大多数国家社会经济地位认同属于"中层"人群的比重，都远高于中等收入者的比重和中产阶层的比重。这个指标在社会分析中具有重要意义，如果社会经济地位认同普遍较高，人们会有积极的社会态度和较好的社会预期；如果社会经济地位认同普遍较低，则反映了人们对分配格局和地位结构的不满及求变心理。

　　在我国当前的发展阶段，各收入群体的主观阶层认同一定程度地反映了客观的经济地位，但是也不尽一致（见表 5 - 5）。二者之间的差异主要在于主观的阶层认同不仅依赖于个人和家庭当下的社会经济地位，还依赖于比较参照体系以及对未来的预期。具体来说，高收入者倾向认同"中上层"和"中层"，分别占 26% 和 48%；中等收入者倾向认同"中层"，占到近一半的比例；中低收入者倾向认同"中层"和"中下层"，分别占 38% 和 35%；而低收入者倾向认同"中下层"和"下层"，分别占 32% 和 35%。认同自己的社会经济地位属于"中层"的居民只占城镇居民的 39%，其中高收入者和中等收入者的比例较高，也包括了一定比例的中低收入者。

表 5 - 5　2013 年城镇各收入群体的主观阶层认同

| 类别 | 高收入者(%) | 中等收入者(%) | 中低收入者(%) | 低收入者(%) | 合计(%) |
|---|---|---|---|---|---|
| 上　层 | 4 | 0 | 0 | 0 | 0 |
| 中上层 | 26 | 13 | 5 | 4 | 7 |
| 中　层 | 48 | 49 | 38 | 27 | 39 |
| 中下层 | 19 | 27 | 35 | 32 | 32 |
| 下　层 | 4 | 9 | 21 | 35 | 20 |
| 不好说 | 0 | 1 | 1 | 2 | 1 |
| 合　计 | 100 | 100 | 100 | 100 | 100 |
| 总样本(个) | 113 | 1300 | 2814 | 934 | 5161 |

从国际比较来看，我国居民在目前发展阶段存在着主观阶层认同普遍偏下的现象，不仅城镇居民中认同"中层"的比例较低，城乡全部居民中认为自己属于"中层"的比例也仅为 41%，远远低于国际上大多数国家近60%的常规比例。这反映了很大一部分人群对生活现状不甚满意及其对改变现状的期冀。某些不合理、不公平的收入分配现象也是人们主观阶层认同普遍偏低的重要影响因素，2013 年调查数据显示，中等收入者和中低收入者认为当前的财富和收入分配"不太公平"的比例最高，分别占 46% 和47%；但具体到不同地区、行业之间的待遇，高收入者对不公平的感受更强，70% 的高收入者认为"非常不公平"或者"不太公平"，持此想法的中等收入者占 65%、中低收入者占 61%，而低收入者只占 51%。因此，若要调整收入分配结构，不仅需要调整收入分配的结果，还要下大力气理顺收入分配的秩序，提高人们对收入分配制度公正性的认同。

人们对收入分配现状的感受，在很大程度上也受人们的生活满意度以及对未来生活预期的影响。根据 CSS2011，本文以人们对生活水平的预期作为模型的因变量。CSS2011 询问了被访者"感觉在未来的 5 年中，您的生活水平将会怎样变化"，可以选择"上升很多、略有上升、没变化、略有下降、下降很多"。本文将选项分为三类序列：将"略有下降或下降很多"定义为相对悲观，"没变化"定义为一般，"上升很多或略有上升"定义为相对乐观。根据调查结果，预测生活水平"上升很多或略有上升"的城镇居民占主流，为 74%，预测"没变化"的占 18%，预测生活水平"略有下降或下

降很多"的居民占 8%。高收入者、中等收入者和中低收入者预测生活水平
将上升的比例都在 75% 左右，低收入者预测生活水平将上升的比例较低，
为 67%，体现城镇居民对未来生活总体乐观，但低收入者相对不那么乐观。
有 23% 的低收入者预测生活水平没变化，该比例高于高收入者、中等收入
者、中低收入者。各收入群体对未来生活水平较悲观的比例都在 10% 或以
下；相对而言，收入越低，持悲观情绪的比例越高。

　　该模型的自变量包括收入水平、社会保障状况、生活压力和生活成本，
控制变量为年龄。在操作定义上，我们以收入地位的分层代表收入水平，以
有无医疗保险代表社会保障状况①，以"是否有买不起房的压力""是否有
子女教育费用高的压力""是否有家人失业的压力"代表生活压力的大小，
以是否居住在北上广深一线城市表示生活成本的高低。表 5 - 6 是模型中各
自变量的描述统计。

表 5 - 6　模型所涉及自变量的描述统计（CSS2011）

| 变　量 | 样本量 | 均值 | 标准差 |
| --- | --- | --- | --- |
| 18 ~ 25 岁 | 3376 | 0.093 | 0.291 |
| 26 ~ 35 岁 | 3376 | 0.175 | 0.380 |
| 36 ~ 45 岁 | 3376 | 0.222 | 0.416 |
| 46 ~ 60 岁 | 3376 | 0.300 | 0.458 |
| 高收入者 | 3376 | 0.028 | 0.165 |
| 中等收入者 | 3376 | 0.247 | 0.431 |
| 中低收入者 | 3376 | 0.516 | 0.500 |
| 有医疗保险 | 3376 | 0.838 | 0.369 |
| 有买不起房的压力 | 3376 | 0.354 | 0.478 |
| 有子女教育费用高的压力 | 3376 | 0.188 | 0.391 |
| 有家人失业的压力 | 3376 | 0.214 | 0.411 |
| 居住在一线城市 | 3376 | 0.170 | 0.375 |

注：各变量的取值范围均为 0 至 1。

　　表 5 - 7 显示了定序回归模型的结果，总体显著。在控制其他因素的情
况下，高收入者对未来生活水平的预期显著乐观，相比之下，其他收入群体
的乐观情绪则不那么明显。有医疗保险的人对生活的预期更乐观，但差异不
显著；买不起房、子女教育费用高、家人失业无业这些生活压力都使得人们

① 在相关研究的数据分析中，我们发现在养老、医疗、失业、工伤等各类社会保险中，有无
　医疗保险对人们的社会态度影响最为显著。

对生活水平的预测更悲观，而且有无这些压力带来的差异显著。这些发现反映了目前城镇地区不甚完善的社会保障和公共服务对人们的未来生活预期产生一定的负面影响。此外，居住在一线城市对生活水平的预期也有显著的负面影响，反映一线城市居民的生活和工作压力较大，虽然收入水平较高，但是购买力受到很大限制。模型也显示，年龄对未来生活的预期有显著的正面影响，越年轻的人群，生活预期越乐观。年轻人的未来有多种可能性，向上流动的机会更多，这对缩小收入差距、调节收入分配结构有一定的政策启示。

表 5 - 7    生活水平主观预测的定序回归模型

| 项　目 | 因变量：生活水平预期（悲观 = 0，没变化 = 1，乐观 = 2） | |
| --- | --- | --- |
| 自变量 | Odds Ratio | Std. Err. |
| 年龄（60 岁以上为参照） | | |
| 18 ~ 25 岁 | 3.904 *** | 0.695 |
| 26 ~ 35 岁 | 2.560 *** | 0.330 |
| 36 ~ 45 岁 | 1.764 *** | 0.202 |
| 46 ~ 60 岁 | 1.264 ** | 0.128 |
| 收入阶层（低收入者为参照） | | |
| 高收入者 | 2.117 ** | 0.641 |
| 中等收入者 | 0.913 | 0.111 |
| 中低收入者 | 1.014 | 0.100 |
| 有医疗保险 | 1.110 | 0.116 |
| 有买不起房的压力 | 0.819 ** | 0.067 |
| 有子女教育费用高的压力 | 0.538 *** | 0.052 |
| 有家人失业的压力 | 0.771 *** | 0.073 |
| 居住在一线城市 | 0.466 *** | 0.047 |
| Observations | 3376 | |

*** $p < 0.01$，** $p < 0.05$，* $p < 0.1$。

# 四　中等收入者的发展趋势

中等收入者的扩大，主要依赖于中低收入者改变收入地位，进入中等收入者行列。我国目前的中低收入者，主要由年龄较大、学历较低的体力劳动者构成，虽然其基本生活有保障，但缺乏改变自身经济地位的能力，家庭生活也面临各种风险。

图 5 - 4 显示了 2006 ~ 2013 年我国城乡居民的收入分配结构。在这里，城乡居民和家庭是按照常住人口定义的。由图 5 - 4 可见，城乡居民的收入分配

结构整体上仍呈现金字塔型,从中等收入者开始呈现两极式连接方式。低收入者和中低收入者占据了整个金字塔的底端,而从中等收入者开始人口逐渐减少,到了金字塔顶端人口迅速减少,但收入非常高的高收入者又形成了一个波峰,这种长尾效应体现了明显的收入差距。农村居民收入的金字塔分布更加明显,整体收入水平比城镇居民明显偏低,底端的低收入组集中了高比例的农村家庭;2011 年和 2013 年的农村居民收入分配结构有明显的改善,但人均收入在 2000 元以下的农村家庭占到 10% 左右,这部分人口生活在贫困线以下。

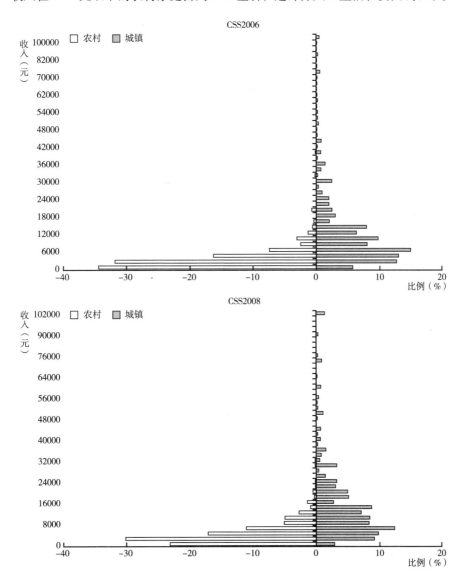

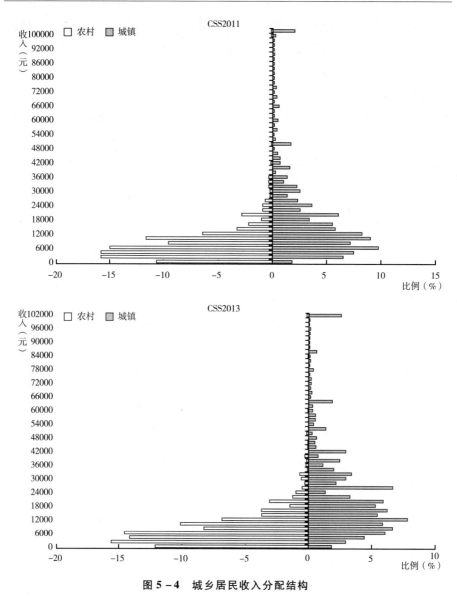

图 5 - 4 城乡居民收入分配结构

注：1. 数据为家庭人均年收入，对缺失值和极端值做了同前文一样的处理，并进行了年龄、性别、城乡的加权。2. 收入的分组单位为 2000，纵轴的 "0" 代表 2000 元以下， "102000" 代表 "102000 及以上"。统计的单位为家庭，横轴数字前面的负号无意义，指该收入分组的家庭所占比例。

图 5 -4 所设立的收入分组以 2000 元为单位，分组单位越大，人口数量越往底部集中，收入结构则从 "金字塔型" 趋向 "倒丁字型"，这是因为较大的分组单位放大了收入差距。而在控制了收入分组、人口频次的情况下，

2013 年居民收入金字塔的中部和中低部比 2006 年、2008 年和 2011 年的金字塔更丰满，说明在 2013 年，中等和中低收入水平的家庭比例有所提高，而金字塔最底端的低收入家庭的比例有所降低，这是收入差距趋于缓和的一个信号。

　　2006 年以来的城乡居民收入分配结构变化可以更清晰地由图 5 - 5 呈现。不论是城镇还是农村地区，最左侧的低收入者（家庭人均年收入 8000 元及以下）所占比例从 2006 年开始在逐年减少，这一趋势在城镇地区更为明显。中等及以上收入水平的家庭所占比例则基本呈逐年增长的态势；相对于2006 ~ 2011 年，城镇地区中间收入水平（家庭人均年收入在 30000 ~ 50000元）的家庭所占比例在 2013 年增长最为显著，但相对于高收入家庭，中等收入家庭的收入增长速度仍较缓慢，因而其所占比重的提高并不明显。

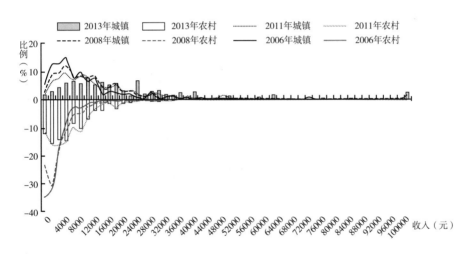

**图 5 - 5　城乡居民收入分配结构（叠加）**

　　注：1. 数据为家庭人均年收入，对缺失值和极端值做了同前文一样的处理，并进行了年龄、性别、城乡的加权。2. 收入的分组单位为 2000，横轴的 "0" 代表 2000 元以下，"100000" 代表 "100000 元及以上"。统计的单位为家庭，纵轴数字前面的负号无意义，指该收入分组的家庭所占比例。

　　形成 "橄榄型分配格局"，关键在于提高中等收入者的比重。必须大幅度增加低收入者和中低收入者的收入，使得更多的低收入者和中低收入者实现向上流动。在 CSS2013 家庭人均年收入数据的基础上，根据经过努力可能达到的收入增长条件，通过多次模拟，本文预测了到 2020 年我国城镇地区可能达到的收入分配格局（见图 5 - 6）。模拟的假设是在各阶层收入水平普遍提高的情况下，收入分配结构更加合理；具体来讲，从 2012 年到 2020

年，中等收入者的平均收入翻一番，高收入者的平均收入翻一番，同时低收入者和中低收入者的收入增长得更快一些，平均收入翻两番。在这种格局中，中等收入者的比重可达到42%，可以说这是一种中等收入者占高比例的橄榄型收入分配格局。

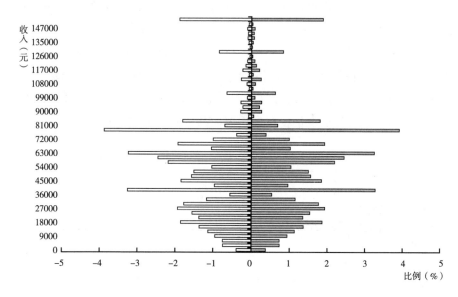

**图 5 - 6    2020 年城镇居民收入分配结构模拟（基于 CSS2013）**

注：1. 数据为家庭人均年收入。2. 收入的分组单位为3000，纵轴的"0"代表3000元以下，"147000"代表"147000元及以上"。统计的单位为家庭。为了达到橄榄型的显示效果，纵轴两侧的图完全对称，横轴数字前面的负号无意义，该收入分组的家庭所占比例为纵轴两侧比例的绝对值之和。

在这种收入结构中，城镇家庭人均年收入为 64488 元，中位值为 54600元。而 CSS2013 中城镇人口的家庭人均年收入的均值为 27081 元，因此这种模型下的 2020 年城镇居民人均年收入比 2012 年提高了约 138.1%，年均增长约 11.5%。这个增长率大体上是 21 世纪初以来我国城镇居民收入年增长率的中间水平（见图 5 - 7）。因此就收入水平而言，到 2020 年，很有可能实现城镇家庭人均年收入增长至 64488 元的目标。考虑到农村经济发展水平较低，农民收入大幅度增长的难度较大，那么城镇居民收入增长 138.1% 更有利于实现 2020 年城乡居民人均收入比 2010 年翻一番的目标。

居民人均收入到 2020 年翻一番的目标或许不难实现，但是更大的挑战来自收入分配结构的调整。诚然，中低收入者和低收入者比高收入者和中等

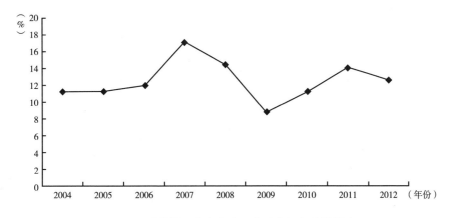

**图 5 - 7　城镇居民家庭人均可支配收入年均增长率**

资料来源：国家统计局历年统计年鉴。

收入者的收入增长更快能够使得收入结构趋近橄榄型，但这只是一种理想假设，高收入者由于经济资本和收入渠道较丰富，在收入增长方面仍很强势，而中低收入者和低收入者由于自身经济资本和文化资本贫乏，收入很难较快增长。

在这种趋近"橄榄型"的收入分配结构中（如图 5 - 6），低收入者（收入在城镇居民收入第 5 百分位及以下）的收入范围为家庭人均年收入20389 元及以下，中低收入者（收入在城镇居民收入第 5 至第 25 百分位之间）的收入范围为家庭人均年收入 20389 元至 60137 元，中等收入者（收入在城镇居民收入第 25 至第 95 百分位之间）的收入范围为家庭人均年收入60137 元至 199255 元，高收入者（收入在城镇居民收入第 95 百分位以上）的收入范围为家庭人均年收入 199255 元以上。在这个收入模型中，低收入者占 14%，中低收入者占 42%，中等收入者占 42%，高收入者占 2%。要想到 2020 年收入分配结构实现这种模拟的"橄榄型"，就需要着力大幅度提高低收入者和中低收入者的收入水平，提高中等收入者的比重，此任务相当艰巨。

## 五　实现橄榄型分配格局的政策建议

分析结果显示，我国城镇居民的收入分配结构有两个主要特征：一是庞大的低收入者和中低收入者，占人口比重的 70%；二是显著的收入差距，高收入者的平均收入和增长速度都远远高于其他群体，中等收入者、中低收入者和低收入者的收入水平都偏低。因此，调整收入分配结构的关键在于大幅度增加低收入者和中低收入者的收入，提高中等收入者的比重。分析还发现，只有高收入者对未来生活的预期显著乐观，本应生活较优越的中等收入者并没有表现出明显的乐观预期，居住在一线城市的居民也表现出一定程度的悲观预期。这说明，城镇居民中普遍存在各种生活压力，仅增加收入不一定带来生活水平的提高和乐观的预期，还必须采取扩大社会保障覆盖面、促进公共服务均等化等各种措施。

为了实现"橄榄型分配格局"、构建公平合理的收入分配秩序，建议从以下几方面入手调整收入分配格局。

第一，确保实现全面建成小康社会的收入增长目标。党的十八大报告要求，到2020年我国GDP总量和城乡居民人均收入要比2010年翻一番。改革开放以来的多数年份中，城乡居民收入增长速度是慢于GDP增长速度的，但近年已经有了转变，特别是农民人均纯收入增长速度已经连续四年快于GDP和城镇居民人均可支配收入的增长速度。但这一形势还不稳定，2013年城乡居民收入合计跑赢了GDP，但分城乡来看，城镇居民人均可支配收入的增长速度又出现慢于GDP增长的情况。深层次的原因主要是劳动报酬在GDP中的比重偏低，而再分配的机制不够完善，影响了居民的收入水平和收入分配的公平性。所以，各地都需要采取措施，确保2014～2020年，城乡居民人均收入的增长与经济发展同步。

第二，继续实施大规模减少农村扶贫对象的政策。我国的农村扶贫标准2011年大幅度提高到农民年人均纯收入2300元（2010年不变价格），这大体相当于按购买力平价计算每人每天2美元收入的中等国际贫困标准。按照这一标准，2011年我国农村还有1.22亿扶贫对象，2012年扶贫对象减少到9899万人，但仍占农村户籍人口的10.2%。按照国际减贫经验，贫困发生率下降到10%时，会遇到减贫瓶颈，进一步减贫会变得更加困难。中国目前农村的扶贫对象大部分分布在14个集中连片特殊困难地区，我们要下决心采取更加有力的减贫措施，将片区攻坚与精准扶贫相结合，争取从现在到2020年每年仍能减少扶贫对象1000多万人，让全面建成小康社会的成果能够惠及更多的人。

第三，开展普遍的职业培训，让更多的新生代农民工成为中等收入者。中等收入群体的扩大，在很大程度上依赖于能否把我国约2.6亿农民工，特别是新生代农民工转变为中等收入者。从已有的经验研究成果看，影响农民工收入水平的最主要因素是农民工的人力资本，也就是其受教育水平和职业技能。要完善职业教育和技术培训体系，实施大规模的职业培训计划，采取各种激励措施，鼓励农民工通过提高生产技能增加收入，使 80% 的新生代农民工在未来能够进入中等收入者的行列。

第四，进一步促进大学毕业生就业创业，保证绝大多数大学毕业生成为中等收入者。高校应当以就业和为经济社会发展服务为导向进一步加大对教育课程的调整力度，加强就业指导。要抓住我国产业结构调整和服务业快速增长的有利时机，创造更多的适合大学生就业的岗位和机会。要引导大学毕业生合理选择职业、行业、单位和就业地区，鼓励大学生自主创业，保证今后每年 800 万 ~900 万大学毕业生的绝大多数最终能够跻身中等收入者行列。

第五，研究采取与消费挂钩的税收政策，缓解中低收入者的生活压力。研究表明，即便是中等收入人群，也会因为生活压力过大而对未来的生活预期较差。缓解中低收入人群的生活压力，除了完善社会保障体系、稳定物价特别是房价之外，更直接的就是采取个人所得税与家庭消费挂钩的办法，这也是世界各国调整收入分配普遍采取的办法。我国经济增长的动力，将从主要依赖投资和出口转向更多地依赖国内消费，我国的发展阶段也已经进入大众消费时代，家庭消费的规律是家庭消费随收入的增加而递减，通常来讲中等收入家庭由于购买力和需求都比较强而消费水平较高，但是随着收入的增长而成为高收入家庭，其需求趋于饱和而消费水平较低，因此采取与家庭消费挂钩的个人所得税政策势在必行。

第六，注重理顺收入分配秩序。收入分配的公平涉及机会公平、权利公平、过程公平和结果公平，如果不理顺收入分配的秩序，仅靠调整分配结果难以实现分配公平。经验调查的结果也显示，民众对收入分配问题的不满，主要不是来自"不平"，而是来自"不公"。居民收入水平与对收入分配问题不满意程度的相关分析表明，目前不是收入越低的居民对收入分配越不满意，而是很多中等收入以上的人群，包括干部队伍中相当多的人，对收入分配的状况不满意。因此，一方面要调整分配结果，保护合法收入，调节过高收入，清理规范隐性收入，取缔非法收入，增加低收入者收入，提高中等收入者比重，尤其对灰色收入和非法收入加强依法监管和打击；另一方面也要注重理顺收入分配的秩序，完善收入分配调控体制机制和政策体系，探索建立个人收入和财产申报制度。

# 第六章
# 城镇户籍从业者与农民工的收入差距

田　丰

在中国，农民工收入状况、社会融入和生活状态，实际上成为观察整个社会生活质量的一个特殊视角。随着中国改革开放和经济社会发展的日益深入，依靠低廉劳动力的比较优势发展外向型经济模式已难以保证经济持续稳定增长，推进新型城镇化和扩大国内居民消费必将成为经济"新常态"下确保经济社会平稳发展的主要路径。其中，引导在城镇就业的农业户籍人口（以下简称农民工）融入城市社会，缩小城镇户籍从业者与农民工的收入差距，让他们的劳动获得合理的回报，提高他们的收入水平和改善生活质量，避免低收入水平对消费产生抑制作用，是推进新型城镇化和提升内需的关键。要推动农民工融入城市，改善他们的生活质量，就必须在破除不合理的社会制度和市场规则基础上建立统一的劳动力市场，只有改变农民工在劳动力市场上被歧视的地位，方能真正改善他们的生活质量。

在现实的社会生活中，城镇户籍从业者与农民工在劳动力市场上的差异主要体现在三个不同层面。首先从职业收入来看，存在着"同工不同酬"问题。这也是最容易证明劳动力市场存在歧视的一点。"同工不同酬"指的是尽管城镇户籍从业者与农民工从事相同或者相似的工作，两者收入却存在显著差距。其次从职业分布来看，存在着所谓的"黏地板效应"，指的是农民工在城镇的劳动力市场中往往获得的都是底层职位，在从事底层职位之后难以获得职业向上流动的机会，从而出现大量农民工像被黏在地板上一样，堆积在城镇劳动力市场底端，从事低收入职业的状况。最后从职业流动来看，存在着所谓的"天花板效应"，即农民工在劳动力市场或者劳动组织中即便获得了从事较高职位的资格或者资历，也无法获得相应的高收入职位。

从以往的研究来看，经济学家和社会学家多围绕户籍制度造成劳动力市场分割来探讨城镇户籍从业者与农民工"同工不同酬"的问题，两者在职业分布和职业流动上的差异显然超出了劳动力市场分割理论能够解释的范围。从社会学的角度看，从以职业为主要指标的社会分层角度解释这一现象可能更具有合理性。本文就是综合经济学和社会学的视角，结合劳动力市场分割理论、人力资本理论和职业分层理论来解读城镇户籍从业者和农民工之间的收入差距的，以期能够获得新的发现。

## 一　农民工研究的问题梳理及文献回顾

虽然外向型经济战略给中国带来了一个超高速的经济增长期，却也掩盖了很多社会问题，比如，城乡二元分割体制下，劳动力市场对农村劳动力的制度歧视（陆学艺，2003；王美艳，2005），因而研究者最初关心的主要问题是城乡二元结构带来的城镇居民和农村居民的收入差距（李实、李文彬，1994；王美艳，2003；姚先国、赖普清，2004；谢嗣胜、姚先国，2006；金成武，2009）。而对收入差距的理论解释主要是从两个方面进行的，其一是劳动力市场分割理论；其二是人力资本理论。这两种理论实际上是对收入不平等的结构主义取向和个人主义取向的不同解释路径。从劳动力市场分割角度进行的研究，主要分析制度性因素，如户籍对农村劳动力进入主要劳动力市场的限制作用及其结果（赖德胜，1996；杨宜勇，2001；谢桂华，2007；乔明睿等，2009）。从人力资本理论角度进行的研究，主要对城乡劳动力收入差异进行了理论以及实证的解释和分析（蔡昉，2005；刘精明，2006；王甫勤，2010）。

随着户籍制度管制的松懈，大量农民流动到城镇地区务工，城镇户籍从业者与在城镇地区务工的农民工之间的收入差距成为新的研究议题，这一议题的关键在于是否认为人口流动在事实上造成了劳动力市场化的结果，即用工单位除了考虑户籍性质等制度性要素外，还会基于人力资本要素进行市场化选择，人力资本高的劳动者的收入水平高于人力资本低的劳动者的收入水平，这是市场理性选择的结果（李实、丁赛，2003；肖文韬，2004；张车伟，2006；邓曲恒，2007；武向荣，2009；西尔维·德姆希尔等，2009）。同时，也有一些研究从不同方面分析了人力资本的二元性（杨德才，2012），探讨了人力资本对城镇户籍从业者和农民工的投资回报率或者收益率的差异问题。

以往城镇户籍从业者与农民工的收入差异的研究普遍忽略了职业结构的不同，其原因在于户籍制度并没有真正放开，以及农民工中缺少接受过高等教育的职业人群。因而，忽略了职业结构的比较研究，研究更接近于"同地不同酬"研究，而非在相同职业结构下城镇户籍从业者与农民工的收入差距研究。

实际上，近些年中国劳动力市场内外部条件变化改变了农民工的职业结构，特别是户籍制度改革的不断深化和高考扩招后农村户籍大学生的涌现。自 2001 年国务院批转《关于推进小城镇户籍管理制度改革的意见》，小城镇户籍制度改革全面推进，到 2014 年发布《国务院关于进一步推进户籍制度改革的意见》，提出"促进有能力在城镇稳定就业和生活的常住人口有序实现市民化""全面放开建制镇和小城市落户限制""有序放开中等城市落户限制""合理确定大城市落户条件""严格控制特大城市人口规模"。除少数特大城市外，户籍制度对农民工在劳动力市场上的限制作用越来越小，尽管有研究使用 2003～2006 年的统计数据分析，发现缺少足够的证据证明户籍制度改革对农村劳动力流动总量和流动方向等方面产生了显著影响（孙文凯、白重恩、谢沛初，2011），但从劳动力市场分割的视角来解读农民工在劳动力市场上的弱势地位的合理性越来越弱。

同时，中国高校扩招和户籍制度改革同样持续影响着中国的劳动力市场，原先的高考制度对农村生源的"掐尖效应"消失，很多来自农村的大学生保留了农业户口，导致劳动力市场存在一定数量接受过高等教育之后，仍然保留农村户籍的大学毕业生，按照国家统计局的定义，他们也是农民工的一部分。农村户籍大学毕业生的涌现改变了以往农民工人力资本偏低的状况，一定程度上改变了农民工的职业分布和职业结构，却没有改变农民工在劳动力市场上的弱势地位。可见，如果依然按照以往研究主要采用的劳动力市场分割和人力资本两个研究视角，分析城镇户籍从业者与农民工的收入差距，即便能够界定和分析制度歧视和人力资本的不同影响，也会忽略一些既没有被社会制度，也没有被人力资本所涵盖的影响因素，比如以职业为主要指标的社会分层影响。

在社会科学研究中，很少有研究主题能够像职业分层那样成为社会结构、不平等和社会流动研究的中心概念，在以往社会经济资源分布的研究中，职业分层也占据了非常重要的地位。就目前国内外学界开展的社会分层和社会流动研究中，特别是在复杂的现代性社会，社会分层和社会流动的大部分研究都把职业作为界定社会地位的首选标准。其原因主要有两个方面：

一方面，研究沿袭了经典社会学理论的研究传统和习惯，将职业及其代表的社会分工作为理解社会变革和界定社会功能的关键性概念；另一方面，职业分层在经验研究中更容易被操作和实现，职业的概念比其他社会分层指标的概念更容易被界定，职业变量在社会调查等操作化过程中更容易被清晰地表达和测量。

从以往学者的研究成果来看，陆学艺（2002）主编的《当代中国社会阶层研究报告》一书比较全面地分析了当前中国社会中存在的阶层分层状况。他们提出"以职业划分为基础，以组织资源、经济资源和文化资源的占有状况为标准来划分社会阶层的理论框架"，认为这三种资源的拥有状况是各社会群体及其成员在阶层结构中的位置以及个人的综合社会经济地位的标志。据此，他列出了中国十大社会阶层。职业能作为社会分层的主要指标的原因在于，在职业的基础上，人与人之间可以相互感知他们的社会经济关系，基于不同职业与权威和资本的关系产生不同的阶级利益。同时职业所掌握的稀缺且诱人的资源，能以技能和知识的形式表现出来，且能够转化为支配地位、权力和收入等。由此可以看到，职业不仅仅是社会地位的象征，而且和经济收入存在着紧密的联系。李培林（2004）认为转型期中国职业分层也能够像西方社会一样反映出社会分化和阶级结构，新时期阶级阶层结构变化的特点包括：产业结构的变动使与现代经济相联系的职业群体迅速扩大，以及深刻的职业划分使原有的统一阶级内部出现了具有不同经济地位和利益特点的社会阶层。

据此可见，不同层级的职业不仅意味着人们社会地位和声望的差异，也意味着收入水平的高低。所以，在劳动力市场上，不仅仅有城乡户籍差异，也存在着职业分层的隔离，如果只考虑户籍而忽略职业分层的作用就会在研究中遗失了一个重要的影响因素，对城镇户籍从业者和农民工之间的收入差异的分析将是不全面、不完整的。本文的创新之处就在于，把职业分层作为影响收入差异的一个重要控制变量来考虑，在控制职业分层的基础上，也就是在把城镇户籍从业者和农民工按照职业等级进行分组的基础上，进一步剖析两者之间的收入差异。

## 二　分析思路、研究方法和数据

本文的分析思路是在控制城乡户籍劳动者职业结构差异的前提下，分析在相同的或者相似的职业层级中城镇户籍从业者与农民工，由于不同人力资本要素和制度歧视而产生的收入差异。因此，本文主要使用了两种分析方法。第一种是分位数回归方法。分位数回归方法利用解释变量的多个分位数（例如四分位、十分位、百分位等）来得到与被解释变量的条件分布相应的分位数方程。与传统的 OLS 只得到均值方程相比，它可以更充分地考虑变量分布，特别适合分析收入等不均匀分布的变量。使用分位数回归方法的主要目的是验证人力资本要素在不同等级的人群中发挥的作用是不一样的，从而可以推论出，如果不加控制地使用基于人力资本要素等同效用假设的 Blinder-Oaxaca 分解，来分析城镇户籍从业者和农民工的收入差距就可能产生不正确的研究结论。

第二种方法是 Blinder-Oaxaca 分解。Blinder-Oaxaca 分解是国内外学者研究关于不同组群之间收入差距的主要方法，也是研究劳动力市场分割和收入不平等的主要方法，该方法基于反事实假设的 logistic 回归模型对收入均值进行分解。分解是把组群之间的收入差异分解为两个部分，一个部分是个人特质差异可以解释的，主要是人力资本差异导致的收入差异，比如教育、工作经验等；另一个部分是模型无法解释的残余部分，即决定收入的人力资本影响因素无法解释的收入差异部分。模型无法解释的残余部分通常被认为是劳动力市场歧视导致的收入差异，但实际上模型无法解释的部分也包括没有纳入模型的影响因素导致的收入差异。大部分使用 Blinder-Oaxaca 分解的研究都可以在研究劳动力市场分割和劳动力市场歧视导致"同工不同酬"的文献中找到。

在工资分解和"同工不同酬"的研究中，大部分研究把收入差异分解为可以解释的部分和不可以解释的部分。比如，我们将城乡户籍人口之间的收入差异可以解释的部分分解为多少是由教育程度差异造成的，多少是由工作经验差异造成的。相应地，也可以把城乡户籍人口之间的收入差异不可以解释的部分分解为多少是由教育回报率造成的，多少是由工作经验的回报率造成的。

本文使用的数据来自中国社会科学院社会学研究所 2013 年在全国范围内组织实施的中国社会状况综合调查（China Social Survey）。这是中国社会科学院社会学研究所发起的一项全国范围内的大型连续性抽样调查项目，目的是通过对全国公众的劳动就业、家庭及社会生活、社会态度等方面的长期纵贯调查，来获取转型时期中国社会变迁的数据资料，从而为社会科学研究和政府决策提供翔实而科学的基础信息。调查采用概率抽样的入户访问方式，在全国的 151 个县（区），604 个村（居）委员会开展。每次调查全国样本量为 1 万余户家庭。继 2006 年、2008 年和 2011 年的一、二、三期调查之后，2013 年开始第四期调查。2013 年的调查在全国 31 个省/自治区的城乡区域开展，调查范围涉及全国的 151 个县（区），604 个村（居）委会。

## 三　城镇户籍从业者与农民工收入差距及影响因素分解

### 1. 城镇户籍从业者与农民工主要特征

根据上述研究设计，本文重点分析城镇户籍从业者与农民工的收入差距，研究对象是从事非农工作、有收入的城镇户籍从业者和农民工。因此，本文先对两个群体的基本特征做一些简单的描述性分析，包括：性别、年龄、受教育年限、工作状况和工资水平等。

从表 6-1 来看，城镇户籍从事非农工作人口中有 44% 是女性，平均年龄 40.79 岁，平均每月工作 23.32 天，平均每天工作 8.42 个小时，平均受教育年限 12.95 年，平均工作月收入 4026.43 元，在公有制单位就业的比例大约为 57%。农村户籍从事非农工作人口中有 38% 是女性，平均年龄 40.85 岁，平均每月工作 23.00 天，平均每天工作 9.16 个小时，平均受教育年限 8.90 年，平均工作月收入 3382.08 元，在公有制单位就业的比例大约为 14%。比较这两个群体，能够看到两者差异最大的有三个方面：平均工作月收入、平均受教育年限和工作单位，城镇户籍从业者在平均受教育年限

表 6-1　城镇户籍从业者和农民工的基本特征

| 基本特征 | 城镇户籍从业者 | 农民工 |
| --- | --- | --- |
| 性别(0 男,1 女) | 0.44 | 0.38 |
| 年龄 | 40.79 | 40.85 |
| 平均每月工作多少天 | 23.32 | 23.00 |
| 平均每天工作多少小时 | 8.42 | 9.16 |
| 平均受教育限 | 12.95 | 8.90 |
| 平均工作月收入 | 4026.43 | 3382.08 |
| 工作单位(0 非公有制,1 公有制) | 0.57 | 0.14 |

和平均工作月收入上都占据明显的优势，他们也主要集中在公有制单位就业。这也说明形成城镇户籍从业者与农民工收入差距的原因是人力资本差异和工作单位类型差异，而工作单位类型之间的差异很大程度上就是职业分层等级差异的体现，因为相当部分的低等级职业岗位多集中在非公有制单位，公有制单位的职业分层等级通常较高。

**2. 城镇户籍从业者和农民工收入差距分析**

根据描述性分析的结果，本文首先对城镇户籍从业者与农民工工资收入差距的整体进行 Blinder-Oaxaca 分解，以分析两者整体上收入差距的状况。在做 Blinder-Oaxaca 分解之前对因变量月收入取对数，并假定所有人都是在结束学业之后参加工作的，其工作年限等于年龄减去 6 再减去受教育年限。

表 6-2 中的模型是按照经济学家们习惯的思路，从人力资本和制度歧视的角度来解释城镇户籍从业者与农民工工资收入差距的。Blinder-Oaxaca 分解的结果发现两者收入总体的差距是 0.301，其中可以解释的部分为 0.241，占收入差距的 80%，而不可解释的部分为 0.060，占收入差距的 20%。根据这样的分析结果可以认为在不考虑其他条件的前提下，城镇户籍从业者与农民工工资收入的差异主要是由人力资本差异造成的。人力资本的差异主要受城镇户籍从业者与农民工教育回报率的差异影响，从回归方程的系数来看，前者的教育回报率为 7.5%，后者的教育回报率仅为 3.7%。这一结果与之前文献中提到的分析结论基本相似，也说明如果仍然按照经济学家的分析套路，研究者很难突破既有的研究结论。但也正如之前所说的那样，这一分析结果显然忽略了很多其他因素的影响，比如前文中所强调的职业分层变量，那么引入社会学家习惯的职业分层作为控制变量之后，研究结论是否会有新的发现呢？这就需要更为细致的分析。在引入职业分层作为控制变量之前，先要验证经济学家把人力资本视为等同效用的假说是否合理。

表 6-2 城镇户籍从业者和农民工收入差距分解 （总体）

| | 系　数 | 稳健回归标准差 | Z　值 | 显著性 |
|---|---|---|---|---|
| 整体 | | | | |
| 城镇户籍从业者收入对数 | 7.891 | 0.020 | 401.520 | 0.000 |
| 农民工收入对数 | 7.590 | 0.019 | 390.300 | 0.000 |
| 收入差异 | 0.301 | 0.028 | 10.880 | 0.000 |
| 可以解释的部分 | 0.241 | 0.020 | 12.300 | 0.000 |
| 不可以解释的部分 | 0.060 | 0.031 | 1.920 | 0.055 |

续表

| | 系　数 | 稳健回归标准差 | Z　值 | 显著性 |
|---|---|---|---|---|
| 可以解释的部分 | | | | |
| 　受教育年限 | 0.200 | 0.020 | 10.160 | 0.000 |
| 　工作经验 | − 0.032 | 0.012 | − 2.590 | 0.010 |
| 　工作经验的平方 | 0.073 | 0.016 | 4.640 | 0.000 |
| 不可以解释的部分 | | | | |
| 　受教育年限 | 0.436 | 0.108 | 4.020 | 0.000 |
| 　工作经验 | − 0.004 | 0.175 | − 0.020 | 0.983 |
| 　工作经验的平方 | 0.133 | 0.104 | 1.280 | 0.200 |
| 　常数项 | − 0.506 | 0.159 | − 3.170 | 0.002 |

### 3. 收入对数分位数回归的主要结果

Blinder-Oaxaca 分解作用的基本机理是人力资本理论，它把人力资本可以解释的收入差异视为合理的收入差异，而把人力资本不可解释的差异视为不合理的收入差异或者收入歧视。在模型的设置中，把人力资本视为一个在所有人群中影响恒定或者说影响一致的变量，也就是等同效用的假设。但事实并非如此，人力资本能否发挥作用或者能够发挥多大作用往往与个人在劳动力市场中的位置有关或者说与个人的职业等级有关。为了验证人力资本并非提升等同效用，本文使用分位数回归的方法加以检验，结果可以从图 6 – 1 中看到，在不同层级的收入者中，受教育年限、工作年限和性别等典型的人力资本要素发挥作用的大小是不一样的。

表 6 – 3 显示，在最低 25% 的分位上，教育发挥的作用较大，而随着收入层级的不断提升，教育发挥的作用不断减小，其回归系数从 0.048 下降到 0.044，进一步下降到 0.039。这意味着教育对于提高人们的收入而言，在从低到高的过程中，效用是递减的，尤其是对高收入人群的作用是显著下降的。性别作用则恰恰相反，随着收入层级的提升，男女之间的收入差距在不断加大，在 25% 的分位上，其回归系数为 – 0.265，在 50% 的分位上，其回归系数为 – 0.346，在 75% 的分位上，其回归系数为 – 0.377。工作年限的变化则是先随着收入等级的提升而上升，然后才出现下降。分位数回归的结果证明人力资本要素在不同等级的收入群体中的效用是不一样的，这意味着如果不加控制地使用经济学研究套路，犯错误的可能性比较大，在一定程度上也证明了在收入差异中引入职业分层作为控制性因素的合理性和有效性。

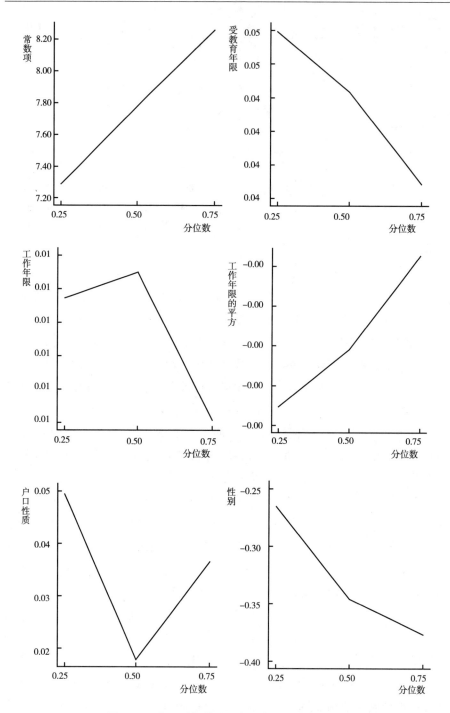

图 6－1　收入对数的分位数回归估计参数变化

如果不加控制地使用 Blinder-Oaxaca 分解可能会对研究结果有不正确的影响，因此，使用职业分层作为一个控制变量，然后在分析不同职业等级中，城镇户籍从业者和农民工之间的收入差距，得到的结果显然更为合理。

表 6 - 3　收入对数的分位数回归估计

| 项　目 | Q25 | | Q50 | | Q75 | |
|---|---|---|---|---|---|---|
| | 回归系数 | 显著性 | 回归系数 | 显著性 | 回归系数 | 显著性 |
| 受教育年限 | 0.048 | 0.000 | 0.044 | 0.000 | 0.039 | 0.000 |
| 工作年限 | 0.011 | 0.006 | 0.011 | 0.001 | 0.007 | 0.117 |
| 工作年限的平方 | - 0.001 | 0.000 | 0.000 | 0.000 | 0.000 | 0.000 |
| 户口 | 0.049 | 0.121 | 0.018 | 0.534 | 0.037 | 0.178 |
| 性别 | - 0.265 | 0.000 | - 0.346 | 0.000 | - 0.377 | 0.000 |
| 常数项 | 7.288 | 0.000 | 7.779 | 0.000 | 8.259 | 0.000 |
| 样本量 | 3438 | | 3438 | | 3438 | |
| $R^2$ | 0.1267 | | 0.1131 | | 0.0934 | |

**4. 基于职业分层的城镇户籍从业者和农民工的收入差距分析**

职业作为划分社会人群社会经济地位指标具有很强的区分度，也是社会学研究经常用来划分不同社会人群的关键指标之一，笔者按照陆学艺的研究概念将处于转型期的中国划分为十大社会阶层。本文沿着职业社会分层的思路，按职业阶层，把调查样本中国家机关、党群组织、企业、事业单位负责人归为一类（职业 1），其也是习惯上被认为经济社会地位最高的群体。把专业技术人员归为一类（职业 2），他们属于传统意义上的中产阶级群体，具有相应的知识技能，收入稳定，具有一定的社会地位。把商业工作人员、服务性工作人员、生产运输和有关人员归为一类（职业 3），他们接近于社会分层中的"蓝领"阶层，收入不高，但是能够养家糊口，通常被认为是社会的中下阶层。表 6 - 4 中，摘录了三个不同社会地位职业群体的收入分解结果。

从分解结果来看，在职业 1 群体中，城镇户籍从业者和农民工的收入差距最为明显，收入对数之差为 0.768；在职业 2 群体中，城镇户籍从业者和农民工的收入差距次之，收入对数之差为 0.427；在职业 3 群体中，城镇户籍从业者和农民工的收入差距最小，收入对数之差为 0.078。这说明在三个不同层次的职业群体之中，城镇户籍从业者和农民工的劳动收入差距是递减的。

表 6 - 4　城镇户籍从业者和农民工收入差距分解主要指标（分职业）

| 主要指标 | 职业 1（上层） | 职业 2（中上层） | 职业 3（下层） |
|---|---|---|---|
| 城镇户籍从业者收入对数 | 8.241 | 8.107 | 7.728 |
| 农民工收入对数 | 7.473 | 7.680 | 7.650 |
| 收入差异 | 0.768 | 0.427 | 0.078 |
| 可以解释的部分 | 0.245 | 0.118 | 0.077 |
| 不可以解释的部分 | 0.523 | 0.308 | 0.001 |
| 可以解释的部分 | | | |
| 　受教育年限 | 0.168 | 0.116 | 0.077 |
| 　工作经验 | 0.050 | - 0.002 | - 0.007 |
| 　工作经验的平方 | 0.025 | 0.019 | 0.021 |
| 　女性 | 0.001 | - 0.015 | - 0.014 |
| 不可以解释的部分 | | | |
| 　受教育年限 | - 1.087 | - 0.065 | 0.093 |
| 　工作经验 | 2.542 | - 0.075 | - 0.622 |
| 　工作经验的平方 | - 1.097 | 0.195 | 0.352 |
| 　女性 | - 0.036 | 0.038 | 0.009 |
| 　常数项 | 0.202 | 0.216 | 0.169 |

　　从收入差距的可以解释部分和不可以解释部分的大小来看，在职业 1 群体中，不可以解释的部分占 68%，可以解释的部分占 32%。在职业 2 群体中，不可以解释的部分占 72%，可以解释的部分占 28%。在职业 3 群体中，不可以解释的部分占 1% 多，剩下超过 98% 都是可以解释的部分。这说明在三个不同层次的职业群体中，城镇户籍从业者和农民工之间由户籍歧视引发的收入差距是不同的。

　　综合上述两个主要分析结果，不难看到城镇户籍从业者和农民工在工资收入上的差距并不是均匀分布的，而是较为复杂的。在职业 1 群体中城镇户籍从业者主要是政府、事业和企业单位的管理者，而农村户籍从业者则相对受限，不可能占据较高层次的政府、事业和企业单位管理者的职位，他们虽然在城乡社会各自的内部属于上层，但相比较而言，农村户籍从业者的收入水平要低很多。在职业 2 群体中也存在比较大的收入差距，而且从分解的结果来看，收入差距中不可以解释部分比例最高，意味着歧视最为明显。实际上，虽然城镇户籍从业者和农民工都有可能是专业技术人员，但在专业技术人员内部还存在着比较大的差异，比如农村毕业的大学生可能从事的是比较低端的专业技术岗位，而城镇的大学毕业生则可能占据比较高端的专业技术岗位，尽管两者都经历过大学教育，且在职业上都属于专业技术人员，但在同一个职业大类的内部仍然存在着内部层级的区分，这种区分造成了事实上的歧视。在职业3群体中，城镇户籍从业者和农民工的收入差距是最小的，而且，大部分都可以被人力资本差异解释。事实上，蓝领工人这个社会中下阶层的职业群体所从事的工作已经不再是城镇户籍劳动力愿意从事的职业，农民工在社会中下阶层的职业群体中占据了大部分，如果还存在户籍歧视的话，那么很有可能是用人单位根本找不到足够的劳动力。加之，蓝领阶层的工作岗位大部分是由非公有制单位提供的，用人单位在招募员工的时候基本上可以按照市场的原则来进行。

综合上述三个职业群体的分析，不难看到，城镇户籍从业者和农民工的"同工不同酬"现象是较为复杂的，在不同层级的职业群体中，人力资本要素和制度歧视要素的影响作用不同。总体来看，由户籍制度引发的城镇户籍从业者和农民工就业歧视与"同工不同酬"的现象依然存在。现阶段劳动力市场分割已经出现复杂的局面，在以蓝领工人为主的低端劳动力市场中，由户籍制度产生的歧视较少，市场开放程度较高；在以管理者和专业技术人员为代表的高端劳动力市场中，由户籍制度产生的歧视较多，市场开放程度较低。这意味着，目前的劳动力市场对吸纳农民工是有选择性的，这也是我们前文中所论述的外向型经济发展战略的需要，同时也是城镇人口巩固自身经济社会地位优势的方法和手段。

## 四　主要结论

现阶段，随着中国政府在发展战略上的重新抉择，城乡户籍制度本身已经是经济"新常态"下推进新型城镇化、扩大内需、提高居民生活质量的最大障碍。故而，从国家发展战略角度来看，研究城镇户籍从业者与农民工收入差距问题，尤其是分析收入差距背后真正的作用机制，对破解户籍制度长期以来的负面影响，推进城镇化具有重要意义。本文就是从此角度出发，结合使用分位数回归方法和 Blinder-Oaxaca 分解，试图找出当前城镇户籍从业者与农民工"同工不同酬"的真实原因。

从本文的分析结果看，城镇户籍从业者与农民工收入差距问题不能简单地按照经济学既有的研究套路一概而论。如果按照既有的经济学研究思路，可以看到，整体上城镇户籍从业者与农民工收入差距大部分可以被城镇户籍从业者和农民工人力资本要素的差距"合理"地解释掉。但基于人力资本差距的"合理"解释的背后隐藏着诸多问题，人力资本等同效用假设在不同社会层级的人群中事实上是不成立的。本文使用分位数回归估计发现，人力资本要素在不同等级的人群中发挥的作用是不一样的，比如教育的效用就是随着收入等级的提高而递减的。在低等级收入的人群中，人力资本要素中受教育年限发挥的效用较大，而在中高职业等级的人群中，人力资本要素中受教育年限发挥的效用较小。由此可以看出，不加控制地使用户籍制度歧视和人力资本要素来解释城镇户籍从业者和农民工收入差距的先决假设是有问题的，以往使用的人力资本理论和劳动力市场分割理论中被忽略的且可能存在比较大影响的是社会分层或者说职业分层，如果不对职业分层进行控制，研究结果很有可能出现不真实的状况。

据此，本文在经济学研究思路之上增添了社会分层的思路，在借鉴了既有的社会分层和职业分层研究成果的基础上，在控制不同层次职业群体的前提下，进一步分析了城镇户籍从业者与农民工收入差距问题，发现城乡户籍劳动者的收入差距在不同层次的职业群体中并不是均匀分布的，制度性歧视程度也是不一样的。在属于社会中上层的管理者和专业技术人员职业群体中，城乡户籍劳动者收入差距大，户籍歧视占据了收入差距的大部分。而在社会中下层的蓝领工人阶层中，城乡户籍劳动者收入差距小，户籍歧视占收入差距的部分也小，"同工不同酬"的问题较小。这说明城市社会的劳动力市场对农民工是选择性开放的，城镇户籍从业者不愿意从事的中低层次职业对农村劳动者是开放的，因此，户籍差异对收入差距的影响较小，"同工不同酬"的状况不太明显。而中上阶层的职业实际上对农村劳动者是相对封闭的，且仍然存在着较为严重的户籍歧视。

进而，我们可以结合经济学和社会学的两重视角对城镇户籍从业者与农民工在劳动力市场上的职业收入、职业分布和职业流动做出总体性的解释。首先是人力资本的效用递减。在劳动力市场上，教育等人力资本效用递减。这意味着即便是农村户籍人口接受过良好的高等教育，他们向上流动的机会也并不一定是随着受教育程度的提高而增加，想要获得较高的收入，除了教育之外，还有其他因素发挥重要作用。其次是户籍歧视的递增效应。当前中国的劳动力市场中仍然存在着城镇户籍从业者与农民工之间的收入差异，且呈现职业等级越高，收入差距越大的状况。最后结合上述两点，可以看到城市劳动力市场是选择性开放的。对于农民工而言，劳动力市场选择性开放倒逼职业分布存在着"天花板效应"，即农民工难以获得层级较高且收入较高的职业岗位，而职业流动又存在着"黏地板效应"，农民工积压在城市社会中的私营部门、低端行业，而这些部门中的城镇户籍从业者与农民工的收入差异却是相对微小的。这就意味着当前中国劳动力市场对农民工是选择性开放的，即实行底层开放、上层区隔的模式，其持续的存在对中国社会潜在的最大危害是可能出现一个禁锢的、与主流社会隔阂的社会底层。

# 第七章
# 新生代青年的政府评价与互联网使用

田　丰　孙正昕

政府评价作为现代学术概念自 20 世纪 90 年代以来一直受到学界关注，研究政府评价既能为政府自身建设提供政策参考，又能帮助民众增加对政府的满意度、提升民众的幸福感和改善生活质量。随着互联网的不断发展，互联网因其与政治日益密切的关系而逐渐成为研究的热点。"80 后"和"90 后"作为拥有生理和社会双重意涵的"新生代青年"，其所具有的不同代际群体的特性在政府评价和互联网使用上均有体现。本文的研究选用了 2008 年、2011 年、2013 年三次"中国社会综合状况调查"的数据，采用实证研究的方法对"新生代青年"的政府评价与互联网使用关系进行了历时性分析。最终发现随着时间和出生年代的推移，民众的政府评价和互联网使用比例都在降低；"新生代青年"群体中，互联网对政府评价具有积极影响；相较于社会公平感，互联网对"新生代青年"的政府评价的影响较小；"新生代青年"的政府评价较低在很大程度上是由其社会公平感较低造成的。因此本研究建议政府明确责权边界，调节民众期望；包容网络差评，提供信息服务；拓宽评价渠道，塑造理性环境；增加社会公平感，改善民众生活质量。

## 一　研究的意义与问题

政府评价自古有之，早在春秋战国时期，政府评价就被称为"民之所欲""庶人之议""民心"和"民欲"等。随着现代社会的发展和健全，政府、市场、社会之间的职能分工愈加精细复杂，解决社会问题的途径之一就是形成政府、市场、社会的共治局面，更好地发挥社会力量的作用。考虑到中国国情和历史传统，无论是在市场运行领域，还是在社会治理领域，政府都起着主导的作用（李培林，2014），政府的各项行为所引起的社会效果引起越来越多人的关注。同时，现代化社会的发展使人们更加试图通过对政府的评价来影响政府决策（于洪生，2001）。

现阶段，中国经济保持平稳、持续增长，社会运行总体稳定，但由于社会转型期社会结构剧烈变动、社会利益重新分化，社会问题多发凸显。所以及时掌握民众对政府的评价信息、科学地研究政府评价问题，有利于政府决策的科学化、合理化，能够督促和鼓励政府职能部门积极开展行政工作，提高政府的透明度和政府绩效，有利于服务型政府的建设和增强政府的合法性（刘祥军，2010）。特别是当前网络媒体深入到民众生活的方方面面，成为民众表达社会态度、发表评价意见的重要渠道。

"80后"和"90后"人群作为"新生代青年"是互联网的主力军，其以开放的心态接受网络信息，同时通过自媒体不断地向网络世界施加影响，是一股不可小觑的力量。综合2008年、2011年和2013年数据，"80后"和"90后"占互联网使用总人数的47.6%（中国社会状况综合调查，2013）。换言之，使用互联网的人群中有近一半是"80后"和"90后"。"新生代青年"成长在市场经济深入发展、文化开放、生活水平不断提升的新时代，他们大多没有像父辈那样遭遇成长的逆境和挫折，但经历了许多新爆发的社会问题的拷问。这些不同于以往代际群体的成长经历可能影响了"新生代青年"的政府评价。作为未来社会的中流砥柱，"新生代青年"当下对政府的态度在一定程度上对未来社会中主流的政府评价情况有预示作用。

因而研究"新生代青年"的互联网使用与政府评价，一则有助于了解青年需求，为政府的思想引导和信息服务工作提供决策参考；二则有利于把握青年对政府的评价及其影响因素，提高青年对政府的满意度，使其在生活中感觉更加幸福。有些问题需要更加深入的研究，比如，近年来我国政府评价互联网使用情况如何？在不同代际的表现是怎样的？相较于其他年代出生的群体，"新生代青年"的互联网使用是否会影响其政府评价？如果有影响，使用互联网是提升还是拉低了"新生代青年"对政府的评价？相较于"新生代青年"所具有的公平感等其他特性，互联网使用对政府评价的影响程度有多大？

## 二　文献综述与回顾

20 世纪 90 年代，"评价"作为分析政府行为的新维度开始进入学者的视野，文献围绕"政府评价"的基本问题，如政府评价的内涵和定义、标准和尺度、方式和渠道等展开初步讨论。所谓政府评价是指一个国家的各种政府行为评价主体在一定的政治体制、政治结构和政策体系前提下，依据特定的标准和尺度衡量政府各方面状况，主要是政府行为及其结果并得出一定结论（主要是价值判断）的认识活动和政治活动（柏维春、邵德门，1994）。评价政府的方式，从内外环境以及评价政府性质层次上可概括为两种：自评和他评。政府自评是政府对自身的一种价值评判。公众他评，则在某种程度上被看作公众接受还是不接受政府领导的一种象征，公众是信任政府、支持政府，还是不信任政府、反对政府（徐家良，1994）。这一时期，学者的探讨集中在对"政府评价"抽象概念的辨析上。

20 世纪末和 21 世纪初，学界对政府评价研究的关注点在世纪之交开始转向。学者们从关注抽象的政府评价概念、思考政府评价的宏观问题（陈尧，1998；梁仲明，1999），转向关注中观层面的公民政治评价的作用和意义、政府评价的标准、政府评价的得与失、政府评价中的公民参与等（于洪生，2001；肖勇，2002；吴建南、庄秋爽，2004；庄子希，2009）。特别是吴建南、庄秋爽（2004）提出，这些"公民评议政府"活动，开创了我国地方政府"自下而上"绩效评价的先河，是对我国传统"自上而下"评议模式的有益补充，具有重要的现实意义与研究价值。庄子希（2009）提出，公民的参与是政府绩效评估的一个核心价值取向，也是当代世界各国政府绩效评估发展的一个显著特点。他们的研究在当时很有代表性，都论述了"自下而上"的公民参与在政府评价中的必要性和可行性，重点关注了政府绩效评估问题，致力于政府行政效率的提升。

近些年来，学者在研究政府评价时从单一的关注政府绩效，转向仅把政府绩效作为关注重点之一，更加多元地对政府评价进行描述，如重点讨论公民评价政府的三种途径：大众舆论、政治参与以及公民评议政府绩效（刘祥军，2010）。同时，研究者越来越重视政府评价与社会和民众生活的关系，如卢春天、洪大用、成功（2014）在研究市民对政府环保工作的评价时就提到，政府评价有利于民意的表达，从而达到政府和民意的有效沟通，促进社会和谐。由此可见，学者们从仅仅关注政府评价对增强政府自身建设的意义，逐渐开始转向注重政府评价的社会效果，尤其是其对民众生活的影响上。

通过上述分析不难发现，目前对"政府评价"的研究还有很多可以进一步完善的地方。首先，实证性和历时性研究较少，学者对"政府评价"的研究仅仅停留在性质探讨层面，其论述的很多内容缺乏经验性的数据支持。以往的研究仅针对某一时间点的"政府评价"问题展开讨论，缺乏长时间、连贯性的关注。其次，缺乏多因素的关联性研究，大多数学者局限于研究"政府评价"单一因素，部分学者在研究中提到"互联网"，但也只是把互联网作为政府评价的内部途径而非外部影响因素。在当下有关"政府评价"的诸多研究中，更是缺少对青年群体的关注。最后，对"政府评价"社会意义的关注不足，在以往的文献中无论是政府自评还是他评，都是从管理学、行政学角度出发力图提升政府绩效、完善政府自身建设，而没有立足于民众生活质量的提高，未把体现民众对政府满意度的"政府评价"当作民众幸福感的一部分加以思考，发掘其对民众生活的意义。

与以往的研究不同，本研究则是使用多期横断面数据，研究在互联网普及过程中，青年人群的政府评价变化趋势和特点，重点分析接触互联网对政府评价的影响，以及作为最频繁接触互联网的青年群体的政府评价变化的影响因素。

21世纪以来，特别是随着以手机客户端为代表的移动互联网的迅速普及，全球范围内互联网成为最重要的传媒工具，互联网成为传统媒介之外一个新的舆论场。全球互联网使用人数从2005年的1亿增加到2014年29亿，9年间增长了28倍。世界各地的政府、民间组织和民众都被卷入了这场互联网的浪潮当中。同时，伴随着手机和平板电脑等移动终端的不断普及，互联网在社会各个领域的影响范围也在不断扩大。特别是随着互联网技术的快速发展及其应用，人们可以较为自由地在网络上表达其对政府工作的评价（刘祥军，2010）。未来10年，互联网与政治的关系将会变得日益重要。当互联网在政治上被规范化，孤立地研究互联网本身就不太合适，清楚并且仔细地思考它与政治的关系就变得尤为重要了（亨利·法雷尔，2013）。

作为互联网舆论场中最活跃的群体，青年人群，特别是"80后"和"90后"两个"新生代青年"群体是受到互联网影响最大的代际群体。按照代际划分人群是社会学中一个重要的社会人群划分方法，代际与阶级、阶层、种族、性别一样是一个常用的社会分析概念（米德，1988；周怡，1994；武俊平，1998）。然而，在人们的日常话语中，"代"至少有三种不同的含义：一是年龄差别产生的代际关系，如青年和老年；二是血缘关系产生的代际关系，如父辈和子辈；三是以共同的观念和行为特征产生的"代"（李培林、田丰，2011）。可见"代"具有丰厚的社会意涵。关于青年的界定，国内外相关组织和机构并没有形成统一的标准，但无论何种标准，年龄都是界定青年的最关键因素（田丰，2009）。可见"青年"包含的生理意涵。

"80后"和"90后"不仅指出生的时间段，也指这个时间段内出生群体所具有的独特成长经历、价值观念、生活态度和行为方式等。"80后"和"90后"既是按生理指标划分的"年龄群体"，也是具有独特社会意义的"社会群体"，所以将其统称为"新生代青年"，以表明"80后""90后"是包含"代"和"青年"双重内涵的。"80后"和"90后"作为"新生代青年"是特定历史条件下的产物，其自身的生理状况加上政治、经济、文化等外部社会因素致使这一代青年具有许多不同于以往的特点。在特定的社会历史条件和舆论场的作用下，"新生代青年"形成了自己的态度表达、受教育情况、政治面貌等多方面新特点。特别是在公平感方面，其更倾向于认为社会不公平和更强调个人的权利和责任（田丰，2009）。

综上所述，本研究采用实证研究方法、运用历时性的多期调查数据，分析"新生代青年"的基本特征、互联网使用、公平感等因素对政府评价变化的影响，力图解释民众对政府评价的影响因素，以其对提高政府效能有所帮助。

## 三　研究数据及变量

本研究使用的数据是 2008 年、2011 年和 2013 年三次的"中国社会状况综合调查"（Chinese Social Survey, CSS）数据。"中国社会状况综合调查"是中国社会科学院社会学研究所发起的一项全国范围内的大型连续性抽样调查项目，目的是通过对全国公众的劳动就业、家庭及社会生活、社会态度等方面的长期纵贯调查，来获取转型时期中国社会变迁的数据资料，从而为社会科学研究和政府决策提供翔实而科学的基础信息。调查采用概率抽样的入户访问方式，在全国有超过 150 个县（区）调查点，调查内容包含了性别、年龄、收入、职业等人口统计学的信息，同时也包含了政府评价、互联网使用、公平感等其他信息。

本研究把政府评价作为因变量，所谓的政府评价是基于由一组问题构成的量表，问题为：您认为所在地地方政府下列各项工作做得好不好？题项包括：医疗卫生服务、社会保障、义务教育、保护环境、社会治安、惩治腐败、依法办事、发展经济、提供廉租房和经济适用房、扩大就业、政府信息公开，共11个方面。回答项包括：很好、比较好、不太好、很不好、不清楚，共5项。在累加量表的数据处理过程中将不清楚视为中间选项，介于比较好和不太好之间，5个选项得分分别为：很好5分、比较好4分、不清楚3分、不太好2分、很不好1分。计算被调查者每道题的得分后，将11道题的得分相加取得总分，以此衡量被调查者的"政府评价"情况。总分值位于11分到55分之间，分数越高，说明被调查者对政府的评价越高；反之，则越低。

考虑到互联网使用会直接影响到被调查者对政府评价的看法，在中国不同代际的互联网使用的比例差异较大，因此，互联网使用成为影响不同代际对政府评价的一个关键变量。对"互联网使用"情况的研究则是基于一个简单直接的问题：您平时使用互联网吗？回答项包括：使用、不使用，共2项。2008年、2011年和2013年三次调查的问法并不一样，在处理数据时做了统一的界定。

为了考察代际的差异，本文将被调查者按照出生年代划分为"70前""70后"和"80后""90后"三个代际群体加以比较。能够看到在"80后""90后"的"新生代青年"中，"中共党员"或"共青团员"所占比例高于其他代际群体，其政治身份较为鲜明。2008年"80后"和"90后"中的"中共党员"或"共青团员"的比例为30.0%，2011年该比例为37.6%，均高于当年的整体水平。而2013年该比例为33.4%，是当年"70后"和"70前"的"中共党员"或"共青团员"比例的3~4倍。拥有政治身份的人群比例相对较高，思想倾向、政治立场和政治观点能够较为直接地被探查到。

"新生代青年"当中很大一部分人接受过高等教育、具有较高的文化素质。"80后"和"90后"中接受过高等教育的人群比例在2008年为8.7%，到2011年增长到28.5%，均高于当时民众接受高等教育的整体水平。而到了2013年，"80后"和"90后"中受过高等教育人群的比例高达32.4%。也就是说有近三成的"新生代青年"接受过高等教育，此比例是"70后"

的近 3 倍,是"70 前"的近 7 倍,远高于社会的整体水平。考虑到"80后"和"90 后"年龄相对较低,特别是"90 后"内部客观上仍存在一部分未到接受高等教育年龄的人群,随着高校的扩招和大学教育的普及,这部分群体在未来接受高等教育也势在必行。当下较高的接受高等教育人群比例加上潜在的有生力量,"新生代青年"的文化素质水平相对高于其他代际群体。

社会公平感是人们对社会公平程度的主观感知,社会公平感通常能够比较直观地反映社会动态,同时也与民众对政府的态度有紧密关系。从 2008年和 2013 年数据(中国社会状况综合调查)来看,出生年代越晚的人群认为社会"非常不公平"和"不太公平"的比例越高。2008 年,认为社会"非常不公平""不太公平"的"80 后"和"90 后"分别为 4.20%、28.15%,高于"70 后"的 3.49%、26.33%,高于"70 前"的 2.76%、20.98%。2013 年,认为社会"非常不公平""不太公平"的"80 后"和"90 后"分别为 5.48%、38.25%,高于"70 后"的 4.99%、34.28%,高于"70 前"的 3.54%、23.77%。6 年间,"80 后"和"90 后"的社会公平感低于其他代际群体且有所下降。

## 四 政府评价和互联网使用情况描述及关系探讨

本文的分析主要分为三个部分。第一部分是对近年来的"政府评价"和"互联网使用"的情况及发展趋势进行梳理,同时分析二者在不同代际的表现及变化。第二部分侧重于代际差异,把代际引入"政府评价"与"互联网使用"的讨论当中。在分析控制民众互联网使用情况下各代际的政府评价情况变化之后,探明"新生代青年"的互联网使用对政府评价是否有影响,若有影响则进一步分析该影响的具体表现。第三部分是采取多元线性回归分析方法将被调查者的不同特性作为影响因素引入对政府评价的讨论当中。在明确了包括互联网使用、公平感在内的多个因素对政府评价影响的强弱排序后,探明"新生代青年"的互联网使用对政府评价影响的程度。

### 1. 政府评价与互联网使用的状况和特点

从 2008 年、2011 年和 2013 年的调查数据分析结果来看(详见附表 1),量表中 11 项政府工作中民众评价满意度最高的是"提供义务教育",而满意度最低的是"廉洁奉公,惩治腐败"。2013 年调查与 2008 年调查相比,对政府评价满意度出现普遍下降的趋势。其中"提供医疗卫生服务""为群众提供社会保障""提供义务教育""保护环境，治理污染""发展经济，增加人们的收入""为中低收入者提供廉租房和经济适用房""扩大就业，增加就业机会"7项，在2011年度调查中满意度有所上升，然后2013年度调查出现较大幅度下降。"打击犯罪，维护社会治安""廉洁奉公，惩治腐败""依法办事，执法公平""政府信息公开，提高政府工作的透明度"4项，呈现持续下降的态势。可见，从2008年调查到2013年调查，民众满意度持续下降的项目都是与政府有直接关系的。

从量表累加得分的情况来看（见表7-1），随着时间的推移，民众对政府的评价不断下降。政府评价的得分从2008年的36.66分到2011年的35.22分，再到2013年的34.88分，6年间政府评价得分下降1.78分。2013年政府评价得分低于2011年的得分，更低于2008年。民众对政府评价整体变动虽不大，但呈现较平缓的下降趋势。

表7-1　不同年份调查的政府评价得分

| | 2008 年 | | 2011 年 | | 2013 年 | |
|---|---|---|---|---|---|---|
| | 均值 | 标准差 | 均值 | 标准差 | 均值 | 标准差 |
| govern ~ 2 | 36.66 | 7.98 | 35.22 | 8.62 | 34.88 | 7.67 |

民众对政府满意度下降的同时，随着时间的推移，互联网使用者的比例不断提高（见表7-2）。2008年、2011年、2013年的互联网使用情况数据显示，互联网使用人群比例从2008年的13.69%、到2011年的23.42%再到2013年的30.72%，6年间互联网使用人群比例提升了17.03个百分点。三成以上的被访者成为互联网使用者，互联网为越来越多的人所使用。

表7-2　三次调查使用互联网情况

| | | 2008 年 | 2011 年 | 2013 年 |
|---|---|---|---|---|
| 不使用互联网 | 样本数 | 6162 | 5388 | 7071 |
| | 百分比 | 86.31 | 76.58 | 69.28 |
| 使用互联网 | 样本数 | 977 | 1648 | 3135 |
| | 百分比 | 13.69 | 23.42 | 30.72 |

从对政府评价和互联网使用的变动情况来看，很容易给人这样一种印象，互联网使用与政府评价成负相关关系，互联网使用比例越高，政府评价

得分就越低，那么事实是否真的如此，还需要更加细致的数据分析。进而，本文引入了是否使用互联网，作为检验互联网是否影响到被调查者对政府的评价。

数据分析显示（见表7－3），在三次调查结果中使用互联网人群的政府评价得分均低于不使用互联网人群的政府评价得分。2008年使用互联网的被调查者平均得分为35.34分，而不使用互联网的被调查者平均得分为36.87分；2011年使用互联网的被调查者平均得分为34.67分，而不使用互联网的被调查者平均得分为35.39分；2013年使用互联网的被调查者平均得分为33.52分，而不使用互联网的被调查者平均得分为35.49分。经检验使用互联网和不使用互联网两者差异显著，这说明使用互联网降低人们对政府的评价。

表7－3　不同年份调查是否使用互联网对政府评价得分的影响

|  |  | 使用互联网 | 不使用互联网 |
|---|---|---|---|
| 2008 年 | 均　值 | 35.34 | 36.87 |
|  | 标准差 | 8.37 | 7.90 |
| 2011 年 | 均　值 | 34.67 | 35.39 |
|  | 标准差 | 8.80 | 8.56 |
| 2013 年 | 均　值 | 33.52 | 35.49 |
|  | 标准差 | 8.04 | 7.42 |

从总体来看，使用互联网比不使用互联网的被调查者对政府评价更低，那么"80后"和"90后"互联网使用比例较高可能造成他们对政府的评价比其他代际的人群更低。本文下一步将引入代际变量来分析不同代际在互联网使用和政府评价上的差异。

**2. 政府评价与互联网使用的代际差异**

由于年轻人对新鲜事物的接受能力较强，出生年代越晚的人群互联网使用比例越高。从三次调查数据的汇总情况来看（见表7－4），"70前"使用互联网者比例最低，仅占9.55%；"70后"使用互联网者比例较高，占31.46%；"80后"和"90后"互联网使用者比例最高，占64.53%。由此可见，"70前"和"70后"的互联网使用者均没超过其群体的半数，而"80后"和"90后"的互联网使用者超过了六成，分别是前两个代际的6倍以上和2倍以上。互联网在"新生代青年"群体中的普及率非常高。

表 7 - 4 不同代际互联网使用情况

| | | "70 前" | "70 后" | "80 后"和"90 后" |
|---|---|---|---|---|
| 不使用互联网 | 样本数 | 13688 | 3425 | 1508 |
| | 百分比 | 90.45 | 68.54 | 35.47 |
| 使用互联网 | 样本数 | 1445 | 1572 | 2743 |
| | 百分比 | 9.55 | 31.46 | 64.53 |

　　除了代际差异外，从 2008 年到 2013 年三次调查相隔 5 年，虽然时间并不长，但这 5 年是互联网使用率急剧上升的时期，因而可以看到（见表 7 - 5），随着调查时点的推移，不同代际的互联网使用比例均提高。"70前"的互联网使用者比例从 2008 年的 6.90% 提升到 2011 年的 9.11%，再提升到 2013 年的 12.11%，整体提升了 5.21 个百分点；"70 后"的互联网使用者比例从 2008 年的 20.57% 提升到 2011 年的 34.99%，再提升到 2013年的 36.16%，整体提升了 15.59 个百分点；"80 后"和"90 后"的互联网使用者比例从 2008 年的 40.07% 提升到 2011 年的 64.55%，再提升到 2013年的 74.35%，整体提升了 34.28 个百分点。从 2008 年到 2013 年，"80 后"和"90 后"当中的互联网使用者比例提高幅度最大。

表 7 - 5 不同年份调查各个代际使用互联网情况

| | | | "70 前" | "70 后" | "80 后"和"90 后" |
|---|---|---|---|---|---|
| 2008 年 | 不使用互联网 | 样本数 | 4518 | 1116 | 528 |
| | | 百分比 | 93.10 | 79.43 | 59.93 |
| | 使用互联网 | 样本数 | 335 | 289 | 353 |
| | | 百分比 | 6.90 | 20.57 | 40.07 |
| 2011 年 | 不使用互联网 | 样本数 | 4082 | 888 | 418 |
| | | 百分比 | 90.89 | 65.01 | 35.45 |
| | 使用互联网 | 样本数 | 409 | 478 | 761 |
| | | 百分比 | 9.11 | 34.99 | 64.55 |
| 2013 年 | 不使用互联网 | 样本数 | 5088 | 1421 | 562 |
| | | 百分比 | 87.89 | 63.84 | 25.65 |
| | 使用互联网 | 样本数 | 701 | 805 | 1629 |
| | | 百分比 | 12.11 | 36.16 | 74.35 |

　　同时，无论是 2008 年、2011 年，还是 2013 年，互联网使用者比例从高到低均为："80 后"和"90 后""70 后""70 前"。从 2008 年到 2013 年，

"80后"和"90后"的互联网使用者比例都约是"70后"的2倍，是"70前"的6倍以上。由此可见，调查时点越迟、出生年代越晚，互联网使用者比例越高。2013年，"80后"和"90后"当中七成以上使用互联网。

根据不同时点调查的代际差异，本文分析了不同时点是否使用互联网对不同代际人群之间政府评价的影响。总体来看（见表7-6），随着时间的推移民众对政府的评价不断降低，相较于其他代际群体，"80后"和"90后"对政府评价最低。而且能够看到，无论被调查者是否使用互联网，从2008年到2013年，不同代际群体对政府的评价整体上均为下降的趋势。这意味着下降是整体的趋势，与互联网使用的关系可能没有表现的那么大。这一点可以从2008年到2013年不同代际人群对政府评价的降幅看出来，作为使用互联网较多的代际群体，使用互联网的"70后""80后"和"90后"，关于政府评价相隔5年分别下降了1.90、1.55，而不使用互联网的"70后""80后"和"90后"，关于政府评价相隔5年分别下降了1.86、1.42，相差并不明显。反而是使用互联网比例不高的"70前"人群的差异比较大，使用互联网的政府评价下降1.56，没有使用互联网的下降1.25。这意味着互联网对政府评价的影响并没有想象的那么大。

表7-6 不同年份调查中各个代际是否使用互联网对政府评价得分的影响

| | | 不使用互联网 | | | 使用互联网 | | |
|---|---|---|---|---|---|---|---|
| | | "70前" | "70后" | "80后"和"90后" | "70前" | "70后" | "80后"和"90后" |
| 2008年 | 均值 | 36.90 | 36.95 | 36.52 | 36.05 | 35.33 | 34.69 |
| | 标准差 | 7.75 | 8.27 | 8.38 | 7.85 | 8.42 | 8.76 |
| | 样本量 | 4518 | 1116 | 528 | 335 | 289 | 353 |
| 2011年 | 均值 | 35.43 | 35.41 | 35.04 | 34.27 | 34.44 | 35.03 |
| | 标准差 | 8.51 | 8.47 | 9.20 | 8.56 | 8.91 | 8.85 |
| | 样本量 | 4082 | 888 | 418 | 409 | 478 | 761 |
| 2013年 | 均值 | 35.65 | 35.09 | 35.10 | 34.49 | 33.43 | 33.14 |
| | 标准差 | 7.33 | 7.51 | 7.94 | 7.78 | 8.25 | 8.02 |
| | 样本量 | 5088 | 1421 | 562 | 701 | 805 | 1629 |
| 5年降幅 | | 1.25 | 1.86 | 1.42 | 1.56 | 1.90 | 1.55 |

### 3. 公平感对政府评价的影响

在前文的分析中，本文检验了互联网使用对不同代际人群政府评价的影响，互联网使用的普及是一个时代的微观变迁，它改变了人们的生活状态。但同时，还要关注到宏观社会的变迁，尤其是对于青年人而言，随着社会环境变化，他们的境遇也发生了比较大的变化，境遇变化也会影响到社会态度，进而影响到对政府的评价。

在 2008 年和 2013 年的调查中（见表 7 - 7），设计了与社会公平感相关的项目：您认为总体上社会公平感如何？从调查结果来看，"80 后"和"90 后"认为"很不公平"和"不大公平"的比例明显要高，说明他们的公平感明显要低于"70 前"和"70 后"人群。而在与其他代际群体处于相同或者相似的社会环境下，对公平感感知的差异与他们的境遇有很大的关系，"80 后"和"90 后"虽然作为改革以来受益最大的代际群体，但他们同时也是感受生活压力最大和对社会差距感知最明显的代际群体。

表 7 - 7　2008 年和 2013 年调查中各个代际的社会公平感

单位：%

| | | "70 前" | "70 后" | "80 后"和"90 后" |
|---|---|---|---|---|
| 很不公平 | 样本数 | 339 | 160 | 157 |
| | 百分比 | 3.27 | 4.49 | 5.18 |
| 不大公平 | 样本数 | 2394 | 1133 | 1086 |
| | 百分比 | 23.08 | 31.80 | 35.82 |
| 公平 | 样本数 | 6773 | 2068 | 1644 |
| | 百分比 | 65.29 | 58.04 | 54.22 |
| 很公平 | 样本数 | 448 | 101 | 65 |
| | 百分比 | 4.32 | 2.83 | 2.14 |
| 不清楚 | 样本数 | 419 | 101 | 80 |
| | 百分比 | 4.04 | 2.83 | 2.64 |

是否使用互联网与社会公平感也有一定的联系，从数据中可以看到（见表 7 -8），认为"很不公平"的政府评价得分平均为 27.02 分，而认为"很公平"的政府评价得分为 43.93 分，两者相差 16.91，差异较为悬殊。而与公平感带来的差异相比，是否使用互联网对政府评价也有稳定的影响，使用互联网的被调查者普遍比不使用互联网的政府评价得分要低，但两者差异要比公平感带来的差异小得多，如认为社会"很不公平"且使用互联网

的被调查者政府评价平均得分为 25.24，而不使用互联网的平均得分为 28.44，两者只相差 3.20。这说明除了互联网和代际的影响之外，社会现实和社会境遇的影响也是不可忽视的，因此，要综合考虑不同因素的影响。

表 7 - 8　是否使用互联网与公平感的关系

| 公平感 | 总　体 | | 使用互联网 | | 不使用互联网 | |
|---|---|---|---|---|---|---|
| | 均值 | 标准差 | 均值 | 标准差 | 均值 | 标准差 |
| 很不公平 | 27.02 | 9.22 | 25.24 | 8.40 | 28.44 | 8.58 |
| 不大公平 | 31.17 | 7.24 | 30.43 | 7.14 | 31.48 | 6.86 |
| 公　平 | 37.69 | 6.66 | 36.84 | 6.87 | 37.24 | 6.66 |
| 很公平 | 43.93 | 8.05 | 41.16 | 8.39 | 43.17 | 7.65 |
| 不清楚 | 34.16 | 6.07 | 33.49 | 7.01 | 34.29 | 5.86 |

# 五　政府评价影响因素的多元分析

为了厘清政府评价的影响因素，本文以政府评价得分为因变量做回归模型，放入模型的变量包括被调查者户籍、政治身份、过去 5 年生活水平变动评价、出生年代、受教育年限、调查年、是否使用互联网和社会公平感等。主要有以下发现（见表 7 - 9）。

（1）从 2008 年到 2013 年，民众对政府评价有显著下降，虽然下降幅度不大。在控制其他影响因素之后，民众对政府评价从 2008 年到 2013 年下降了 1.21。考虑到已经控制了其他影响因素，所以对于幅度不大的下降也是需要加以警觉的。

（2）使用互联网会导致政府评价下降，但下降幅度很微小。特别是在模型 3 中，控制了社会公平感这一关键变量后，使用互联网的被调查者对政府评价得分平均仅仅只会下降 0.5。而且从模型 1 到模型 2，模型整体解释力的变化并不是很大。$R^2$ 值只从 0.0547 增加到 0.0569，说明尽管使用互联网导致被调查者对政府评价出现微小的下降，但不足以解释政府评价的整体状况。

（3）在控制其他变量后，被调查者对政府评价的代际差异并不显著。在模型 1 没有控制互联网使用和社会公平感时，与"70 前"相比，"70 后""80 后"和"90 后"对政府评价得分更低。在模型控制了互联网使用之后，

"70 后"的显著性消失。在模型 3 控制了社会公平感之后，"80 后"和"90 后"的代际差异也不再显著。这说明被调查者对政府的评价不存在明显的代际差异。

（4）社会公平感是影响政府评价的关键变量。在加入社会公平感之后，模型的解释力有大幅增加，$R^2$ 值从 0.0569 增加到 0.2305，说明在控制其他变量的情况下，社会公平感仍然对政府评价得分有着非常大的影响。从数据分析结果来看，以"说不清"为参照组，认为"公平"和"很公平"的对政府评价得分显著要高，而认为社会"很不公平"和"有点不公平"的对政府评价得分显著要低。

（5）认为过去 5 年生活评价有提升的被调查者对政府评价更高，而认为过去 5 年生活评价下降的被调查者对政府评价更低。城镇户籍比农村户籍的被调查者对政府评价更低，党员比非党员对政府评价更高，受教育程度越高的被调查者对政府评价越低。

结合上述研究发现，本文认为，使用互联网作为"新生代青年"鲜明的行为习惯特点被社会公认，作为互联网舆论阵地的活跃群体，"80 后"和"90 后"是成长经历不同于父辈、拥有新特性的"新生代青年"，是未来国家建设和社会发展的中坚力量，其当下对政府的态度在一定程度上对未来社会中主流的政府评价情况有预示作用。但在控制了社会公平感和互联网使用状况之后，"80 后"和"90 后"青年对政府的评价与"70 前"和"70 后"并无显著差异。这说明"80 后"和"90 后"对政府评价低的最主要原因还是对社会不公平的感知强烈。

正如美国学者研究民众在总统大选中的投票倾向时所做出的分析那样，民众的政治态度由社会结构性因素决定，基本上在接触宣传媒体前就已经成形，被称为"政治既有倾向"。媒介对政治态度的影响大多体现在激发潜在的政治倾向和强化原有的政治倾向上，而很难让政治既有倾向发生转变。结合美国学者的研究不难发现，互联网在政府评价问题上处在次要地位，而社会公平感作为社会结构性因素的综合反映，才是青年政治态度的决定性因素。

而能对"80 后"和"90 后"政府评价产生显著影响的社会属性，亦有强弱之分，政治身份、受教育年限、户籍等因素对政府评价的影响均弱于社会公平感。也就是说，作为社会各项资源配置合理性和个人生活境遇变迁反映的社会公平感，依然是影响青年政府评价的关键因素。

表 7 - 9　政府评价的影响因素回归模型

| 影响因素 | 模型 1 government2 | 模型 2 government2 | 模型 3 government2 |
|---|---|---|---|
| 城镇户籍(以农村户籍为参照组) | - 0.92 *** (0.14) | - 0.77 *** (0.14) | - 0.41 ** (0.13) |
| 党员(以非党员为参照组) | 0.55 ** (0.18) | 0.66 *** (0.18) | 0.41 * (0.16) |
| 过去 5 年生活水平略有上升(以上升很多为参照组) | - 1.61 *** (0.16) | - 1.63 *** (0.16) | - 1.12 *** (0.15) |
| 过去 5 年生活水平没有变化 | - 2.85 *** (0.20) | - 2.90 *** (0.20) | - 1.82 *** (0.18) |
| 过去 5 年生活水平略有下降 | - 4.23 *** (0.26) | - 4.26 *** (0.26) | - 2.52 *** (0.23) |
| 过去 5 年生活水平下降很多 | - 4.96 *** (0.36) | - 5.01 *** (0.36) | - 2.78 *** (0.33) |
| 过去 5 年生活水平说不清 | - 3.27 *** (0.83) | - 3.30 *** (0.83) | - 2.30 ** (0.75) |
| "70 后"(以"70 前"为参照组) | - 0.40 ** (0.15) | - 0.23 (0.15) | 0.19 (0.14) |
| "80 后"和"90 后" | - 1.30 *** (0.17) | - 0.83 *** (0.19) | - 0.32 (0.17) |
| 受教育年限 | - 0.11 *** (0.02) | - 0.08 *** (0.02) | - 0.04 * (0.02) |
| 2013 年(以 2008 年为参照组) | - 2.00 *** (0.12) | - 1.92 *** (0.12) | - 1.21 *** (0.11) |
| 使用互联网(以不使用互联网为参照组) | | - 1.05 *** (0.17) | - 0.50 ** (0.16) |
| 认为社会很不公平(以说不清为参照组) | | | - 7.31 *** (0.35) |
| 认为社会有点不公平 | | | - 3.38 *** (0.25) |
| 认为社会公平 | | | 2.71 *** (0.23) |
| 认为社会很公平 | | | 8.45 *** (0.36) |
| 常数项 | 40.18 *** (0.20) | 39.97 *** (0.20) | 37.36 *** (0.28) |
| N | 17301 | 17278 | 17278 |
| $R^2$ | 0.0547 | 0.0569 | 0.2305 |
| 调整后 $R^2$ | 0.0541 | 0.0562 | 0.2298 |

Standard errors in parentheses

$^*p < 0.05$, $^{**}p < 0.01$, $^{***}p < 0.001$。

# 六　主要结论和政策建议

　　民众对政府的评价沿着"时间"和"代际"两个客观因素的推移而不断降低，虽然下降速度较缓，但整体趋势依然持续走低。2013 年，"80后"和"90后"的政府评价分数达到最低。民众当中互联网使用者的比例反而随着"时间"和"代际"两条线的延展而不断升高，且增长幅度相对较大，整体上升趋势明显。2013 年，"80后"和"90后"的互联网使用者比例达到最高 74.35%。通过列联表发现，当控制互联网使用情况后，不同代际间的政府评价差异减弱，故"新生代青年"的政府评价情况部分受其互联网使用情况的影响。进一步分析发现，使用互联网的群体政府评价高于不使用互联网的群体，即互联网对"新生代青年"的政府评价有提升作用。

　　互联网作为政府评价的积极影响因素，其普及率随着被调查者出生年代的临近而不断提高，特别是在"80后"和"90后"中的使用比例高达七成以上，但政府评价随着年龄的增加仍然不断降低。这说明各代际群体存在对被调查者政府评价情况具有消极影响的因素，致使其整体呈现下降趋势。通过引入代际群体所具有的相关特性进行多元分析，本研究发现正是社会公平感较低这一特性，使得"新生代青年"对政府的评价比其他代际群体低。相对于社会公平感而言，使用互联网对政府评价的影响程度较为有限。

　　总而言之，随着调查时间的推移和被调查者出生年代的后移，民众的互联网使用比例不断提升、政府评价得分不断下降。虽然互联网使用作为中介变量能够部分阐明各代际的政府评价情况，但并不是高比例的互联网使用让"80后"和"90后"的政府评价得分降低。相反，使用互联网能够提升该群体对政府的评价。事实上，"新生代青年"较低的社会公平感使得该群体对政府评价较低。相较于互联网使用，社会公平感能更好地解释"80后"和"90后"的政府评价情况。互联网对"新生代青年"政府评价有影响，但这种影响是有限的。而较低的社会公平感作为消极的且较强的因素，真正促成了"80后"和"90后"对政府较低的评价。针对研究的结论和发现的问题，本研究提出以下四条建议。

### （一）明确责权边界，调节民众期望

近年来，我国民众对政府的评价变动幅度虽不大，但整体呈现下降态势。民众对政府的评价从根本上看是民众对政府满意度的体现，所谓满意度即政府对民众的期望的完成度，这种"期望"是民众衡量政府各方面情况的标准和尺度。一定程度的合理"期望"是民众对政府信任的表现，而漫无边界的期望则是阻碍政府建设、完善、发展的"包袱"。计划经济时期包办一切的"大政府"让民众无论是衣食住行还是生老病死都必须对其产生依赖，而该标准对于当下正在转变职能、简政放权、构建"小政府大社会"的政府来说显然在范围上过于宽泛。政府应在改革过程中不断增强自身建设，在与市场和社会的互动中使自己的责权边界更加明确。同时将该责权范围在全体民众中进行普及，以此合理调节民众对政府的期望。当民众对政府评价标准更清晰时，其对政府的超越责权边界的不合理期望将会降低，政府评价则相应上升。

### （二）包容网络差评，提供信息服务

互联网对作为"新生代青年"的"80后"和"90后"的政府评价影响是积极的。所以政府对互联网在民众政府评价方面的影响不必过分恐慌，更不必采取大量限制性和压制性的措施对其进行过分管控。政府应以更加开放、包容的心态面对互联网，即便是面对网络上存在的有关政府的负面评论，也要明确互联网作为媒体所呈现的现实和民众脑海中主观现实之间的差异，考虑到现实世界中客观上互联网使用对民众政府评价的提升作用，从而给互联网保留相对宽松的舆论环境。包容开放的态度和相对宽松的环境并不意味着政府对互联网的发展听之任之，相反，政府应积极地提供有针对性的信息服务来进行舆论引导。比如针对"80后"和"90后"的互联网使用比例高、政府评价低的特性，政府可以通过该群体经常关注的网站以其乐于接受的形式提供政府各方面的信息，塑造良好的政府形象，提高"新生代青年"对政府的评价。

### （三）拓宽评价渠道，塑造理性环境

互联网对作为"新生代青年"的"80后"和"90后"的政府评价影响是有限的。互联网对民众的政府评价的确有积极影响，但客观情况是这种影

响在过去一段时间及当下还是相对有限的，而非像其一直以来被美化的那样强烈。民众主观上对互联网政治效能的夸大造成了其在进行政府评价等政治行为时对互联网路径的依赖，以及其在网络政治参与中的非理性表达。所以政府应按照各代际群体的不同特性，拓展更多具有差异性、能够互补的有效政府评价途径。比如针对互联网使用比例高的"80后"和"90后"，应着力打造符合其需求的网络政府评价渠道；而面对互联网使用比例低的"70前"和"70后"，则应尝试开发报纸、广播、电视甚至入户调查等其他形式的政府评价渠道。通过多种差异化政府评价途径的优势互补，将民众从单一的互联网路径依赖中解放出来。当民众拥有并尝试了多种政治参与渠道后，其对互联网的政治效能认识自然会合理化。在使用互联网进行政府评价过程中民众理性的回归，意味着网络上对政府无端的指责相对减少。

### （四）增加社会公平感，提升民众生活质量

近年来，我国民众特别是"80后"和"90后"群体的社会公平感不断下降。相较于表面效能被美化和夸大、实际效能相对有限的互联网，社会公平感才是真正对民众政府评价有较强影响的因素。"新生代青年"的政府评价较低大部分是由于其社会公平感较低。所以通过社会融入、增加就业等措施提高"80后"和"90后"的社会公平感是提升其政府评价的较为直接的方法。同时，提升民众的社会公平感和对政府的满意度，使其生活得更加幸福、拥有更高的生活质量。

附表1 2008年、2011年和2013年度政府评价情况

| | | 2008年 | | | | | 2011年 | | | | | 2013年 | | | | |
|---|---|---|---|---|---|---|---|---|---|---|---|---|---|---|---|---|
| | | 很不满意 | 不大满意 | 比较满意 | 很满意 | 不清楚 | 很不满意 | 不大满意 | 比较满意 | 很满意 | 不清楚 | 很不满意 | 不大满意 | 比较满意 | 很满意 | 不清楚 |
| 提供医疗卫生服务 | N | 289 | 1521 | 4262 | 777 | 290 | 377 | 1636 | 3646 | 1040 | 337 | 310 | 2151 | 6209 | 1046 | 490 |
| | % | 4.05 | 21.31 | 59.70 | 10.88 | 4.06 | 5.36 | 23.25 | 51.82 | 14.78 | 4.79 | 3.04 | 21.08 | 60.84 | 10.25 | 4.80 |
| 为群众提供社会保障 | N | 440 | 1807 | 3711 | 705 | 476 | 459 | 1824 | 3324 | 931 | 498 | 409 | 2675 | 5601 | 844 | 677 |
| | % | 6.16 | 25.31 | 51.98 | 9.88 | 6.67 | 6.52 | 25.92 | 47.24 | 13.23 | 7.08 | 4.01 | 26.21 | 54.88 | 8.27 | 6.63 |
| 提供义务教育 | N | 172 | 905 | 4253 | 1369 | 440 | 228 | 900 | 3702 | 1713 | 493 | 181 | 1095 | 6524 | 1715 | 691 |
| | % | 2.41 | 12.68 | 59.57 | 19.18 | 6.16 | 3.24 | 12.79 | 52.62 | 24.35 | 7.01 | 1.77 | 10.73 | 63.92 | 16.80 | 6.77 |
| 保护环境，治理污染 | N | 744 | 1997 | 3308 | 776 | 314 | 741 | 1868 | 3047 | 914 | 466 | 798 | 3478 | 4538 | 698 | 694 |
| | % | 10.42 | 27.97 | 46.34 | 10.87 | 4.40 | 10.53 | 26.55 | 43.31 | 12.99 | 6.62 | 7.82 | 34.08 | 44.46 | 6.84 | 6.80 |
| 打击犯罪，维护社会治安 | N | 466 | 1397 | 3970 | 1033 | 273 | 466 | 1578 | 3567 | 989 | 436 | 470 | 2401 | 5636 | 911 | 788 |
| | % | 6.53 | 19.57 | 55.61 | 14.47 | 3.82 | 6.62 | 22.43 | 50.70 | 14.06 | 6.20 | 4.61 | 23.53 | 55.22 | 8.93 | 7.72 |
| 廉洁奉公，惩治腐败 | N | 902 | 1914 | 2760 | 595 | 968 | 1254 | 2399 | 1790 | 460 | 1133 | 1407 | 3693 | 2880 | 441 | 1785 |
| | % | 12.63 | 26.81 | 38.66 | 8.33 | 13.56 | 17.82 | 34.10 | 25.44 | 6.54 | 16.10 | 13.79 | 36.18 | 28.22 | 4.32 | 17.49 |
| 依法办事，执法公平 | N | 573 | 1827 | 3323 | 673 | 743 | 883 | 2241 | 2361 | 589 | 962 | 856 | 3345 | 3887 | 551 | 1567 |
| | % | 8.03 | 25.59 | 46.55 | 9.43 | 10.41 | 12.55 | 31.85 | 33.56 | 8.37 | 13.67 | 8.39 | 32.77 | 38.09 | 5.40 | 15.35 |
| 发展经济，增加人们的收入 | N | 482 | 1819 | 3538 | 789 | 511 | 561 | 1924 | 3102 | 829 | 620 | 680 | 3308 | 4570 | 700 | 948 |
| | % | 6.75 | 25.48 | 49.56 | 11.05 | 7.16 | 7.97 | 27.35 | 44.09 | 11.78 | 8.81 | 6.66 | 32.41 | 44.78 | 6.86 | 9.29 |
| 为中低收入者提供廉租房和经济适用房 | N | 531 | 1649 | 2536 | 562 | 1861 | 741 | 1631 | 2139 | 721 | 1804 | 988 | 2852 | 2989 | 458 | 2919 |
| | % | 7.44 | 23.10 | 35.52 | 7.87 | 26.07 | 10.53 | 23.18 | 30.40 | 10.25 | 25.64 | 9.68 | 27.94 | 29.29 | 4.49 | 28.60 |
| 扩大就业，增加就业机会 | N | 484 | 1847 | 3187 | 650 | 971 | 662 | 1860 | 2627 | 744 | 1143 | 751 | 3274 | 3850 | 524 | 1807 |
| | % | 6.78 | 25.87 | 44.64 | 9.10 | 13.60 | 9.41 | 26.44 | 37.34 | 10.57 | 16.25 | 7.36 | 32.08 | 37.72 | 5.13 | 17.71 |
| 政府信息公开，提高政府工作的透明度 | N | 448 | 1539 | 3386 | 677 | 1089 | 977 | 2093 | 1973 | 578 | 1415 | 1203 | 3139 | 3218 | 538 | 2108 |
| | % | 6.28 | 21.56 | 47.43 | 9.48 | 15.25 | 13.89 | 29.75 | 28.04 | 8.21 | 20.11 | 11.79 | 30.76 | 31.53 | 5.27 | 20.65 |

# 第八章
# 环境意识和生活质量

崔　岩

随着人们生活水平的提高和对生活质量的重视，人们对环境保护、环境质量给予了越来越多的关注。生活质量不再仅仅涉及吃、穿、用、住、行等消费层面的因素，随着中国各大城市雾霾现象的加剧，空气质量等环境因素也成为衡量生活质量的重要变量。

近些年来，随着我国现代化进程的推进，环境问题日益凸显。平衡经济发展和保护环境之间的关系已经成为实现社会可持续发展的重要前提之一。但是，不可否认的是，我国当前公众环境参与，尤其是自发性环境组织的参与水平较低。一方面，公众环境意识薄弱，对环境问题普遍存在"搭便车"的心态，较少有自发的环境保护行为。另一方面，由于我国现行的环境监管和环境保护模式有很大的局限性，公众对环境政策的制定、执行过程缺乏有效的参与渠道，尤其是制度化的环境组织参与水平极低。因此，只有建立新型社会治理模式，探索有效的环境管理体系，大力促进公众环境组织参与，才能完善公众参与式的环境治理结构。

本文立意于研究公众环境意识以及响应环境组织的心理特征，并从环境关注、环境效能感、政治行动取向等角度，对公众响应环境组织的机制进行实证性的研究分析，并对如何提升公众环境参与水平进行讨论。

## 一　有关文献的综述和梳理

### 1. 环境意识的研究现状

在现有的研究中，学者们对公众的环境意识进行了广泛的讨论，并探讨了环境意识和环境组织参与行为之间的关系（王民，1999；任莉颖，2002：89～113；沈立军，2008；周志家，2008）。研究发现，公民的环境组织参与可能出于多种动机，而参与动机多元性的根源在于公众环境意识存在多个维度。

目前，学界对环境意识的定义和界定尚存争议，结合以往文献，环境意识的内涵主要包括环境知识、环境态度、环境价值观和环境行为等几个维度（洪大用，2006；刘计峰，2008）。从测量角度来说，学者们也对如何测量环境意识提出了不同的量表，其中比较具有代表性的是邓拉普（Dunlap）和范李尔（Van Liere）等人在 1978 年提出的新环境范式量表（New Environmental Paradigm）以及在 2000 年提出的新生态范式量表（New Ecological Paradigm），这两个量表被学界广泛用来测量环境意识（Dunlap and Van Liere，1978：10 - 19；Dunlap et al.，2000：425 - 442）。另外，美国学者英格尔哈特（Inglehart）在全球世界价值观调查（World Value Survey）中也提出了独特的环境意识测量工具。近年来，国内学界也就环境意识问题提出了适应我国实际国情的测量方法（洪大用，2006；"中国公众环境素质评估指标体系研究"项目课题组，2010）。

在对环境意识的测量基础之上，学界进一步对环境意识的影响因素进行了讨论，并就以下几个因素达成了一定的共识：世界观的影响（钟毅平等，2003）、后物质主义观念的影响（洪大用，2005；胡连生，2006）和污染驱动型环境关注的影响（童燕齐，2002；刘计峰，2008；鄢斌，2008），下面进行详细论述。

有学者指出，世界观决定了人们的意识，从而影响人们的行为模式。就环境意识来说，我们可以把影响公众环境意识的世界观分为"人类中心主义"与"自然中心主义"（刘福森，1997；曹明德，2002；包庆德、王志宏，2003；陈剑澜，2003）。前者认为，人类是世界的中心，而自然是为人服务的。从环境社会学的角度而言，人类中心主义以人类为中心来确立人与自然的关系，把人看作自然界的主人，而自然沦为人类任意征服和改造的对象。在这种价值观念的指引下，人类的利益凌驾于万物之上，而实现人类利益最大化成为一切经济、社会活动的终极目标。在这一导向下，人类对自然的开发和利用是以一种破坏性的方式进行的，人类社会的发展方式也背离了自然界发展的规律，超出了生态系统和环境资源的承受能力，进而必然导致环境危机的发生。这一观念的典型表现包括极端的消费主义和发展至上论。

与"人类中心主义"相对的自然中心主义的观点认为，人只不过是自然界的一部分，人类社会的发展要与自然协调一致。社会发展要尊重环境容量的限制，并遵守自然生态系统的运行规律。因此，不同的世界观所代表的环境伦理必然影响着人们的环境意识，从而作用于其环境行为（童燕齐，2002）。

除了从世界观取向来研究环境意识，美国学者英格尔哈特在20世纪70年代提出，依据人们对生活诉求的先后顺序，我们可以把环境意识分为物质主义价值导向和后物质主义价值导向。英格尔哈特进一步指出，随着西方国家的经济发展和社会转型，人们的价值观也出现了显著的变化。他认为，当生活水平得到提高后，人们对生活的要求不再停留在物质享受的层面，取而代之的是以表达自我和实现自我为核心的后物质主义（post-material value）。后物质主义者对单纯强调经济增长和物质享受的价值观提出了质疑，对社会发展和个体价值展开了更多的反思，强调自我实现和全方位的生活质量的提升才是衡量幸福水平更重要的尺度。在这一基础上，英格尔哈特认为，后物质主义价值观与环境意识有着紧密的联系，对生态环境的重视体现出了人们从对低层次需要（例如物质需求）向更高层次需要（例如生活质量的提升和精神层面的满足）的转化，因此可以将环境意识看作后物质主义价值观的产物，持有后物质主义价值观的人比物质主义者有更高的环境意识水平（Inglehart，1977，1995）。

另外，除了以抽象价值观为出发点对环境意识进行讨论，学者们依据人们环境关注的驱动力，还从污染驱动下的环境关注来讨论环境意识的形成（刘计峰，2008）。有学者指出，污染驱动型的环境关注的核心是基于个体对自身利益的考虑而产生的环境意识（Stern，Dietz and Kalof，1993：322－348），而人们参与环境保护是对现实中环境污染问题的被动应对，因为环境污染产生的环境意识和采取的相应的环境行为也都是利己的和暂时的。公众的环境参与仅仅是源于他们对某些特定环境问题的关注，而不是出于对自然环境的整体关注（周志家，2011）。换句话说，公众的环境意识可能只是对身边的环境问题，例如空气污染、水污染、生活垃圾污染等问题的关心。当其自身的利益受到侵害时，人们可能会主动参加环境组织，进行"维权"式的环境行动。然而对于距离他们生活较远的环境问题，例如全球变暖、温室气体污染等全球性的环境问题，抑或是动植物物种减少、森林植被破坏、海洋污染等生态系统问题，他们则不会给予过多的关注，对于以这类问题为核心的环境组织，他们也不会参与其中。所以，我们可以说，基于自身眼前利益的环境参与是一种污染驱动型的环境行动，其行为动机是以维权性质为核心的；而基于对自然和生态关注的环境参与，其行为动机是以对人类社会发展的反思为基础的，旨在维护人与自然的和谐相处。

**2. 现有研究的不足**

综上所述，现有的对环境意识内涵、影响因素以及测量的研究大都是从个体的心理学角度展开的，分析本身基本停留在对社会态度和价值取向研究的层面，对环境行动，尤其是群体性的环境参与缺乏解释力度。就中国实际国情而言，个体层面的环境意识固然对每个公民的环境保护行为有一定影响，但是对于环境组织参与这种群体性行为来说，我们更应当从社会参与和政治参与的视角对其进行研究。随着我国的经济发展，环境问题所涉及的利益群体是多元的，选择参与或者不参与环境保护组织，以及是否选择通过制度化的形式维护公民的环境权利，不仅受到个人意识和价值观的影响，而且受到国家制度层面因素的影响，这是现有研究中缺乏的维度。因此，本文提出，在讨论公民的环境组织参与行为时，我们应当突出环境参与的社会行动和政治参与属性。

广义的政治参与，是指公民通过一定组织形式和程序参加社会政治生活，介入到决策制定的过程中，并表达个人或集体的诉求和意愿，以影响国家政治体系和社会管理的规则制定、决策过程和效果评估的行为（孙欢、廖小平，2010）。我国当前的环保组织参与有很强的政治参与属性和特质，因此我们可以从政治参与的角度来研究公民的环境参与。

具体而言，环境参与不同于其他类型的社会参与，例如志愿者组织的参与和慈善公益组织的参与，其不仅仅取决于参与者的环境意识，而且受到特定的政治因素的影响。换句话说，环境参与是否能真正实现其成员的诉求，在很大程度上取决于国家制度对各个主体地位的界定和赋权、各个利益群体的资源动员能力以及各个主体自身的特性和相互认知等因素。综观世界范围的环境参与，在西方发达国家，环境问题有着很强的政治属性，环境组织的参与者通常有明确的政治诉求，在对环境主张权利的时候，可能参与的政治主体也是极其广泛的，不论阶级、党派、职业与性别，各个群体都可能成为环境运动的发起者和响应者。与此同时，当环境问题被作为唯经济发展论的对立面时，对环境问题的诉求就可能泛化为对一系列社会问题的不满（林智理，2002）。因此，在讨论环境参与的动机时，我们就不能忽视其政治参与的属性。

就中国而言，环境问题往往不仅是一个简单的宜居的环境权利问题，其还涉及公民的健康权、居住权，在一些地区还涉及公民的所有权和土地权利。对于这些权利，如果处理得不得当，就很有可能引发群体性事件。近些年，我国的一些环境事件，已经逐步发展成为群体性事件，影响了社会的稳定（孙欢、廖小平，2010；周志家，2011）。就这一现象，国内有学者对中国的公众环境意识的觉醒以及环境运动兴起背后隐含的国家与社会关系的变化进行了讨论（洪大用，2007；彭远春，2011）。例如，洪大用提出，在中国，由于国家职能的转变、市场经济的发展、公民社会的成长，民间环保组织越来越具有行动取向，并开始扮演公众代理人的角色，其在提高公众环保意识、解决环境问题等方面发挥着一定作用（洪大用，2007）。周志家对普通居民的环境参与进行了研究，把居民的环境参与行为分为信息性参与、诉求性参与和抗争性参与三种类型，并指出居民参与环境运动只体现出浅层的公民性，非政府组织的功能缺失是造成这一局面的重要深层原因之一（周志家，2011）。任莉颖提出，我国当前公民的环境参与的内容主要是与个人直接利益紧密相关的问题，而在政策制定层面的参与较少（2002：89～113）。这当然也和我国现行的决策模式有关，在政策制定过程中，公众参与的体制内渠道较为匮乏，从而导致公众在权利诉求不能得到满足的时候，只能通过上访，甚至其他制度外的途径来实现利益表达。综上所述，在研究公众的环境组织参与时，我们应当充分考虑到环境参与的政治属性，把政治参与的相关因素加入研究中来。

## 二　公众环境评价和环境意识

### 1. 公众环境评价

正如以往研究所述，公众的环境意识水平在一定程度上受到周边环境质量的直接影响。如果环境污染问题较为严重，公众的环境意识水平就会有所上升。因此，在这里笔者通过调查数据对公众环境评价和环境意识进行梳理。本章使用的数据来自中国社会科学院社会学研究所于2013年开展的中国社会状况综合调查，其中的环境模块就公众的环境问题认知与环境意识水平进行了相应的测量。数据表明，当前我国公众环境满意水平较低，其中，

有近25%表示其居住地噪声污染、水质污染很严重或者比较严重,有近
30%表示其居住地空气污染很严重或者比较严重。从农村和城镇比较来看,
城镇居民的环境满意水平要显著低于农村居民。例如,有34.8%的城镇居
民表示其居住地噪声污染很严重或者比较严重,在农村,这一比例仅为
12.9%;对于空气污染问题,有38.6%的城镇居民表示其居住地污染很严
重或者比较严重,在农村,这一比例仅为14.8%;另外,就水质污染问题,
有30.1%的城镇居民表示其居住地污染很严重或者比较严重,在农村,这
一比例仅为19.5%。因此,总体来说,从不同区域来看,城市居民总体上
对环境的满意水平最低,而与之相比,农村居民的环境满意水平则较高
(见表8-1、图8-1)。

表8-1　公众环境污染问题评价

单位:%

| 类　　别 | 农　村 | | | | 城　镇 | | | |
|---|---|---|---|---|---|---|---|---|
| | 噪声污染 | 空气污染 | 水质污染 | 环境卫生 | 噪声污染 | 空气污染 | 水质污染 | 环境卫生 |
| 很严重 | 4.5 | 5.1 | 6.9 | 4.1 | 13.6 | 13.0 | 10.2 | 8.5 |
| 比较严重 | 8.4 | 9.7 | 12.6 | 14.1 | 21.2 | 25.6 | 19.9 | 21.6 |
| 不太严重 | 32.3 | 32.0 | 31.5 | 46.2 | 46.2 | 44.2 | 44.7 | 53.6 |
| 没有此现象 | 54.0 | 52.6 | 48.0 | 34.2 | 18.7 | 16.7 | 23.2 | 15.8 |
| 不好说 | 0.8 | 0.7 | 1.0 | 0.9 | 0.3 | 0.5 | 2.1 | 0.5 |
| 合　计 | 100 | 100 | 100 | 100 | 100 | 100 | 100 | 100 |

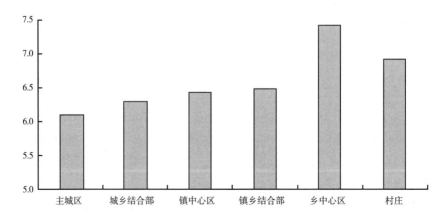

图8-1　不同区域公众环境满意水平评价

### 2. 公众环境意识

随着经济的迅速发展，环境问题已经成为影响居民生活质量的重要因素之一，而随着环境问题的日益凸显，公民的环境意识越来越强，保护环境的呼声也越来越高。例如，仅有 7.3% 的城乡居民完全同意"对我国来说，发展经济比保护环境更重要"这一说法；同时，仅有 3.5% 的城乡居民完全同意"保护环境是政府的责任，和我的关系不大"；另外，有接近75%的城乡居民表示非常愿意参加民间环保组织。但是，值得注意的是，"搭便车"的心理在一定程度上仍然存在，有 16.1% 的受访者认同"如果周围人都不注意环境保护，我也没必要环保"这一说法。另外，有近70%的受访者认为"政府应该加强环境保护工作，但是不应当由我们普通百姓来出钱"。

但是，数据也表明，我国公众在环境意识上存在较大的城乡差异。例如，在城镇居民中，仅有29.1%同意"对我国来说，发展经济比保护环境更重要"，而在农村，这一比例为43.7%；在城镇居民中，仅有13%表示"如果周围人都不注意环境保护，我也没必要环保"，而在农村，这一比例为21%；就环境主体意识而言，仅有14.9%的城镇居民表示"保护环境是政府的责任，和我的关系不大"，而在农村，这一比例为24.3%。另外，从效能感来看，城乡居民也有一定差异。例如，有50%的农村居民表示其不懂环保问题，也没有能力来评论，而这一比例在城镇居民中仅占36%（见表 8 - 2）。

同时，从社会阶层来看，不同社会群体的环境意识有着较大的差异。就精英阶层而言，仅有 20.8% 持经济优先观点，而在底层阶层，这一比例为 37.4%；就环境主体意识来看，在精英阶层中仅有 7.5% 认为"保护环境是政府的责任，和我的关系不大"，在中产阶层中，这一比例为 14.6%，在底层阶层中，这一比例则为 19.3%；而就效能感而言，在精英阶层中，仅有 16.6% 有较低的内部效能感，而在中产阶层中，这一比例上升为 35.0%，在底层阶层中，这一比例则为 44.2%（见表 8 - 3）。

## 三　对公众环境参与的讨论

以往的研究表明，环境问题的存在会提升环境意识，进而促进环境行动。而最典型的环境行动就是环境组织参与。因此，在这里，我们进一步对公众的环境组织参与进行分析。

表 8 - 2　公众环境意识

单位：%

| 类 别 | 农村 | | | | 城镇 | | | | 全国 | | | |
|---|---|---|---|---|---|---|---|---|---|---|---|---|
| | 完全符合 | 比较符合 | 不太符合 | 完全不符合 | 完全符合 | 比较符合 | 不太符合 | 完全不符合 | 完全符合 | 比较符合 | 不太符合 | 完全不符合 |
| 对我国来说，发展经济比保护环境更重要 | 9.5 | 34.2 | 46.1 | 10.2 | 6.4 | 22.7 | 54.3 | 16.6 | 7.3 | 25.2 | 48.1 | 12.9 |
| 我的工作、学习，生活很忙，基本上没有时间关注生态环境问题 | 9.5 | 43.2 | 40.8 | 6.6 | 7.5 | 37.1 | 46.0 | 9.4 | 8.1 | 37.2 | 41.4 | 7.6 |
| 如果周围人都不注意环境保护，我也没必要要环保 | 3.0 | 18.0 | 55.9 | 23.0 | 2.3 | 10.7 | 54.6 | 32.4 | 2.8 | 13.3 | 52.3 | 27.4 |
| 保护环境是政府的责任，和我的关系不大 | 4.5 | 19.8 | 51.9 | 23.8 | 2.6 | 12.3 | 51.5 | 33.7 | 3.5 | 15.2 | 49.0 | 28.5 |
| 如果有时间的话，我非常愿意参加民间环保组织 | 24.6 | 55.5 | 16.5 | 3.4 | 25.4 | 55.2 | 15.0 | 4.3 | 23.8 | 50.8 | 14.8 | 3.6 |
| 我不懂环保问题，也没有能力来评论 | 8.5 | 41.5 | 41.4 | 8.6 | 6.6 | 29.4 | 49.5 | 14.6 | 7.1 | 32.2 | 43.1 | 11.4 |
| 我对环保问题有自己的想法，但是政府部门也不会听我的 | 17.1 | 51.5 | 27.0 | 4.3 | 18.5 | 48.9 | 27.6 | 5.0 | 17.0 | 45.2 | 24.8 | 4.3 |
| 政府应该加强环境保护工作，但是不应当由我们普通百姓来出钱 | 25.1 | 47.7 | 23.7 | 3.6 | 25.5 | 45.8 | 25.7 | 3.0 | 24.7 | 44.0 | 23.2 | 3.0 |
| 如果在我居住的地区要建立化工厂，我一定会表示反对意见的 | 44.1 | 32.9 | 16.2 | 6.8 | 61.6 | 27.3 | 8.7 | 2.4 | 51.8 | 28.0 | 10.7 | 4.2 |

表 8-3　不同社会阶层的环境意识比较

单位：%

| 类　别 | 精英阶层 | | 中产阶层 | | 工农阶层 | |
|---|---|---|---|---|---|---|
| | 不同意 | 同意 | 不同意 | 同意 | 不同意 | 同意 |
| 对我国来说,发展经济比保护环境更重要 | 79.2 | 20.8 | 71.1 | 28.9 | 62.6 | 37.4 |
| 我的工作、学习、生活很忙,基本上没有时间关注生态环境问题 | 65.1 | 34.9 | 51.6 | 48.4 | 43.3 | 56.7 |
| 如果周围人都不注意环境保护,我也没必要环保 | 93.9 | 6.1 | 86.3 | 13.7 | 82.6 | 17.4 |
| 保护环境是政府的责任,和我的关系不大 | 92.5 | 7.5 | 85.4 | 14.6 | 80.7 | 19.3 |
| 如果有时间的话,我非常愿意参加民间环保组织 | 14.6 | 85.4 | 18.3 | 81.7 | 18.4 | 81.6 |
| 我不懂环保问题,也没有能力来评论 | 83.4 | 16.6 | 65.0 | 35.0 | 55.8 | 44.2 |
| 我对环保问题有自己的想法,但是政府部门也不会听我的 | 37.7 | 62.3 | 33.2 | 66.8 | 30.3 | 69.7 |
| 政府应该加强环境保护工作,但是不应当由我们普通百姓来出钱 | 35.8 | 64.2 | 28.8 | 71.2 | 29.4 | 70.6 |
| 如果在我居住的地区要建立化工厂,我一定会表示反对意见的 | 9.5 | 90.5 | 11.7 | 88.3 | 15.6 | 84.4 |

注：精英阶层被界定为大专以上学历、职业为机关企业等负责人和专业技术人员、主观社会地位认同为中上层和上层的受访者；一般中产阶层被界定为大专以上学历、职业为商业服务业从业人员、主观社会地位认同为中层和中下层的受访者；工农阶层被界定为初中以下学历、职业为工人农民、主观社会地位认同为下层的受访者。

### 1. 研究假设的提出

基于对以往文献的研究，为了进一步分析现阶段我国公民环境组织参与的动机，本文以环境组织响应[①]水平为因变量，提出以下研究假设。

---

① 对于环境组织参与，本文没有采用"环境组织参与意愿"这一概念，而以"环境组织响应"取而代之。相关文献表明，当前我国公民的参与行为通常不是主动型参与，而是在环境权利受到侵害时采取被动应对策略（任莉颖，2002；洪大用，2008；周志家，2011）。因此，如果使用"参与意愿"则有概念误用之嫌；而"环境组织响应"则突出了事件引发性和被动参与性的特征，在概念上更能准确体现出我国公民环境组织参与的现状。另外，对"环境组织响应"的测量为：在特定情景下，受访者是否会选择参与民间环境组织。在这里，如果直接测量受访者的环境组织参与行为，则可能带来样本的偏差。因为不同于西方国家，我国公民的环境组织参与有一定的维权属性，参与行动的发生通常要以环境权利受到侵犯为前提，因此，测量参与的可能性比测量参与的实际情况更符合"环境组织响应"这一概念的内在含义。

假设①：受访者认为所居住地区的环境污染问题越严重，环境组织的响应水平就越高。

假设②：受访者环境关注水平越高，环境组织的响应水平就越高。

假设③：受访者环境效能感越强，环境组织的响应水平就越高。

上述一组假设沿袭了以往环境组织参与研究的思路，以环境意识为内在动力，分析不同维度的环境意识对环境组织响应的影响。假设①和假设②主要为了检验我国公民环境组织响应是否为污染驱动型，假设③则希望从内部效能感和外部效能感的层面分析公民的环境组织响应机制。

假设④：对政府部门信任度越高，环境组织的响应水平就越低。

假设⑤：受访者政治主体意识越强，环境组织的响应水平就越高。

假设⑥：受访者对体制外行动认可程度越高，环境组织的响应水平就越高。

假设⑦：受访者邻避维权倾向越强，环境组织的响应水平就越高。

这一组假设试图从政治参与的维度分析我国公民环境参与响应水平。对政府的信任是影响公民政治参与的重要因素之一，体现出公民对政府效能的评价。信任度越高则意味着公民对政府效能评价越高；而当政府不能满足人们的预期时，信任度自然就会降低。从理论上说，对政府信心不足可能会促进公众的自组织行为，即促进公众自愿地联合起来参与或影响公共事务，通过自身力量来实现个体要求。因此，假设④以公民对政府的信任为因素，假设政府信任和环境组织响应成负相关关系。

假设⑤和假设⑥试图从政治参与的维度对环境组织响应进行讨论。如前所述，公众的社会参与行为，尤其是环境组织的参与行为，并非简单的、维护环境清洁的行为。在我国，很多环境组织展开的活动带有一定的政治诉求。一些学者对群体性事件的研究就说明，我国当前发生的环境事件有着丰富的政治内涵，而环境问题引发的公众社会参与往往以制度外参与的形式出现，从而引发社会的不稳定。区别于其他公益志愿类型的社会参与，环境参与是政治参与的一个表现形式，因此我们可以假设具有较强的政治主体意识的人群更可能参与环境组织。另外，对于哪种行动策略的认可反映了对政治参与行动效能的评估。Opp认为，对于个体参与环境运动的动机而言，个体是否参与取决于其对参与效果，即参与的政治效能感的预期，个人对参与效果的预期越高，参与越积极；而采取哪种行动策略，直接体现出个体对参与效果预期的评估（Opp，1996：357－358，转引自周志家，2011）。因此，在这里假设，受访者对体制外行动认可程度越高，环境组织的响应水平就越高。

假设⑦试图从邻避维权倾向的角度对不同环境组织响应水平的群体进行研究。如前所述，我国当前公众的环境参与有很强的维权属性，而"邻避现象"又是环境维权最典型的表现之一。"邻避现象"主要指的是公民因为反对一些有污染威胁的设施，例如垃圾处理场、化工厂等，在居住地周边的建设而采取的集体抗争行动（何艳玲，2009：102～114；张向和，2010）。在较高邻避心态驱动下的环境组织参与行为有很强的自利性，因此，在这里假设具有不同邻避维权倾向的群体对环境组织的响应水平也应当有所不同。

**2. 数据和变量**

如上所述，本文使用的数据是中国社会科学院社会学研究所 2013 年社会调查数据，其中的环境问题与环境意识模块为上述假设的检验提供了相应的变量。其中，因变量为公民的环境组织响应，赋值分为以下几类：非环境组织响应者、环境组织的一般响应者、环境组织的积极响应者。

自变量包括环境关注、环境污染问题评估、环境内部效能感和外部效能感、对政府的信任、政治主体意识、对体制外行动认可程度、邻避维权倾向、社会经济地位认同，变量的基本描述统计见表 8 - 4。

表 8 - 4　模型变量基本描述统计

| 变　量 | 变量定义 | 百分比 | 变　量 | 最小值 | 最大值 | 均值 | 标准差 |
|---|---|---|---|---|---|---|---|
| 因变量 | | | | | | | |
| 环境组织响应 | 非响应者 | 26.07 | | | | | |
| | 一般响应者 | 50.88 | | | | | |
| | 积极响应者 | 23.05 | | | | | |
| 控制变量 | | | | | | | |
| 性别 | 男性 | 45.31 | 年龄 | 17 | 76 | 41.01 | 13.92 |
| | 女性 | 54.68 | | | | | |
| 受教育程度 | 未上学 | 9.02 | | | | | |
| | 小学 | 21.28 | | | | | |
| | 初中 | 33.12 | | | | | |
| | 高中 | 12.86 | | | | | |
| | 中专 | 5.45 | | | | | |
| | 职高技校 | 0.87 | | | | | |
| | 大学专科 | 7.79 | | | | | |

续表

| 变　量 | 变量定义 | 百分比 | 变　量 | 最小值 | 最大值 | 均值 | 标准差 |
|---|---|---|---|---|---|---|---|
| | 大学本科 | 8.61 | | | | | |
| | 研究生 | 0.89 | | | | | |
| | 其他 | 0.05 | | | | | |
| 居住地类型 | 城镇 | 47.60 | | | | | |
| | 农村 | 52.40 | | | | | |
| 自变量 | | | | | | | |
| 社会经济地位 | 社会上层 | 0.46 | 所在社区环境污染程度 | 4 | 16 | 11.89 | 2.87 |
| | 社会中上层 | 6.55 | 环境关注 | 5 | 20 | 13.50 | 2.33 |
| | 社会中层 | 41.27 | 政治主体意识 | 3 | 12 | 7.56 | 1.98 |
| | 社会中下层 | 29.40 | 对政府信任 | -4.19 | 3.22 | 0.00 | 1.00 |
| | 社会下层 | 20.64 | 对体制外行动认可程度 | 0 | 2 | 0.18 | 0.53 |
| | 不好说 | 1.68 | 内部效能感 | 1 | 4 | 2.62 | 0.78 |
| | | | 外部效能感 | 1 | 4 | 2.19 | 0.78 |
| | | | 邻避维权倾向 | 1 | 4 | 1.67 | 0.83 |

注：变量的具体测量参见中国社会状况综合调查问卷中的环境问题与环境意识模块。

### 3. 分析和讨论

（1）对模型的分析

本文采用了多元逻辑斯蒂回归分析方法，通过对变量进行非线性转换，计算比例发生比建立统计模型。模型中，在控制其他自变量的情况下，对某一特定自变量对因变量变化的影响进行分析，从而检验提出的研究假设。模型中发生比率（Odds Ratio），即 exp（b），表明当自变量取值增加一个单位时，属于该组的发生比率是属于参照组的发生比率的 exp（b）倍。依照对因变量、自变量和控制变量的定义，为了检验本文所述的假设，在多元逻辑斯蒂回归模型中，依次引入自变量，从而讨论自变量对因变量，即公民对环境保护组织的响应程度有何种影响。

如前所述，因变量是被调查者是否可能成为环境组织的响应者，该变量分为三个层次，其中，非环境组织响应群体是回归模型的参照组（见表8-5）。

模型①只包括控制变量。我们可以看出，性别对公民环保组织响应没有影响，而年龄和环境组织响应有显著的相关关系，尤其是"70后"群体最有可能成为环境组织的积极响应者。具体而言，在控制其他变量之后，"70

后"群体成为环保组织的一般响应者的发生比率是非环保组织响应者的
1.392 倍（$p < 0.001$），而成为环保组织的积极响应者的发生比率是非环保
组织响应者的 1.378 倍（$p < 0.001$）。而对于"80 后""90 后"，其成为环
保组织的一般响应者的概率较大，也就是说，"70 后"是对环境问题最为敏
感，也最有积极性参与到环境组织中的一个群体，而"60 后"对环境组织
参与的可能性则最小。另外，数据也表明，教育和环境组织响应有正相关关
系，受教育水平越高，对环境保护组织予以响应的可能性也就越大 ［因变
量组①：exp（b） = 1.0，$p < 0.001$；因变量组②：exp（b） = 1.3，$p <
0.001$］。

在模型②中，我们在控制变量的基础上加入了与环境问题评估和环境意
识等相关的变量。从模型中我们发现，认为所居住的社区环境问题严重的群
体比认为所居住的社区环境问题不严重的群体响应环境保护组织的可能性要
大 ［因变量组①：exp（b） = 0.97，$p < 0.05$；因变量组②：exp（b） =
0.91，$p < 0.001$］。另外，就环境关注而言，对于环保组织的一般响应者和
积极响应者，其环境关注水平越高，响应环境组织的可能性也就越大 ［因
变量组①：exp（b） = 1.172，$p < 0.001$；因变量组②：exp（b） = 1.373，
$p < 0.001$］。同时，值得注意的是，对于环境内部效能感和外部效能感而言，
环保组织的一般响应者和积极响应者体现出不尽相同的规律，对于一般响应
者而言，其内部效能感和外部效能感越高，响应环境组织的可能性也就越
大；而对于积极响应群体而言，仅仅内部效能感与环境组织响应有统计上的
显著关联，也就是说，这一群体的外部效能感的效应并不显著，其对政府回
应水平的评价并不显著高于非响应群体。

模型③加入了对政府信心和政治参与的相关变量。就政府信心来说，我
们看到，环保组织的一般响应者对政府的信心显著高于其他两个群体 ［exp
（b） = 1.15，$p < 0.05$］；而积极响应者与非环保组织响应群体没有显著的
差异。同时，对于主体意识而言，环保组织的一般响应者也要显著高于非环
保组织响应群体 ［exp（b） = 1.5，$p < 0.05$］；而环保组织的积极响应群体
则与非环保组织响应群体没有统计上的显著差异。值得注意的是，与之相对
应，就邻避维权倾向而言，环保组织的积极响应群体要显著高于非环保组织
响应群体 ［exp（b） = 1.31，$p < 0.01$］，也就是说，受访者的邻避维权倾
向越强，其成为环保组织积极响应者的可能性就越大。另外，就对体制外行
动认可的程度而言，环保组织的积极响应群体也要显著高于非环保组织响应

群体［exp（b）=1.31，$p < 0.01$］，也就是说，受访者对体制外行动认可程度越高，其成为环保组织积极响应群体的可能性就越大；而环保组织的一般响应群体在邻避维权倾向变量上的系数效应则要小很多，且仅在0.05的水平上有显著性，在对体制外行动认可程度变量上则没有统计显著性。

就社会地位认知来说，环保组织的一般响应者和积极响应群体都体现出较高的自我社会地位认知水平，也就是说，随着社会地位的上升，成为环保组织响应者的可能性也就越大［因变量组①：exp（b）=0.96，$p < 0.05$；因变量组②：exp（b）=0.75，$p < 0.01$］。

另外，就这三个模型来说，−2LL 和 AIC、BIC 体现出模型的拟和程度较好，各项调整后的 $R^2$ 参数也说明，从模型①到模型③，其对因变量的解释程度也越来越高，例如模型③的调整后的 $R^2$ 说明该模型可以解释因变量15.8%的变化。

表 8 − 5　公众环保组织响应的多元逻辑斯蒂回归模型

| 因变量组①<br>民间环保组织的一般响应者 | 模型① | 模型② | 模型③ |
|---|---|---|---|
| 控制变量 | | | |
| 性别(0:女) | 0.071 | 0.091 | 0.010 |
| "60后"群体 | 0.181 | 0.093 | 0.198 |
| "70后"群体 | 0.331 *** | 0.312 *** | 0.715 ** |
| "80后"群体 | 0.150 * | 0.003 | − 0.071 |
| "90后"群体 | 0.259 ** | 0.183 | 0.159 |
| 受教育年限 | 0.071 *** | 0.028 ** | 0.033 |
| 城市(0:农村) | 0.059 | 0.021 * | 0.029 |
| 精英阶层 | | | − 0.117 |
| 中产阶层 | | | 0.044 |
| 工农阶层 | | | 0.054 |
| 环境问题、环境关注等变量 | | | |
| 环境关注 | | 0.159 *** | 0.127 *** |
| 所在社区环境污染问题 | | − 0.027 * | − 0.050 |
| 环境内部效能感 | | 0.271 *** | − 0.187 |
| 环境外部效能感 | | − 0.121 ** | − 0.020 ** |
| 政府信任和行动倾向等变量 | | | |
| 对政府信心 | | | 0.138 * |
| 主体意识 | | | 0.400 * |
| 对体制外行动认可程度 | | | 0.157 |
| 邻避维权倾向 | | | 0.100 * |
| 社会地位认知 | | | − 0.039 * |

续表

| 因变量组②<br>民间环保组织的积极响应者 | 模型① | 模型② | 模型③ |
|---|---|---|---|
| 控制变量 | | | |
| 性别（0：女） | 0.059 | 0.078 | 0.051 |
| "60 后"群体 | 0.132 | 0.083 | 0.500 |
| "70 后"群体 | 0.321 *** | 0.391 *** | 0.715 *** |
| "80 后"群体 | 0.132 | − 0.071 | − 0.064 |
| "90 后"群体 | 0.123 | − 0.029 | 0.199 |
| 受教育年限 | 0.225 *** | 0.039 *** | 0.057 ** |
| 城市（0：农村） | − 0.210 ** | − 0.528 *** | − 0.219 |
| 精英阶层 | | | 0.138 |
| 中产阶层 | | | 0.063 |
| 工农阶层 | | | 0.218 * |
| 环境问题、环境关注等变量 | | | |
| 环境关注 | | 0.273 *** | 0.292 *** |
| 所在社区环境污染问题 | | − 0.089 *** | − 0.057 ** |
| 环境内部效能感 | | 0.390 ** | 1.189 *** |
| 环境外部效能感 | | − 0.397 | − 0.290 |
| 政府信任和行动倾向等变量 | | | |
| 对政府信心 | | | 0.187 |
| 主体意识 | | | 0.120 |
| 对体制外行动认可程度 | | | 0.271 ** |
| 邻避维权倾向 | | | 0.273 ** |
| 社会地位认知 | | | − 0.280 ** |
| 调整后 $R^2$ | 0.058 | 0.129 | 0.158 |

注：1. 参照组为未响应环保组织参与群体。2. *** $p<0.01$，** $p<0.01$，* $p<0.05$。

（2）对模型的进一步讨论

通过定量分析，首先，数据表明，受教育程度越高，越有可能成为环境组织的响应者。这与以往的研究结论是一致的，说明文化水平有助于人们理解保护环境的意义，建立正确的环境观念，进而在行为上更倾向于积极参与环保组织。当然，从另一个角度来说，受教育程度与社会经济地位成正相关关系，而中产阶级以上的群体对生活质量较社会底层有更高的要求，自然对环境保护的态度也更为积极。与此同时，社会地位较高的群体所拥有的社会资源也更为丰富，社会网络也更为广泛，因此，其参与社会团体的可能性也就更大。从数据中，我们还看出，性别对环境组织参与没有显著的影响，而年龄越大，参与环保组织的可能性也就越小。

当对模型中的自变量进行深入分析时，我们可以看出，我国公民的民间环境响应还停留在一个对个体环境利益进行维权的层次。也就是说，只有当居民所在地区环境污染问题比较严重的时候，公民才有一定的积极性参与环境保护组织。

当然，数据也表明，环境关心、环境优先等价值观是人们成为环保组织响应者的重要心理机制之一，这说明，随着我国经济社会的不断发展，现代化水平逐步提高，公众对环境质量、生态环境越来越重视，环境意识也逐步提升。同时，在我国发展模式的转型过程中，环境问题频发，因此，公民环境参与越来越普遍，环保组织越来越活跃，这也是一个必然的发展趋势。

其次，从群体特征的角度而言，环境组织的积极响应群体和其他群体之间的主要差异是，积极响应群体有较高的个体内部效能感，而外部效能感不强，也就是说，这部分群体关于政府部门对环境问题的回应水平的评价不高，其积极回应环境组织的内在动因主要是自身较高的环境认知和能力评价。另外，这一群体在对体制外行动认可程度上有较高的得分：模型表明，环境组织的积极响应群体在群体特征上来说更倾向于选择请愿、抗议、游行等方式表达政治诉求；同时，这部分群体有较强的邻避维权倾向，其组织响应的维权倾向较为显著。与之相比较，一般响应群体在政治行动取向上则较为平和，对于对抗性行动较不认可，组织响应的维权属性不强。但是，值得注意的是，这一群体一方面在内在心理层面有较强的个体主体意识；另一方面对政府的环境回应水平评价较高（即较高的外部效能感），因此对政府的信任也高于其他两个群体。由此可见，和其他群体相比较，环境组织的一般响应群体在行动模式上有着较为明显的差异：一方面，这一群体在自我政治角色取向方面，有较强的公民主体意识，有一定的环境关注，不同于非响应群体对社会持冷漠态度；另一方面，一般响应群体不同于积极响应群体，他们对政府有较高的信任和效能评价，同时没有很强的对抗性政治参与倾向，而是选择较为平和的方式表达意见，同时，其环境组织响应的维权属性不强。换句话说，这一群体在由环境问题引发的社会矛盾面前，比较可能与政府形成良性互动的关系。

而在近年来发生的环境冲突中，我们看到的更多的是公民对国家和政府缺乏足够的信心，加之国家对公民参与的制度建设的缺失，从而导致公民选择被动的自组织行动，而这时，民间组织和国家之间难以形成良性互动。相反，民间组织可能会采取激进的行动，例如上访、游行、示威等，甚至通过群体性事件，对政府进行"倒逼"。在这种情况下，民间组织可能与国家形成对立关系，而不是互动关系。因此，如何加强公民对国家的信心、建立民间组织制度性参与的合法渠道，是建立新型社会治理模式的要点。

综上所述，数据说明，现阶段我国公众的环境组织参与的动力主要来源于两个方面：一是客观存在的环境问题，也就是污染驱动下的被动环境参与；二是部分公民对国家机构没有太多信心，反而是其较强的政治行动倾向促进了环境组织的参与，这说明"环境维权"是当前我国环境参与的主要动机之一。

## 四　讨论和建议

随着我国经济规模的扩大和城市化进程的推进，环境问题日益严重，而因为环境污染引发的社会矛盾和冲突也越来越频繁，影响了当前社会的稳定。因此，促进公众的环境保护参与是解决我国现阶段环境问题的途径之一。同时，随着人们权益意识的增强，在自身环境权益遭受侵害时，人们越来越倾向于通过各种制度内或者制度外的行动来表达诉求。正如洪大用指出的，"中国公众参与正在经历从环境关心到环境行动的重大转型，这在现实生活中的具体体现就是我国环境纠纷的数量呈现出迅速增长的态势"（洪大用，2008）。这就需要政府部门调整环境监管思路，促进公民社会的建设，在环境管理中实现模式创新。

通过分析可见，当前我国公众的环境组织响应呈现以下几个特点：首先，公众的环境组织响应不是主动的环境价值观驱动型，而更多地属于被动的利己心理影响下的环境行为，这就使得公众的环境参与停留在解决日常环境污染问题上，没有上升到环境决策参与、环境监管协作的层面；其次，从政治参与的维度观察，我国公众当前的环境响应内在机制有很强的"维权"性质，这反映了国家对公民诉求有效回应的滞后，以及现有官民互动机制的匮乏。在现有体制下，正是因为参与渠道不健全和民意表达成本过高，所以当公民的合法利益遭受侵害时，公民并不会选择通过国家和公民之间的直接协商来解决，有相当一部分人选择制度外的对抗性行为来进行抗争，从而引发非理性的群体性维权事件。

当然，长期以来，我国的环境保护和环境监管一直是以政府为主导，公众主动的环境保护参与缺乏制度性和体制上的渠道和机会，从而使得公众参与不能对环境保护和环境监管产生实质的影响。与此同时，民间环保组织也没有充足的资源来动员民间力量。所以必须进一步提高公众参与的能力并加强制度建设，完善公众参与渠道，从制度上确保公众参与的有效性。就促进公民建设性的环境参与，笔者提出以下建议。

首先，应当加强公民的环境意识教育，而环境意识教育不应仅仅停留在浅层次的对日常环保行为的教育上。环境素质不只包括对周围环境的"功利性"的关注，还应当包括对人和自然关系的理解认知，形成正确的环境价值观。然而，分析显示，我国现阶段的环保组织响应更多地受到本地环境污染感受的影响。要改变这一现状，就需要对公民进行长期的养成性教育，提高公民对环境问题整体性的认识，只有这样，才能真正建立环境友好型和节约型社会。换句话说，正确的价值观是公民主动参与社会的重要前提，正确价值观的建立能使公民从社会整体利益出发，有效地参与到环境政策制定、环境政策评估和日常环境监管中去，并减少环境参与的功利心态。

其次，要建立和健全公民环境参与的渠道，通过推进政治体制改革和社会管理方式创新，为公民的社会参与特别是环境保护参与创造条件，拓宽公民直接或间接参与环境政策制定和监管的渠道，从制度层面为公民参与提供有效保障。西方国家的经验告诉我们，引入公众参与能够极大地降低政府监管环境的成本，提高监管效率，因此，社会发展的客观规律要求我们建立基于新型社会治理体系而非官僚体制下的环境管理新模式（Cobb and Elder，1983；Adler，2001a，2001b；郑准镐，2004；巩英洲，2006）。这就需要我们一方面充分保障法律赋予公民参与社会管理的权利和行使自身参政议政权利的自由；另一方面，要拓宽现有的参与渠道，建立和完善"环境利益相关人"制度，强化公民社会参与的管理功能，从而使公民组织成为环境这一最大公共产品的守护者，使得民间环境组织在其公益性质的基础上，提高组织能力和动员能力，保证民间环境参与的活跃性和长效性。

进一步讲，我国当前环境参与的现状受到现实政治体制因素的限制。长期以来，我国的环境管理模式一直是通过自上而下的形式开展的，至今还没有形成良性的官民互动。而现有的公开听证等制度无法满足公民环境参与的要求，民间环境组织在缺乏制度化参与渠道的背景下，也很难形成吸收公民和社会精英广泛参与的组织能力。换句话说，国家对环境治理权各个层次的垄断直接导致了民众和政府监管者之间的隔阂，而目前某些地方政府在唯GDP 的指导思想下，对环境问题抱着敷衍的态度，在环境执法中有法不依、执法不严，对公民的环境参与造成了消极的影响。

从另一个角度而言，我国已经进入了环境问题的高发期。环境污染损害的往往不是某个个体的利益，其涉及的范围经常是非常广泛的。因此，环境维权经常会以集体行动的方式出现，而为了正确处理公民环境维权的集体行动，就需要我们对环境参与的制度进行重新审视，防止环境问题演化为社会问题。只有完善公民环境维权的制度化建设，并且建立规范的有序参与机制，实现公民对公共事务管理的常态化，才能有效防止冲突性群体事件的发生，消除危及社会稳定的隐患，从而有效避免政府和公民之间信息不对称的问题，加强官民之间的信任，使公民从只有在权利被侵犯以后的被动维权，转向协商式的主动参与，加强公民组织的社会管理能力，把民间组织的社会管理活动规范化、制度化。

综上所述，在通过宣传教育启发公众环境意识和价值观的同时，只有通过对民间环保组织赋权，为公众环境监管参与提供制度保障，为公众实现其环境诉求提供更多渠道，才能切实保障公众正当的环境权益，实现公众环境权益的最大化。同时，只有完善环境监管的制度，把公民社会的力量纳入我国的环境治理实践，才能满足我国社会发展的需要，从而真正提高我国的环境治理水平。

# 第九章
# 医疗对幸福感性别差异的影响

邹宇春

幸福感（subjective well-being，SWB），是居民依据自己设定的标准对其生活质量的主观判断。相对客观生活质量指标，幸福感有助于理解居民对自身生活状况的主观评价，对评估现行民生政策的实施效果有着非常重要的作用。尤其在极力提倡男女平等、拒绝性别歧视的社会背景下，女性是否与男性具有同等程度的幸福感是一个需要持续关注的重要议题。所谓性别（gender），不仅指以生物特征为标志的生理性别，还指在文化、教育、政策、社会机制等社会经济环境下构建出来的社会身份和期待。因此，从性别视角探讨幸福感的差异状况，对于把握社会机制、有针对性地制定相关政策、帮助相关部门在民生工程中找准工作方向，具有不可忽视的参考价值。

不过，当前有关性别的幸福感差异研究，尚未有统一结论。此点不足除了研究方法需要改进，概念、测量方法需要完善等原因外，还有一个重要的原因是，多数研究在分析幸福感时缺乏能够覆盖全国居民且又包含幸福感指标测量的大型数据库（陈婉婷、张秀梅，2013）。此外，随着近年有关医疗的民生政策不断出台，医疗设施和服务以及居民对医疗设施服务、医保制度的满意度评估等相关情况很可能会对居民的客观生活质量产生极大影响，但这类因素是否存在性别差异，这种差异又是否会影响男性和女性的幸福感体验，尚未有经验研究予以回答。

因此，当前中国是男性还是女性更容易感到快乐，抑或两者一样？若存在差异，他们幸福感的这种性别差异是如何发生的，与人民生活密切相关的医疗在其中起了什么作用？为了回答这些问题，本研究采用2014年年底公布的全国性随机抽样大型数据库——中国社会状况综合调查（以下简称CSS）数据，重点关注不同性别是否存在显著的幸福感差异，并分析医疗使用情况及满意度评估等医疗类因素对这两者的关系产生怎样的影响（即分析这类因素的中介作用）。以下，首先简要地回顾有关幸福感、性别差异、医疗行为及满意度评估等方面的文献研究，接着分析幸福感是否存在男女差异，并进一步探讨不同医疗因素是否存在性别差异，最后建立模型详细讨论这些医疗类因素如何影响幸福感与性别的关系，并比较这些医疗因素的作用强度。

## 一　性别、幸福感和医疗中介作用的相关文献梳理

### 1. 性别与幸福感

在女性主义理论的推动和倡导下，性别视角成为各类研究中极为重要的分析维度。女性主义理论有很多流派，对性别差异有不同的看法，但核心宗旨都是实现性别平等这个目标。比如，自由女性主义流派坚持男女在理性上的无差异从而倡导机会平等以及法律起点的平等，文化女性主义强调在承认两性差异的前提下法律应对女性的权利予以特殊的规定和保护以实现两性平等，激进女性主义致力于破除女性相对于男性的从属地位，而马克思主义女性主义认为两性的不平等来自政治、社会和经济机制下形成的阶级压迫和歧视。从这些流派倡导和反对的方向可见，性别的特质、性别间的权力分配、社会经济文化系统对性别角色的规定等都意味着现阶段男性和女性在日常生活和工作中存在或多或少的差异。

不过，从当前性别研究的文献来看，研究结论较为统一的领域主要集中在寿命、发病率和精神疾病三方面（Maccoby，1998）。比如，女性比男性有更长的寿命；与男性相比，女性更容易出现精神疾病，尤其是抑郁方面的疾病（Nolen-Hoeksema，1987；Russo and Green，1993）。但就幸福感存在怎样的性别差异，结论并不统一。国外有研究发现，女性比男性有更低程度的幸福感，并且女性的生活满意度和积极感相对更低（Hansson et al.，2005）；然而，也有研究发现女性比男性更容易感到幸福（Wang amd Weele，2011），对自我持有较高程度的幸福感评估（Clark et al.，2001）。

就国内研究来看，幸福感的研究对象主要是大学生、老年人或城镇居民，全国范围内的居民幸福感研究尚不多见。尽管如此，有关这几类人群的

性别差异研究也存在相左的结论。针对大学生的研究显示，女大学生的幸福感要略高于男生（孙晓飞、田三果，2010；付昊、王益民，2014），但严标宾等（2003）发现女大学生的幸福感和男生没有显著差别，也就是说性别不会对大学生的幸福感产生明显影响。而有关老年人的研究中，有学者发现老年人的幸福感与性别不存在显著相关（唐丹等，2006；秦琼，2014），但有学者也发现老年女性的幸福感显著高于老年男性（李越、崔红志，2014）。有关城市居民的幸福感研究中，性别因素常被考虑到。刑占军（2004）的研究发现性别并未对我国城市居民的主观幸福造成影响，换言之，幸福感并不存在性别差异，男性居民和女性居民具有相同水平的幸福感。不过，在对城市和农村居民的幸福感差异分析中，有的研究发现城乡居民无性别差异，马亮（2013）的研究结果却并不同，他发现城市居民和农村居民的幸福感各自呈现不同规律的性别差异：农村女性的幸福感比男性低，而城市女性的幸福感却高于城市男性。此外，温晓亮等（2011）用世界价值观调查中1990~2007年的中国部分数据分析发现，幸福感的性别差异随着时间的推移而有所变化，1990年女性的幸福感低于男性，1995年、2001年却又高于男性，而2007年两者的幸福感水平差异并不大。

以上的文献回顾表明，国内有关幸福感的性别研究尚未达成一致的结论。与生活质量的客观条件指标（比如人口出生率、死亡率、收入水平、消费水平等）不同，幸福感指标是对生活质量的一种基于主观标准的自我评定。可以说，它是居民在衡量了个人特质、家庭条件、社会环境、政策等各方面因素后推导出的一种类似于标准化的结果。准确把握男性和女性的幸福感是否存在差异或存在怎样的差异，有助于更加真实地了解我国男性居民和女性居民在生活和工作中呈现的心理态度和行为倾向，这对民生政策的制定以及社会稳定起到不可估量的作用。考虑到近年政府出台了大量的民生政策，当前居民的幸福感是否存在性别差异以及存在怎样的性别差异，实际需要大量有效的经验研究不断跟进并给予回答。

**2. 医疗的中介作用**

经验研究表明，影响幸福感的因素有很多。人口因素（性别、年龄、婚姻、受教育程度等）、社会因素、经济因素、家庭因素、地区因素等，都可能对居民的幸福感产生影响（风笑天，2007；边燕杰、肖阳，2014）。不过，本研究此次无意考察所有的影响因素，在关注性别与幸福感的关系时，重点考察性别差异对幸福感的影响是否会通过医疗类因素发生，这有助于更深入地了解性别与幸福感之间的作用机制。

从当前性别研究的文献看，社会性别角色若存在不平等，则很可能影响妇女的就医行为及其获得医疗服务的公平。国外学者发现，由于女性比男性具有更高比例的发病率，她们更多地使用医疗服务并且具有更高水平的医疗花销（Matheson et al.，2014），老年群体的这种性别差异尤其明显（Redondo-Sendino et al.，2006）。而且，有研究也发现女性更多地使用初级诊所和门诊服务，她们在初级诊所的花销、急诊费、门诊服务费以及年总医疗费上多于男性，不过，在大型医院的医疗消费方面并没有显著差异（Bertakis et al.，2000）。

我国医疗卫生体制与国外有很大的不同。从 1985 年开始，相关改革也持续进行，至今经历了三个阶段（第一阶段是 1985～1997 年，第二阶段是1997～2009 年，第三阶段是 2009 年至今）。2009 年 3 月 17 日《关于深化医药卫生体制改革的意见》对外公布，标志着我国全面启动第三轮医改，其基本理念是把基本医疗卫生制度作为公共产品向全民提供，实现人人享有基本医疗卫生服务，这是一项非常重要的民生工程，直接影响了居民的生活质量。此外，近年逐步推开的双向转诊制度，是在社区首诊基础上建立的扶持社区医疗卫生的重要举措，目的在于促使居民"小病到社区、大病到医院、康复回社区"，实现分级医疗，借此减少城市综合性大医院承担大量常见病、多发病的诊疗任务而造成的卫生资源浪费，降低基层医院和社区医疗服务机构需求萎靡、就诊量过少等情况的发生率。但从实际情况看，效果并不明显（王俊等，2008）。

那么，若能知晓哪些因素在影响医疗机构的选择以及医疗设施的使用，则有助于提高相关政策目标的实现程度。因此，作为可能存在的影响因素之一，有国内学者从性别视角去分析医疗使用状况差异是否受到性别的影响（魏敏等，2014）。王俊等（2008）的研究发现，尽管女性选择去卫生医疗机构就诊的概率大于男性，但其系数缺乏统计显著性，在选择哪类医疗机构治疗的相关就医行为上并不存在性别差异。有关上海市居民对医疗机构选择的性别比较研究也证实了此发现（孙春梅等，2014）。然而，修燕等（2003）对农村地区结核患者的研究发现，女性患者和男性患者在选择医疗机构上存在差异，女性患者会首先选择村级诊所，然后才是上一级的诊所，但男性患者是直接选择乡级以上的医疗机构就诊。这是因为多数农村女性收入不如男性，村级诊所的费用远低于上一级诊所且无专项检查，女性去村级诊所就诊便宜且方便。不过,"新农合"制度实施后,一些研究发现农村居民对医疗机构的选择不存在性别差异(姚兆余、张蕾,2013;唐立健,2014),但女性在初次就诊率等就医问题上仍处于从属地位(郭晓艳,2014)。可见,在我国,无论是城市居民还是农村居民,他们都很可能在(某一方面的)医疗服务及设施的使用上存在性别差异。

从医疗设施、服务的使用及满意度评价与幸福感的关系研究看,国外学者发现医疗服务、健康照料服务等与幸福感存在正向关系(Dolan, Layard and Metcalfe,2011)。尤其对于那些存在功能障碍的个体来说,医疗设施的使用会显著影响他们的幸福感水平(Penning and Strain,1994)。在国内,直接分析医疗设施、服务的使用状况及满意度评价是否会影响居民幸福感的研究并不多见。有学者在分析幸福感的影响因素时,仅在建议部分提出居民由医疗制度不完善引发的社会不安全感会降低幸福感(赵斌、刘米娜,2013);当医疗制度能够让居民满意时,有助于提高居民的幸福感(祁玲玲、赖静萍,2013)。在对老年人的研究中也发现,拥有医疗保险的老年人幸福感水平更高(胡洪曙、鲁元平,2012)。尤其是,农村居民的幸福感更容易受到医疗设施使用状况的影响(孙琳等,2012)。可以说,在国内的医疗设施和服务逐年发生改变的社会背景下,加强研究它们是否会(以及如何)影响性别与居民幸福感的关系,不仅能填补理论空白,也有供政策参考的经验意义。

## 二 关于幸福感性别差异的研究假设

假设1:全国居民的幸福感水平存在性别差异,表现为男性高于女性。

当前性别研究已表明,除了存在生理上的差异,男性和女性因受社会环境等因素影响而很可能在行为、感受、态度等方面存有差异。尽管幸福感是否存在性别差异以及存在何种性别差异的研究尚未有统一结论,但本研究从角色理论出发,认为女性和男性的幸福感存在差异。依照社会外界给女性设定服从家庭的角色要求,女性当面临工作角色和家庭角色的冲突时往往会选择回归家庭,他们因此失去工作升迁的机会,致使女性的事业动机比男性更弱(Jones and Goulding,1999),女性较多地从事工作价值低、报酬也低的职业。这些都会影响女性的生活水准,进而降低幸福感。

假设2:男性和女性在不同的医疗类指标上存在差异,进而影响他们的幸福感。

男性和女性在生理方面存在客观的差异，很可能导致他们对医疗机构及服务有不同的使用需求。有研究认为，与男性相比，女性对身体的各种症状更为敏感（Green and Pope, 1999），这在一定程度上意味着女性可能会比男性更多地向医疗机构求助。同时，在女性更愿意去医疗机构的前提下，她们对于自身、家人的救治也会更倾向于选择医疗机构，而这很可能在一定程度上导致家庭医疗支出高于男性。此外，由于男性和女性可能在需求和服务关注点上存在不同，他们对医疗护理的满意度评估也会有所不同。同时，本研究认为，这些医疗行为理应会对居民的主观幸福感产生影响。

假设3：各医疗指标中介效用的强度存在显著差异。

除了验证医疗类因素的中介作用之外，比较不同医疗指标对性别与幸福感关系的影响强度是本研究的另一个关注点。当前医疗设施和服务已成为居民日常生活中不可或缺的一部分，它们其实也已经构成居民客观生活质量的一部分。从认知心理学来说，事物对个体产生的实际效果与主观感受之间存在差异（Fazio and Zanna, 1981）。本研究认为医疗服务设施的实际使用和居民对它们的主观感受并不相同，它们会对性别与幸福感产生中介作用，并存在强度差异。

## 三　数据、变量、模型与样本基本信息

### 1. 数据、变量、模型

本研究采用的数据来自中国社会科学院社会学研究所于2013年实施的"中国社会状况综合调查"，该数据在2014年年底向社会公开发布。此调查采用地址地图抽样和概率比例规模抽样（PPS）相结合的方法，在全国31个省、自治区、直辖市共抽取了151个区（县），并在其中抽出了604个村委会/居委会。最终有效问卷10206份。采用SPSS 19和STATA 11两个软件包分析数据。

因变量是"幸福感"，来自问卷中询问受访者对自身生活满意度和幸福感的评估题，共有6个定序尺度的小指标，选项包括"非常不同意""不同意""不太同意""比较同意""同意""非常同意"。为方便分析，本研究通过因子分析将这些小指标生成一个幸福感因子。由于这些小指标都是定序变量，分析因子时本研究选用了多分格相关矩阵（Polychoric Correlation

Matrix），获得一个因子，并将这个因子转化成百分制的得分值。此外，自变量是性别，女为 1，男为 0。

根据文献分析以及 CSS2013 所涵盖的数据指标，中介变量主要包括"去医疗机构就诊的间隔"（简称就诊间隔）、"对医疗服务机构及人员的满意度评估"（简称医疗满意）、"家庭医疗保健支出的年费用"（简称家庭医疗年支）、"对医疗保障的满意度评估"（简称医保满意）等指标。其中，"医疗满意"指标来自受访者对医护人员的水平、医生的水平、医生的医德、医院的环境、医院的设备、就医的秩序评估 6 个子指标的加总，这些指标，1 为最低分（表示非常不满意），10 分为满分（表示非常满意），汇总后的"医疗满意"指标总分为 60 分。其他指标都是来自 2013CSS 中的对应问题，不在此赘述。

控制变量的引入原则，主要参照当前研究中发现的会对幸福感、医疗产生影响的主要因素，并同时遵循"欧卡姆剃刀原理"。控制变量具体包括年龄、年龄二次项、受教育程度、婚姻状况、党员身份、心理健康、城乡、相对社会经济地位等。其中，由于受教育程度、婚姻状况、相对社会经济地位为定序或定类变量，为方便统计分析，本研究将受教育程度转化为初中及以下、高中及大专、大学及以上三个虚拟变量，初中及以下为参照组；婚姻状况转化为单身、有婚姻有配偶、有婚姻无配偶三个虚拟变量，单身为参照组；相对社会经济地位转化为相对地位低、相对地位中、相对地位高三个虚拟变量，相对地位低为参照组。

由于因变量为连续变量，本研究主要采用回归分析模型，并针对现行统计中不易实现同时分析和比较多重并行中介变量（Multiple Simultaneous Mediators）的问题而采用 Preacher 和 Hayers（2008）提供的多重并行中介变量分析软件包，直接比较各中介变量的作用大小。分析模型如图 9 - 1 所示。[①]

公式：

$$Y = cX + e1 \tag{1}$$
$$M1 = a1X1 + e21 \tag{2}$$
$$M2 = a2X2 + e22 \tag{3}$$
$$M3 = a3X3 + e23 \tag{4}$$

---

① 关于多重并行中介变量的比较，参见 Preacher and Hayers，2008。

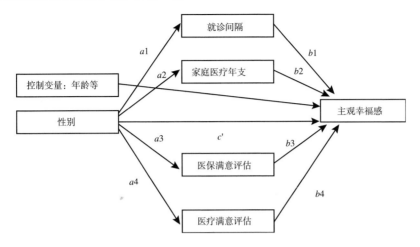

**图 9 - 1　医疗变量对性别与幸福感关系的中介效用模型**

$$M4 = a4X4 + e24 \tag{5}$$
$$Y = c'X + b1M1 + b2M2 + b3M3 + b4M4 + e3 \tag{6}$$

$Y$：因变量，幸福感；

$X$：自变量，性别（$1 =$女）；

$c$：$X$ 对 $Y$ 的总效应；

$M$：中介变量；

$c'$：$X$ 对 $Y$ 的间接效应；

个别中介效应：$a_i b_i$

总的中介效应：$\sum / a_i b_i /$

**2. 性别视角下的样本信息描述**

表 9 - 1 显示，所有受访者中，男性样本占 44.7%、女性样本占 55.3%，城镇居民总量多于农村居民。从性别差异看，城镇居民中，男性多于女性；而农村居民中，女性比男性多。受教育程度越高，比例越低，大学及以上的比例不足一成，这说明教育作为人力资本的一部分，仍是稀缺资源。此外，受教育程度与性别也显著相关。受教育程度在初中及以下的人口中，女性比男性的比例高出约 10 个百分点；而在高中（及大专）、大学（及以上）两类教育水平上，均是男性比例高于女性。

婚姻状态以"初婚有配偶"人群为主，比例超过 80%。从婚姻状况与性别的关系看，女性比男性的婚姻生活更加稳定。"相对社会经济地位"指标是在评定人自主选定参照组后对自身社会经济地位的评定，40.6% 的受访者认为自己的社会经济地位处于中等水平，处于较低水平（包括"中下"和"下"两个水平）的比例达到50.9%。相对来说，认为自己处于较高水平（包括"上"和"中上"两个水平）的比例仅为6.9%。处于上等水平的男性比例高于女性。可见，男性的相对社会经济地位要高于女性。此外，女性比男性的抑郁程度更高。样本的平均年龄为45.7岁，男性平均年龄略高于女性但统计不显著。

表9-1 模型变量基本描述统计

| | 比例（%） | 样本量 | 性别（%） | | 相关系数及显著度 |
| --- | --- | --- | --- | --- | --- |
| | | | 男 | 女 | |
| 控制变量 | | | | | |
| 城乡 | | 10206 | | | 1.88 * |
| 城镇 | 54.7 | | 55.5 | 54.1 | |
| 农村 | 45.3 | | 45.5 | 45.9 | |
| 受教育程度 | | 10195 | | | 122.8 *** |
| 初中及以下 | 69.9 | | 64.3 | 74.4 | |
| 高中及大专 | 23.3 | | 27.5 | 19.9 | |
| 大学及以上 | 6.8 | | 8.1 | 5.7 | |
| 婚姻状态 | | 10203 | | | 180.7 *** |
| 未婚 | 9.3 | | 13.10 | 6.3 | |
| 初婚有配偶 | 80.8 | | 77.6 | 83.4 | |
| 再婚有配偶 | 2.9 | | 3.2 | 2.7 | |
| 离婚 | 1.8 | | 2.1 | 1.5 | |
| 丧偶 | 4.5 | | 3.2 | 5.6 | |
| 同居 | 0.6 | | 0.8 | 0.5 | |
| 相对社会经济地位 | | 10204 | | | 29.92 *** |
| 上 | 0.5 | | 0.5 | 0.4 | |
| 中上 | 6.4 | | 7.1 | 5.8 | |
| 中 | 40.6 | | 39.2 | 41.7 | |
| 中下 | 29.2 | | 29.4 | 29.0 | |
| 下 | 21.7 | | 22.7 | 21.0 | |
| | 均值 | 标准差 | 均值 | 均值 | |
| 心理健康（抑郁） | 11.4 | 2.5 | 11.02 | 11.76 | 0.156 ** |
| 年龄 | 45.7 | 13.6 | 45.9 | 45.5 | -0.014 |

## 四 医疗行为与满意度的分析

本研究在此对医疗的现状做简单的描述性分析，为后文性别、医疗以及幸福感三者关系的统计分析提供有益的背景补充。以下从性别、年龄（组）、城乡、心理健康（抑郁程度）四个方面展开分析。[①]

### 1. 居民的医疗机构就诊情况

全国大部分居民都有在医疗机构就诊的经历。不过，仍有近两成的居民从未去医疗机构就诊，其中男性选择不去就诊的比例高于女性，不就医人群的年龄结构呈现倒 U 形。图 9-2 显示，全国居民中有 82.0% 的居民会选择去医疗机构就诊，但仍有近二成（18.0%）的居民从未去医疗机构就诊。男性中有 22.7% 从未去医疗机构就诊，女性中有 14.3% 没有去医疗机构就医的经历，男性选择不去就诊的比例远高于女性。从心理健康的抑郁程度看，抑郁不严重的人群中不去医疗机构的比例达到 19.6%，但抑郁程度严重的人群中不去医疗机构的比例低了约 7 个百分点，这说明抑郁程度严重的人更愿意去看医生。年龄组的情况为：不去就诊的比例较高的组群为"70 后""60后"，"90 后"和"30 后~50 后"相对较低，呈现两头低、中间高的倒 U 形。

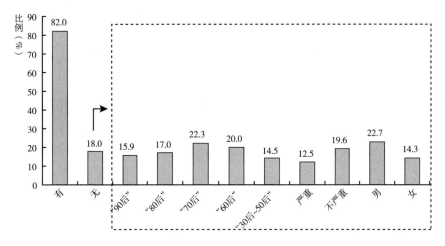

**图 9-2 医疗机构就诊比例以及无此经历的年龄组、抑郁程度及性别的比例**

---

① 若无特殊说明，此部分按照性别、年龄、城乡、抑郁程度四个方面分析的结果均通过显著性检验。

## 2. 居民就诊的间隔时间和满意度

居民去医疗机构就诊的间隔时间平均为 2 年，对医疗设施及服务的满意度评分尚可。在这些有医疗机构就诊经历的受访者中，去医疗机构就诊的时间间隔平均为 1.89 年，即我国居民去医疗机构就诊的时间间隔大约为 2 年。从性别差异来看，男性的时间间隔更长，平均为 1.95 年，女性的间隔平均值少了 0.12 年。

把 6 个评估医疗设施及服务的满意度指标（取值均为 1 ~ 10 分）相加，得到对医疗设施及服务满意度评分为 42 分，相当于百分制的 70 分，这说明对于医疗设施及服务获得，民众的满意度评估处于中等偏上的水平。这方面的满意度评估不存在显著的性别差异，但年龄、城乡和抑郁程度上存在明显差异。年龄越大，评分越高；相比农村居民，城镇居民的满意度评分更高；抑郁程度严重者，对医疗设施及服务的满意度更低。

## 3. 居民的医疗保险情况及其满意度

约九成的居民享有医疗保险，居民对医疗保障的满意度评估约 7 分，两者均无性别差异。数据显示，有 90.5% 的居民享有医疗保障。男性和女性享受医保的比例并没有显著差异，不过，年龄越大的居民享有医保的比例越高，"90 后"人群比"30 后 ~ 50 后"人群享有的医保比例低约 9 个百分点；乡村比城镇高了约 6 个百分点。不同居民享有医疗保障的类型不同（类型名称及比例见表 9 - 2），其中"新农合"的比例最高。

受访者对医疗保障制度的满意度评估（1 分表示非常不满意，10 分表示非常满意），平均分为 6.85 分。若以 5 分表示满意度"一般"[①]，医疗保障的评估分高出"一般"水平 37%，成绩尚可。对医疗保障制度的满意度评估见图 9 - 3，不存在性别差异，但抑郁程度严重者的评分低于抑郁程度较轻者，因此有必要进一步研究医保制度在这部分人群的就医需求满足中是否缺位。此外，年龄组中的"70 后"和"80 后"两个人群、城镇居民对医保制度的评分均低于整体人群的平均分，这说明近年有关老年人群以及农村居民的医疗保障政策更加出色，更能获得服务人群的认可。

## 4. 居民的医疗支出和承受能力

八成居民的家庭医疗保健支出的年费用在万元以下，有约三成的居民表示无力承受医疗支出。从上年的家庭医疗保健支出费用看，全国居民以家为

---

① 本研究未设置将此分值标准化的测量指标，故暂定 5 分为"一般"。

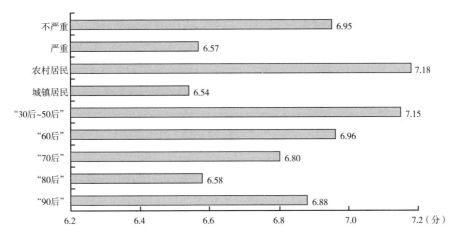

**图 9 - 3　年龄组、城乡、抑郁程度等人群对医保的满意度评分**

单位的医疗保健支出为年均 6237 元。由于标准差近 2 万元，可以说全国居民在这个指标上的差异较大。家庭医疗保健支出费用为年均 1 万元以下的居民占受访者的比例为 88.8%，有约 1% 的居民家庭支出费用在 8 万 ~ 60 万元。家庭医疗保健支出在抑郁人群中存在显著差异，抑郁程度越高者，费用支出越大。

当受访者被问及自己或者家庭是否面临"医疗支出大，难以承受"的困难时，数据显示有约三成的居民面临此困境，其中女性的比例高于男性 3 个百分点；年龄越大，感觉越难以承受的比例越高，"90 后"人群中仅有 20% 的比例，而"30 后 ~ 50 后"人群中认为难以承受的比例翻了一倍。乡村比城镇的居民高了近 9 个百分点，而抑郁程度严重的人群比不严重的人群高了近 20 个百分点。

**5. 居民对医疗机构的选择**

各类医疗服务机构中，居民选择就诊比例最高的前三位是村卫生室/社区卫生服务站、乡镇卫生院与城市三级医院。数据显示，村卫生室/社区卫生服务站和乡镇卫生院的比例分别达到 18.1% 和 17.0%，城市三级医院为 16.9%，这说明居民对医疗机构的选择，是先选择就近就医，一旦不选择就近就医就更倾向于选择医疗资源丰富及技术最高的城市三级医院，而直接选择处于两者之间的医疗机构就医的意愿相对较低。

此外，由于地域原因，城乡差异很明显：农村居民去村卫生室、乡镇卫生院、农村县级医院的比例高于城市居民；反之，选择城市一级、二级、三

级医院以及私人诊所的比例则是城市居民高于农村居民。居民对医疗机构的
选择不受性别、抑郁程度的影响。

表9－2　医疗设施与服务的使用情况

| | 比例或均值 | 样本量 |
|---|---|---|
| 有医疗机构就诊经历的比例 | 有82%，无18% | 10173 |
| 去医疗机构就诊的间隔（年） | 均值＝1.89，最大值＝14，最小值＝1，标准差＝1.814 | 8214 |
| 医疗保险 | 有＝89.8%，无＝10.2% | 10151 |
| 城镇职工基本医疗保险 | 有＝18.7% | 9110 |
| 城镇居民基本医疗保险 | 有＝10.6% | 9110 |
| 公费医疗 | 有＝2.5% | 9110 |
| 新型农村合作医疗保险（即"新农合"） | 有＝67.2% | 9110 |
| 其他 | 有＝0.5% | 9110 |
| 全年医疗保健支出 | 均值6237元，最小值0元，最大值600000元，标准差19138元 | 9643 |
| 对医疗设施及服务的满意度评分（6～60分） | 均值42分，标准差9.6分 | 8299 |
| 医疗保障满意度评分（1～10分） | 均值＝6.85分，标准差＝2.325分 | 9688 |
| "医疗支出大，难以承受" | 是＝29.2%，否＝70.8% | 10168 |
| 各类医疗机构的就诊比例 | 村卫生室/社区卫生服务站18.1%，乡镇卫生院17.0%，农村县级医院14.2%，城市一级医院8.7%，城市二级医院14.6%，城市三级医院16.9%，私人诊所/医院10.5% | 7990 |

## 五　幸福感的性别差异及其验证

全国居民的幸福感平均得分为43.8分，在性别、年龄组、城乡和抑郁
程度等方面均存在显著不同。图9－4显示，从性别来看，女性的幸福感高
于男性约2分。"30后～50后""60后"两类人群的幸福感均高于全国平均
分；"30后～50后"人群的幸福感得分最高，比得分最低的"90后"人群
高了6.6分。与城镇居民相比，农村居民的幸福感高了1.4分。抑郁程度较
轻的人群具有更高水平的幸福感。

在描述统计分析的基础上，本研究运用统计模型更深入地验证、分析性

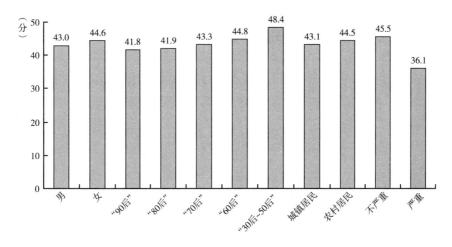

图 9 - 4　幸福感得分

别、医疗行为及满意度等医疗情况、幸福感三者之间的关系。在加入各类控制变量后，三者的关系能得到更为真实的表达。

**1. 性别对幸福感的差异有显著影响，女性的幸福感得分高于男性**

对于假设 1，由于因变量为百分值的幸福感得分，本研究采用回归方程来分析居民的性别对其幸福感是否有显著的影响。首先，把所有控制变量放入模型；接着再把自变量性别放入模型，通过比较两个模型调整后的决定系数以及标准化后的各变量的回归系数，以判定性别对幸福感的解释力（见表 9 - 3）。

从模型 1 可见，城乡、教育、年龄、年龄二次项、党员身份、抑郁程度（模型分析中的抑郁程度指标是抑郁程度得分，最高分为 25 分，下同）、婚姻状态、相对社会经济地位等各变量均对幸福感有显著影响。[①]同等条件下（即在控制了其他变量后），城镇居民的幸福感比农村居民更低。与初中及以下教育程度的居民相比，高中及大专文化的居民具有更低的幸福感，而大学及以上的居民幸福感更高（统计不显著），这说明"高中及大专"处于教育收益的"夹心层"，这个层次的教育回报率有待提升。年龄的回归系数为负、年龄二次项系数为正，说明随着年龄的增

---

① 多元回归分析中，每一个变量对主观幸福感的作用分析都相当于是在控制了其他变量的同等条件比较。因此，每个变量的作用都是在剥离了其他变量的影响后的效用，可能会与描述性分析稍有不同。

加，居民的幸福感会降低，但到一定年龄后形成拐点，幸福感又将升高，呈 U 形走势。二次项计算结果显示，32.6 岁为此拐点，即在同等条件下，居民的幸福感随着年龄的增加而降低，但到 33 岁以后发生反转，随着年龄的增加幸福感开始上升。党员居民比非党员居民的幸福感高了1.882 分，说明党员比非党员更容易感到快乐，这或许是因为党员身份能带来一定的政治资源，也很可能是党员本身比非党员具有更容易快乐的品质，关于具体原因需要更进一步的研究。抑郁程度越高则幸福感越低，抑郁程度每增加一分幸福感就会降低 1.186 分。从婚姻状况来看，与没有婚姻经历者相比，有婚姻且有配偶者、有婚姻且无配偶者都具有更高程度的幸福感，这说明婚姻能带来幸福，而且有婚姻且有配偶者的幸福感要高于有婚姻无配偶者，这意味着稳定的、有质量的婚姻非常有助于幸福感的提升。

"伊斯特林悖论"提出后，许多学者提出用绝对收入并不能很好地预测居民的幸福感，居民对自我经济收入处于哪个水平的判定很关键，即相对收入对幸福感产生很大的影响（边燕杰、肖阳，2014）。本研究发现，与自认为社会经济地位相对较低的居民相比，认为相对地位较高以及中等的居民都有更高的幸福感。而且从标准化后的各变量系数来看（数据未在表 9－3 中呈现），除了年龄的影响力最大外，"相对社会经济地位指标"对幸福感的影响力排在第二位。

模型 2 中加入了性别变量，结果显示统计显著。与男性相比，女性的幸福感得分高了 2.246 分。可见，与上文的描述性分析结果相似，幸福感存在性别差异。至此，结果与假设 1 一致。从标准化后的回归系数看，性别对幸福感的影响力并不是最大的，但其影响力要大于城乡、受教育程度、党员身份。

表 9 - 3　性别对幸福感的回归分析

| | 模型 1 | 模型 2 |
|---|---|---|
| 城乡(1 = 城市,0 = 农村) | - 0.748 ** (0.316) | - 0.824 ** (0.316) |
| 受教育程度(参照组 = 初中及以下) | | |
| 高中及大专 | - 0.860 ** (0.391) | - 0.699 ** (0.391) |

续表

| | 模型 1 | 模型 2 |
|---|---|---|
| 大学及以上 | 0.371<br>(0.676) | 0.390<br>(0.675) |
| 受访者年龄 | -0.552 ***<br>(0.086) | -0.521 ***<br>(0.085) |
| 年龄二次项 | 0.008 ***<br>(0.001) | 0.008 ***<br>(0.001) |
| 中共党员（1=党员） | 1.882 ***<br>(0.528) | 2.509 ***<br>(0.533) |
| 抑郁程度 | -1.186 ***<br>(0.058) | -1.245 ***<br>(0.059) |
| 婚姻状况（参照组=无婚姻经历） | | |
| 有婚姻有配偶 | 6.387 ***<br>(0.681) | 5.702 ***<br>(0.686) |
| 有婚姻经历无配偶 | 2.433 **<br>(0.904) | 1.615 *<br>(0.908) |
| 相对社会经济地位（参照组=低） | | |
| 社会经济地位相对较高 | 13.028 ***<br>(0.595) | 12.986 ***<br>(0.593) |
| 社会经济地位居中 | 8.413 ***<br>(0.308) | 8.286 ***<br>(0.308) |
| 性别（1=女） | | 2.246 ***<br>(0.304) |
| 常量 | 56.4 ***<br>(1.797) | 55.6 ***<br>(1.795) |
| 样本量 | 9801 | 9801 |
| 调整后 $R^2$ | 0.182 | 0.187 |

注：1. 括号内为标准差。2. *** $p < 0.01$，** $p < 0.05$，* $p < 0.1$。

**2. 医疗类因素的中介作用明显，不同性别有不同的医疗行为和满意度评估，因此有不同的幸福感，但性别对幸福感的影响仅是部分地通过医疗类因素实现。其中，就诊间隔、对医疗服务设施的满意度两类指标的中介作用非常突出，且后者作用大于前者**

在上文验证了性别对幸福感具有显著影响的基础上，本研究进一步验证加入四个医疗中介变量后性别对幸福感的影响力变化。为能实现"多重并行中介变量"的分析与比较,本研究采用了由 Preacher 和 Hayers(2008)编写的多重并行中介变量分析软件包。[①]

结果显示,整个模型通过显著性检验。整个中介变量群(包括就诊间隔、医疗满意度、医保满意度、家庭医疗年支出四个中介变量),对性别与幸福感的关系产生了显著的中介作用。不过,这种中介作用并非完全中介。在控制了其他变量、放入四个中介变量的情况下,性别对幸福感的影响只有一部分是通过医疗类因素产生的。

分析"就诊间隔"的中介效用时可以发现,性别对"就诊间隔"的影响系数是负向的($a1 = -0.1297$),"就诊间隔"对幸福感的影响为正向($b1 = 0.2414$),说明性别通过"就诊间隔"对幸福感产生负向影响($a1 \times b1 = -0.1297 \times 0.2414$)。分析"医疗满意度"的中介效用时,结果显示性别对此指标的影响系数为正($a2 = 0.7977$),而此指标对幸福感的效用也是正向的,说明性别通过"医疗满意度"对幸福感发生正向影响。性别对"医保满意度""家庭医疗年支出"都没有显著影响,说明这两个医疗指标并不受性别的影响,因此它们的中介效应也不显著。

总的来说,把这四类与医疗相关的指标作为中介变量放入性别与幸福感的关系分析中后,数据表明,只有"就诊间隔"和"医疗满意度"两个中介变量统计显著,说明这两类指标发生变化,性别对幸福感的影响程度也会发生变化;其他两个医疗变量无论发生何种变化,性别对幸福感的影响程度都不会发生变化。部分结果与假设 2 一致。

此外,"就诊间隔""医疗满意度"的中介效用分别占总的中介效用的 14.3%、78.1%[②],也分别占总效应的 12.2% 和 75.1%。[③] 可见,"就诊间隔"弱于"医疗满意度",且两者的差异具有统计显著(置信区间为[-0.29,-0.12])。结果与假设 3 一致。

---

① 此软件包的具体介绍请参见(Preacher and Hayers,2008)。本次分析选择了 90% 的置信区间以及运行了 1000 次的样本。

② 公式: $= a_i b_i / (\sum / a_i b_i /)$;

③ 公式: $= a (c'/c)$

表 9 - 4　多重并行中介变量的系数

| | 自变量对中介变量的回归系数 | 中介变量对因变量的回归系数 | 自变量通过中介变量对因变量的间接效用 |
|---|---|---|---|
| 就诊间隔 | - .1297 ** <br> (.0447) | .2414 ** <br> (.0893) | - .0313 <br> (.0153) |
| 医疗满意度 | .7977 *** <br> (.2321) | .2150 *** <br> (.0180) | .1715 <br> (.0513) |
| 医保满意度 | .0143 <br> (.0567) | .8226 *** <br> (.0735) | .0118 <br> (.0472) |
| 家庭医疗年支出 | 49.714 <br> (466.947) | - .0001 *** <br> (.0000) | - .0026 <br> (.0232) |
| | 自变量对因变量的总效用 | 自变量对因变量的直接效用 | |
| 性别 <br> (1 = 女) | 2.5666 *** <br> (.3499) | 2.4173 *** <br> (.3407) | |
| 调整后 $R^2$ | 0.234 | | |
| 样本量 | 7314 | | |

注：1. 括号内为标准差。2. ***$p < 0.01$，**$p < 0.05$，*$p < 0.10$。3. 省略控制变量的系数，有需要的读者请向笔者索要。

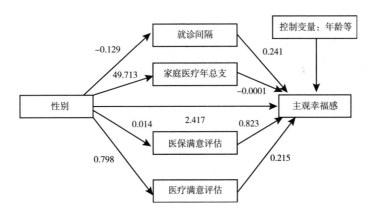

图 9 - 5　医疗变量对信任与幸福感关系的中介效用

# 六　总结与讨论

幸福感是衡量生活质量的重要指标，哪些因素导致幸福感出现差异成为近年来各学科领域非常关注的话题。性别作为一个最基本的人口特征，不仅是女性主义者在研究社会差异时的聚焦点，也成为众多社会科学研究者在探讨社会、经济、文化等相关问题的影响因素时最常考量的一个向度。因此，考察性别是否会影响幸福感以及影响机制，是值得持续关注的议题。在此背景下，本研究主要回答两类问题：一是，全国居民的幸福感处于什么水平以及是否存在性别差异；二是，如果存在性别差异，性别差异是如何通过与人民生活息息相关的各种医疗指标对幸福感发生影响的以及这些指标的作用强度是否一样。

本研究采用了最新的"中国社会状况调查"数据。该调查是在地图地址抽样与 PPS 抽样相结合的方式下进行的，能有效克服传统户籍抽样时因遇到外出就业、人户分离等空户现象而降低样本代表性的难题，在一定程度上提高了数据分析结果的科学性和真实性。由于一直以来，男性和女性是否存在幸福感的差异以及存在怎样的差异，并未有定论。本研究在描述性分析以及高级统计模型分析的基础上，验证了性别对幸福感存在显著影响，这恰是对相关争论的有力回答。另外，利用新型软件程序进行多重并行中介变量的比较研究，发现性别可通过居民的医疗行为及满意度等指标对幸福感产生间接影响。囿于统计原因，当前研究中同时比较多个中介变量效用的研究尚不常见。若能加强这方面研究，深入探讨性别是通过哪些因素在影响幸福感，对于更细致地呈现性别和幸福感的关系非常重要。尤其是，随着近年对医保制度的反省和改革，把医疗类指标作为中介变量来考察，在一定程度上不仅可以更好地评估当前的医疗服务及医疗政策，也为如何改变性别不平等、改善居民生活质量提供了更加细化的方向和指导。

本研究发现性别对幸福感具有显著影响，男性拥有比女性更低程度的幸福感，并且性别对幸福感的影响可以通过医疗类指标来实现。特别是在考察各医疗指标的中介效用时，发现居民的"就诊间隔""医疗满意度"作用显著。随着"就诊间隔"的延长，女性比男性有更低的幸福感。女性比男性对医疗设施服务的满意度评价更高，而医疗满意度的提高带来幸福感的提升，即通过提高医疗满意度，来提升女性的幸福感。并且，"就诊间隔"的中介影响力要显著大于"医疗满意度"。可见，性别不仅直接对幸福感产生影响，还对医疗行为和医疗评估产生影响并进而影响幸福感。

因此，社会各界及相关政策制定者应当关注如何缩小幸福感的性别差异，尤其应着重推动男性幸福感的提升。性别平等，不仅仅包含重视女性的权利，男性的权利也同样重要。同时，从性别视角制定提升幸福感的政策时，可尝试从医疗指标入手来改变幸福感的性别差异。鉴于中介作用强度不同，首先可从提高男性的"医疗满意度"入手，减少性别在"医疗满意度"上的差异，从而缩小幸福感的性别差异。把"医疗满意度"的各分指标与性别做相关分析后发现，男性对"医生的医德""医生的水平"两方面的满意度低于女性（统计显著），因此可着重提升医生的医德及业务水平以减少幸福感的性别差异。其次，改变女性的"就诊间隔"，比如尽量开展直接面向女性群体的医疗宣讲活动，提升女性对身体症状的正确认识，开展加强女性身体健康的日常建设工作，以顺利延长女性的"就诊间隔"，从而降低幸福感的性别差异程度。

此外，尽管"医保满意度"没有性别差异，但抑郁程度差异，即抑郁程度严重者对医保制度的满意度要低于不严重者。我国有心理健康问题的居民逐年增多，这种问题是居民本身的抑郁情绪所致，还是医保制度在这部分人群的就医需求满足中缺位所致，有待进一步地研究探求。那些感觉无力承担医疗费用的人，理应是医保政策下一步的关注点。另外，鉴于"相对经济社会地位"对幸福感的作用如此突出，缩小社会差距、坚持公平公正的社会建设是改善全国居民的主观生活质量的重要途径。

# 第十章
# 社会信任与社会支持

王俊秀

## 一 社会信任的研究综述和现状分析

### （一） 社会信任研究

信任已经成为一个社会关心的热点问题，而不仅仅是一个学术问题。《2011 年中国社会心态研究报告》中关于社会信任的调查发布后曾引起全社会的关注，引发了持续的讨论（王俊秀、杨宜音，2011）。

从 20 世纪 50 年代开始西方对信任进行实证研究，到了八九十年代，信任成为西方社会科学界的一个热门课题（彭泗清，1999：53～66）。在国内，从 20 世纪 90 年代末到 21 世纪初，国内心理学、社会学和经济学界开始进行信任研究。这与国际上信任研究的影响有关，比如福山（2001）出版了《信任》一书；也与中国经济改革的环境有关，由于市场经济秩序处于逐步建立的过程中，一时假、冒、伪、劣商品大量出现，社会信任问题开始显现。近年来，城镇化、人口流动使得信任需求增加，而新的社会结构、社会环境、社会制度下又出现人际信任下降、公共机构的公信力下降等现象，人们陷入了信任的困境（王俊秀，2014：90）。

韦伯（2008）在《儒教和道教》一书中用普遍信任（universal trust）和特殊信任（particular trust）的概念来讨论中国人的信任。福山在其《信任》一书中把中国社会归入低信任度社会，这也是来源于韦伯的论断，即认为中国特殊信任高，普遍信任低。但是从近年来各种关于信任的调查看，几乎没有调查结果支持中国是一个低信任度的国家这一结论（马得勇，

2008；杨明、孟天广、方然，2011：100～109）。

在信任研究中，存在的主要问题有两个，一是信任调查基本上采用单题测验，在信度、效度上都存在问题；二是调查的样本量都比较小，对一个国家人群的代表性不够。而本次调查采取严格的随机抽样大样本，用信任量表测量，希望这一结论能够更加真实地反映中国人的信任状况。

本次调查采用一般信任问卷和特定角色信任问卷两部分，一般信任问卷包含 7 个题目，特定角色信任包含亲戚朋友、教师、医生、邻居、警察、法官、领导（上司、老板）、党政领导干部、党政机关办事人员、企业家和陌生人，共 11 种社会角色。

### （二）一般信任状况

调查结果显示，被调查者的一般信任比例较高。在回答信任调查中最为普遍的题目"社会上大多数人都可以信任"时，在四点量表的四个选项中，选择"比较同意"和"非常同意"的比例分别为 51.0% 和 5.5%，二者合计比例，也就是倾向于认为多数人可以信任的比例为 56.5%（见表10－1）。四个选项从"非常不同意"到"非常同意"分别记 1 分到 4 分，结果显示，有效选择的 9996 名被调查者的平均得分为 2.56，略超过四点量表的中点线，其标准差为 0.698。

表 10－1　对"社会上大多数人都可以信任"的回答情况

单位：人，%

| 类　别 | 人　数 | 百分比 | 有效百分比 |
|---|---|---|---|
| 非常不同意 | 650 | 6.3 | 6.5 |
| 不太同意 | 3695 | 36.0 | 37.0 |
| 比较同意 | 5102 | 49.7 | 51.0 |
| 非常同意 | 549 | 5.4 | 5.5 |
| 合　计 | 9996 | 97.4 | 100 |
| 缺　失 | 264 | 2.6 | |
| 总　计 | 10260 | 100 | |

把社会信任的 7 个题目相加得到信任量表的总分，为了便于理解其在四点量表上的意义，再除以 7 得到平均分数，结果发现，量表平均分数为2.72，高于单一题目"社会上大多数人都可以信任"的得分，得分在"不太同意"和"比较同意"之间，更接近"比较同意"，即接近比较信任水

平。总体得分几乎是以 2.72 为中点的正态分布，只在 3 分左右的比例比正态分布的人数更多。从具体的分布来看，平均分数在 2 分及以下的只占 5.3%，大于 2 分小于 3 分的占 65.7%，3 分及以上的占 29%，多数人介于"不太同意"和"比较同意"之间，如果再以 2 分、3 分的中点来分的话，接近 2 分的比例是 20.6%，接近 3 分的比例为 45.1%，也就是 74.1% 的被调查者选择了中点以上。

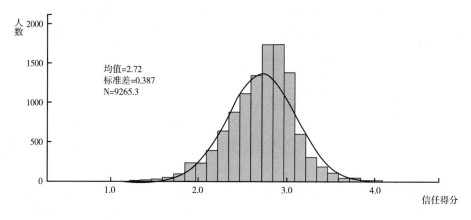

图 10 - 1　社会信任得分的分布

对全国不同省、自治区、直辖市居民信任状况分别统计后发现，信任量表总分的平均得分最高的是河北省、西藏自治区和山东省，得分最低的是福建省、广东省和宁夏回族自治区，最高平均得分为 19.83 分，最低平均得分为 18.24 分，相差并不大（见表 10 - 2）。

表 10 - 2　信任量表得分分布

单位：分，人

| 地　区 | 均　值 | 人　数 | 标准差 |
|---|---|---|---|
| 河　　北 | 19.83 | 467 | 2.74 |
| 西　　藏 | 19.64 | 57 | 1.82 |
| 山　　东 | 19.62 | 606 | 2.49 |
| 四　　川 | 19.61 | 527 | 2.49 |
| 甘　　肃 | 19.46 | 204 | 2.60 |
| 河　　南 | 19.40 | 748 | 2.86 |
| 吉　　林 | 19.34 | 176 | 2.53 |
| 安　　徽 | 19.32 | 461 | 2.66 |
| 天　　津 | 19.23 | 128 | 2.78 |

续表

| 地　区 | 均　　值 | 人　数 | 标准差 |
|---|---|---|---|
| 海　　南 | 19.19 | 70 | 2.48 |
| 江　　苏 | 19.08 | 553 | 2.71 |
| 北　　京 | 19.04 | 118 | 2.55 |
| 陕　　西 | 19.01 | 333 | 2.72 |
| 广　　西 | 19.00 | 325 | 2.86 |
| 贵　　州 | 18.99 | 230 | 2.67 |
| 重　　庆 | 18.97 | 165 | 2.53 |
| 湖　　北 | 18.94 | 395 | 2.73 |
| 黑　龙　江 | 18.93 | 239 | 2.71 |
| 江　　西 | 18.91 | 262 | 2.39 |
| 山　　西 | 18.89 | 270 | 2.81 |
| 内　蒙　古 | 18.87 | 208 | 2.71 |
| 云　　南 | 18.84 | 342 | 2.98 |
| 辽　　宁 | 18.80 | 333 | 2.45 |
| 湖　　南 | 18.78 | 424 | 2.86 |
| 上　　海 | 18.69 | 138 | 2.96 |
| 浙　　江 | 18.67 | 415 | 2.47 |
| 青　　海 | 18.56 | 65 | 2.98 |
| 宁　　夏 | 18.37 | 60 | 2.55 |
| 广　　东 | 18.28 | 665 | 2.70 |
| 福　　建 | 18.24 | 280 | 2.68 |
| 总　　计 | 19.06 | 9264 | 2.71 |

## （三）特殊信任状况

本研究采用自编的角色信任问卷（见表 10 - 3），对 11 种社会角色进行评价，回答对角色的信任程度，回答分为"完全不信任""不太信任""比较信任""非常信任""不适用"和"不好说"。表 10 - 3 为被调查者信任评价的结果，表格中从上到下不同社会角色的顺序是信任由高到低的顺序，可以看到最信任的对象是亲戚朋友，其次是教师、医生、邻居、警察，最不信任的是陌生人。从平均得分的情况看，亲戚朋友和教师的得分高于 3，也就是高于"比较信任"水平；医生和邻居接近"比较信任"水平；陌生人低于 2，处于"不太信任"水平；其余社会角色介于"不太信任"和"比较信任"之间，但只有企业家低于信任尺度的中点，其余社会角色高于中点，倾向于"比较信任"。

表 10 - 3　不同角色的信任得分

单位：人，分

| 角　色 | 人　数 | 平均数 | 标准差 |
|---|---|---|---|
| 亲戚朋友 | 10179 | 3.33 | 0.58 |
| 教　师 | 9817 | 3.11 | 0.61 |
| 医　生 | 9961 | 2.99 | 0.63 |
| 邻　居 | 10052 | 2.98 | 0.59 |
| 警　察 | 9111 | 2.81 | 0.76 |
| 法　官 | 8022 | 2.78 | 0.75 |
| 领导/上司/老板 | 4787 | 2.70 | 0.69 |
| 党政领导干部 | 8797 | 2.59 | 0.78 |
| 党政机关办事人员 | 8732 | 2.57 | 0.75 |
| 企业家 | 7289 | 2.47 | 0.68 |
| 陌生人 | 9869 | 1.63 | 0.61 |

### （四）一般信任的群体差异

**1. 男性和女性群体**

分析一般信任的群体差异时发现，男性和女性的信任量表得分分别为2.72 和2.73，女性略高，但二者的差异并不显著。

**2. 不同年龄群体**

如表10 - 4 所示，将被调查对象分为三个组，35 岁以下组、36～50 岁组和51 岁以上组，结果显示，三组的信任得分分别为2.64、2.75 和2.81，方差分析显示三组之间的信任得分存在极其显著的差异。也就是被调查者年纪越大一般信任程度越高。

表 10 - 4　不同年龄群体信任量表得分

单位：人，分

| 年　龄 | 人　数 | 平均值 | 标准差 |
|---|---|---|---|
| 35 岁以下 | 3659 | 2.64 | 0.37 |
| 36～50 岁 | 3253 | 2.75 | 0.39 |
| 51 岁以上 | 2354 | 2.81 | 0.38 |
| 合　计 | 9266 | 2.72 | 0.39 |

**3. 不同受教育程度群体**

如表10 - 5 所示，将被调查者按照受教育程度分为初中及以下、中等教育和高等教育三个组，结果显示三组被调查信任量表得分分别为 2.75、2.68 和 2.69，且三组之间信任得分的方差分析存在极其显著的差异，中等教育组的信任得分最低，初中及以下组信任得分最高。

表 10 - 5　不同受教育程度群体信任量表得分

单位：人，分

| 受教育程度 | 人　数 | 平均值 | 标准差 |
|---|---|---|---|
| 初中及以下 | 5733 | 2.75 | 0.39 |
| 中等（高中、中专、职高） | 1824 | 2.68 | 0.41 |
| 高等（大专、本科、研究生） | 1698 | 2.69 | 0.36 |
| 合　计 | 9255 | 2.72 | 0.39 |

**4. 不同婚姻状况群体**

分析发现，有配偶或同居伴侣的居民群体信任平均值为 2.74，高于无配偶居民群体信任平均值的 2.66，且两个群体之间存在极其显著的差异。

**5. 不同政治身份群体**

中共党员和非党员居民群体的信任平均得分存在极其显著的差异，党员群体信任的平均得分为 2.76，高于非党员的 2.72。

**6. 城乡居民群体**

城市居民和农村居民群体的信任平均得分也存在极其显著的差异，农村居民群体的信任平均得分高于城市居民群体，二者的平均得分分别为 2.77 和 2.69。

**7. 不同居住区域居民群体**

进一步分析不同居住区居民的信任得分差异发现（见表 10 - 6），信任平均得分最高的是特殊区域居民，为 2.82，其次是乡中心区居民和村庄居民，平均得分分别为 2.79 和 2.77；信任平均得分最低的是城乡结合部居民群体，为 2.65，其次是主城区居民和镇中心区居民，分别为 2.67 和 2.71。

表 10 - 6　不同居住区域居民群体信任量表得分

单位：人，分

| 居住区域 | 人　数 | 均　值 | 标准差 |
|---|---|---|---|
| 主城区 | 2641 | 2.67 | 0.39 |
| 城乡结合部 | 562 | 2.65 | 0.39 |
| 镇中心区 | 1524 | 2.71 | 0.38 |
| 镇乡结合部 | 646 | 2.73 | 0.39 |

续表

| 居住区域 | 人　数 | 均　值 | 标准差 |
|---|---|---|---|
| 特殊区域 | 69 | 2.82 | 0.44 |
| 乡中心区 | 255 | 2.79 | 0.38 |
| 村　庄 | 3570 | 2.77 | 0.38 |
| 合　计 | 9267 | 2.72 | 0.39 |

### 8. 不同社会经济地位认同群体

本研究调查了被调查者自我社会经济地位认同，问卷中要求被调查者回答"您认为您本人的社会经济地位在本地大体属于哪个层次"，选项采用五点量表，分为下、中下、中、中上和上五个等级，但由于选择上的人数只有47人，因此把上和中上合并，分为四组。结果显示，由低到高四组的信任得分分别为2.68、2.70、2.75和2.78，也就是自认为社会经济地位越高信任得分也越高，四组之间的信任得分存在极其显著的差异。

表 10 - 7　不同社会经济地位认同群体信任量表得分

单位：人，分

| 社会经济地位 | 人　数 | 平均值 | 标准差 |
|---|---|---|---|
| 下 | 1847 | 2.68 | 0.43 |
| 中下 | 2756 | 2.70 | 0.39 |
| 中 | 3880 | 2.75 | 0.36 |
| 上和中上 | 660 | 2.78 | 0.37 |
| 合　计 | 9143 | 2.72 | 0.39 |

### 9. 不同生活满意度居民群体

把居民按照生活满意度量表得分分为不满意、一般和满意三组，分析发现，三组居民的信任量表得分存在极其显著的差异，从表 10 - 8 可以看到，居民生活满意度得分越高，信任量表得分也越高。

表 10 - 8　不同生活满意度居民群体信任量表得分

单位：人，分

| 满意度 | 人　数 | 均　值 | 标准差 |
|---|---|---|---|
| 不满意 | 3360 | 2.61 | 0.41 |
| 一　般 | 2779 | 2.75 | 0.35 |
| 满　意 | 2607 | 2.83 | 0.36 |
| 合　计 | 8746 | 2.72 | 0.39 |

## （五）社会信任的相关因素

如表 10 - 9 所示，对与社会信任可能相关的因素进行分析，结果显示，信任得分与社会支持、社会公平、生活满意度、安全感和家庭消费存在显著相关关系，且除了与家庭消费为负相关外，其余均为正相关；而信任与个人收入和家庭收入无显著相关关系。其中，信任得分与社会公平、安全感和生活满意度的相关度较高，其余各项均较低。

表 10 - 9　社会信任的相关分析

| | | 信任 | 社会支持 | 社会公平 | 生活满意度 | 安全感 | 个人收入 | 家庭消费 | 家庭收入 |
|---|---|---|---|---|---|---|---|---|---|
| 信任 | 相关 | 1 | .051** | .324** | .264** | .296** | -.010 | -.021* | -.018 |
| | 显著性 | | .000 | .000 | .000 | .000 | .348 | .042 | .088 |
| | N | 9265 | 9197 | 5725 | 8721 | 8100 | 8915 | 9254 | 8692 |
| 社会地位 | 相关 | -.087** | -.035** | -.118** | -.346** | -.040** | -.070** | .005 | -.127** |
| | 显著性 | .000 | .000 | .000 | .000 | .000 | .000 | .616 | .000 |
| | N | 9142 | 10011 | 5890 | 9313 | 8558 | 9674 | 10075 | 9413 |
| 社会支持 | 相关 | .051** | 1 | .034** | .048** | -.007 | -.013 | -.015 | -.014 |
| | 显著性 | .000 | | .008 | .000 | .520 | .205 | .136 | .182 |
| | N | 9197 | 10184 | 5925 | 9380 | 8622 | 9761 | 10171 | 9470 |
| 社会公平 | 相关 | .324** | .034** | 1 | .337** | .514** | -.011 | -.010 | -.019 |
| | 显著性 | .000 | .008 | | .000 | 0.000 | .422 | .459 | .156 |
| | N | 5725 | 5925 | 5949 | 5773 | 5692 | 5776 | 5943 | 5660 |
| 生活满意度 | 相关 | .264** | .048** | .337** | 1 | .239** | .036** | -.018 | .058** |
| | 显著性 | .000 | .000 | .000 | | .000 | .001 | .074 | .000 |
| | N | 8721 | 9380 | 5773 | 9449 | 8187 | 9078 | 9438 | 8831 |
| 安全感 | 相关 | .296** | -.007 | .514** | .239** | 1 | -.026* | -.006 | -.052** |
| | 显著性 | .000 | .520 | 0.000 | .000 | | .017 | .570 | .000 |
| | N | 8100 | 8622 | 5692 | 8187 | 8676 | 8354 | 8664 | 8148 |
| 个人收入 | 相关 | -.010 | -.013 | -.011 | .036** | -.026* | 1 | -.005 | .905** |
| | 显著性 | .348 | .205 | .422 | .001 | .017 | | .634 | 0.000 |
| | N | 8915 | 9761 | 5776 | 9078 | 8354 | 9834 | 9823 | 9308 |
| 家庭消费 | 相关 | -.021* | -.015 | -.010 | -.018 | -.006 | -.005 | 1 | .009 |
| | 显著性 | .042 | .136 | .459 | .074 | .570 | .634 | | .370 |
| | N | 9254 | 10171 | 5943 | 9438 | 8664 | 9823 | 10247 | 9539 |
| 家庭收入 | 相关 | -.018 | -.014 | -.019 | .058** | -.052** | .905** | .009 | 1 |
| | 显著性 | .088 | .182 | .156 | .000 | .000 | 0.000 | .370 | |
| | N | 8692 | 9470 | 5660 | 8831 | 8148 | 9308 | 9539 | 9543 |

## 二 社会支持的现状分析和群体差异

### （一）社会支持现状

社会支持是社会学和社会心理学共同关注的研究内容。社会心态更关注人们对社会支持获得的感受，与社会信任感受、社会认同感受一样，是一种对个人与群体关系的认知（王俊秀，2014）。

本次调查要求被调查者回答社会支持问卷，第一个题目是"当您生活中遇到困难时，通常您会找下列哪些组织或个人寻求帮助？"如表10－10所示，在这个多选题中，选择比例最高的是家人，占86%，其次是朋友等私人关系网，选择比例为71%，这是高社会支持网络；第二等级的中等支持网络包括家族、宗族，寻求支持比例为40%，居委会或村委会，寻求支持比例为30%，属于中等社会支持网络；属于第三等级的社会支持网络为各级党政部门及工、青、妇组织，寻求支持的比例为14%，工作单位，寻求支持的比例为12%，这是低社会支持网络；而向新闻媒体、慈善机构、网友和宗教组织寻求支持的比例在1%～6%，属于无社会支持组织或个人，从图10－2也可以看到不同群体和个人的社会支持强度。

表 10－10　对不同群体和个人寻求社会支持的选择程度

单位：人，分

| 群体、组织或个人 | 人　数 | 平均得分 | 标准差 |
|---|---|---|---|
| 家　人 | 10222 | 0.86 | 0.35 |
| 朋友等私人关系网 | 10218 | 0.71 | 0.46 |
| 家族、宗族 | 10204 | 0.40 | 0.49 |
| 居委会或村委会 | 10210 | 0.30 | 0.46 |
| 各级党政部门及工、青、妇组织 | 10199 | 0.14 | 0.35 |
| 工作单位 | 10195 | 0.12 | 0.32 |
| 新闻媒体 | 10189 | 0.06 | 0.23 |
| 慈善机构 | 10188 | 0.02 | 0.14 |
| 网　友 | 10184 | 0.01 | 0.12 |
| 宗教组织 | 10185 | 0.01 | 0.12 |

社会支持问卷的第二个题目是，在寻求社会支持时，这些群体和个人帮助的大小，要求被调查者回答"您认为他们对您的帮助大不大"。在寻求这

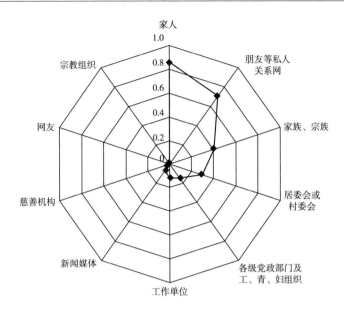

**图 10 - 2　寻求社会支持的选择程度**

些群体和个人的支持后，被调查者认为家人的帮助程度最高，在四点量表中平均得分为 3.57，其次是家族、宗族，平均得分为 3.15，朋友等私人关系网平均得分为 3.07，属于帮助较大的社会支持网。其余群体和个人得分均介于帮助较小和帮助较大之间，其中工作单位和新闻媒体得分高于中点线，倾向于帮助较大，其余则均处于帮助较低水平（见表 10 - 11）。

**表 10 - 11　社会支持程度**

单位：人，分

| 群体、组织或个人 | 人　数 | 均　值 | 标准差 |
|---|---|---|---|
| 家　人 | 8735 | 3.57 | 0.63 |
| 家族、宗族 | 4121 | 3.15 | 0.74 |
| 朋友等私人关系网 | 7172 | 3.07 | 0.72 |
| 工作单位 | 1198 | 2.66 | 0.75 |
| 新闻媒体 | 575 | 2.54 | 0.95 |
| 居委会或村委会 | 2981 | 2.47 | 0.85 |
| 各级党政部门及工、青、妇组织 | 1402 | 2.45 | 0.90 |
| 宗教组织 | 212 | 2.41 | 1.17 |
| 网　友 | 210 | 2.09 | 0.95 |
| 慈善机构 | 254 | 2.09 | 0.95 |

### （二）社会支持的群体差异

**1. 男性和女性的社会支持差异**

男性被调查者和女性被调查者在对从不同群体、组织或个人获得的社会支持程度评价上表现出不同特点，其中在各级党政部门及工、青、妇组织，工作单位，朋友等私人关系网上存在极其显著的差异，在宗教组织上存在显著差异，其余则差异不显著。其中，男性对各级党政部门及工、青、妇组织，工作单位和朋友等私人关系网的社会支持评价高于女性，而在宗教组织上则是女性高于男性（见表 10 - 12）。

**表 10 - 12    不同性别群体的社会支持评价**

单位：人，分

| 群体、组织或个人 | 性　别 | 人　数 | 平均数 | 标准差 | F |
|---|---|---|---|---|---|
| 各级党政部门及工、青、妇组织 | 男 | 736 | 2.52 | 0.91 | 7.89*** |
| | 女 | 665 | 2.38 | 0.89 | |
| 居委会或村委会 | 男 | 1463 | 2.48 | 0.84 | .62 |
| | 女 | 1518 | 2.46 | 0.86 | |
| 工作单位 | 男 | 744 | 2.72 | 0.72 | 12.54*** |
| | 女 | 454 | 2.56 | 0.77 | |
| 宗教组织 | 男 | 96 | 2.22 | 1.13 | 4.83* |
| | 女 | 117 | 2.57 | 1.19 | |
| 家　人 | 男 | 4304 | 3.57 | 0.62 | 1.23 |
| | 女 | 4430 | 3.56 | 0.64 | |
| 家族、宗族 | 男 | 2129 | 3.16 | 0.75 | .354 |
| | 女 | 1992 | 3.14 | 0.73 | |
| 朋友等私人关系网 | 男 | 3839 | 3.10 | 0.73 | 12.65*** |
| | 女 | 3333 | 3.04 | 0.72 | |
| 慈善机构 | 男 | 119 | 2.06 | 0.90 | .18 |
| | 女 | 136 | 2.11 | 0.99 | |
| 新闻媒体 | 男 | 317 | 2.57 | 0.95 | .632 |
| | 女 | 258 | 2.51 | 0.95 | |
| 网　友 | 男 | 101 | 2.15 | 1.02 | .823 |
| | 女 | 109 | 2.03 | 0.87 | |

**2. 不同年龄群体的社会支持差异**

如表 10 - 13 所示，不同年龄群体对群体、组织或个人的社会支持评价不同，年龄越大的被调查者对宗教组织的社会支持评价越高，35 岁以下组、36～50 岁组和 51 岁以上组三组之间存在极其显著的差异。35 岁以下组对家人的社会支持评价最高，36～50 岁组得分最低，三组之间存在极其显著的差异。不同年龄群体对家族、宗族的社会支持评价存在显著差异，且年纪越大评价越高。不同年龄组对朋友等私人关系网的评价虽然存在显著差异，但差距不大，36～50 岁组得分较高。年龄越低对网友的社会支持评价越高，且三组之间存在显著差异。在其余方面，群体的社会支持评价则不存在显著差异。

表 10－13　不同年龄群体的社会支持评价

单位：人，分

| 群体、组织或个人 | 年　龄 | 人　数 | 平均数 | 标准差 | F |
|---|---|---|---|---|---|
| 各级党政部门及工、青、妇组织 | 35 岁以下 | 408 | 2.45 | 0.83 | .23 |
| | 36～50 岁 | 506 | 2.44 | 0.93 | |
| | 51 岁以上 | 487 | 2.48 | 0.93 | |
| 居委会或村委会 | 35 岁以下 | 824 | 2.42 | 0.80 | 2.18 |
| | 36～50 岁 | 1159 | 2.48 | 0.85 | |
| | 51 岁以上 | 998 | 2.50 | 0.90 | |
| 工作单位 | 35 岁以下 | 585 | 2.62 | 0.70 | 1.75 |
| | 36～50 岁 | 431 | 2.68 | 0.76 | |
| | 51 岁以上 | 182 | 2.73 | 0.84 | |
| 宗教组织 | 35 岁以下 | 96 | 2.14 | 1.15 | 4.79*** |
| | 36～50 岁 | 67 | 2.59 | 1.14 | |
| | 51 岁以上 | 50 | 2.69 | 1.16 | |
| 家　人 | 35 岁以下 | 3432 | 3.63 | 0.57 | 25.38*** |
| | 36～50 岁 | 3024 | 3.52 | 0.65 | |
| | 51 岁以上 | 2279 | 3.54 | 0.67 | |
| 家族、宗族 | 35 岁以下 | 1467 | 3.12 | 0.74 | 3.74* |
| | 36～50 岁 | 1551 | 3.15 | 0.75 | |
| | 51 岁以上 | 1102 | 3.20 | 0.74 | |
| 朋友等私人关系网 | 35 岁以下 | 3090 | 3.08 | 0.70 | 3.10* |
| | 36～50 岁 | 2518 | 3.09 | 0.73 | |
| | 51 岁以上 | 1564 | 3.03 | 0.75 | |
| 慈善机构 | 35 岁以下 | 115 | 1.94 | 0.91 | 2.63 |
| | 36～50 岁 | 91 | 2.20 | 0.96 | |
| | 51 岁以上 | 48 | 2.23 | 0.99 | |
| 新闻媒体 | 35 岁以下 | 290 | 2.48 | 0.94 | 1.41 |
| | 36～50 岁 | 192 | 2.62 | 0.94 | |
| | 51 岁以上 | 93 | 2.57 | 1.02 | |
| 网　友 | 35 岁以下 | 154 | 2.20 | 0.92 | 4.61* |
| | 36～50 岁 | 38 | 1.80 | 0.95 | |
| | 51 岁以上 | 18 | 1.69 | 1.02 | |

### 3. 不同受教育程度群体的社会支持差异

如表 10 - 14 所示，不同受教育程度者在对工作单位、家人和朋友等私人关系网的社会支持评价上存在极其显著的差异，且受教育程度越高，评价也越高。在对慈善机构的评价上存在显著差异，受教育程度越高，评价越低。而在其余方面不同受教育程度者的社会支持评价的差异则没有达到统计上的显著水平。

**表 10 - 14　不同受教育程度者的社会支持评价**

单位：人，分

| 群体、组织或个人 | 受教育程度 | 人　数 | 平均数 | 标准差 | F |
|---|---|---|---|---|---|
| 各级党政部门及工、青、妇组织 | 初中及以下 | 930 | 2.42 | 0.93 | |
| | 中等（高中、中专、职高） | 243 | 2.48 | 0.82 | .177 |
| | 高等（大专、本科、研究生） | 225 | 2.54 | 0.87 | |
| 居委会或村委会 | 初中及以下 | 2175 | 2.48 | 0.88 | |
| | 中等（高中、中专、职高） | 496 | 2.47 | 0.76 | .453 |
| | 高等（大专、本科、研究生） | 305 | 2.41 | 0.78 | |
| 工作单位 | 初中及以下 | 337 | 2.45 | 0.82 | |
| | 中等（高中、中专、职高） | 338 | 2.69 | 0.72 | .000 *** |
| | 高等（大专、本科、研究生） | 523 | 2.77 | 0.69 | |
| 宗教组织 | 初中及以下 | 127 | 2.52 | 1.14 | |
| | 中等（高中、中专、职高） | 38 | 2.10 | 1.22 | .148 |
| | 高等（大专、本科、研究生） | 48 | 2.37 | 1.20 | |
| 家　人 | 初中及以下 | 5577 | 3.53 | 0.66 | |
| | 中等（高中、中专、职高） | 1634 | 3.61 | 0.61 | .000 *** |
| | 高等（大专、本科、研究生） | 1513 | 3.67 | 0.52 | |
| 家族、宗族 | 初中及以下 | 2842 | 3.15 | 0.75 | |
| | 中等（高中、中专、职高） | 696 | 3.17 | 0.73 | .759 |
| | 高等（大专、本科、研究生） | 577 | 3.14 | 0.71 | |
| 朋友等私人关系网 | 初中及以下 | 4296 | 3.03 | 0.74 | |
| | 中等（高中、中专、职高） | 1428 | 3.07 | 0.73 | .000 *** |
| | 高等（大专、本科、研究生） | 1439 | 3.19 | 0.64 | |
| 慈善机构 | 初中及以下 | 147 | 2.18 | 0.97 | |
| | 中等（高中、中专、职高） | 55 | 2.12 | 1.01 | .041 * |
| | 高等（大专、本科、研究生） | 52 | 1.79 | 0.78 | |
| 新闻媒体 | 初中及以下 | 240 | 2.58 | 1.01 | |
| | 中等（高中、中专、职高） | 132 | 2.50 | 0.92 | .682 |
| | 高等（大专、本科、研究生） | 204 | 2.52 | 0.91 | |
| 网　友 | 初中及以下 | 63 | 1.87 | 1.07 | |
| | 中等（高中、中专、职高） | 45 | 2.15 | 0.90 | .094 |
| | 高等（大专、本科、研究生） | 102 | 2.19 | 0.87 | |

**4. 不同婚姻状况群体的社会支持差异**

无配偶和有配偶或同居伴侣居民在家人、朋友等私人关系网和网友上的社会支持存在极其显著的差异，且有配偶或同居伴侣居民的社会支持得分高于无配偶居民（见表10－15）。

表 10 – 15　不同婚姻状况居民的社会支持评价

单位：人，分

| 群体、组织或个人 | 婚姻状况 | 人　数 | 均　值 | 标准差 | F |
|---|---|---|---|---|---|
| 各级党政部门及工、青、妇组织 | 无配偶 | 271 | 2.90 | 1.65 | 1.66 |
| | 有配偶或同居 | 1267 | 3.05 | 1.81 | |
| 居委会或村委会 | 无配偶 | 536 | 2.68 | 1.21 | 3.10 |
| | 有配偶或同居 | 2587 | 2.80 | 1.47 | |
| 工作单位 | 无配偶 | 372 | 2.67 | 1.42 | .30 |
| | 有配偶或同居 | 896 | 2.62 | 1.49 | |
| 宗教组织 | 无配偶 | 67 | 2.73 | 1.33 | .84 |
| | 有配偶或同居 | 166 | 2.97 | 1.97 | |
| 家　人 | 无配偶 | 1907 | 1.41 | 0.75 | 12.49*** |
| | 有配偶或同居 | 6868 | 1.49 | 0.82 | |
| 家族、宗族 | 无配偶 | 782 | 1.92 | 0.80 | .16 |
| | 有配偶或同居 | 3374 | 1.90 | 0.98 | |
| 朋友等私人关系网 | 无配偶 | 1701 | 1.92 | 0.84 | 12.68*** |
| | 有配偶或同居 | 5529 | 2.01 | 0.96 | |
| 慈善机构 | 无配偶 | 72 | 3.29 | 1.50 | .79 |
| | 有配偶或同居 | 221 | 3.52 | 2.03 | |
| 新闻媒体 | 无配偶 | 192 | 2.91 | 1.61 | 2.18 |
| | 有配偶或同居 | 462 | 3.16 | 2.14 | |
| 网　友 | 无配偶 | 120 | 2.88 | 1.18 | 17.74*** |
| | 有配偶或同居 | 118 | 3.85 | 2.19 | |

**5. 不同政治身份群体的社会支持差异**

中共党员和非党员在工作单位、家人和朋友等私人关系网上的社会支持得分存在显著差异，而且非党员获得的社会支持高于党员（见表10－16）。

表 10 – 16　不同政治身份者的社会支持评价

单位：人，分

| 群体、组织或个人 | 政治身份 | 人　数 | 均　值 | 标准差 | F |
|---|---|---|---|---|---|
| 各级党政部门及工、青、妇组织 | 非党员 | 1308 | 3.05 | 1.78 | 2.07 |
| | 党员 | 236 | 2.87 | 1.80 | |
| 居委会或村委会 | 非党员 | 2832 | 2.80 | 1.43 | 2.89 |
| | 党　员 | 298 | 2.65 | 1.38 | |
| 工作单位 | 非党员 | 960 | 2.74 | 1.49 | 21.84 *** |
| | 党员 | 310 | 2.29 | 1.32 | |
| 宗教组织 | 非党员 | 210 | 2.83 | 1.77 | 2.45 |
| | 党　员 | 23 | 3.46 | 2.09 | |
| 家　人 | 非党员 | 7991 | 1.48 | 0.81 | 8.20 * |
| | 党　员 | 797 | 1.39 | 0.78 | |
| 家族、宗族 | 非党员 | 3815 | 1.91 | 0.95 | 0.75 |
| | 党　员 | 347 | 1.86 | 0.95 | |
| 朋友等私人关系网 | 非党员 | 6527 | 2.00 | 0.93 | 9.32 *** |
| | 党　员 | 715 | 1.89 | 0.95 | |
| 慈善机构 | 非党员 | 259 | 3.43 | 1.93 | 1.04 |
| | 党　员 | 34 | 3.78 | 1.71 | |
| 新闻媒体 | 非党员 | 557 | 3.11 | 2.04 | 0.32 |
| | 党　员 | 99 | 2.98 | 1.80 | |
| 网　友 | 非党员 | 203 | 3.40 | 1.83 | 0.68 |
| | 党　员 | 35 | 3.13 | 1.73 | |

### 6. 城镇居民和农村居民的社会支持差异

如表 10 – 17 所示，城镇居民和农村居民在宗教组织、家人和朋友等私人关系网上的社会支持得分存在显著差异，农村居民在家人和朋友等私人关系网上的社会支持得分高于城镇居民，城镇居民在宗教组织上的社会支持得分高于农村居民。

表 10 – 17　城镇和农村居民社会支持评价

单位：人，分

| 群体、组织或个人 | 类　别 | 人　数 | 均　值 | 标准差 | F |
|---|---|---|---|---|---|
| 各级党政部门及工、青、妇组织 | 城镇 | 777 | 3.10 | 1.85 | 3.18 |
| | 乡村 | 766 | 2.94 | 1.70 | |
| 居委会或村委会 | 城镇 | 1456 | 2.83 | 1.49 | 3.47 |
| | 乡村 | 1674 | 2.74 | 1.37 | |

续表

| 群体、组织或个人 | 类　别 | 人　数 | 均　值 | 标准差 | F |
|---|---|---|---|---|---|
| 工作单位 | 城镇 | 1011 | 2.59 | 1.43 | 3.32 |
| | 乡村 | 259 | 2.78 | 1.60 | |
| 宗教组织 | 城镇 | 141 | 3.14 | 1.91 | 6.57 * |
| | 乡村 | 92 | 2.52 | 1.57 | |
| 家　人 | 城镇 | 5043 | 1.44 | 0.77 | 14.45 *** |
| | 乡村 | 3745 | 1.51 | 0.84 | |
| 家族、宗族 | 城镇 | 2103 | 1.90 | 0.94 | 0.012 |
| | 乡村 | 2059 | 1.91 | 0.96 | |
| 朋友等私人关系网 | 城镇 | 4300 | 1.96 | 0.93 | 5.93 * |
| | 乡村 | 2942 | 2.02 | 0.94 | |
| 慈善机构 | 城镇 | 158 | 3.58 | 1.75 | 1.24 |
| | 乡村 | 135 | 3.33 | 2.07 | |
| 新闻媒体 | 城镇 | 468 | 3.12 | 1.99 | 0.46 |
| | 乡村 | 188 | 3.00 | 2.03 | |
| 网　友 | 城镇 | 169 | 3.35 | 1.73 | 0.01 |
| | 乡村 | 69 | 3.38 | 2.03 | |

**7. 不同社会经济地位认同居民的社会支持差异**

不同自我社会经济地位认同者在多数群体、组织或个人社会支持评价上存在差异。其中，在各级党政部门及工、青、妇组织，居委会或村委会，工作单位，家人，家族、宗族，朋友等私人关系网，慈善机构上的社会评价存在极其显著的差异，且自我认定的社会经济地位越高社会支持评价也越高。在宗教组织上的社会评价存在显著差异，自我认定的社会经济地位属于"上"和"中上"的居民社会支持评价最高，"中下"社会经济地位认同者评价最低。而在新闻媒体和网友的社会支持评价上没有显著差异。

表 10 - 18　不同社会地位认同者的社会支持评价

单位：人，分

| 群体、组织或个人 | 社会经济地位 | 人　数 | 平均数 | 标准差 | F |
|---|---|---|---|---|---|
| 各级党政部门及工、青、妇组织 | 下 | 308 | 2.32 | 0.96 | 8.02 *** |
| | 中下 | 373 | 2.36 | 0.90 | |
| | 中 | 583 | 2.54 | 0.85 | |
| | 上和中上 | 119 | 2.67 | 0.90 | |

续表

| 群体、组织或个人 | 社会经济地位 | 人　数 | 平均数 | 标准差 | F |
|---|---|---|---|---|---|
| 居委会或村委会 | 下 | 675 | 2.35 | 0.92 | 18.07*** |
| | 中下 | 842 | 2.37 | 0.82 | |
| | 中 | 1196 | 2.57 | 0.82 | |
| | 上和中上 | 223 | 2.66 | 0.82 | |
| 工作单位 | 下 | 164 | 2.35 | 0.76 | 14.09*** |
| | 中下 | 361 | 2.61 | 0.74 | |
| | 中 | 529 | 2.74 | 0.73 | |
| | 上和中上 | 123 | 2.80 | 0.64 | |
| 宗教组织 | 下 | 26 | 2.38 | 1.22 | 3.47* |
| | 中下 | 81 | 2.16 | 1.15 | |
| | 中 | 83 | 2.58 | 1.13 | |
| | 上和中上 | 18 | 3.00 | 1.09 | |
| 家　人 | 下 | 1753 | 3.50 | 0.69 | 12.89*** |
| | 中下 | 2592 | 3.56 | 0.63 | |
| | 中 | 3639 | 3.60 | 0.60 | |
| | 上和中上 | 596 | 3.65 | 0.56 | |
| 家族、宗族 | 下 | 860 | 3.09 | 0.81 | 11.42*** |
| | 中下 | 1204 | 3.09 | 0.73 | |
| | 中 | 1704 | 3.21 | 0.71 | |
| | 上和中上 | 273 | 3.28 | 0.71 | |
| 朋友等私人关系网 | 下 | 1394 | 2.99 | 0.77 | 14.30*** |
| | 中下 | 2087 | 3.05 | 0.73 | |
| | 中 | 3048 | 3.11 | 0.69 | |
| | 上和中上 | 531 | 3.20 | 0.69 | |
| 慈善机构 | 下 | 64 | 2.16 | 0.87 | 3.93*** |
| | 中下 | 76 | 1.80 | 0.93 | |
| | 中 | 99 | 2.26 | 0.95 | |
| | 上和中上 | 9 | 2.42 | 1.13 | |
| 新闻媒体 | 下 | 111 | 2.55 | 0.97 | 1.76 |
| | 中下 | 184 | 2.42 | 0.96 | |
| | 中 | 225 | 2.63 | 0.94 | |
| | 上和中上 | 48 | 2.62 | 0.88 | |
| 网　友 | 下 | 23 | 2.06 | 0.95 | 2.40 |
| | 中下 | 75 | 1.93 | 0.97 | |
| | 中 | 87 | 2.12 | 0.85 | |
| | 上和中上 | 17 | 2.57 | 1.04 | |

## 三　结论和讨论

综上所述，本研究的主要结论如下。

被调查者的一般信任比例较高，在回答信任调查中最为普遍的题目"社会上大多数人都可以信任"时，倾向于认为多数人可以信任的比例为56.5%。7个题目的社会信任量表平均得分为四点量表的2.72，得分高于"不太同意"而低于"比较同意"。

对全国不同省、自治区、直辖市居民信任状况的分析发现，各地区信任量表总分的平均得分相差并不大。

对11种社会角色的信任程度的评价结果显示，被调查者最信任的对象是亲戚朋友，其次是教师、医生、邻居、警察，最不信任的是陌生人。从平均得分情况看，亲戚朋友和教师的得分高于"比较信任"水平；医生和邻居接近"比较信任"水平；对陌生人处于"不太信任"水平；其余社会角色介于"不太信任"和"比较信任"之间，但只有企业家低于信任尺度的中点，其余社会角色高于中点，倾向于"比较信任"。

对不同群体社会信任量表得分的分析发现，被调查者年纪越大，信任程度越高；中等教育组的信任得分最低，初中及以下组信任得分最高；有配偶或同居伴侣的居民信任平均值高于无配偶居民；党员群体信任的平均得分高于非党员；特殊区域居民、乡中心区居民和村庄居民信任得分最高；社会经济地位越高，信任得分也越高；生活满意度得分越高，信任量表得分也越高。

信任得分与社会支持、社会公平、生活满意度、安全感和家庭消费存在显著相关关系，且除了与家庭消费为负相关外，其余均为正相关，信任得分与社会公平、安全感和生活满意度的相关度较高，其余各项均较低。

在回答"当您生活中遇到困难时，通常您会找下列哪些组织或个人寻求帮助？"时，选择比例最高的是家人，占86%；其次是朋友等私人关系网，选择比例为71%；向家族、宗族寻求支持的比例为40%；向居委会或村委会寻求支持的比例为30%；向各级党政部门及工、青、妇组织寻求支持的比例为14%；向工作单位寻求支持的比例为12%；而向新闻媒体、慈善机构、网友和宗教组织寻求支持的比例在1%~6%。

在回答"您认为他们对您的帮助大不大"时，被调查者认为家人的帮助程度最高，在四点量表中平均得分为 3.57；其次是家族、宗族，平均得分为 3.15；朋友等私人关系网平均得分为 3.07，属于帮助较大的社会支持网。其余群体和个人得分均介于帮助较小和帮助较大之间，其中工作单位和新闻媒体得分高于中点线，倾向于帮助较大，其余则均处于帮助较低水平。

男性对各级党政部门及工、青、妇组织，工作单位和朋友等私人关系网的社会支持评价高于女性，而对宗教组织的评价则是女性高于男性。

不同年龄群体的社会支持评价不同，年龄越大的被调查者对宗教组织的社会支持评价越高；35 岁以下组对家人的社会支持评价最高，36～50 岁组得分最低；年纪越大对家族、宗族的社会支持评价越高；不同年龄组对朋友等私人关系网的评价差距不大；年龄越低对网友的社会支持评价越高。

受教育程度越高，对工作单位、家人和朋友等私人关系网的社会支持评价越高；受教育程度越高，对慈善机构的评价越低。

有配偶或同居伴侣的居民在家人、朋友等私人关系网和网友上的社会支持得分高于无配偶居民。

非党员在工作单位、家人和朋友等私人关系网上的社会支持得分高于党员。

农村居民在家人和朋友等私人关系网上的社会支持得分高于城镇居民，城镇居民在宗教组织上的社会支持得分高于农村居民。

自我认定的社会经济地位越高的居民在各级党政部门及工、青、妇组织，居委会或村委会，工作单位，家人，家族、宗族，朋友等私人关系网，慈善机构上的社会支持评价也越高。自我认定的社会经济地位属于"上"和"中上"的居民在宗教组织上的社会支持评价最高，"中下"社会经济地位认同者的评价最低。

# 第十一章
# 社会参与和生活质量

崔　岩

## 一　社会参与概念的界定及其意义

社会参与水平是评价社会发展质量的重要指标之一。同时，公众参与的动机也是其生活质量的直接反馈。"社会参与"是社会学的重要概念，广义的社会参与既涵盖了社会学意义上的公众行动，也包含政治学中的政治参与，这一概念得到了学者们的关注，学者们从不同的视角对社会参与行为和动机进行了分析。

社会参与是普通公民通过特定的方式来影响政府行为、政治权力体系以及公共社会、政治生活的行为，其存在的合理性既有赖于现代社会民主制度，也是民主政治、社会自治得以存在的基础。随着经济社会发展阶段的不同，公众社会参与中的参与动机、行动意识、参与规则、行为模式、目标取向也自然有所不同。在现有的社会参与研究中，较多的研究主要是从政治参与的视角展开的。换言之，广义的社会参与，是指公民通过一定的组织形式和程序参加社会政治生活，介入到决策制定的过程中，并表达个人或集体的诉求和意愿，以影响国家政治体系和社会管理的规则制定、决策过程和效果评估的行为（孙欢、廖小平，2010）。例如，亨廷顿在界定这一定义时指出，政治参与是平民试图影响政府的所有行动，不论这一行动是否合法、是否使用暴力以及是否表现出自愿性特征。同时，亨廷顿不仅区分了自主参与和动员参与这两个重要类别，还区分了合法参与、不合法参与等概念，如以选举投票为代表的常规政治参与和抵制、游行、示威等非常规的政治参与的划分（亨廷顿、多明格斯，1996：188～199；Kaase, Max and Marsh, Alan,

1979)。与亨廷顿不同,诺曼·尼、西德尼·伏巴等学者则持一种较为狭隘的意见,将政治参与视为平民为影响政府人员的选择而进行的合法行动,在这一界定下,参与行动仅仅包括自主参与,而不包括动员参与,同时,参与行为只能是合法参与,而不是非法参与(诺曼·尼、西德尼·伏巴,1996:290)。

在这里,笔者认为,社会参与,特别是政治参与的研究中,既应当重视合法的、常规的参与行为,也应当关注不合法的、非常规的参与行为。行动本身的合法性直接取决于特定的社会政治结构,某个社会中的非法行为在另一个社会中则可能具有合法性。因此,社会参与这一概念所涵盖的范畴不应当受政治法律制度和意识形态的局限。同时,社会参与行动,特别是某些"非法行动"是个体对社会结构的直接反馈,反映了社会治理中的结构性问题。个体所采取的社会参与模式和水平是衡量一个国家社会发展水平、公众社会属性成熟程度的重要标尺,同时也是影响社会可持续发展的重要因素。因此,只有充分考量"非法行动"存在的合理性,才能全面研究公众社会参与的行动机制。当前,随着社会发展进入新的时期,正确引导公众以建设性的模式参与到社会治理中来,形成良性的自下而上的社会管理模式,使之与发展形势相互适应,是我国在经济社会发展转型过程中所必须正视的基本问题。

## 二    生活质量评价中的社会参与研究

社会中每个个体在社会属性上的根本特征是社会互动的主体,而其社会互动的水平和模式既是其生活质量评价的来源,也是其生活质量评价的反馈。换言之,个体的生活质量的内涵之一就是社会性参与,一方面,个体的社会参与是连接个人与社会之间的纽带,是其与社会沟通的具体形式;另一方面,个体的社会参与是社会充分赋权的表现。社会赋权指的是社会在多大程度上保证公众的参与权利,这其中既包括社会是否赋予个人参与社会生活的能力水平,也包括社会是否建立有效的制度结构和社会关系来提高个体的行动能力。因此,具有较高赋权水平的社会也能改善个体的生活质量,社会中的个体,尤其是弱势群体,能够通过宏观制度提供或者容许的渠道采取行动,能够有效利用被赋予的行动机会以实现个体的诉求。换言之,高质量的社会生活一定是在高赋权的社会中得以实现的,其中个体的能动性能够得到最大程度的发挥，个体的效能够能得到最大程度的保障，个体的人格能够得到最大程度的尊重。根据弗里德曼的观点，对高赋权社会可以从个体、社会和政治三个层面进行讨论：个体方面的重点在于让个体更有尊严，掌握促进自我完善的所有知识、技能和经验；社会层面则指个体之间如何建立各类社会关系；政治层面指公众是否通过参与决策制定，而获得信息和资源（金桥，2012）。

因而，在高赋权的社会中，生活质量的评价体系自然应当涵盖公众的社会参与水平的相应指标。其中，既应当包括公众了解社会信息的途径，即公众的信息准入性，也应当包括公众自身所具有的参政议政权能、意识等方面的指标，还应当包括对公众参与社会事务的意愿和行动进行考察的指标（林卡，2010）。

正如有学者指出的那样，社会参与与政治参与是有着密切联系的，在社会赋权水平较高的社会中，公民有着更为广泛的政治参与和更加丰富的政治生活。同时，政治参与和社会参与会涉及社会生活的各个层面，个体也通过多种形式的参与对社区、组织、政府决策等产生全方位的影响；而在参与过程中，个体的权能得以增加，社会成员能够更好地融入社会环境，从而进一步维持社会秩序的和谐稳定（金桥，2012）。

当然，值得注意的是，亨廷顿和诺曼·尼、西德尼·伏巴等学者的争论可以给当前中国社会参与研究提供以下启发：维护社会秩序并不能否认非常规社会参与的积极意义，而认为只有合法参与前提下的制度化参与水平（例如工会参与、政党参与、社团参与等）才能代表社会进步和公众的现代性水平的观点值得质疑。与之相反，正是那些非制度化的、非常规的社会参与形式，才能反映出个人与社会关系之间的张力，才能更好地在生活质量的视角下讨论社会参与问题，才能更好地体现出社会参与背后的社会赋权，从而在讨论个体的能动能力的前提下，凸显社会宏观条件的可塑性和可创造性，从而进一步分析个体的能动如何通过社会参与这一过程得以实现。

综上所述，基于以上讨论，笔者提出的理论假设是在具有较高赋权水平的社会中，个体会更多地通过制度化的、常规的社会参与形式与社会互动，实现个体的社会期望，与之相伴的是较高的生活质量评价；而与之相反，具有较低赋权水平的社会中，个体可能会更多地通过非制度化的、非常规的社会参与形式与社会互动，实现个体的社会期望，与之相伴的是较低的生活质量评价。

## 三　对社会参与与生活质量的实证分析

如前所述，个体作为社会行动单位，其行动能力既与个体层面的因素相关联，又受到社会宏观制度限定性结构的影响。因此，如果要全面讨论公众的社会参与，则必须要兼顾讨论制度限定性结构提供了哪些参与渠道和具有不同社会属性群体的社会参与的选择性。

笔者通过对 2013 年开展的社会调查数据进行分析，对公众的社会参与行为，尤其是政治参与行为，例如上访、示威游行、罢工罢市罢课等情况及其成因进行了初步的讨论。社会调查中的社会参与模块涉及了公众的政治参与行为，主要包括是否与周围人讨论政治、是否在互联网上讨论政治、是否给媒体反映意见、是否向政府部门反映意见、是否到政府部门上访、是否参加居委会/村委会选举、是否参与示威游行、是否参与罢工罢市罢课等行动。在这里，依据西方传统政治学理论，笔者把上述政治参与行动划分为三类：一般性政治参与，主要包括与周围人讨论政治、在互联网上讨论政治、给媒体反映意见、向政府部门反映意见等非指向性行动；动员性政治参与，主要指参加居委会/村委会选举等在政府部门的主导动员下个体被动的参与行动；对抗性政治参与，主要指到政府部门上访、参与示威游行、参与罢工罢市罢课，这一类行动有一定的对抗性和指向性，行动个体有非常强的主动性，而其行动合法性经常会受到质疑。同时，社会调查中的社会参与模块还包括政治主体意识等态度方面的测量，以下将对上述数据进行进一步的分析。

**1. 城乡居民一般性政治参与和动员性政治参与较为普遍，部分民众有较高的对抗性政治参与意愿**

从调查结果看，目前城乡居民的政治参与行为表现出三个特点。

首先，城乡居民一般性政治参与较为普遍。例如，有近 40% 的城乡居民参与过与周围人讨论政治、在互联网上讨论政治、给媒体反映意见、向政府部门反映意见，但是，除 39.3% 的人与周围人讨论政治之外，其他人如在互联网上讨论政治问题、给报刊电台等写信反映意见等的参与水平较低。同时，制度内参与，尤其是动员性政治参与，成为城乡居民政治参与的主要特征：从人们的政治参与情况看，43.1% 的人参加过居委会/村委会选举。这一比例虽然较高，但是其并不能真实反映公众的自主性政治参与水平，参与行动更多的是基于组织和正式规范的压力，因此高参与率不能反映出高社会赋权水平（托马斯·海贝勒，2005）。同时，对于没有参加过居委会/村委会选举的群体，从参与意愿来看，有 48.5% 的人表示不愿意参加居委会/村委会选举，这表现出有相当一部分人在现有体制安排框架下的参与积极性较低，对制度内参与的效能并不认可。

其次，人们参与非常规性政治活动，尤其是对抗性政治行为相对较少。到政府部门上访等政治活动的参与程度均相对较低，仅有 3.5% 的人参加过上访、0.9% 参与过示威游行、0.9% 参与过罢工罢市罢课等行动。

最后，部分群体有较高的对抗性政治参与意愿。在没有参加过政府部门上访的人当中，23.1% 的人表示愿意参与到政府部门的上访；在没有参加过示威游行的人当中，9.9% 的人表示愿意参与示威游行；在没有参加过罢工罢市罢课的人当中，7.8% 的人表示愿意参与罢工罢市罢课。这表现出部分群体对制度外对抗性政治参与的意愿相对较高。这就对当前的社会和谐稳定产生了潜在的影响（见表 11 - 1）。

表 11 - 1　公众的政治参与行为和参与意愿

单位：人，%

| 类　别 | 参加过 | | 如果没有参与过，您是否愿意参与？ | | | | | |
| --- | --- | --- | --- | --- | --- | --- | --- | --- |
| | | | 愿意参与 | | 不愿意参与 | | 不好说 | |
| | 人数 | 百分比 | 人数 | 百分比 | 人数 | 百分比 | 人数 | 百分比 |
| 与周围人讨论政治问题 | 2854 | 39.3 | 1598 | 35.6 | 2638 | 58.8 | 251 | 5.6 |
| 在互联网上讨论政治问题 | 455 | 6.3 | 2021 | 29.7 | 4343 | 63.9 | 430 | 6.3 |
| 给报刊电台等写信反映意见 | 116 | 1.6 | 2206 | 31.0 | 4564 | 64.1 | 346 | 4.9 |
| 向政府部门反映意见 | 529 | 7.3 | 2519 | 37.4 | 3910 | 58.0 | 309 | 4.6 |
| 到政府部门上访 | 255 | 3.5 | 1607 | 23.1 | 5003 | 71.9 | 350 | 5.0 |
| 参加居委会/村委会选举 | 3157 | 43.1 | 1994 | 47.5 | 2037 | 48.5 | 168 | 4.0 |
| 参与示威游行 | 64 | 0.9 | 710 | 9.9 | 6048 | 84.5 | 396 | 5.5 |
| 参与罢工罢市罢课等行动 | 63 | 0.9 | 557 | 7.8 | 6206 | 86.8 | 388 | 5.4 |

**2. 有较高对抗性社会参与意愿群体的特质**

传统西方政治学理论对政治参与群体的特质有较为全面的研究，有学者指出，社会经济地位较高的群体，因为其具有文化、资源等方面的禀赋，又具有较强的政治意识，其影响政策的能力感也自然较高，因此一般会有较高的政治参与水平。诸多研究都考察了不同社会经济地位群体在政治参与水平之间的差异（亨廷顿、多明格斯，1996：189；Raymond and Steven，1980；Jenkins and Michael，1996）。但是，关于对抗性和非常规性政治参与的研究则较少。因此，笔者在这里重点就对抗性社会参与进一步展开分析。对于有较高的对抗性社会参与意愿群体有何种特质，又是何种因素使其有对抗性行为参与意愿，具体分析如下。

（1）对抗性参与群体呈现不均衡的特征，体现出当前社会冲突的多元化

对抗性参与及有对抗性参与意愿的群体（以下简称"对抗性行为参与群体"）呈现多元化、不均衡的特征，但是这部分群体主要集中在社会下层。具体而言，在这部分群体中，从政治面貌来讲，82.8%是群众，仅有7.9%是中共党员，8.8%是共青团员。

从教育程度来看，86.8%是高中以下学历，大学以上学历的仅占13.2%。另外，农村居住者占47.8%，城镇居住者占52.2%，而从户籍来看，有71.2%是农业户籍，非农户籍仅占28.8%；其中农民工占37.3%，在城镇务工的农民工占15.1%。因此，可以看出，随着我国城镇化的不断发展，有相当数量的进城务工群体，即农民工群体，对现有制度安排有一定的不满情绪。一方面，这一群体对我国城乡差距有最直观的感受；另一方面，这一群体通常不能享受到与城镇居民同等的社会资源。同时，虽然部分农民工维权意识较强，但是因为没有制度化渠道来实现其权利，所以其维护自身权利的行动往往指向泛化的政府部门，行动模式往往是制度外、对抗性的集体行动。因此，如何保障这一群体的利益，则显得尤为重要。

从年龄来看，对抗性行为参与群体中，30岁以下的占21.9%，30～40岁的占19.1%。其中，参加过上访的群体的平均年龄为50.4岁，参加过示威游行的平均年龄为37.7岁，参加过罢工罢课罢市的平均年龄为32.9岁，也就是说，随着对抗程度的升级，参与者也呈现年轻化的倾向。

从就业情况来看，对抗性行为参与群体中，有27%处于没有工作的状态；而对于有工作的群体，在党政机关和国有企事业单位等体制内单位工作

的仅占 19.1%，其他参与者都是在非体制内单位工作的，其中，占比前三
位的分别是私营企业（占 31.0%）、个体工商户（占 22.8%）、无固定单位
（占 17.9%）（见表 11 - 2）。

从社会地位来看，对抗性行为参与群体中，23.3% 认为自己属于社会下
层，29.9% 认为自己属于社会中下层；从收入来看，没有参与对抗性行为群
体的平均年收入为 23763.95 元，而参与过或者有意愿参与对抗性行为的群
体的平均年收入为 18803.75 元，显著低于前者。

表 11 - 2　参与对抗性行为群体的非农工作的性质

单位：%

| 类　别 | 频　数 | 百分比 |
|---|---|---|
| 党政机关、人民团体、军队 | 33 | 2.5 |
| 国有企业及国有控股企业 | 95 | 7.2 |
| 国有/集体事业单位 | 123 | 9.4 |
| 集体企业 | 22 | 1.7 |
| 私营企业 | 407 | 31.0 |
| 三资企业 | 27 | 2.1 |
| 个体工商户 | 299 | 22.8 |
| 民办事业单位（民办非企业单位） | 18 | 1.4 |
| 社区居委会、村委会等自治组织 | 14 | 1.1 |
| 其他 | 20 | 1.5 |
| 没有单位 | 235 | 17.9 |

（2）对抗性政治参与的主要动因不是意识形态驱动型，而是现实利益
驱动型

社会转型时期利益格局越来越复杂，对各个群体之间冲突的协调机制也
有待健全。上访、游行等行动的参与者大多是因为自身利益受到侵害，又没
有通过体制内的正规渠道得到很好的解决。

数据表明，从具体生活状况来看，参与过或有意愿参与对抗性行为的群
体在近一年反映最多的问题是"物价上涨，影响生活水平"，有 69.0% 的人
认为这一情况影响了其生活质量；其次是"家庭收入低，日常生活困难"，
有 51.7% 的人认为这一情况影响了其生活质量；排第三位的是"住房条件
差，建/买不起房"，有 42.3% 的人认为这一情况影响了其生活质量（见表
11 - 3）。

表 11 - 3   各个群体在过去一年遇到的问题

| 在过去一年遇到过的问题 | 对抗行动群体 | | 非对抗行动群体 | |
|---|---|---|---|---|
| | 占比 | 排序 | 占比 | 排序 |
| 住房条件差,建/买不起房 | 42.3 | 3 | 36.46 | 3 |
| 子女教育费用高,难以承受 | 25.3 | 8 | 20.46 | 7 |
| 子女管教困难,十分累心 | 22.0 | 9 | 17.13 | 9 |
| 家庭关系不和 | 6.3 | 12 | 3.73 | 12 |
| 医疗支出大,难以承受 | 34.5 | 5 | 30.45 | 4 |
| 物价上涨,影响生活水平 | 69.0 | 1 | 65.23 | 1 |
| 家庭收入低,日常生活困难 | 51.7 | 2 | 44.55 | 2 |
| 家人无业、失业或工作不稳定 | 36.3 | 4 | 27.35 | 6 |
| 赡养老人负担过重 | 13.8 | 10 | 9.47 | 10 |
| 工作负担过重,吃不消 | 26.3 | 7 | 18.51 | 8 |
| 家庭人情支出大,难以承受 | 33.8 | 6 | 28.08 | 5 |
| 遇到受骗、失窃、被抢劫等犯罪事件 | 9.2 | 11 | 6.31 | 11 |
| 投资失利或生意失败 | 5.6 | 13 | 3.46 | 13 |

（3）对政府部门具体工作的不满心态也是参与对抗性行为的动因之一

对抗性行为参与群体对政府部门具体工作的评价较低，换言之，对地方政府工作的不满心态也是参与对抗性行为的动因之一。数据表明，总体而言，参加过上访、示威游行、罢工罢课罢市的群体对政府的评价和其他群体相比要低很多，例如，在参加过上访的群体中，仅有 27.0% 对政府"廉政奉公，惩治腐败"表示满意，仅有 28.9% 对"政府信息公开，提高政府工作的透明度"表示满意，仅有 36.1% 对"依法办事，执法公平"表示满意。从数据可以看出，对抗行动参与群体对政府工作最不满意的几项为："廉洁奉公，惩治腐败""依法办事，执法公平""政府信息公开，提高政府工作的透明度"，有接近 2/3 的人表示对政府相关工作不满意。由此可见，要维护社会稳定，还是要从改进政府工作做起。社会建设的重心之一就是转变政府职能，促进政府从普遍存在的权力本位向服务本位的观念转变；而建立服务型政府，首要之务是规范政府行为，限制权力滥用，树立清正廉洁的政府作风。只有这样，才不会出现一些地方虽然政绩搞上去了，但是群众还是不满意的情况。因此，公众是否满意是衡量政府工作效果的重要标准，是改进政府工作的重要参考（见表 11 - 4）。

表 11 - 4　各个群体对政府工作的评价满意度

单位：%

| 类　　别 | 参与过上访的群体 | 参与过示威游行的群体 | 参与过罢工罢课罢市的群体 | 没有参与对抗性行为的群体 |
|---|---|---|---|---|
| 提供医疗卫生服务 | 64.1 | 72.2 | 59.8 | 76.4 |
| 为群众提供社会保障 | 53.7 | 62.0 | 55.9 | 69.5 |
| 提供义务教育 | 79.5 | 74.0 | 66.8 | 87.7 |
| 保护环境,治理污染 | 46.9 | 43.0 | 37.9 | 57.2 |
| 打击犯罪,维护社会治安 | 60.3 | 65.8 | 56.3 | 71.0 |
| 廉洁奉公,惩治腐败 | 27.0 | 32.0 | 24.4 | 40.8 |
| 依法办事,执法公平 | 36.1 | 29.7 | 28.9 | 53.3 |
| 发展经济,增加人们的收入 | 45.1 | 57.3 | 41.1 | 58.4 |
| 为中低收入者提供廉租房和经济适用房 | 37.0 | 53.7 | 40.8 | 48.5 |
| 扩大就业,增加就业机会 | 38.2 | 58.8 | 51.8 | 53.3 |
| 政府信息公开,提高政府工作的透明度 | 28.9 | 35.7 | 25.3 | 48.4 |

（4）政府公信力较低也是引发部分群体参与对抗性行为的动因

数据表明，在遇到一些问题时，仅有 19.4% 的人会找各级党政部门及工、青、妇组织寻求帮助，仅有 38.9% 的人会找居委会/村委会寻求帮助，仅有 11.1% 的人会找居委会/村委会寻求帮助；而在上述群体中，50% 的人认为各级党政部门及工、青、妇组织，居委会/村委会帮助较小或者没有帮助，43% 的人认为工作单位帮助较小或者没有帮助。

由此可见，部分群体之所以会有较强的制度外的对抗性社会参与行为，与其不能在体制内实现其合理诉求有着一定的关系。在改革初期的社会体制下，公民的社会参与是以"单位"为联结点的，而公众的社会组织参与具有很强的政治性和动员性。而当前，社会发展面临着"社会人"与"单位人"管理体制转型过程中出现的错位问题。随着我国社会主义市场经济体制的建立，社会成员"单位人"的社会角色逐渐弱化，计划经济下形成的单位管理体制逐步退出。然而，目前尚未形成有效的社会管理体制，对于如何实现"社会人"的建设性的参与和自治，也尚未形成成熟的体系。如果不能有效地把"社会人"凝聚在一起，形成强有力的组织认同和社会认同，社会整体很有可能会因社会内聚力不足而面临各种挑战。

同时，课题组还对对抗性行为参与者的信任感进行了调查，数据表明，我国当前的社会信任度还是较低的。其中，对于党政领导干部，仅有51.90%的人表示对其完全信任或者比较信任，而对于党政机关办事人员，仅有50%的人表示对其完全信任或者比较信任。这在一定程度反映了当前社会存在的信任危机。在社会转型过程中，社会秩序处于重新整合的过程中，各种制度安排也在不断地调整中，部分党政干部没有贯彻党的群众路线，不能切实做到从群众中来，到群众中去，为老百姓办实事、办好事，因此，也就不能真正得到群众拥护，受到群众信任。因此，要建立良性的官民互信机制，加强民意诉求机制的建设，倾听"民意"，化解"民怨"，给予人民群众与政府之间的平等对话权利与机会。

（5）对腐败现象和地方政府作风不满成为对抗性行为参与群体的普遍态度

数据还表明，对于腐败问题，对抗性行为参与者的态度较为偏激，例如，对于目前我国社会中的腐败现象是否严重的问题，在对抗性行为参与者中，39.5%的人认为很严重，40.4%的人认为比较严重，共计79.9%。

对于地方政府部门存在的一些作风问题，对抗性行为参与群体反映比较集中的问题为："只讲形式，不干实事"（60%）、"不关心群众利益"（58%）、"滥用权力、以权谋私"（58%），均超过了50%。同时，对于地方政府存在问题的认知，对抗性行为参与者的态度与其他群体也有显著的差异，例如，对于地方政府是否存在"买官卖官"的问题，有32%的对抗性行为参与群体选择了该项，而在其他群体中，仅有19%的人选择了该项（见表11-5）。

表11-5　各个群体对地方政府部门存在的作风问题的认知

单位：%

| 类　别 | 存在这一问题的比例<br>（对抗性行为参与群体） | 存在这一问题的比例<br>（非对抗性行为参与群体） |
|---|---|---|
| 对中央的决定不听从、不执行 | 24 | 17 |
| 不关心群众利益 | 58 | 49 |
| 只讲形式，不干实事 | 60 | 51 |
| 为追求政绩弄虚作假 | 50 | 39 |
| 公款消费、铺张浪费 | 55 | 45 |
| 办事拖拉、不尽职尽责 | 54 | 42 |
| 滥用权力、以权谋私 | 58 | 45 |
| 买官卖官 | 32 | 19 |

由此可见，要维护社会稳定，就必须要对腐败问题采取持续性的高压态势，加强制度建设、堵塞管理漏洞，提高政府在广大人民群众中的公信力。如果不能有效减少腐败行为，重塑政府清正廉洁的形象，社会就不能稳定和谐运行。因此，应当全面推进政治体制改革，完善法制，加强制度建设，强化对广大干部的教育和监督，加大打击惩治腐败力度，进一步提高党员干部的党性意识。

## 四　对社会参与群体特征的进一步检验

基于对上述数据的基本描述，在这里，笔者通过建立模型对社会参与群体的特征进行更为深入的检验。以往的研究表明，公众的社会参与一般符合以下几个假设：①年龄通常与社会参与水平成正比，年轻人更有可能成为社会行动的主力，而与之相反，中老年群体则在意识和行动上偏于保守；②社会参与与教育水平有较高的相关关系，受到良好教育的群体，其政治主体意识水平较高，通常有较强的参与意愿；③社会地位较高的群体一般具有较为活跃的政治社会参与意识，因为这一部分群体拥有丰富的社会资源，同时对自身诉求是否能够得到执政者及时有效的回应有较高的要求，且行动能力较强，因此在政治社会参与中也通常被称为积极行动者（蒲岛郁夫，1989）。

同时，结合生活质量理论和我国的国情，笔者在这里提出以下若干假设，从而对我国社会参与的实际情况进行检验：①生活负担越重，社会参与的可能性越大，因为上述数据的基本描述表明，我国当前公众社会参与基本属于利益驱动型，社会行动的内部动因是现实生活的诉求得不到满足，从而导致个体采取行动维护权益；②社会支持越少，个体的社会行动可能性越大，因为如果个体具有较为丰富的社会资源和广泛的社会支持网络，其诉求得到满足的可能性也就较大，而与之相反，缺乏有效的社会支持则可能促进个体参与政治行动以图改善现状；③对执政者的信任水平越低，参与政治行动的可能性越大，因为如果政治社会行动的动力是诉求得不到满足，那么行动者对执政者的信任水平则较低，正是这种对执政者行使公权力能力的不信任，才使他们意图通过个体行动实现变革；④社会公平感越低，政治参与的可能性越大，换句话说，如果个体的行动是基于对现实社会的不满，对社会不公的认知则必然成为行动的内在动因的起点之一，而正是出于对社会不公现状的否定性评价，个体才会主动采取行动进行维权。上述若干假设均是结合我国当前社会参与的实际国情提出的，笔者通过以下模型进行检验。

　　笔者以社会政治参与为因变量，以年龄、教育水平、社会地位认同、生活负担指数、社会支持、对党政领导干部的信任为自变量，通过建立一般线性模型，对各个自变量的影响效应进行验证（见表 11 - 6）。

表 11 - 6　公众社会政治参与的模型检验

| | 系　数 | 标准误差 | t 值 | 显著水平 |
|---|---|---|---|---|
| 常　数 | .287 | .127 | 2.268 | .023 |
| 控制变量 | | | | |
| 　男性（参照组：女性） | .286 | .023 | 12.626 | .000 |
| 　农村居民（参照组：城镇居民） | -.112 | .024 | -4.640 | .000 |
| 　中共党员（参照组：非中共党员） | .173 | .040 | 4.406 | .000 |
| 核心变量 | | | | |
| 　年龄 | .007 | .001 | 7.813 | .000 |
| 　教育水平 | .076 | .007 | 10.440 | .000 |
| 　社会经济地位 | -.089 | .014 | -5.836 | .000 |
| 　生活负担 | .034 | .005 | 6.284 | .000 |
| 　社会支持 | .089 | .009 | 10.191 | .000 |
| 　政治主体意识 | .128 | .016 | 8.231 | .000 |
| 　对党政领导干部的信任 | -.048 | .027 | -1.783 | .015 |
| 　社会公平 | -.040 | .020 | -1.954 | .051 |
| R | 0.321 | | | |
| $R^2$ | 0.101 | | | |

　　注：具体变量的定义和测量参见 2013 年中国社会状况综合调查数据，篇幅所限，在这里不一一描述。

　　数据表明，男性通常比女性更可能有较高的社会政治参与水平，城镇居民也较农村居民在政治参与中更为活跃。同时，年龄对社会政治参与水平的影响效应较小（系数仅为 0.007），这说明当前我国不同年龄群体均有可能成为社会行动的主力。社会参与与教育水平的正相关关系的假设得以验证，而社会地位较高的群体有较高的政治社会参与水平的假设没有得到数据的支持，换言之，社会地位越低，在政治社会参与中越有可能成为积极的行动者。

　　另外，笔者结合国情提出的若干假设均得以验证：生活负担越重的群体，社会参与的可能性越大；社会支持越少，个体的社会行动可能性越大；

对执政者信任水平越低，参与政治行动的可能性越大；社会公平感越低，采取个体行动的可能性越大（上述自变量均在 0.05 水平上具有统计上的显著性）。通过模型可见，当前我国公众的社会参与是诉求不满的维权抗争型参与模式，参与者的内在动因主要是较低的生活质量和对社会的不满。这种动因下的社会参与通常难以形成民众和政府之间的良性互动，而行动本身也往往缺乏建设性，对此笔者将在下文进一步展开讨论。

## 五　关于社会参与与社会治理的讨论

近些年，我国的一些群体性事件影响了社会的和谐稳定，而这些事件发生的部分原因就是我国当前公众参与的体制内渠道较为匮乏，从而导致公众在权利诉求不能得到满足的时候，只能以上访，甚至其他制度外的途径来实现利益表达。党的十八届三中全会通过的《中共中央关于全面深化改革若干重大问题的决定》明确把"完善和发展中国特色社会主义制度，推进国家治理体系和治理能力现代化"作为全面深化改革的总目标。值得注意的是，与以往文件中的"创新社会管理"的提法不同，《决定》提出"社会治理"这一概念，特别提出要"创新社会治理……提高社会治理水平"。

在一个健康的社会，公民的社会参与应当是建立在与国家建设性互动基础之上的。国家通过建立、健全公民参与的制度，例如团体诉讼、听证制度、利益游说制度，为公民的社会参与提供制度性保证和政治、法律渠道，从而促进良性的国家和公民组织之间的互动。相反，在一个不健康的社会，公民参与的制度建设的缺失，也有可能导致公民选择参加民间组织。然而，这时，民间组织和国家之间难以形成良性互动。相反，民间组织可能会采取激进的行动，例如上访、游行、示威等，甚至通过群体性事件，对政府进行"倒逼"。在这种情况下，民间组织可能与国家形成对立关系，而不是互动关系。因此，如何加强公民对国家的信心，建立民间组织制度性参与的合法渠道，是当前社会建设的要点。

长期以来，我国的社会治理一直是以政府为主导，公众主动的参与缺乏制度上和体制上的渠道和机会，从而使得公众参与不能有效地对社会建设产生实质的影响。与此同时，民间组织也没有充足的资源和合法性的空间来动员民间力量，所以必须进一步加强公众参与能力的建设，完善公众参与渠道，从制度上确保公众参与的有效性。就促进公民的建设性社会参与，笔者提出以下建议。

首先，要建立和健全公民参与的渠道，通过推进政治体制改革和社会治理方式创新，为公民的社会参与创造条件，拓宽公民直接或间接参与社会政策制定和社会管理的渠道，在制度层面为公民参与提供有效保障。西方国家的经验告诉我们，在政策制定和政策执行过程中，广泛的公众参与能够极大地降低政府成本，提高社会管理效率，因此，社会发展的客观规律要求我们建立基于社会自治而非官僚体制下的社会治理新模式。这就需要我们一方面充分保障法律赋予公民参与社会治理的权利和行使自身参政议政权利的自由；另一方面，要拓宽现有的参与渠道，建立和完善"利益相关人"制度，强化公民社会参与的管理功能，从而使公民组织成为公共空间和公共产品的守护者。也就是说，公众的社会治理参与不仅仅是公益性的和边缘性的，相反，公众通过社会组织可以长期、持续地对公共空间和公共产品进行自治性质的管理，并从中取得相应的利益。这就使得民间组织在其公益性质的基础上，建立新的利益格局，形成有效的激励机制，从而保证民间参与的活跃性和长效性，最大程度实现社会组织的利益。

其次，进一步讲，我国当前公众参与的现状受到现实政治体制因素的限制。长期以来，我国的社会治理模式一直是以政府为主导、通过自上而下的形式开展的，至今还没有形成良性的官民互动。社会组织在缺乏制度化参与渠道的背景下，也很难形成公民和社会精英广泛参与的组织形式。换句话说，国家对社会治理权各个层次的垄断直接导致了民众和政府监管者之间的隔阂。

从另一个角度而言，我国已经进入社会问题的高发期。一些社会问题损害的不仅是某个个体的利益，其涉及的范围通常是非常广泛的。因此，以维权为导向的社会参与经常会以集体行动的方式出现。只有完善公民维权的制度，并且通过建立规范的有序参与机制，实现公民对公共事务管理的常态化，才能有效防止冲突性群体事件的发生，消除危及社会稳定的隐患，从而有效避免政府和公民之间信息不对称的问题，加强官民之间的信任，使公民从只有在权利被侵犯以后的被动维权，转向协商式的主动参与，提高公民的"游说"能力，把社会组织的"游说"活动规范化、制度化。

综上所述，要重建社会治理机制，首先还是要把重心放在推进政府职能转型，建立有限型政府、服务型政府上。国家应当把自身的权力限制在为市场经济提供一般的条件范围内，而不是直接干预社会；同时，有限度地使用政治行政体系，更多地通过开放权力空间，促进以社会整合代替制度整合，激发社会本身的自治能力。只有这样，才能缓解危机，重新建构理想的社会治理模式。否则，政府在面对日益复杂的社会利益时，很有可能陷入繁杂的事务管理中，这既增加了政府管理成本，又容易出现因管理不利而引发的公众信任危机。具体而言，国家应当通过政治体制改革，逐步让渡出部分公共管理职能，尤其是在民生领域，允许民间力量更多地介入公共事务的管理中，使其取得相应的决策权、自治权，进而在社会自主空间逐渐扩大的前提下，保证社会权利多元化发展态势下社会的内部协调。

# 第十二章
# 居民生活满意度及其影响因素

朱 迪

GDP 曾经被作为衡量社会发展、保障人类福利的最重要指标，通常人们都向往富裕的生活，"有钱就幸福"在很多情况下还是成立的；但是也有证据表明，随着经济水平的提高，人们的幸福感、对生活的满意度并不一定随之相应提高。1990~2010 年，中国的人均 GDP 以不低于 8% 的年均速度增长，但是人们的生活满意度呈 U 形的变化趋势。通过比较来自世界价值观调查、盖洛普公司、零点公司、AsiaBarometer 和 Pew 的纵贯数据，Easterlin 等人（2012：9775 - 9780）发现中国居民的生活满意度从 1990 年开始呈下降趋势，一直到 2000~2005 年才出现转折，随后又呈上升趋势。面对这种矛盾，国际社会和学术界逐渐从关注客观福利扩展至关注人们对生活的主观感受，并展开广泛争论：经济因素对主观福利的重要性到底如何？经济因素的影响在宏观层面和微观层面是否有区别？很多学者也引入了公平、社会保障、社会支持、环境生态、健康、婚姻等多方面因素，考察生活满意度受经济以外哪些因素的影响。

虽然生活满意度和主观福利的研究已经相当丰富，但是社会学的贡献比较小，社会学较为关注的社会公平和公共服务对生活满意度的影响较少被强调。已有研究比较关注对生活满意度的测量，强调从学科角度出发的经济、环境等单方面因素的作用，缺乏对生活满意度影响因素的较全面、系统的考察。本文的研究动机是反思经济和社会政策的效果并提出政策建议。因此，提出一个由经济、社会、环境和个体生活质量因素构成的分析框架，以期能够对相关政策制度做出回应，笔者还将从社会学的视角强调社会保障、社会公平和环境因素对居民生活满意度的影响。基于此分析框架，本文使用

2013 年中国社会状况调查数据，建立生活满意度的解释模型，考察相关因素的影响程度并验证分析框架。

本文的结构是首先阐明生活满意度的概念和研究意义，然后在已有研究的基础上，构建本文的分析框架；实证分析部分将首先介绍数据来源，然后分析我国城镇居民的生活满意度并进行国际和历史的比较，核心部分是建立生活满意度的解释模型并讨论研究发现。文章最后将总结实证发现并讨论其在学术和政策方面的启示。

# 一　生活满意度的概念和意义

不同于收入、教育、健康等客观指标，生活满意度从主观感受和体验的角度测量人们的生活福利和生活质量。英文文献中与生活满意度相关的术语有"subjective well-being""life satisfaction"和"happiness"。"Subjective well-being"表示集合的概念，指人们对自己的生活、经历、身心以及生活环境的各种评估（Diener，2006：151－157）。Diener 等（Diener and Biswas-Diener，2003；Diener，2006）将 subjective well-being 分解为三个主要组成部分：①生活满意度，对生活总体的评价以及对生活具体方面——比如婚姻、工作、收入、住房和休闲的评价；②情绪，正面的情绪比如愉悦、满足，负面的情绪比如沮丧、愤怒；③价值判断，自己的生活是否有成就感、是否有意义。"Happiness"的含义则更模糊些，在学术研究中至少有两种用途。一种主要用于测量情绪，比如"你昨天幸福/高兴吗？"这种体验经常是短暂的、处于变化之中的，容易受到刚发生的事件的影响；另一种既用于测量情绪也用于测量对生活的评估，后者比如"总体来讲你觉得你的生活幸福吗？"这种用途下的"happiness"与"subjective well-being"非常接近。集合了加拿大、英国和美国学者的独立报告 *World Happiness Report*（Helliwell et al.，2013），就是在第二种框架下讨论世界各国民众幸福感的。

因此，从概念上讲，生活满意度（life satisfaction）是主观福利（subjective well-being）的重要组成部分。相比情绪和价值判断等心理和精神层面的维度，人们通过思考工作、收入、婚姻、住房、健康等各方面的生活，对自己的生活做出满意度高低的评估，由于其能够更直接反映经济和社会的发展水平以及社会政策的实施效果，因而是主观福利的诸多维度中较直接对政策做出回应的维度，有助于促进相关制度和政策的改革，从而更具有实践意义。因此，一些政策报告也以生活满意度为核心来分析居民的主观福利，比如经合组织发布的报告 *How's Life*（OECD，2013a）。当然在调查实践中，被访者不一定能准确区分生活满意度与情绪体验的差别，对生活满意度的回答常常糅合了各方面生活的评估和情绪感受，关于这一点需要在解释实证数据时注意。但是从概念上，本文对此做出区分，主要是从生活满意度的维度关注居民的主观福利，具体的分析框架和实证概念将在下文中讨论。

生活满意度的指标在近些年逐渐引起重视，并被广泛应用到舆情研究和政策研究。已有的研究指出了生活满意度对居民福利测量的敏感性，它的作用机制不同于 GDP 指标，但同样是有效的测量工具。如 Easterlin 等人（2012）的解释，GDP 指标代表了物质生活水平的平均提高程度，然而生活满意度指标可以揭示普通民众的生活水平变化，尤其收入较低、受教育程度较低人群的生活水平：虽然普遍的生活水平有所提高，但是人们的物质欲望也在增强，越来越关注工作和失业、医疗保险、子女花费和养老等问题，从而生活满意度并未随着经济的快速增长而呈线性增长态势。从这个意义上说，相比较简单的 GDP 指标，生活满意度是测量人们的生活境遇和福利的更为全面和有意义的指标。

生活满意度也被应用到了英国官方的政策实践中（OECD，2013b）。《绿皮书》（*The Green Book*）是英国财政部就如何评估和衡量政策建议给出的官方指南。书中特别关注生活满意度测量对社会成本收益分析的贡献："虽然这种技术（生活满意度测量）还未成熟，但是可能很快成为基于市场的评估工具的可靠并且可行的补充。同时，这种技术将有利于全面考虑政策建议的影响，也将为非市场产品之间（如果不能够与市场产品比较的话）的相对价值提供补充信息。"

总体来讲，生活满意度研究主要有下三方面的意义（OECD，2013b；Diener E. and Suh E.，1997），这也是本文关注居民生活满意度的主要动机。

第一，生活满意度是评估经济社会进步和政策制度的有效工具。生活满意度植根于人们的主观体验，能够衡量社会和经济的变迁对人们生活的主观影响，可以据此评估社会的发展进步和社会政策的效果。虽然经济在增长，但是人们对生活各方面的感受很可能朝着相反的方向发展。因此，有效的制度和政策既要保证居民生活的物质基础，也要提高居民的生活满意度。

第二，生活满意度研究使得跨文化、跨国的经济社会政策更加可行。通过控制客观变量进行的跨国或者跨文化的社会政策比较几乎不可能，但是生活满意度对诸多经济、社会、政治、环境指标相当敏感，它可以在客观指标之外为政策实施的后果提供丰富的信息：同一政策在不同的国家和文化背景下具有哪些优劣之处？当然这种比较的有效性受到一定条件和程度的限制。

第三，生活满意度的影响因素分析是检验社会经济成果比较稳健的实证工具。这种分析能够发现哪些因素对提高人们的主观福利更为重要，从而可以验证那些被普遍认为标志经济社会进步的成果是否真的符合人们对生活的期待、是否确实有利于提高人们的生活质量。作为整体社会福利的重要组成部分，生活满意度分析可以为检验社会政策和成果提供相对稳健的实证证据。

需要强调的是，虽然生活满意度是评估生活质量的重要工具，但不能取代客观的评估指标，比如 GDP、收入、工作等。有些身处贫困的人群也能够体会到幸福，但仅仅停留在一种情绪体验，并不能上升到生活质量，政府也不能因此逃避消除贫困、改善民生的责任。因此，生活满意度的相关报告和研究都强调（OECD，2013b；Diener and Biswas-Diener，2003；Seghieri et al.，2006：455－476），主观福利指标是客观指标的补充，正如客观的经济社会指标不足以代表社会的福利，主观福利的指标也不足以代表有质量的生活。

## 二　生活满意度的分析框架

关于生活满意度或者主观福利的国内外研究非常多，主要集中在经济学和心理学领域。现有的研究大体分为两类。心理学家和一些社会学家关注生活满意度的测量和比较，重要的研究包括 Diener 等（1985：71－75），邢占军（2008），周长城、任娜（2006），风笑天、易松国（2000）。另一类研究关注生活满意度的影响因素。一个研究焦点是关于"有钱是否就幸福"的议题——收入或 GDP 对生活满意度的影响，其中比较著名的是 Easterlin（1974）提出的"伊斯特林悖论"：个人的生活满意度随着家庭收入的增长而提高，但是整个国家的平均收入增长并不一定带来居民生活满意度的相应提高。学术界对生活满意度的收入效应和作用机制仍存在争论，下文将详述。其他一些研究关注环境、心理、就业等影响因素（Smyth et al.，2008：547－555；Jacob et al.，2009：275－294；曹大宇，2011；Di Tella et al.，2001：335－341），也有研究关注多方面的影响因素。比如，方纲、风笑天（2009）从工作、收入、居住、健康、人际关系等方面分析居民的主观幸福感，刘军强等（2012）引入个人年收入、主观社会地位、与以前相比的地位变化、政治身份及其他人口学变量分析居民幸福感的影响因素，Appleton和 Song（2008：2325 - 2340）构建的城镇居民生活满意度模型的解释变量则包括收入、健康、医疗保险、政治参与以及相关控制变量。

现有研究对生活满意度、幸福感、主观生活质量等概念的测量及其与收入的关系已经探讨得非常深入，但是较少全面地分析生活满意度的影响因素，或者较少关注影响因素分析框架的构建——为什么选取这些影响因素？背后的理论假设和理论关怀是什么？这些因素的内在结构和联系是什么？只有阐明了这些问题，才能确保解释模型的信度和效度。

越来越多的国家和社会组织认识到要保障居民的生活质量和福利，就必须全面考虑经济、社会和环境的因素，从而不再依赖 GDP 指标，转而使用更为综合的指标来衡量社会的进步，其中比较著名的有强调健康和教育的人类发展指数（Human Development Index）[①]、强调环境可持续发展的快乐星球指数（Happy Planet Index）[②]，以及综合考虑物质条件、生活质量和可持续发展的 OECD 美好生活指数（Better Life Index）（OECD，2013a）。

已有研究对生活满意度与收入、社会保障、社会公平、公共服务水平、环境状况、个体生活质量等因素之间的关系有丰富的积累，为本文分析框架的设计提供了思路。

## （一）生活满意度与经济因素

在经济因素中，现有研究主要关注收入对生活满意度的作用，并区分了绝对的和相对的视角，从而强调不同的收入作用机制。Veenhoven（1991：1 - 34）基于需求 - 满足的框架，认为人们只有满足了基本的、固有的需求才能够幸福，而收入较高的人可以满足各种基本需要，因而收入与幸福感是正相关的关系，幸福感并不是基于比较的相对感觉；当然，他也指出人类的需求并不会无限增长，所以收入与幸福感之间的关系也遵循边际效用递减的规律，过了某个需求的临界点之后，收入的边际效用将减小甚至完全消失。

虽然被 Veenhoven 批驳，但 Easterlin（2001：465 - 484）坚持相对的视角，认为人们从与自己和他人的比较中获得满足，因而收入并非导致生活满

---

①　联合国开发计划署，http：//hdr. undp. org/en/humandev。

②　The New Economics Foundation，http：//www. happyplanetindex. org/.

意度改变的诱因，而是物质欲望这个中介变量在发挥作用：收入的增加带来物质欲望的相应增强，而物质欲望的增强会抵消收入增加对生活满意度的正面效应。Diener 和 Biswas-Diener（2002：119 - 169）也站在相对理论的立场，通过对已有文献的梳理发现：①只有非常贫困的人群的生活满意度会随着收入的增加而提高，中产阶级和中上阶级或者富裕国家的居民的生活满意度不会随着收入的增加而显著提高；②物质欲望和赚钱的欲望会阻碍人们生活满意度的提高。

国内学者使用中国的数据为这些争论提供了实证证据。邢占军（2011）关注绝对收入与幸福感的关系，通过对六个省会城市调查数据的分析，发现城市居民个人收入对幸福感仅有微弱的影响，富裕程度较低地区的居民个人收入与幸福感之间的相关程度较高，高收入群体的幸福感高于低收入群体。罗楚亮（2009）将绝对收入定义为家庭人均总收入，相对收入的定义采用了以主观贫困线为参照、以所处环境的平均收入为参照和以过去的收入为参照三种方法；分析 2002 年全国城乡住户抽样调查的数据时发现，相对收入对主观幸福感具有显著的影响，但是即便控制了相对收入，绝对收入水平对主观幸福感也具有显著影响。官皓（2010）将绝对收入操作化为去年的收入，相对收入操作化为对自身收入水平的评价，使用收集自北京、上海、广东的调查数据，结果显示，相对收入对幸福感的影响显著，而绝对收入的影响不显著；作者也依据地域、教育、年龄以及总体分位数方法构建了四个不同的相对收入指标，并分别做回归模型，同样验证了相对收入的显著影响。从比较的框架，刘军强等（2012）在居民幸福感的解释变量中增加了与周围人相比的社会地位评价和与过去相比的社会地位评价两个维度，模型显示，横比和纵比的两个变量对幸福感具有显著影响，说明"对相对地位的追求和实现程度是影响幸福感的重要因素"。

## （二）生活满意度与社会因素

已有研究主要从社会保障、社会治理、社会公平、公共服务和社会支持等维度讨论社会因素对生活满意度的影响。Diener 和 Suh（1997：189 - 216）认为除经济指标之外，应当结合社会指标和主观福利来衡量"好"的生活——人们的福利和生活质量。社会指标包括健康方面的婴儿死亡率、医生数量和预期寿命，治安方面的自杀率、警察数量和强奸率以及生态、人权、社会福利和教育等；这些社会指标也对主观福利有重要影响。Diener 和

Seligman（2004：1－31）强调非经济指标在衡量国民福利中的作用，包括社会治理（自由、民主、政治稳定等）、社会资本（信任、公共参与等）和宗教信仰。Dolan 等（2008：94－122）指出了收入不平等对生活满意度的影响，但是这种影响在不同国家、不同人群中并不一致：拉美国家虽然收入不平等程度较高，但是人们显示了相对较高的幸福感，而苏联国家虽然收入分布比较平等但是人们的幸福感并不高；当然，收入不平等的效应取决于人们如何看待不平等，是提高了经济效率还是损害了机会公平。研究也发现，欧洲的社会流动程度较低，收入不平等更多地意味着机会不公平，从而对生活满意度产生负面影响。

关于社会不平等或者社会公平的指标，如果分析宏观数据，学者一般通过使用客观指标，比如基尼系数，测量其对生活满意度的影响；如果使用微观数据，学者一般通过使用人们对待社会不平等或社会公平的态度测量这种关系。史耀疆、崔瑜（2006）使用全国的调查数据探讨了社会公平与居民生活满意度之间的关系。该研究将公民的公平观定义为两方面：对结果公平、程序公平和社会调节的态度，以及对个人所处地位的评价。其中，结果公平指人们对收入分配方式和贫富差距的看法，程序公平指人们对机会获取的公平程度和市场经济的看法，社会调节指价值观是个体取向还是集体取向。研究发现程序公平对居民生活满意度具有显著影响，而结果公平的影响不显著，同时对个人所处地位评价的作用显著。

关于社会保障对生活满意度影响的研究并不多。Di Tella 等（2003：809－827）使用养老金替代率指标近似测量社会保障水平，通过分析欧洲的个体层次数据，发现较高的养老金替代率不仅提高了失业人口的生活满意度，也能提高就业人口的生活满意度。Appleton 和 Song（2008）分析了中国城镇地区的调查数据，发现医疗保险对人们的生活满意度有显著影响，享受大病保险（个人承担一部分）和没有任何医疗保险的人的生活满意度显著低于享受国家医疗保险的人。

## （三）生活满意度与环境因素

相关研究中，通常有两类方法测量环境因素。一类使用客观指标，比如二氧化氮浓度、悬浮颗粒物浓度等；另一类使用主观指标，比如环境意识、环境满意度等。实证研究大都指向一个事实，环境污染和人们对环境生态的关心与生活满意度显著相关，从而强调可持续发展和可持续消费的视野。

Mackerron 和 Mourato（2009：1441 - 1453）采集了 400 位伦敦居民家中的空气质量数据，并让居民对居住社区的空气污染是否严重做出评价，发现客观测量和主观感受的空气污染水平都对居民的生活满意度具有显著的负面影响，即使控制了诸多其他相关变量，结果也是如此。Smyth 等（2008）关注中国城市地区大气污染和主观福利的关系。该研究使用二氧化硫排放、环境灾难数量、交通堵塞和绿地面积测量环境状况，同时控制了对收入不平等的看法、对市场经济的看法、社会保护等社会经济和政治方面的变量以及被访者的个人特征变量；结果发现，较严重的空气污染、更多的环境灾难、更严重的交通堵塞都会带来明显的较低的主观福利，此外，认为社会不平等是个社会问题、赞成市场经济也会带来明显的较低的主观福利。曹大宇（2011）在对 18 个城市的研究中，使用二氧化氮浓度来测量空气质量，发现空气环境质量与居民生活满意度存在显著的相关关系，但是这种关系只在低收入阶层显著，空气质量对高收入阶层的生活满意度没有显著影响。

主观指标中还有对环境意识的测量。Ferrer-I-Carbonella 和 Gowdyb（2007：509 - 516）通过对英国家庭面板调查，控制居住地的环境状况、居住地区、生活方式和心理特征之后，发现人们对臭氧污染的关心与生活满意度存在显著的负相关，而且对环境的关心程度比客观的环境污染对生活满意度的影响更大，此外，对物种灭绝的关心与生活满意度存在显著的正相关，作者将此解释为对周围世界的关心能够带来正面的心理效应。

由于环境对人类福利和生活满意度产生重要影响，国际社会和学术界倡导环境消费（对环境资源的开发利用）与人类福利之间的平衡，追求人类福利固然是社会发展的根本目标，但是降低对环境的影响、提高环境利用效益才是福利可持续发展的路径，这种话语被称作"主观福利的环境效率"（Environmental Efficiency of Well-being，EWEB）（Dietz et al.，2009：114 - 123）。Knight 和 Rosa（2009：931 - 949）使用对生活满意度产生影响的回归系数来测量 EWEB，利用 105 个国家的数据，考察了经济发展、民主程度、不平等程度、信任程度和气候因素对 EWEB 的影响。非常有趣的发现是，经济发展与 EWEB 为负二次函数关系，意味着经济发展程度较低时，主观福利的环境效率呈增长趋势，但是当经济发展程度较高时，主观福利的环境效率反而下降，即更多的环境消费才能提高人们的生活满意度。这就反驳了那种认为只有经济增长才能带来可持续福利增长的理论。此外，社会不平等对 EWEB 具有显著负效应，信任程度具有显著正效应。这种考虑环境影响的"可持续福利"理论框架对本文的分析框架和相关政策建议都有重要启示。

Jacob 等（2009）从可持续性的视角进一步挖掘了生态可持续行为对主观福利的影响，实证分析显示，生态可持续行为指标中的可持续食品消费——购买当地种植的和有机的食品、在当地人开的餐馆吃饭、自己在家做饭，对主观福利具有显著的正面影响，作者将之解释为反思和自律使得人们更加注重内在体验和过程，从而获得更大的满足感和幸福感。

### （四）生活满意度与个体生活质量

在测量人们的生活满意度时，现有研究也强调三个有关个体生活质量的变量——健康、时间和失业的影响。其中，健康和失业的影响最为重要，如 Dolan 等（2008）通过分析 1990 年以来经济学类期刊上发表的论文，发现尽管学术界对主观福利的影响因素未形成共识其至研究之间有所冲突，但是能够达成共识的就是健康和失业的显著影响，并得到了不同国家、不同时间段、不同数据和不同研究方法的证据支持。

Seghieri 等（2006）通过分析欧盟国家的数据，证明了良好的自评健康状况和较高的生活满意度之间高度相关。Appleton 和 Song（2008）发现自评健康状况对中国城镇居民的生活满意度有显著影响，认为自己"非常不健康"的人只有 14% 的概率满意或者非常满意自己的生活，而认为自己"非常健康"的人有 44% 的概率满意或者非常满意自己的生活；研究对此的解释是，人们身体不健康会带来心情的沮丧，而且健康问题也会带来沉重的经济负担，从而给生活满意度带来负面效应。

Appleton 和 Song（2008）的研究也指出了失业对我国城市居民生活满意度的重要影响，在控制收入和其他因素的情况下，失业对生活满意度的直接影响是显著的。Diener 和 Biswas-Diener（2002）发现大多数现有研究都指出，即使控制了收入因素，失业人群的幸福感还是显著较低的，文章将此解释为文化机制，因为没有工作使得人们缺乏成就感，而且也经常不被尊重，尤其在男性中更显著。但是国内学者在构建生活满意度分析模型时，常常忽略失业及所伴随的压力的影响，或者简单地使用是否有工作来测量失业，但是没有工作的原因多种多样，可能是下岗失业，也可能是由于个人原因放弃就业，因而削弱了失业对生活满意度的解释力。比如，官皓（2010）的生活满意度模型就发现，是否有工作的影响并不显著。这也提醒本文在分析失业及所伴随的压力对生活满意度的影响时，应当慎重选择指标。

在时间效应方面，Dolan 等（2008）的文献分析发现时间分配是个重要的影响因素，已有研究主要关注了工作、通勤、照顾他人、志愿活动、锻炼和宗教活动等的时间分配和参与频率对主观福利的影响。

### （五）分析框架的构建

在已有的关于福利、幸福感和生活满意度研究的基础上，本文认为一个考虑经济、社会和环境等多方面因素的生活满意度分析框架较为合适。在实践层面，有助于较全面地理解人们的生活满意度，为政策制定和实施提供较可靠的理论和实证基础；在技术层面，只有在较完整的分析框架下，才能减少误差的影响，从而较准确地解释相关因素的效应。

首先，主要通过收入测量的经济状况是保障日常生活的物质条件，虽然现有的研究关于收入对生活满意度的影响仍有争论，但是收入是不可缺少的影响因素。其次，本文的研究目的和动机之一是反思经济社会发展中的制度和政策，因此在经济因素之外，主要考虑与这些政策制度相关的社会和环境因素。社会因素主要指相关社会制度和公共服务及其评价，环境因素主要指生活所在地的环境状况。根据已有的研究，社会因素中的社会保障水平、公平程度和公共服务水平对生活满意度的影响较显著，环境因素中的客观测量指标和主观评价指标对生活满意度的影响较显著。除了外部环境（社会环境和自然环境）因素之外，生活满意度也与个体层面的生活质量和生活方式有关，已有文献指出了健康状况、是否失业和时间分配的重要作用。本文的分析框架如图 12 - 1 所示。

分析框架包含了经济因素——保障生活的物质条件，非经济因素——社会制度和公共服务、环境和生态以及个体生活质量，覆盖了个人生活的外部环境——社会因素和环境因素，和内部条件——物质条件和个体生活质量，而且这些因素之间基本是互相独立的。分析框架的结构如图 12 - 2 所示。其中，外部环境的经济因素——经济发展水平属于宏观层次的变量，由于本文使用的是微观数据，所以实证分析中暂时未引入宏观层次的数据。由上述理论假设构建的分析框架能够较为全面地解释生活满意度差异，从而提高生活满意度影响因素分析的可靠性。虽然本文建议使用一个

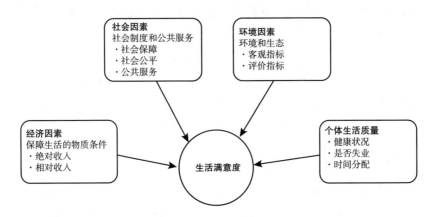

**图 12 – 1    生活满意度影响因素的分析框架**

较为全面的分析框架，但不可能包含所有的影响因素，只是依据研究目的和理论假设选择比较重要的因素并将其进一步结构化。分析框架的有效性和稳健性需要实证数据的进一步验证。

**图 12 – 2    生活满意度分析框架的结构**

# 三  居民的生活满意度及比较

本文使用的数据来源于中国社会科学院社会学研究所主持的 2013 年中国社会状况调查（文中简称 CSS2013）。该调查使用多阶随机抽样的方法，范围覆盖 30 个省/自治区/直辖市的城乡区域，抽样设计基本保证数据能够分别代表城镇和农村地区，调查对象为 18 周岁及以上的

中国公民。2013 年数据的有效样本为 10206 个。由于城乡之间生活满意
度的影响机制差异较大，比如农村的社会保障体系、公共服务的内容和
运行与城镇地区有较大差异，即使对生活满意度的影响都显著，但作用
机制可能有区别。出于这种考虑，本文专注城镇居民的生活满意度
研究。

　　数据中有一组问题测量生活满意度，先是询问了被访者对受教育程度、
健康情况、社交生活、家庭关系、家庭经济状况、休闲娱乐的满意度，最后
询问了总体满意度："总体来说，您对生活的满意度。" 被访者为满意程度
打分，范围为 1 至 10 分，1 分为 "非常不满意"，10 分为 "非常满意"。城
镇居民对生活总体的满意度平均 6.84 分。

　　《世界幸福感报告》（Helliwell et al.，2013）利用盖洛普世界民意调查
数据，报告中国在 2010～2012 年的幸福感均值为 4.978（10 分制），在 156
个国家中排在第 93 位，比 2005～2007 年的幸福感均值增加 0.257。类似的
趋势也出现在世界价值观调查中，2012 年中国居民对生活总体的满意度均
值为 6.85（10 分制），在 58 个国家中排在第 31 位，比 2005～2009 年的第
36 位有所上升。

　　前文提到，据 Easterlin 等（2012）的分析，中国 1990 年至 2012 年的生
活满意度呈 U 形变化。图 12－3 的中国数据显示，1990 年还处于社会均等
化程度较高的时期，居民生活满意度均值曾达到 7.29 分，2001 年降至 6.53

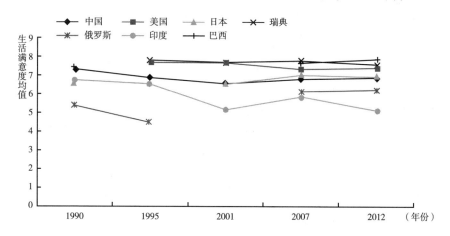

**图 12－3　中国与金砖国家、发达国家的生活满意度比较（世界价值观调查）**

资料来源：横轴为中国的调查年份，各国的具体调查年份基本在正负两年之内。
世界价值观调查在线数据分析来自 http://www.worldvaluessurvey.org/WVSOnline.jsp。

分的低谷，随后又呈逐渐上升的态势。刘军强等（2012）并不认同"伊斯特林悖论"，其使用中国综合社会调查数据，强调国民的幸福感在 2003 ~ 2010 年处于持续增长的趋势。以 5 分制的幸福感得分计算，2003 年的幸福感均值为 3.27，2010 年上升至 3.77；如果幸福和非常幸福重新组合为幸福，非常不幸福和不幸福重新组合为不幸福，自感幸福的人从 2003 年的 37.3% 上升到 2010 年的 72.6%，自感不幸福的人从 2003 年的 12.9% 下降到 2010 年的 9.8%。

我们也将中国居民的生活满意度同金砖国家、主要发达国家和福利水平较高的北欧国家做了比较。如图 12 - 3 所示，中国居民的生活满意度低于美国、瑞典这两个发达国家和高福利国家的代表，在 2001 年后也低于日本。但是就趋势而言，美国国民的生活满意度在 2001 年以后呈下降趋势，但是我国居民的生活满意度在 2001 年以后基本呈上升趋势。巴西的生活满意度水平与美国和瑞典的水平相当，远远高于其他金砖国家，印度和俄罗斯的生活满意度则处于较低水平。

国际比较一方面反映了经济发展水平的差异；另一方面也反映了文化和历史的差异。虽然美国受到经济危机、贫富差距拉大等多种因素影响，国民的生活满意度呈下降趋势，但仍然以强大的经济实力保障了国民总体较高的生活水平，因而国民的生活满意度与高福利发达国家并驾齐驱，处于较高水平。巴西较高的生活满意度主要同其独特的文化和社会文本有关，拉美国家的居民更倾向于正面的目标和情绪（Diener and Biswas-Diener，2003）；而俄罗斯较低的生活满意度可能主要同苏联解体带来的社会不稳定、收入下降和信仰危机有关（Inglehart and Klingemann，2000；Diener and Seligman，2004），但是数据显示自 2007 年开始生活满意度已经有很大提高。

我国国民生活满意度的变化被 Easterlin 等（2012）归因为物质欲望的增强，但是刘军强等（2012）强调经济发展是幸福感提升的动力。其实，两个研究所揭示的趋势和归因并不矛盾。20 世纪 90 年代，市场化改革是恢复我国经济、提高人民生活水平的必然选择，但是随之而来的贫富差距拉大和价值观混乱使得人们的生活满意度和幸福感逐渐下降；进入 21 世纪以来特别在 2003 年前后，政府和社会都开始反思盲目追求 GDP 带来的后果，注重收入公平、民生保障和文化发展，人们的生活满意度又开始回升。随着经济增长而上升的"物质欲望"也可以理解为对不合理的制度和政策的回应，从而对改革提出了新的要求。因此，尽管物质欲望的增强产生"负面"影响，但我们应看到在市场化改革初期和成熟期，经济和社会建设重点的转移和内容的丰富，或许是理解居民生活满意度变化趋势的关键。

根据 CSS2013，我国居民对生活各方面的满意度如图 12 - 4 所示。可以看到，居民较高的满意度来自家庭关系、社交生活和健康状况，均值分别为 8.26、6.99 和 6.95，都高于对生活总体的满意度，而较低的满意度来自受教育程度、家庭经济状况和休闲娱乐，均值分别为 5.66、5.81 和 5.83。

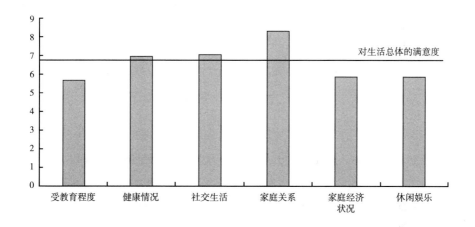

**图 12 - 4　城镇居民对生活各方面的满意度**
**（1 = 非常不满意，10 = 非常满意）**

我们以总体满意度为因变量、以各方面的生活满意度为自变量，构建回归模型，考察生活满意度的组成部分对总体满意度的影响以及对总体满意度的解释力。如表 12 - 1 所示，模型总体是显著的，能够解释 56.2% 的总体满意度变异。各组成部分也是显著的。在控制其他变量的情况下，家庭经济状况满意度对总体满意度的影响最大，可见在这个测量框架中，较优越的物质条件是提升城镇居民生活满意度的最重要因素；此外，休闲娱乐和家庭关系的满意度是第二重要因素，表明这两方面的生活质量因素对总体满意度也有重要影响；相对来讲，社交生活、健康情况和受教育程度满意度的影响较小。

表 12 – 1　生活总体满意度分解的模型（线性回归模型）

| 生活各方面的满意度 | 系　　数 | 生活各方面的满意度 | 系　　数 |
|---|---|---|---|
| 受教育程度 | 0.070 *** <br> (0.008) | 家庭经济状况 | 0.291 *** <br> (0.010) |
| 健康情况 | 0.064 *** <br> (0.009) | 休闲娱乐 | 0.222 *** <br> (0.009) |
| 社交生活 | 0.067 *** <br> (0.011) | 常数 | 0.717 *** <br> (0.092) |
| 家庭关系 | 0.222 *** <br> (0.011) | 样本 | 5539 |
| | | 调整后 $R^2$ | 0.562 |

注：1. 括号里面的数字是稳健的系数标准误。2. *** $p < 0.01$，** $p < 0.05$，* $p < 0.1$。

## 四　居民生活满意度的影响因素分析

根据本文的分析框架，我们将从经济、社会、环境、个体生活质量四个维度解释居民的生活满意度，并控制相关的人口学变量。在经济因素中，有的文献使用个人收入，也有的文献使用家庭收入或者家庭人均收入。本文倾向于选择家庭收入，因为一个人的生活机会不仅受到个人收入的影响，也受到共同生活的家庭成员收入的影响，因而家庭收入能够较准确地测量一个人所拥有的经济资源。此外，被访者对共同生活的家庭成员衡量标准不太一致，使得家庭人口数的误差较大，故使用家庭总收入测量被访者拥有的绝对收入。

在相对收入的测量指标方面，由于缺乏追踪数据，无法获得家庭收入的客观变化，但是调查询问了被访者与五年前相比生活水平的变化以及在本地的社会经济地位自评，所以可以近似地测量纵向相对收入（与自己过去相比）和横向相对收入（与周围人相比）。现有研究通常有两种方法测量与他人比较的相对收入，一种是客观测量法，例如以同等受教育水平、同一年龄段或者同一收入区间的人群平均收入为参照，比较个体与参照水平之间的差距；另一种是主观判断法，让被访者主观选定一个参照体系并给出相对收入水平。官皓（2010）主张主观判断法，因为任何客观指定的参照体系都难以精确地反映受访者关于其自身相对收入地位的主观感受；虽然"社会经济地位在本地的层次"中的"本地"是个模糊的概念，但允许被访者指向自己认为的社会关系所及的地域和参照体系，因而更适合作为横向相对收入的测量指标。官皓（2010）也进一步使用不同的客观参照体系定义下的相对收入建模，证实了主观判断的相对收入对生活满意度的解释具有稳健性。

在社会因素的维度上，本文主要关注社会保障、社会公平和公共服务三个方面。根据已有研究，医疗保险和养老保险是衡量社会保障水平的主要指标。由于我国的公务员和事业单位养老保险并轨尚未完成，这些单位的员工也不缴纳养老保险，而数据中缺乏对没有养老保险情况的进一步细化的变量，所以养老保险的客观指标无法衡量社会保障水平；此外，样本中拥有医疗保险的比例很高，并且医疗保险的分类①并不指向社会保障水平的高低，所以医疗保险的客观指标也无法较可靠地测量社会保障水平。相比较而言，主观指标——对养老保障和医疗保障的满意度，是测量社会保障水平较合适的变量。在关于社会公平的问题中，公众最为关心贫富差距和收入分配，因此用被访者评价的"财富和收入分配"的公平程度测量社会公平程度。公共服务涉及日常的衣食住行诸多方面，本文选择了医疗卫生和住房保障这两个标志民生保障水平的重要指标，使用被访者对这两方面政府工作的评价来测量公共服务水平。

在环境因素的维度上，本文使用被访者对目前居住地环境状况的满意度来测量。关于个体生活质量，本文主要关注健康、失业和工作时间的因素。数据中缺乏直接测量健康状况的变量，但是有一组测量生活压力的变量，其中"医疗支出大，难以承受"变量细化了健康对生活满意度的作用机制，更准确地测量了健康对生活满意度的影响，因此从经济压力角度方面本文选择此变量考察健康因素。失业问题也被很多文献指出是影响生活满意度的重要因素。城镇样本中有 36% 的人目前没有工作，但是没有工作的原因多种多样，包括因单位原因（破产、改制、下岗/内退/买断工龄、辞退等）而失去原工作，因个人原因（如家务、健康、辞职等）离开原工作、毕业后未工作、料理家务等，因而简单使用有无工作的变量来解释生活满意度的高低并不恰当，并且技术上也很难分离出真正的"失业人员"。同健康因素的测量方法一致，本文使用有无"家人无业、失业或工作不稳定"的压力测量被访者或家人所面临的失业风险，这种明确的"压力－满意度"的理论

---

① 问卷中医疗保险的类型有城镇职工基本医疗保险、城镇居民基本医疗保险、公费医疗、新型农村合作医疗保险（即"新农合"）和其他。

假设能够较准确地测量失业带来的影响。调查中关于工作时间的变量只有一个——"今年以来您这份非农工作平均每天工作多少小时",由于超过 1/3 的样本目前没有工作,有工作的样本中还有 12% "目前只务农",引入该变量将损失很多样本信息,因而不得不放弃。

控制变量选择了已有研究中常用的一些人口学变量,包括性别、年龄、婚姻状况、户口和受教育程度。职业因素虽然也很重要,但是与受教育程度的相关程度较高(相关系数为 -0.3324),故而放弃。来自北京和上海(没有来自广州和深圳的样本)的样本只占城镇样本的 5%,是否党员的变量中缺失样本占 47%,信息的不完整会影响统计推断的可靠性,所以不得不放弃居住地区和党员身份两个常用的人口学变量。进入模型的变量及其描述统计如表 12 - 2 所示。本文对家庭总收入进行了自然对数处理,以减少模型出现共线性和异方差的风险。

表 12 - 2　模型包含的因变量和自变量的描述统计

| 变　量 | 变量值 | 样本数 | 均　值 | 标准差 |
|---|---|---|---|---|
| 生活总体满意度 | 1 = 非常不满意,10 = 非常满意 | 5574 | 6.842 | 1.819 |
| 去年家庭总收入 | 0 至 1.0100000 元 | 5191 | 74383.94 | 177796.3 |
| 去年家庭总收入的自然对数 | 6.492 至 16.130 | 5170 | 10.806 | .890 |
| 与五年前相比的生活水平变化 | 1 = 下降很多,2 = 略有下降,3 = 没变化,4 = 略有上升,5 = 上升很多 | 5542 | 3.726 | .950 |
| 本人的社会经济地位在本地属于哪个层次自评 | 1 = 下层,2 = 中下层,3 = 中层,4 = 中上层,5 = 上层 | 5490 | 2.357 | .893 |
| 养老保障满意度 | 1 = 非常不满意,10 = 非常满意 | 5009 | 6.276 | 2.488 |
| 医疗保障满意度 | 1 = 非常不满意,10 = 非常满意 | 5278 | 6.553 | 2.371 |
| 财富及收入分配公平程度 | 1 = 非常不公平,2 = 不太公平,3 = 比较公平,4 = 非常公平 | 5171 | 2.149 | .732 |
| 为中低收入者提供廉租房和经济适用房的政府工作评价 | 1 = 很不好,2 = 不太好,3 = 比较好,4 = 很好 | 4467 | 2.406 | .786 |
| 提供医疗卫生服务的政府工作评价 | 1 = 很不好,2 = 不太好,3 = 比较好,4 = 很好 | 5304 | 2.767 | .633 |
| 居住地环境状况满意度 | 1 = 非常不满意,10 = 非常满意 | 5582 | 6.250 | 2.009 |
| 医疗支出大难以承受的压力 | 1 = 有,0 = 无 | 5549 | .278 | .448 |

续表

| 变　　量 | 变量值 | 样本数 | 均　值 | 标准差 |
|---|---|---|---|---|
| 家人无业、失业或工作不稳定的压力 | 1 = 有,0 = 无 | 5556 | .289 | .453 |
| 性别 | 1 = 男,2 = 女 | 5583 | 1.542 | .498 |
| 年龄 | 1 = 18 ~ 25 岁,2 = 26 ~ 35 岁,3 = 36 ~ 45 岁,4 = 46 ~ 60 岁,5 = 60 岁以上 | 5583 | 3.153 | 1.208 |
| 婚姻状况 | 1 = 已婚(初婚有配偶、再婚有配偶或同居),0 = 单身(未婚、离婚或丧偶) | 5575 | .816 | .387 |
| 受教育程度 | 0 = 未上学和小学,1 = 初中,2 = 高中、中专和职高,3 = 大专,4 = 本科及以上 | 5575 | 1.553 | 1.261 |
| 户口性质 | 1 = 农业户口,2 = 非农户口 | 5569 | 1.536 | .499 |

　　我们将生活总体满意度作为连续的被解释变量，使用逐步回归模型，在解释变量中依次引入经济、社会、环境和个体生活质量因素，考察模型解释力和自变量的变化。模型也进行了年龄和性别的加权，使样本更符合第六次人口普查的年龄和性别分布。线性回归模型如表 12 - 3 所示。结果显示，从只有绝对收入的模型 1 到包含所有变量的模型 6，都是显著的，模型所能够解释的生活满意度变异也是依次递增的。

　　引入家庭总收入来测量绝对收入，模型 1 能够解释 4.4% 的生活满意度变异，家庭总收入的影响是显著的，家庭收入越高，居民的生活满意度越高。模型的估计都使用了调整的 $R^2$，随着变量的引入，可以考察模型的解释力变化。然后，引入相对收入变量——与自己过去比较和与周围人比较的经济状况，绝对收入依然显著，相对收入的两个测量指标都显著，生活水平提高得越多对生活越满意，本地社会经济地位自评越高对生活也越满意。模型 2 的解释力明显提高，能够解释 17% 的生活满意度差异，说明相对收入对城镇居民生活满意度的影响非常大。

　　再来看模型 3，测量社会因素的 5 个变量，分别测量社会保障水平、社会公平程度和公共服务水平，模型的解释力再次显著提升，比只包含经济因素的模型提高了 9% 的解释力，原有的经济因素变量保持显著，新引入的社会因素变量也产生显著的正面效应，对养老和医疗社会保障越满意、认为收入分配越公平、对住房保障和医疗卫生的政府工作评价越高，居民的生活满意度越高，说明社会因素对城镇居民的生活满意度起着重要的作用。

模型4引入测量环境因素的变量，我们看到对居住地的环境满意度越高，对生活总体的满意度也越高，而且差异显著。引入环境因素提升了模型的解释力，能够解释29.5%的变异，环境因素对居民生活满意度的影响非常大。但是，医疗卫生的政府工作评价变得不显著，这一变量对居民生活满意度的解释并不稳健。模型5加入了个体生活质量因素，分别从自己和家人的健康和就业压力来测量，其影响都是显著的，医疗支出的压力、家人无业失业的压力都给生活满意度带来负面影响。模型5能够解释30.7%的变异，也提高了对生活满意度变异的解释力；但是医疗卫生的政府工作评价依然不显著，除此之外的解释变量都是显著的。

因此，包括经济因素和非经济因素（社会、环境两方面外部环境因素以及个体生活质量）的模型能够解释将近31%的变异，并且模型的解释力随着引入变量的增加而提高，说明这些因素对城镇居民生活满意度都产生重要的影响；模型结果也说明了本文构建的分析框架具有一定的稳健性。

模型6包含了所有的解释变量和控制变量，解释力提升至32.5%，医疗卫生的政府工作评价在10%的水平上显著，其他解释变量都在1%的水平上显著。控制变量中的性别、婚姻状况和受教育程度都显著。女性比男性的生活满意度更高，已婚或有伴侣的人生活满意度更高，受教育程度为初中、高中、大专或本科及以上的居民比受教育程度为未上学和小学的居民的生活满意度高。这些发现都与现有的文献基本一致（Appleton and Song，2008；官皓，2010；刘军强等，2012）。年龄的效应比较有趣，随着年龄的增长生活满意度呈U形的分布。最年轻组（18~25岁）和老龄组（60岁以上）的生活满意度较高，中间年龄段（26~35岁、36~45岁和46~60岁）处于事业、家庭、赡养老人的压力之下，生活满意度显著较低，其中36~45岁的回归系数最高，表明该年龄组的生活满意度最低，这一发现也与Appleton和Song（2008）一致。但是，户口因素不显著，主要是因为样本全部来自城镇地区，不管是不是非农户口，被调查者都有机会使用一些城市的基础设施和资源——当然机会并不均等，降低了户口性质对生活满意度的影响。

表 12－3　城镇居民生活满意度影响因素的回归模型

| | 模型 1 | 模型 2 | 模型 3 | 模型 4 | 模型 5 | 模型 6 |
|---|---|---|---|---|---|---|
| 经济因素:绝对收入和相对收入 | | | | | | |
| 家庭总收入自然对数 | 0.429 *** | 0.210 *** | 0.296 *** | 0.300 *** | 0.246 *** | 0.182 *** |
| | (0.031) | (0.030) | (0.035) | (0.034) | (0.034) | (0.036) |
| 与过去相比的生活水平变化 | | 0.383 *** | 0.266 *** | 0.244 *** | 0.222 *** | 0.231 *** |
| | | (0.030) | (0.033) | (0.033) | (0.032) | (0.032) |
| 本地社会经济地位自评 | | 0.518 *** | 0.409 *** | 0.370 *** | 0.321 *** | 0.289 *** |
| | | (0.032) | (0.036) | (0.036) | (0.036) | (0.036) |
| 社会因素:社会保障、社会公平和公共服务 | | | | | | |
| 养老保障满意度 | | | 0.104 *** | 0.092 *** | 0.084 *** | 0.080 *** |
| | | | (0.017) | (0.016) | (0.016) | (0.016) |
| 医疗保障满意度 | | | 0.064 *** | 0.050 *** | 0.047 *** | 0.047 *** |
| | | | (0.018) | (0.017) | (0.017) | (0.017) |
| 收入分配公平程度 | | | 0.186 *** | 0.149 *** | 0.138 *** | 0.153 *** |
| | | | (0.040) | (0.039) | (0.039) | (0.040) |
| 住房保障政府工作评价 | | | 0.226 *** | 0.182 *** | 0.175 *** | 0.159 *** |
| | | | (0.040) | (0.038) | (0.038) | (0.038) |
| 医疗卫生政府工作评价 | | | 0.142 *** | 0.072 | 0.057 | 0.085 * |
| | | | (0.049) | (0.048) | (0.048) | (0.048) |
| 环境因素:环境评价 | | | | | | |
| 居住地环境满意度 | | | | 0.177 *** | 0.173 *** | 0.172 *** |
| | | | | (0.016) | (0.016) | (0.016) |
| 个体生活质量:健康和就业 | | | | | | |
| 医疗支出大的压力 | | | | | -0.340 *** | -0.342 *** |
| | | | | | (0.068) | (0.068) |
| 家人无业失业的压力 | | | | | -0.321 *** | -0.269 *** |
| | | | | | (0.067) | (0.067) |
| 控制变量 | | | | | | |
| 女性 | | | | | | 0.137 *** |
| | | | | | | (0.052) |
| 年龄(60 岁以上为参照) | | | | | | |
| 18～25 岁 | | | | | | -0.104 |
| | | | | | | (0.126) |
| 26～35 岁 | | | | | | -0.453 *** |
| | | | | | | (0.102) |
| 36～45 岁 | | | | | | -0.568 *** |
| | | | | | | (0.094) |

续表

| | 模型 1 | 模型 2 | 模型 3 | 模型 4 | 模型 5 | 模型 6 |
|---|---|---|---|---|---|---|
| 46~60 岁 | | | | | | -0.338 *** |
| | | | | | | (0.088) |
| 已婚 | | | | | | 0.315 *** |
| | | | | | | (0.084) |
| 受教育程度(未上学和小学为参照) | | | | | | |
| 初中 | | | | | | 0.150 * |
| | | | | | | (0.090) |
| 高中、中专和职高 | | | | | | 0.279 *** |
| | | | | | | (0.100) |
| 大专 | | | | | | 0.465 *** |
| | | | | | | (0.113) |
| 本科及以上 | | | | | | 0.639 *** |
| | | | | | | (0.117) |
| 非农户口 | | | | | | |
| 常数 | 2.187 *** | 1.915 *** | -0.720 * | -1.144 *** | 0.001 | 0.433 |
| | (0.337) | (0.321) | (0.400) | (0.389) | (0.409) | (0.425) |
| 样本量 | 5162 | 5066 | 3552 | 3551 | 3530 | 3513 |
| 调整后 $R^2$ | 0.044 | 0.170 | 0.261 | 0.295 | 0.307 | 0.325 |

注：1. 括号里面的数字是稳健的系数标准误。2. *** $p<0.01$，** $p<0.05$，* $p<0.1$。

以上分析发现证实了经济因素对我国城镇居民的生活满意度仍具有重要影响。绝对收入的影响显著，但是随着收入增长到一定程度，对生活满意度的影响效应趋缓。假设有两位城镇居民，一位的家庭年收入为 3 万元，另一位的家庭年收入为 8 万元，根据模型 6，在控制其他因素的情况下，较富裕居民的生活满意度得分将高出 0.179 分。但是随着收入水平的提高，这种差距将逐渐缩小，比如家庭收入为 13 万元和家庭收入为 8 万元的居民之间的生活满意度只相差 0.088 分。绝对收入对我国居民生活满意度的重要性反映了发展中国家和经济较快增长的背景，印证了 Diener 和 Biswas-Diener (2002) 所论及的社会富裕程度是收入对生活满意度的效应的调节变量，同样，在一个社会内部，收入水平也是收入效应的调节变量——收入效应在高收入群体中较弱。

相比较绝对收入，相对收入对生活满意度的影响更重要，这说明 Easterlin (1974，2001) 的相对理论框架是有解释力的，也与已有的国内实证研究一致（罗楚亮，2009；官皓，2010；刘军强等，2012）。就相对收入的指标来看，本地社会经济地位自评变量的回归系数更大，说明与周围人比较的优越感更能显著提升生活满意度。在完整的模型6中，在控制其他变量的情况下，本地社会经济地位自评每上升一个等级，比如从中下层上升到中层，生活满意度得分将提升0.289分，而相对过去的生活水平每提升一个等级，比如从没变化到略有上升，生活满意度得分只提升0.231分。

分析强调了社会和环境的因素对生活满意度的影响，引入这两方面的变量之后，模型的解释力提高了近13%。在社会保障因素中，养老保障满意度比医疗保障满意度的系数稍高，表明养老保障满意度对生活总体满意度的影响更大，反映了养老问题是城镇居民更加关注的民生保障问题。收入分配公平程度的影响也显著，假设居民A的评价是非常不公平，居民B的评价是比较公平，在其他因素相同的情况下，居民B的生活满意度得分将高出0.306分。此外，在公共服务的测量指标中，住房保障的政府工作评价对生活满意度的影响更大。

随着全国各地雾霾、自来水污染等环境事件的频繁出现，民众对环境问题的关注度提高。模型显示了居住地环境满意度对生活满意度的显著影响。一个对当地环境比较满意的居民，比如打9分，比一个对当地环境状况比较担忧的居民，比如打2分，在其他经济、社会、生活质量和人口特征因素相同的情况下，对生活的满意度将高出1.204分。

根据调查数据，本文进一步分解了居民对当地环境状况的满意度。在环境状况满意度之前，CSS2013询问了被访者对几个主要环境问题的评价，包括噪声污染、空气污染、水质污染和日常生活的卫生环境问题，1分为很严重，2分为比较严重，3分为不太严重，4分为没有此现象。如表12-4所示，被访者认为空气污染现象最严重，平均值为2.652，认为很严重或比较严重的占城镇居民的39%，其次是噪声污染，平均值为2.703。本文以四项环境污染的评价为自变量做环境满意度的回归模型，结果显示，四项指标对环境满意度的影响都显著，能够解释36.5%的变异。其中，居民对日常生活卫生环境评价的影响最大，在控制其他指标评价的情况下，认为卫生环境问题不太严重的居民比认为很严重的居民的生活满意度高出1.83分；此外，空气污染评价是第二重要的影响因素，认为空气污染不太严重的居民比认为很严重的居民的生活满意度高出0.718分。实

证分析指出了城市日常环卫工作和治理空气污染对提升居民幸福感和生活
满意度的重要性。

表 12 - 4　环境满意度分解的模型（线性回归模型）

| 自变量 | 平均值 | 回归模型 | 自变量 | 平均值 | 回归模型 |
|---|---|---|---|---|---|
| 噪声污染 | 2.703 | 0.266 *** | 卫生环境不好 | 2.767 | 0.915 *** |
| | (0.926) | (0.029) | | (0.817) | (0.032) |
| 空气污染 | 2.652 | 0.359 *** | 常数 | | 1.426 *** |
| | (0.908) | (0.032) | | | (0.091) |
| 水质污染 | 2.824 | 0.222 *** | 样本量 | 5407 | 5407 |
| | (0.907) | (0.029) | 调整后 $R^2$ | | 0.365 |

注：1. 平均值括号中为标准差，回归模型括号中是稳健的系数标准误。2. $***\ p < 0.01$，$**\ p < 0.05$，$*\ p < 0.1$。

# 五　总结和讨论

　　本文主要致力于两方面的努力，一是构建生活满意度的分析框架；二是
对此框架下的城镇居民生活满意度进行实证分析。本文建议建构一个由经
济、社会、环境和个体生活质量因素组成的生活满意度分析框架，该框架既
包括保障日常生活的物质条件，也包括外部环境和个体生活压力，能够较为
全面地分析生活满意度的影响因素。实证分析有助于理解城镇居民生活满意
度的变化趋势，也验证了分析框架的有效性和稳健性。城镇居民对生活总体
的满意度平均 6.84 分，属于比较满意的程度。实证分析揭示了绝对收入和
相对收入对生活满意度的显著影响，相比较而言，与自己过去比较和与周围
人比较的相对收入更为重要。分析强调了社会因素和环境因素，由社会保障
水平、社会公平程度和公共服务水平构成的社会因素对城镇居民的生活满意
度有显著影响。环境问题日益引起公众关注，分析表明，居民对当地的环境
状况满意度越高，对生活的总体认知越满意，而且差异显著。进一步的分析
发现，卫生环境和空气污染对环境满意度的影响最大。通过医疗支出压力和
家人失业无业压力测量的个体生活质量因素也具有显著的负效应。

　　分析发现虽然指出了"钱很重要"——收入对生活满意度的重要性，
但是也强调"有钱未必就幸福"，生活满意度同社会保障体系、收入分配和

环境治理也有显著关系。随着我国经济的稳定发展，人们的温饱需求得到满足之后，人们对生活有了更高的要求，如安全的食品、清新的空气、优质的教育和廉洁的政府等，这些迫切要求政府调整由追求 GDP 转变到以人为本的发展模式，只有推进相关制度政策的改革，才能"留住人心"——保持生活满意度的上升趋势。能否越过"伊斯特林悖论"的拐点，是我国当前经济社会发展面临的一大挑战。

正如李克强总理在十二届全国人大三次会议上做政府工作报告时指出的，"织密织牢民生保障网，增进人民福祉"，坚持政府工作"以人为本"。① 研究发现对政策的启示意义主要有四点：第一，保持居民收入的实际增长，大幅度提高低收入群体和中低收入群体的收入水平，显著提高这部分居民的生活满意度；第二，完善养老、医疗、住房等社会保障体系，提高政府工作和公共服务的水平，通过改善民生保障来提高民众对政府的满意度和对自身生活的满意度；第三，推进收入分配制度改革，理顺收入分配秩序，增强居民的公平感和生活信心；第四，将环境治理作为重要的政府工作日程，着力改善民众比较焦虑的环境问题，严格环境执法，积极发展循环经济，实现国民福利的可持续增加。

分析发现对可持续消费的研究也有一定启示。如 Easterlin（1974）和 Veenhoven（1991）都认同当国家或者个体富裕到一定程度，收入的增加并不一定带来主观福利的增加，实证分析也表明物质条件并非人们感到满意和幸福的最重要因素，因此，消费的持续增长并不会带来主观福利的显著增加；反而，可持续消费行为会丰富内心体验和成就感而增加主观福利（Jacob et al.，2009）。这就给可持续消费的原则和途径提供了合法性保障：减少消费或者改变消费模式是可取的，可以减少生态破坏而不损失人们的主观福利（Lintott，2013）。有了这种合法性保障，政府就可以有效鼓励绿色消费，这既有利于生态平衡又培育了新的消费热点、带动经济增长。在此过程中，政府应当努力营造一个鼓励人们向绿色消费转变的外部环境，包括完善基础设施建设、提高公共服务水平和治理环境，这些因素也是提高居民主观福利的重要因素。研究也显示，物质欲望的不断满足并不会带来幸福和快乐，民众应当重视生活质量的因素，诸如合理安排工作时间和休闲时间，保持身心健康，享受工作带来的成就感，逐步改变过度消费、炫耀消费等生活

---

① http://www.xinhuanet.com/politics/2015lh/zhibo/20150305a/index.htm。

方式。

当然，本研究也存在局限性，主要是受到数据的限制，模型中缺乏时间分配的变量和一些客观测量指标。未来也可以从纵向和横向延展本研究。从纵向角度上，使用面板数据或多年横剖数据考察随着经济社会的发展以及收入结构和人口结构的变化，经济、社会、环境和个体生活质量因素的影响程度和作用机制是否发生变化；从横向角度上，可以研究这些因素对不同性别、年龄、受教育程度人群的影响是否存在差异，例如对于受教育程度较高人群的生活满意度，是否经济因素的影响较小，而社会公平因素的影响较大。

# 第十三章
# 居民幸福感及其空间分布

王俊秀

## 一 关于幸福感研究

幸福感研究是持续了多年的一个研究热点，主要表现在几个方面：一是研究成果快速增加，从以"主观幸福感"为关键词在中国知网（CNKI）搜索到的文献看[①]，从 20 世纪末每年仅有几篇，迅速增加到 2006 年的近百篇，2007 年突增到 216 篇，然后 2013 年以来持续增加到每年 500 多篇（见图 13 - 1），如果考虑到知网以外的文献，这一数量会更庞大；二是多学科共同关注，从只有心理学研究逐渐扩展到精神卫生、教育学、组织管理、经济学、政治学、政府管理等领域；三是从学术研究扩展到社会政策，从个体的幸福感扩展到社会幸福感，并进而发展为衡量社会发展的指标体系。许多部门都在编制幸福指数，中央、省、地级政府都在探索将幸福指数作为政府绩效考核的指标（王俊秀，2011）。

中国幸福感研究的兴起是受国际这一领域研究持续影响的结果。我国最早的幸福感研究始于 20 世纪 80 年代末（杨彦春等，1988：9 ~ 12；周建初等，1988：20 ~ 22），而 1999 年幸福感研究领域重要的心理学家 Diener 等人在一篇关于主观幸福感研究 30 年回顾的文章（Diener et al. , 1999：276 ~ 294）中提到，现代意义的幸福感研究标志是 1967 年 Wanner Wilson 撰写的幸福感研究的综述。之后的 30 年，主观幸福感的研究经历了描述比较、理论建构和测量发展三个阶段（Diener et al. , 1997：25 - 41），描述比较阶段

---

① 检索时间为 2015 年 4 月 10 日。

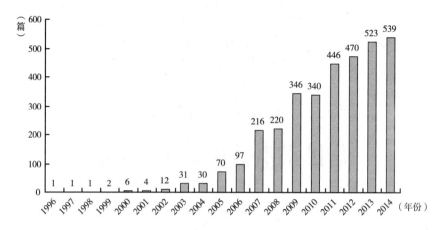

图 13 - 1  以"主观幸福感"为关键词在中国知网检索的文献

是按照人口统计学变量对不同人群的幸福感进行描述和比较，然后不断有心理学家建构幸福感的理论，第三阶段则侧重于在建立的理论框架下发展测量方法（高红英、苗元江，2006：76～77、81）。

幸福感研究进程中人们对幸福感的认识不同，相应地，理解幸福感的理论也有所差异。最初幸福感被理解为以情感或认知为主，因此就有了幸福感的情感理论和认知理论，幸福感的情感理论把幸福感分为正向情绪和负向情绪，正向情绪增加个人的幸福感，负向情绪降低个人的幸福感，总的幸福感是两者平衡的结果。幸福感的认知理论研究从认知角度展开，把生活满意视为幸福感的关键指标，既包括对整体生活满意度的评价，也包括对工作、收入、社交、婚姻等具体方面满意度的评价（苗元江，2007：42～46）。之后幸福感的研究是一个逐渐融合的过程，认知理论和情感理论融合形成主观幸福感（subjective well-being，SWB）理论，心理幸福感（psychology well-being，PWB）理论和社会幸福感（social well-being）理论的出现进一步推动形成多维度的幸福感理论。

关于中国人幸福感的研究大量涌现，既有国内研究也有国外的研究，以及一些跨国的对比。幸福感研究及其应用关注的问题越来越广泛、越来越宏观，但缺少广泛的、宏观的、全国性的定量研究支持。许多研究存在样本量不足和样本代表性问题，有的幸福感研究理论背景不明确。国内外对中国居民幸福感有影响的研究主要基于对世界价值观调查（WVS）和中国综合社会调查（CGSS）数据的分析。世界价值观调查的年度样本在 1000～1500

人，间隔时间在五年以上，样本量偏小。中国综合社会调查的年度样本在 1 万人左右，隔年调查一次。这两个随机调查中幸福感为单题或两个题目测量，直接询问被调查者的幸福程度或生活的满意度，存在信度和效度的问题。本研究在随机取样的全国样本中第一次采用了专门的幸福感测量量表，同时测量居民的正向和负向的情绪体验，并尽可能全面地考虑环境的诸多因素，希望对中国居民的幸福感有一个比较全面、深入的研究。

## 二　研究样本、变量和测量工具

中国社会科学院社会学研究所于 2013 年进行了第四期"中国社会状况综合调查"（CSS2013）。该项调查覆盖全国 31 个省、自治区和直辖市，访问了 10206 位城乡居民。2013 年度缺少新疆维吾尔自治区数据。

本研究重点考察幸福感变量、生活满意度和两种情境下的正向情绪和负向情绪。

生活满意度的测量采用 Diener 等人 1985 年编制的生活满意度量表（satisfaction with life scale，SWLS），这个量表包含五个题目，用于测量一般生活满意度。调查采用六点量表，要求被调查者对五个题目分别在以下六个选项中选择答案，"非常不同意""不同意""不太同意""比较同意""同意"和"非常同意"。情绪测量采用五种基本情绪，一种正向情绪"愉悦、享受"和四种负向情绪"生气、愤怒""担忧、害怕""伤心、悲哀"和"厌恶"，指导语是："请回想过去一年的生活，您在下列日常生活情境中，总体上，体会到下列五种情绪感受的频率是多少？"在两种情境下回答这个问题，分别是在上班（工作、劳动、上学）时和在家时，采用五点量表计分，选项分别是"从来没有""很少""有时""经常"和"总是如此"，上班（工作、劳动、上学）情境中有"不适用"一项。

社会地位是自我社会经济地位认同，要求被调查者回答认为自己处于哪一等级的社会经济地位，分为"下""中下""中""中上"和"上"五级。

## 三　居民幸福感的社会心理学分析

### （一）总体的生活满意度

生活满意度量表 5 个六点量表题目总分介于 5～30 分之间，统计结果显示，样本总体的生活满意度平均得分为 16.87，相当于六点量表的 3.37，介于"不太同意"和"比较同意"之间。如图 13-2 所示，样本的生活满意度得分分布，以平均得分 16.87 为中心呈现近似于正态分布的形态。

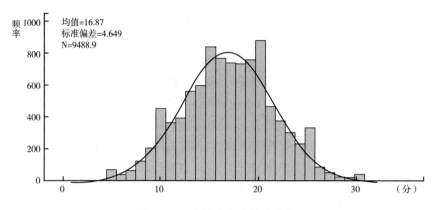

图 13-2　生活满意度得分分布

### （二）总体的日常情绪体验

表 13-1 和表 13-2 为上班（上学）时和在家时正向情绪和不同负向情绪在被调查者生活中所占比重。正向情绪"愉悦享受"无论是在上班（上学）时间还是在家的时间在生活中所占比例较高，两种情境相比，在家时的比例更高。在上班（上学）时间，"经常"和"总是如此"两项相加的比例为 39.4%，在家时的比例为 62.9%，而"从来没有"和"很少"的比例，在上班（上学）时为 24.1%，在家时为 11.3%，把介于二者之间的"有时"计入正向情绪的比例，则倾向于"愉悦享受"的比例：上班（上学）时为 75.9%，在家时为 88.8%。负向情绪中出现频率最高的是"生气愤怒"，上班（上学）时回答"从来没有"和"很少"的比例为 57.1%，在家时为 65%；其次是"担忧害怕"，上班（上学）时表示"从来没有"和"很少"的比例为 65.4%，在家时为 74.9%；"伤心悲哀"在上班（上学）时频率最低，回答"从来没有"和"很少"的比例为 74.4%，高于"厌恶"情绪的 68.3%；在家时的这一比例为 77.8%，略低于"厌恶"情绪的 82.8%。比较表 13-1 和表 13-2 两种情境，一致的结果是在家时的正向情绪频率高于上班（上学）时，负向情绪则低于上班（上学）时。

表 13 - 1　上班（上学）时不同情绪体验的百分比

单位：%

| 类　别 | 愉悦享受 | 生气愤怒 | 担忧害怕 | 伤心悲哀 | 厌　恶 |
|---|---|---|---|---|---|
| 从来没有 | 5. 3 | 13. 4 | 29. 6 | 35. 9 | 34. 7 |
| 很少 | 18. 8 | 43. 7 | 35. 8 | 38. 5 | 33. 6 |
| 有时 | 36. 5 | 35. 2 | 26. 5 | 21. 7 | 24. 8 |
| 经常 | 34. 9 | 7. 4 | 7. 4 | 3. 5 | 6. 2 |
| 总是如此 | 4. 5 | 0. 3 | 0. 7 | 0. 3 | 0. 8 |

表 13 - 2　在家时不同情绪体验的百分比

单位：%

| 类　别 | 愉悦享受 | 生气愤怒 | 担忧害怕 | 伤心悲哀 | 厌　恶 |
|---|---|---|---|---|---|
| 从来没有 | 1. 9 | 15. 7 | 36. 8 | 36. 2 | 47. 3 |
| 很少 | 9. 4 | 49. 3 | 38. 1 | 41. 6 | 35. 5 |
| 有时 | 25. 9 | 29. 6 | 20. 0 | 18. 8 | 14. 3 |
| 经常 | 53. 7 | 5. 3 | 4. 8 | 3. 1 | 2. 6 |
| 总是如此 | 9. 2 | 0. 2 | 0. 4 | 0. 3 | 0. 2 |

把在家和上班（上学）两种情境下四种负向情绪得分相加构成负向情绪总分，再除以 4 得到四种负向情绪的平均分，其分布如图 13 - 3 和图 13 - 4 所示。在家时负向情绪均值为 1. 95，偏向低分方向的分布，在上班（上学）时，均值为 2. 12，偏向低分方向分布，说明整体上在家时的负向情绪水平低于五点量表的 2 代表分的"很少"水平，上班（上学）情境则是略高于"很少"水平。

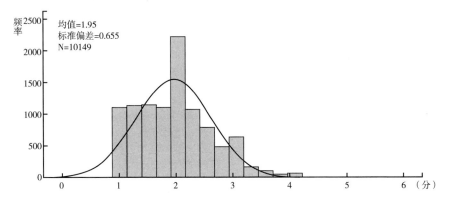

图 13 - 3　在家时负向情绪

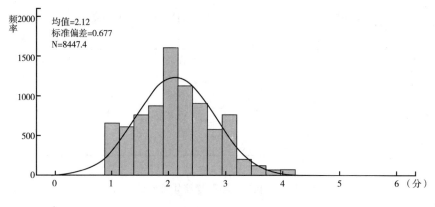

图 13-4　上班（上学）时负向情绪

现以正向情绪得分减去负向情绪得分得到幸福感情绪体验的净快乐，其平均值见表 13-3，均值分布见图 13-5 和图 13-6。可以看到在家时净快乐大于上班（上学）时的净快乐，在家时净快乐是偏向正向的分布，上班（上学）时的净快乐更接近正态分布。

表 13-3　几种情绪体验的基本统计量

| 类　别 | N | 极小值 | 极大值 | 均　值 | 标准差 |
| --- | --- | --- | --- | --- | --- |
| 在家时愉悦享受 | 10215 | 1 | 5 | 3.59 | 0.85 |
| 上班(上学)时愉悦享受 | 8493 | 1 | 5 | 3.14 | 0.95 |
| 在家时负向情绪 | 10149 | 1.00 | 5.00 | 1.95 | 0.66 |
| 上班(上学)时负向情绪 | 8447 | 1.00 | 5.00 | 2.12 | 0.68 |
| 在家时净快乐 | 10141 | -4.00 | 4.00 | 1.64 | 1.24 |
| 上班(上学)时净快乐 | 8442 | -4.00 | 4.00 | 1.02 | 1.31 |

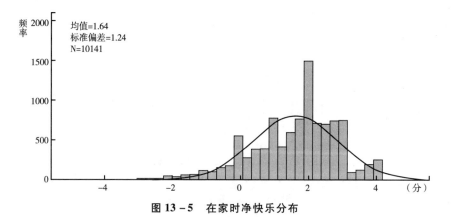

图 13-5　在家时净快乐分布

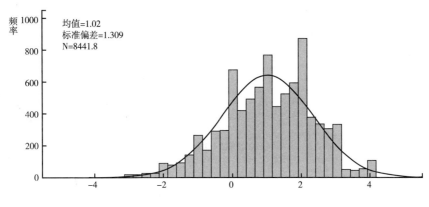

图 13 - 6　上班（上学）时净快乐

## （三）不同群体的生活满意度和情绪体验

### 1. 男性和女性

女性的生活满意度得分为 17.15，高于男性的 16.61，且二者之间存在极其显著的差异。男性上班（上学）时净快乐和女性相同，均为 1.02，没有差异。男性在家时净快乐高于女性，且差异显著。

表 13 - 4　男性和女性群体的生活满意度和净快乐得分

| | | 生活满意度 | 上班(上学)时净快乐 | 在家时净快乐 |
|---|---|---|---|---|
| 男 | 均值 | 16.61 | 1.02 | 1.75 |
| | N | 4893 | 4677 | 5167 |
| | 标准差 | 4.68 | 1.30 | 1.20 |
| 女 | 均值 | 17.15 | 1.02 | 1.52 |
| | N | 4596 | 3765 | 4974 |
| | 标准差 | 4.60 | 1.32 | 1.27 |
| 总　计 | 均值 | 16.87 | 1.02 | 1.64 |
| | N | 9489 | 8442 | 10141 |
| | 标准差 | 4.65 | 1.31 | 1.24 |

### 2. 不同年龄群体

35 岁及以下组、36 ~ 50 岁组和 51 岁及以上组三个群体的生活满意度得分分别为 16.09、16.85 和 18.13 分，三组之间的生活满意度得分存在极其显著的差异，且年龄越大生活满意度得分越高。这三组的上班

（上学）时净快乐得分与生活满意度得分类似，年龄越大得分越高，35岁及以下组和36~50岁组得分接近，分别为0.96和0.97，51岁及以上组得分最高，为1.21。在家时净快乐得分35岁及以下组和51岁及以上组相同，均为1.66，36~50岁组得分最低，为1.59。各年龄组在两种情境下的净快乐都存在显著差异。

表 13 – 5　不同年龄群体的生活满意度和净快乐得分

单位：分

| | | 生活满意度 | 上班（上学）时净快乐 | 在家时净快乐 |
|---|---|---|---|---|
| 35 岁及以下 | 均值 | 16.09 | 0.96 | 1.66 |
| | N | 3748 | 3405 | 3885 |
| | 标准差 | 4.40 | 1.19 | 1.14 |
| 36~50 岁 | 均值 | 16.85 | 0.97 | 1.59 |
| | N | 3338 | 3192 | 3574 |
| | 标准差 | 4.64 | 1.35 | 1.28 |
| 51 岁及以上 | 均值 | 18.13 | 1.21 | 1.66 |
| | N | 2403 | 1845 | 2682 |
| | 标准差 | 4.77 | 1.42 | 1.32 |
| 总　计 | 均值 | 16.87 | 1.02 | 1.64 |
| | N | 9489 | 8442 | 10141 |
| | 标准差 | 4.65 | 1.31 | 1.24 |

### 3. 不同受教育程度群体

初中及以下组、中等教育组（高中、中专、职高）和高等教育组（大专、本科、研究生）三个群体的生活满意度得分分别为17.08、16.52和16.54，且三组之间的得分存在极其显著的差异，受过中等、高等教育者生活满意度得分接近，受过高等教育者略高，而受过初中及以下教育者生活满意度得分最高。三组之间在两种情境下的净快乐得分都存在显著差异，受教育程度越高在上班（上学）时或在家时的净快乐得分越高（见表13–6）。

### 4. 不同社会经济地位认同群体

认为自己处于不同社会经济地位的被调查者在生活满意度和两种情境下的净快乐得分上表现出极其显著的差异，如表13–7所示，自我认同的社会经济地位越高生活满意度越高，上班（上学）时净快乐和在家时净快乐得分也越高。

表 13 – 6　不同受教育程度群体的生活满意度和净快乐得分

| | | 生活满意度 | 上班(上学)时净快乐 | 在家时净快乐 |
|---|---|---|---|---|
| 初中及以下 | 均值 | 17.08 | 0.99 | 1.54 |
| | N | 5868 | 5175 | 6422 |
| | 标准差 | 4.66 | 1.36 | 1.30 |
| 中等 | 均值 | 16.52 | 1.06 | 1.72 |
| | N | 1876 | 1609 | 1946 |
| | 标准差 | 4.61 | 1.26 | 1.17 |
| 高等 | 均值 | 16.54 | 1.10 | 1.89 |
| | N | 1731 | 1647 | 1759 |
| | 标准差 | 4.60 | 1.17 | 1.05 |
| 总计 | 均值 | 16.87 | 1.02 | 1.64 |
| | N | 9476 | 8432 | 10127 |
| | 标准差 | 4.65 | 1.31 | 1.24 |

表 13 – 7　不同社会经济地位群体的生活满意度和净快乐得分

| | | 生活满意度 | 上班(上学)时净快乐 | 在家时净快乐 |
|---|---|---|---|---|
| 上 | 均值 | 22.12 | 1.54 | 2.18 |
| | N | 43 | 41 | 46 |
| | 标准差 | 5.49 | 1.13 | 1.17 |
| 中上 | 均值 | 19.36 | 1.37 | 1.96 |
| | N | 635 | 587 | 662 |
| | 标准差 | 4.33 | 1.22 | 1.12 |
| 中 | 均值 | 18.09 | 1.23 | 1.84 |
| | N | 3943 | 3527 | 4187 |
| | 标准差 | 4.22 | 1.23 | 1.13 |
| 中下 | 均值 | 16.18 | 0.90 | 1.55 |
| | N | 2810 | 2483 | 2987 |
| | 标准差 | 4.37 | 1.27 | 1.18 |
| 下 | 均值 | 14.45 | 0.62 | 1.24 |
| | N | 1922 | 1665 | 2088 |
| | 标准差 | 4.62 | 1.44 | 1.43 |
| 总计 | 均值 | 16.87 | 1.02 | 1.64 |
| | N | 9353 | 8302 | 9970 |
| | 标准差 | 4.64 | 1.31 | 1.24 |

## （四）生活满意度、净快乐得分的空间分布

### 1. 生活满意度得分分布

图13-7为全国不同省、自治区、直辖市生活满意度得分，生活满意度得分较高的地区有西藏、山东、天津、安徽、重庆、河北、湖南和青海等。得分比较低的地区有宁夏、海南、云南、广东、江西、福建、广西、贵州等。

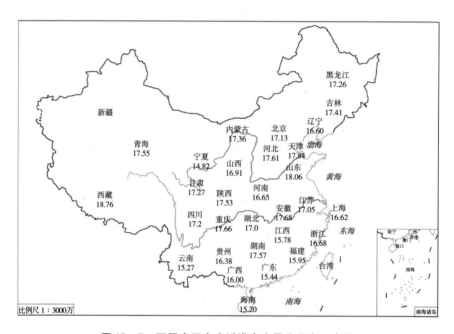

**图13-7 不同省区市生活满意度得分分布示意图**

注：因本次课题组未前往新疆调查，故新疆部分没有数据。以下同。

### 2. 在家时正向情绪

图13-8为全国不同省、自治区、直辖市在家时正向情绪得分分布，得分较高的区域位于东部，东北三省、天津、山东、江苏等。得分比较低的是宁夏、青海、西藏、贵州、广西、江西等。

### 3. 在家时负向情绪

图13-9为全国不同省、自治区、直辖市在家时负向情绪得分分布，得分较高的区域位于西南部，西藏、贵州、广西、海南、宁夏、山西等。得分较低的地区有黑龙江、吉林、内蒙古、江苏、四川、湖北等。

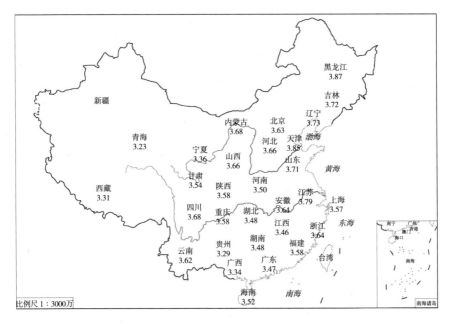

图 13-8　不同省区市在家时正向情绪得分分布

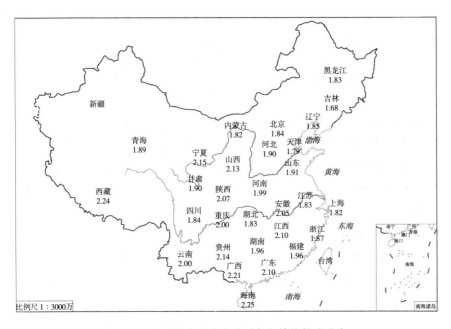

图 13-9　不同省区市在家时负向情绪得分分布

### 4. 上班（上学）时正向情绪

图 13-10 为全国不同省、自治区、直辖市上班（上学）时正向情绪得分分布，得分较高的地区有西藏、山西、河北、天津、山东、安徽、黑龙江、吉林等。得分较低的地区有甘肃、湖北、贵州、内蒙古等。

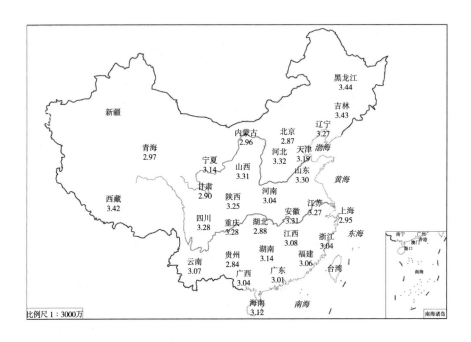

比例尺 1∶3000 万

**图 13-10　不同省区市上班（上学）时正向情绪得分分布**

### 5. 上班（上学）时负向情绪

图 13-11 为全国不同省、自治区、直辖市上班（上学）时负向情绪得分分布，得分较高的地区有西藏、贵州、广西、广东、江西、山西、宁夏等。得分较低的地区有青海、四川、浙江、上海、河北、吉林、黑龙江、海南等。

### 6. 在家时净快乐

图 13-12 为全国不同省、自治区、直辖市在家时净快乐得分分布，得分较高的地区有黑龙江、吉林、辽宁、内蒙古、江苏等。得分较低的地区有宁夏、贵州、广西、海南等。

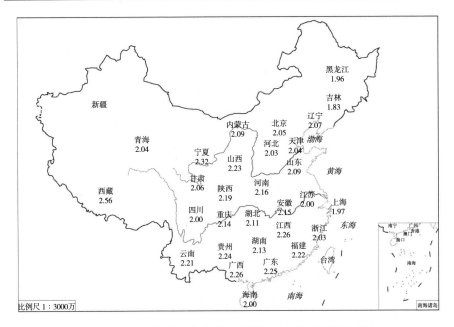

**图 13 – 11 不同省区市上班（上学）时负向情绪得分分布**

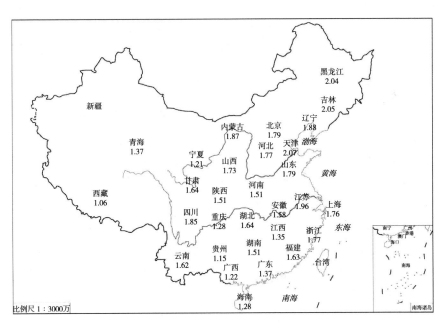

**图 13 – 12 不同省区市在家时净快乐得分分布**

### 7. 上班（上学）时净快乐

图 13 - 13 为全国不同省、自治区、直辖市上班（上学）时净快乐得分分布，得分较高的地区有黑龙江、吉林、辽宁、河北、山东、安徽、四川等。得分较低的地区有宁夏、北京、湖北、江西、福建、广东、广西、贵州等。

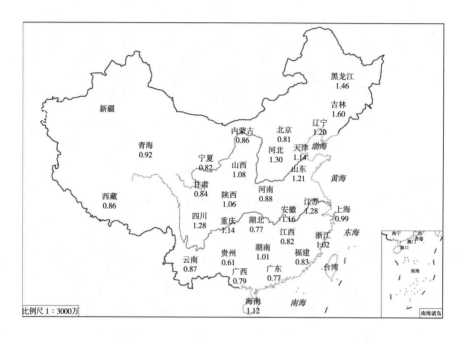

**图 13 - 13    不同省区市上班（上学）时净快乐得分分布**

### 8. 城乡分布

如表 13 - 8 所示，城镇居民生活满意度为 17.22，高于农村居民的 16.63，且二者存在极其显著的差异。城镇居民在家时净快乐均值为 1.72，高于农村居民的 1.52，二者存在极其显著的差异。城镇居民上班（上学）时净快乐得分略高于农村居民，二者差异不显著。

图 13 - 14 为不同居住区居民生活满意度得分情况，得分最高的是村庄、乡中心区和镇乡结合部，这些区域高于总体平均值。得分最低的是特殊区域、城乡结合部，主城区和镇中心区也低于总体平均值。

表 13－8　生活满意度和净快乐得分的城乡分布

|  |  | N | 均值 | 标准差 | F | P |
|---|---|---|---|---|---|---|
| 生活满意度 | 城镇 | 5568 | 17.22 | 4.64 |  |  |
|  | 乡村 | 3921 | 16.63 | 4.64 | 37.03 | .000 |
|  | 总数 | 9489 | 16.87 | 4.65 |  |  |
| 在家时净快乐 | 城镇 | 5870 | 1.72 | 1.19 |  |  |
|  | 乡村 | 4272 | 1.52 | 1.30 | 62.24 | .000 |
|  | 总数 | 10142 | 1.64 | 1.24 |  |  |
| 上班(上学)时净快乐 | 城镇 | 4699 | 1.03 | 1.26 |  |  |
|  | 乡村 | 3743 | 1.02 | 1.36 | .15 | .702 |
|  | 总数 | 8442 | 1.02 | 1.31 |  |  |

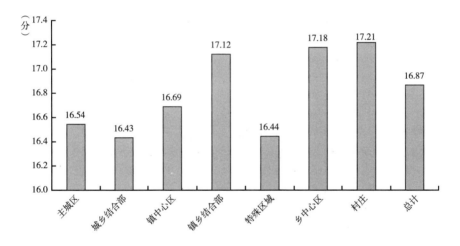

图 13－14　不同居住区居民生活满意度得分

　　图 13－15 为不同居住区居民在家时净快乐得分情况，得分最高的是主城区居民，为 1.80，其次是镇乡结合部，为 1.73，排在第三位的为城乡结合部居民，为 1.71，其余均低于总体均值。得分最低的是特殊区域居民，为 1.39，其次是村庄居民，为 1.52，乡镇中心区得分接近。

　　图 13－16 为不同居住区居民上班（上学）时净快乐得分情况，得分最高的是乡中心区居民，其次是镇乡结合部居民，排在第三位的是镇中心区居民。得分最低的是特殊区域居民，其次是主城区和城乡结合部居民，村庄居民略高。整体上，上班（上学）时净快乐得分均值各组之间差异不大。

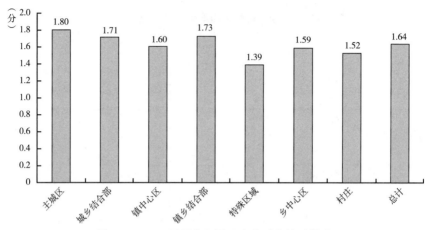

**图 13 – 15　不同居住区居民在家时净快乐得分**

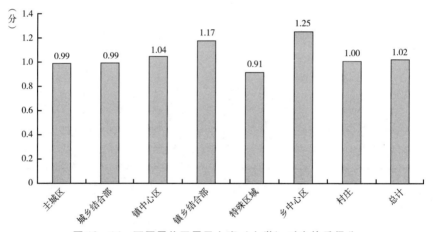

**图 13 – 16　不同居住区居民上班（上学）时净快乐得分**

### 9. 各大区域

图 13 – 17 为中国各大区域居民生活满意度得分情况，得分最高的是华北地区居民，均值为 17.38，其次是西北地区居民，均值为 17.21，华东和东北地区居民得分接近，分别为 17.07 和 17.01，其余各大区域居民得分均值低于总体均值。得分最低的是华中地区居民，其次是西南地区居民，均值分别为 16.41 和 16.70。

图 13 – 18 为中国各大区域居民在家时净快乐得分情况，各地区平均分最高的是东北地区居民，均值为 1.98，其次是华北地区居民，均值为 1.77，第三名为华东地区居民，均值为 1.73，其余地区得分低于总体平均水平。

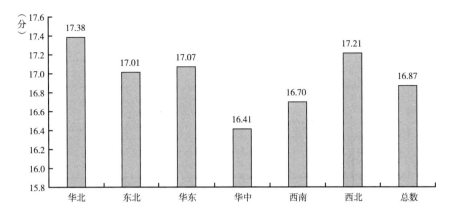

图 13 - 17　各大区域居民生活满意度得分

得分最低的地区是华中地区居民，均值为 1.45，其次是西北和西南地区居民，均值分别为 1.50 和 1.59。

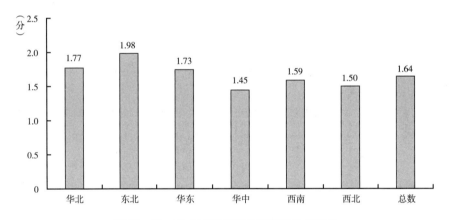

图 13 - 18　各大区域居民在家时净快乐得分

图 13 - 19 为中国各大区域居民上班（上学）时净快乐得分情况，各地区平均分最高的是东北地区居民，均值为 1.39，其次是华北和华东地区居民。得分最低的是华中地区居民，其次是西北和西南地区居民。

**（五）生活满意度和情绪的相关分析**

为了了解倾向于认知评价的生活满意度和日常生活的正负向情绪体验之间的关系，表 13 - 9 对生活满意度、各单独正负向情绪和负向情绪总分，以

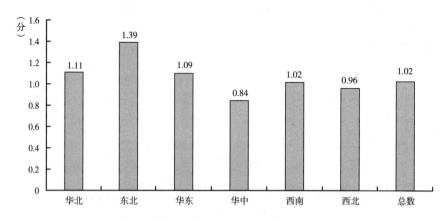

图 13 - 19 各大区域居民上班（上学）时净快乐得分

及上班（上学）和在家情境下正向情绪减去负向情绪的净快乐得分进行相关分析。结果显示，生活满意度与上班（上学）和在家的正向情绪、净快乐成正相关关系，相关程度高低分别是上班（上学）时净快乐、在家时净快乐、上班（上学）时正向情绪和在家时正向情绪。生活满意度与各负向情绪、负向情绪总分均为负相关关系，其中相关程度最高的是上班（上学）时负向情绪，其次是在家时负向情绪，各单独负向情绪与生活满意度相关程度最高的是在家时伤心悲哀，其次是上班（上学）时生气愤怒和上班（上学）时伤心悲哀，相关程度最低的是上班（上学）时担忧害怕和在家时生气愤怒。在家时正向情绪与上班（上学）时正向情绪的相关程度较高，相关系数为 0.456，在家时负向情绪与上班（上学）时负向情绪的相关系数为 0.599，在家时净快乐与上班（上学）时净快乐的相关系数为 0.531。

## 四 结论和讨论

综上所述，本研究的主要结论如下。

样本总体生活满意度平均得分为 16.87，介于"不太同意"和"比较同意"之间。

无论是上班（上学）还是在家，正向情绪所占比例均高于负向情绪，两种情境相比，在家时正向情绪比例高于上班（上学）时。整体上，在家时的负向情绪水平低于五点量表的 2 代表的"很少"水平，上班（上学）时的负向情绪略高于 2。

表 13 - 9　生活满意度、正负向情绪、净快乐的相关分析

| | 生活满意度 | 在家时愉悦享受 | 在家时生气愤怒 | 在家时担忧害怕 | 在家时伤心悲哀 | 在家时厌恶 | 上班(上学)时愉悦享受 | 上班(上学)时生气愤怒 | 上班(上学)时担忧害怕 | 上班(上学)时伤心悲哀 | 上班(上学)时厌恶 | 上班(上学)时负向情绪 | 在家时负向情绪 | 在家时净快乐 | 上班(上学)时净快乐 |
|---|---|---|---|---|---|---|---|---|---|---|---|---|---|---|---|
| 生活满意度 | 1 | .290** | -.213** | -.224** | -.263** | -.220** | .319** | -.239** | -.207** | -.238** | -.231** | -.303** | -.293** | .354** | .389** |
| 在家时愉悦享受 | .290** | 1 | -.255** | -.245** | -.285** | -.302** | .456** | -.128** | -.136** | -.195** | -.159** | -.206** | -.344** | .868** | .438** |
| 在家时生气愤怒 | -.213** | -.255** | 1 | .414** | .467** | .419** | -.118** | .431** | .249** | .290** | .253** | .400** | .721** | -.555** | -.294** |
| 在家时担忧害怕 | -.224** | -.245** | .414** | 1 | .585** | .487** | -.109** | .243** | .504** | .418** | .263** | .476** | .801** | -.592** | -.327** |
| 在家时伤心悲哀 | -.263** | -.285** | .467** | .585** | 1 | .586** | -.136** | .289** | .374** | .587** | .319** | .518** | .839** | -.639** | -.368** |
| 在家时厌恶 | -.220** | -.302** | .419** | .487** | .586** | 1 | -.132** | .253** | .317** | .410** | .478** | .486** | .789** | -.624** | -.348** |
| 上班(上学)时愉悦享受 | .319** | .456** | -.118** | -.109** | -.136** | -.132** | 1 | -.220** | -.165** | -.182** | -.249** | -.270** | -.157** | .401** | .867** |
| 上班(上学)时生气愤怒 | -.239** | -.128** | .431** | .243** | .289** | .253** | -.220** | 1 | .384** | .419** | .399** | .710** | .385** | -.294** | -.528** |
| 上班(上学)时担忧害怕 | -.207** | -.136** | .249** | .504** | .374** | .317** | -.165** | .384** | 1 | .524** | .394** | .773** | .464** | -.342** | -.519** |
| 上班(上学)时伤心悲哀 | -.238** | -.195** | .290** | .418** | .587** | .410** | -.182** | .419** | .524** | 1 | .447** | .786** | .545** | -.425** | -.540** |
| 上班(上学)时厌恶 | -.231** | -.159** | .253** | .263** | .319** | .478** | -.249** | .399** | .394** | .447** | 1 | .753** | .417** | -.333** | -.571** |
| 上班(上学)时负向情绪 | -.303** | -.206** | .400** | .476** | .518** | .486** | -.270** | .710** | .773** | .786** | .753** | 1 | .599** | -.461** | -.714** |
| 在家时负向情绪 | -.293** | -.344** | .721** | .801** | .839** | .789** | -.157** | .385** | .464** | .545** | .417** | .599** | 1 | -.764** | -.425** |
| 在家时净快乐 | .354** | .868** | -.555** | -.592** | -.639** | -.624** | .401** | -.294** | -.342** | -.425** | -.333** | -.461** | -.764** | 1 | .531** |
| 上班(上学)时净快乐 | .389** | .438** | -.294** | -.327** | -.368** | -.348** | .867** | -.528** | -.519** | -.540** | -.571** | -.714** | -.425** | .531** | 1 |

注: ** 在 0.01 水平（双侧）上显著相关。

　　净快乐是幸福感重要的预测变量。在家时净快乐大于上班（上学）时的净快乐。正向情绪减去负向情绪的净快乐与生活满意度的相关程度高于单独的正向情绪或负向情绪，也高于负向情绪总分，而上班（上学）时净快乐与生活满意度的相关程度又高于在家时净快乐与生活满意度的相关程度。

　　女性的生活满意度高于男性，男性和女性上班（上学）时净快乐没有差异，男性在家时的净快乐得分高于女性。

　　年龄越大生活满意度得分、上班（上学）时净快乐得分越高。在家时净快乐得分的情况是，35 岁及以下组和 51 岁及以上组相同，36～50 岁组得分最低。

　　受过中等、高等教育者生活满意度得分接近，受过高等教育者略高，而受过初中及以下教育者生活满意度得分最高。受教育程度越高在上班（上学）或在家时的净快乐得分越高。

　　自我认同的社会经济地位越高，生活满意度、上班（上学）时净快乐和在家时净快乐得分也越高。

　　城市居民生活满意度、在家时净快乐得分高于农村居民。在上班（上学）时净快乐方面城乡居民得分差异不显著。

　　生活满意度得分最高的是村庄、乡中心区和镇乡结合部。在家时净快乐得分最高的是主城区居民、镇乡结合部和城乡结合部居民。上班（上学）时净快乐得分最高的是乡中心区居民、镇乡结合部居民和镇中心区居民。

　　生活满意度得分最高的是华北地区、西北地区、华东地区和东北地区居民。在家时净快乐得分最高的是东北地区、华北地区和华东地区居民。上班（上学）时净快乐得分最高的是东北地区、华北地区和华东地区居民。

# 第十四章
# "好社会"的价值判断和社会认知

高文珺　杨宜音

党的十八大以来，培育和践行社会主义核心价值观受到高度重视。价值观是人们关于事物重要性的判断与选择，影响着人们的社会认知和社会行为。作为社会成员的精神支柱和行动导向，价值观对社会发展具有重要意义，也是社会心态的核心要素之一（王俊秀，2014）。因此，价值观不仅引起了学术界的广泛关注，也受到了政府的高度重视。近年来，中央将培育和践行社会主义核心价值观视为社会系统正常运转、社会秩序有效维护的重要途径。因而，值得关注的问题就包括：人们当前持有怎样的关于善治社会所应体现出的价值标准？这些价值标准是否会影响人们对社会现状的认识、评价和社会公共参与行为？本研究将围绕这些问题展开讨论。

在社会心理学领域，对价值观的理解和划分有多种方式（杨宜音，1998：82~93）。Rokeach（1973）将价值观区分为"行为方式"和"终极状态"两大类，分别是终极性价值观和工具性价值观，前者是理想化的终极状态，是人们想要实现的目标，后者是达成理想化终极状态所采用的行为方式或手段。他认为，价值观是一般性的信念，它具有动机功能，它不仅是评价性的，还是规范性的和禁止性的，是行动和态度的指导，是个人的也是社会的现象（Braithwaite and Scott，1990：661 - 753）。杨中芳（1994）曾将中国文化价值体系划分为三大层次，即世界观（宇宙观、变迁观、人生兴趣、理想世界、社会/个人关系、社会的功能、理想社会结构、个人的地位、理想个人、理想人际关系）、社会观（组织制度、基本单位、社会阶层、人/群关系、社会规范、人际结构、人际规范、人际交往社会化、社会奖惩、社会维系、社会分配、社会公正）和个人观（与环境的关系、与社

会的关系、人际关系、思维方式、行为准则、行为评价、自我发展目标、自
我发展过程）。通过对这些学者观点的梳理，杨宜音（1998）提出，大部分
价值观研究都可沿两个维度进行，分别是终极性与工具性维度和个体性与社
会性维度，在这两个维度上可以比较清晰地分析出社会文化价值观的特征。
本研究对价值观及其社会心理效应的分析和理解，也会兼顾这样两个维度，
主要是通过分析人们对"好社会"标准的价值判断，来了解其社会价值观
取向，并进一步分析这些价值取向对社会认知和社会行为的影响。

# 一 "好社会"价值判断的特点

## 1. 有关"好社会"价值判断的内涵

本研究数据来源于中国社会科学院社会学研究所 2013 年开展的"中国
社会状况综合调查"，该调查覆盖全国 31 个省、自治区和直辖市，访问了
10206 名城乡居民。通过询问受访者"好的社会应当具有哪些特征"，考察
其社会性价值观念。19 个价值观选项既包括党的十八大提出的 12 个社会主
义核心价值观，即富强、民主、文明、和谐、自由、平等、公正、法治、爱
国、敬业、诚信和友善；还包括以往研究和媒体报道中常提及的一些价值取
向，如尊重宪法、创新、包容、崇尚科学、尊重人权、集体主义和团结等。
我们首先根据选择某一价值理念为"好社会"标准的人数，即做出价值判断
以体现出这一价值取向的人数，对这些价值判断进行排序，详见表 14 - 1。

表 14 - 1  有关"好社会"特征的价值判断选择排序 （样本人数：10206）

单位：%

| 价值观 | 选择百分比 | 价值观 | 选择百分比 |
|---|---|---|---|
| 平　等 | 46.8 | 爱　国 | 22.0 |
| 民　主 | 43.2 | 法　治 | 20.1 |
| 公　正 | 39.7 | 自　由 | 18.4 |
| 富　强 | 39.2 | 创　新 | 14.5 |
| 文　明 | 39.1 | 包　容 | 9.3 |
| 和　谐 | 37.0 | 崇尚科学 | 9.3 |
| 团　结 | 23.7 | 友　善 | 9.0 |
| 尊重宪法 | 23.5 | 敬　业 | 3.8 |
| 尊重人权 | 23.4 | 集体主义 | 2.8 |
| 诚　信 | 22.1 | 其　他 | 0.9 |

结果显示,首先,就"好社会"而言,人们多是重视国家层面和社会层面的价值,如国家层面的民主、富强、文明、和谐,社会层面的平等、公正,各有40%左右的调查对象选择了这些价值,这些价值也都可被归为终极性价值。其次,个人层面或工具性的价值,如诚信、爱国、团结、尊重宪法、尊重人权、法治、自由、创新等价值理念,也获得一部分调查对象的认可,20%左右的调查对象将其视作"好社会"的衡量标准。最后,包容、崇尚科学、敬业、友善和集体主义这些个体性相对较强的价值,较少被认为是"好社会"的特征,只有不到10%的人选择了这些价值理念。

由此看出,在评估社会的好坏时,人们所应用的价值准则主要是看社会最终所达到的状态,好的社会应当具备富强、民主、平等、公正、和谐和文明的特点;而为了达到这一理想状态,可能需要在制度上尊重人权和宪法、倡导法治、鼓励自由选择和创新、加强诚信建设和爱国主义教育、促进团结等,但对这些工具性价值与衡量"好社会"的关联,人们虽有一定认识,但重视程度并不高。而诸如包容、友善、敬业这些与个人品性关联较为紧密的价值理念,则被认为与社会的关联度相对较低。总体上,调查对象有关"好社会"的评断主要着眼于社会状态,与终极性价值相对应;部分着眼于社会制度和行为方式,与工具性价值相对应;基本不看重个体性较强的价值。在后续的分析中,我们也将只分析选择人数超过10%的与"好社会"相关的14种价值判断。

**2. 有关"好社会"特征的价值判断的基本人口学特征**

我们分别比较了不同性别、年龄、受教育程度和居住地的调查对象在有关"好社会"价值判断上的特点,结果见表14-2至表14-5。

表14-2 有关"好社会"特征的价值判断与性别的交互作用

单位:%

| 价值观 | 选择百分比 | | 价值观 | 选择百分比 | |
|---|---|---|---|---|---|
| | 男 | 女 | | 男 | 女 |
| 平　等 | 45.8 | 48.4 | 尊重宪法 | 27.5 | 19.7 |
| 民　主 | 46.9 | 39.9 | 尊重人权 | 24.9 | 22.1 |
| 公　正 | 39.5 | 40.3 | 诚　信 | 21.4 | 23.1 |
| 富　强 | 38.4 | 40.5 | 爱　国 | 22.3 | 21.8 |
| 文　明 | 37.9 | 40.7 | 法　治 | 21.4 | 18.9 |
| 和　谐 | 36.1 | 38.4 | 自　由 | 19.6 | 17.4 |
| 团　结 | 21.6 | 26.2 | 创　新 | 15.5 | 13.6 |

表 14 - 2 的结果显示，男性明显比女性更多地持有民主和尊重宪法的价值观念，而女性则明显比男性更多地持有团结价值观念，对于其他价值观念，两组群体选择的百分比相差较小。

表 14 - 3　有关"好社会"特征的价值判断与年龄的交互作用

单位：%

| 价值观 | 选择百分比 | | | | |
|---|---|---|---|---|---|
| | "50 后及以前" | "60 后" | "70 后" | "80 后" | "90 后" |
| 平　等 | 44.2 | 46.0 | 47.6 | 49.7 | 48.5 |
| 民　主 | 42.8 | 41.4 | 44.2 | 42.5 | 48.4 |
| 公　正 | 38.0 | 39.6 | 42.8 | 40.5 | 37.4 |
| 富　强 | 45.3 | 43.1 | 40.4 | 35.2 | 28.6 |
| 文　明 | 36.2 | 36.3 | 40.5 | 41.6 | 43.5 |
| 和　谐 | 35.0 | 36.7 | 38.2 | 39.6 | 36.1 |
| 团　结 | 23.2 | 25.4 | 23.1 | 22.8 | 25.3 |
| 尊重宪法 | 27.9 | 24.0 | 22.1 | 21.5 | 22.2 |
| 尊重人权 | 17.2 | 20.9 | 23.3 | 28.2 | 31.2 |
| 诚　信 | 18.9 | 21.0 | 22.3 | 24.8 | 25.4 |
| 爱　国 | 25.1 | 24.3 | 22.7 | 19.5 | 16.7 |
| 法　治 | 19.2 | 20.1 | 20.0 | 20.6 | 21.5 |
| 自　由 | 14.3 | 18.9 | 16.4 | 21.5 | 23.5 |
| 创　新 | 10.6 | 10.6 | 12.8 | 19.0 | 23.1 |

表 14 - 3 的结果显示，除和谐、团结、公正、法治之外，其他有关"好社会"的价值取向均体现出了较明显的代际差异，平等、民主、文明、尊重人权、诚信、自由和创新的价值选择呈现年轻化态势，而富强、尊重宪法、爱国则呈现年长化特点。具体而言，就平等来说，"80 后"和"90 后"人群中选择此价值的比例要高于"50 后及以前"；就民主来说，"90 后"中选择此价值的比例要高于其他年龄段群体，"70 后""80 后"和"90 后"中选择文明价值的比例要高于"50 后及以前"和"60 后"；"80 后"和"90 后"中选择尊重人权、诚信、自由和创新价值的比例都要高于年长者，特别是"50 后及以前"。而就富强而言，则是"50 后及以前"和"60 后"选择人数比例较高，分别为 45.3% 和 43.1%，而"90 后"选择的比例仅为28.6%；爱国价值选择也呈现类似模式，"50 后及以前"和"60 后"的选择比例高于其他年龄群体，尤其是"90 后"；关于尊重宪法，主要是"50

后及以前"的人群选择比例较高。总的看来,年轻人,尤其是"80后"和"90后",更看重的是近些年来在社会上强调的一些价值理念,如民主、平等、尊重人权、诚信、自由、创新等;而年长者,尤其是"50后及以前",更关注的是传统教育涉及较多的富强、爱国和尊重宪法这些价值。

表 14-4 有关"好社会"特征的价值判断与受教育程度的交互作用

单位:%

| 价值观 | 选择百分比 | | | | |
| --- | --- | --- | --- | --- | --- |
| | 小学及以下 | 初中 | 高中中专职高 | 大专 | 大本及以上 |
| 平 等 | 46.5 | 47.1 | 49.3 | 46.1 | 45.0 |
| 民 主 | 34.1 | 38.8 | 50.9 | 58.2 | 61.5 |
| 公 正 | 40.5 | 42.6 | 37.2 | 40.1 | 33.5 |
| 富 强 | 48.6 | 38.0 | 33.4 | 37.2 | 29.6 |
| 文 明 | 33.3 | 41.3 | 42.6 | 43.7 | 41.0 |
| 和 谐 | 34.7 | 40.4 | 39.3 | 36.6 | 30.3 |
| 团 结 | 28.8 | 26.0 | 19.5 | 18.6 | 13.5 |
| 尊重宪法 | 19.3 | 22.9 | 26.0 | 29.3 | 30.6 |
| 尊重人权 | 14.6 | 24.5 | 29.3 | 28.7 | 32.4 |
| 诚 信 | 19.5 | 21.1 | 22.7 | 25.3 | 31.9 |
| 爱 国 | 24.2 | 24.2 | 19.7 | 17.6 | 16.6 |
| 法 治 | 17.9 | 17.7 | 20.5 | 27.9 | 28.9 |
| 自 由 | 16.9 | 16.7 | 18.0 | 22.9 | 27.3 |
| 创 新 | 9.3 | 14.6 | 17.0 | 16.4 | 24.1 |

表 14-4 的结果显示,受教育程度越高的调查对象会更多地持有较为现代的倡导民主、法治和创新之类的价值理念,而较少持有传统的倡导富强、和谐之类的价值理念。具体而言,就民主价值理念来说,大专、大本及以上学历的调查对象选择的比例更高,大本及以上学历调查对象高出小学及以下学历调查对象 27.4 个百分点;大专、大本及以上学历的调查对象选择尊重宪法、尊重人权和法治的比例也明显高于小学及以下的调查对象;大本及以上学历的调查对象选择自由和创新价值理念的比例要高于其他学历的调查对象。但是,大本及以上学历的调查对象选择公正、富强、和谐、团结和爱国价值理念的人数比例则低于其他学历的调查对象。

表 14-5 的结果表明,有关"好社会"特征的价值判断呈现了一定的城乡差异。城镇调查对象明显要比乡村调查对象更多地持有现代的有关民

主、尊重宪法、尊重人权、诚信、法治和创新的价值理念，而乡村调查对象则更多地持有传统的诸如富强、团结和爱国这样的价值理念。

表14-5 有关"好社会"特征的价值判断与居住地的交互作用

单位：%

| 价值观 | 选择百分比 | | 价值观 | 选择百分比 | |
|---|---|---|---|---|---|
| | 城 镇 | 乡 村 | | 城 镇 | 乡 村 |
| 平　等 | 46.7 | 47.6 | 尊重宪法 | 25.6 | 20.9 |
| 民　主 | 47.6 | 37.7 | 尊重人权 | 27.2 | 18.5 |
| 公　正 | 38.3 | 42.0 | 诚　信 | 24.5 | 19.1 |
| 富　强 | 36.2 | 43.8 | 爱　国 | 20.6 | 24.2 |
| 文　明 | 40.5 | 37.6 | 法　治 | 22.0 | 17.7 |
| 和　谐 | 37.3 | 37.1 | 自　由 | 19.0 | 17.9 |
| 团　结 | 19.8 | 29.4 | 创　新 | 16.0 | 12.5 |

### 3. 小结

通过上述对有关"好社会"的价值判断的分析发现，第一，调查对象衡量"好社会"的准则更多的是社会的最终状态，因此重视富强、民主、平等、公正、和谐和文明这些终极性价值；次要关注的是与达到这些状态所采取的方式相关的价值，如尊重人权、尊重宪法、法治、自由、创新、诚信、爱国、团结等。第二，"好社会"价值判断具有多元化特点，在人口学特征上存在差异，但同时也有共识基础，因为这些差异都较为稳定，即主要表现为持有现代流行的价值观（如民主、文明、尊重宪法、尊重人权、法治、诚信、自由和创新等）和持有传统价值观（如富强、和谐、团结、爱国等）的调查对象存在人口学差异，持有前一类价值观的调查对象年龄偏轻，受教育程度偏高，城镇居民居多；持有后一类价值观的调查对象年龄偏长，受教育程度偏低，乡村居民居多。

在了解了"好社会"价值判断的特点之后，我们将具体分析这些价值观的作用。价值观会对人的社会认知和行为产生影响，人们用以衡量社会好坏的标准体现了其有关社会运作的价值观念，这一价值观念可能会影响人们对社会现状的认识，如对社会现状、社会关系、社会公平程度等的感知，对政府的评价，等等；还可能会影响诸如政治问题讨论、反映意见、上访、游行等社会参与行为。本研究将对此逐一进行分析和探讨。

## 二 "好社会"价值判断与社会认知的关系

### 1. "好社会"价值判断与社会现状总体评价

人们衡量社会的标准不同，对当前社会的评价亦会有所不同，本研究询问了调查对象"我们的社会是否符合一个好的社会的标准"这一问题，五点量表计分，1 代表完全不符合，5 代表完全符合，得分越高代表越是认为当前社会符合"好社会"标准。为分析"好社会"价值判断（以下简称价值判断）与"好社会"评价之间的关系，由此了解人们如何看待当前社会，以前述 14 个"好社会"相关的价值判断为因变量，以人们对当前社会符合"好社会"程度的评价为自变量，同时控制人口学变量的影响，进行层次线性回归分析。第一层进入性别、年龄、受教育程度和居住地等人口学变量，第二层进入"好社会"相关价值判断。每层变量采用 ENTER 进入方式，结果见表 14 - 6。

表 14 - 6 "好社会"评价对有关"好社会"价值判断的回归分析

| 自变量 | 标准化系数 Beta(第一层) | 标准化系数 Beta(第二层) | 第二层 T 值 | 第二层 $p$ 值 | 调整后判定系数 $R^2$ |
|---|---|---|---|---|---|
| 第一层 | | | | | .084 |
| 性别 | .005 | .002 | .237 | .813 | |
| 年龄 | .156 | .149 | 13.876 | .000 | |
| 受教育程度 | -.118 | -.100 | -8.499 | .000 | |
| 居住地 | .115 | .106 | 10.272 | .000 | |
| 第二层 | | | | | .103 |
| 平等 | | -.014 | -1.408 | .159 | |
| 民主 | | -.015 | -1.444 | .149 | |
| 公正 | | -.028 | -2.817 | .005 | |
| 富强 | | .034 | 3.297 | .001 | |
| 文明 | | .036 | 3.653 | .000 | |
| 和谐 | | .038 | 3.767 | .000 | |
| 团结 | | .035 | 3.490 | .000 | |
| 尊重宪法 | | .009 | .889 | .374 | |
| 尊重人权 | | -.053 | -5.308 | .000 | |
| 诚信 | | -.036 | -3.595 | .000 | |
| 爱国 | | .074 | 7.498 | .000 | |
| 法治 | | -.025 | -2.583 | .010 | |
| 自由 | | -.013 | -1.265 | .206 | |
| 创新 | | .000 | -.032 | .975 | |
| | | | | | $\triangle R^2$ = .020 *** F = 64.686 *** |

从表 14-6 中看出，在控制了人口学变量的影响之后，调查对象所持有的关于"好社会"的价值判断与其对当前社会的评价关联紧密。具体而言，富强、文明、和谐、团结和爱国这几个价值判断与"好社会"评价成正相关，即以这些价值来衡量"好社会"的调查对象，对当前社会的评价越高，越认为当前社会与一个"好社会"的符合程度较高；而公正、尊重人权、诚信和法治这几个价值判断则与"好社会"评价成负相关，即以这些价值来衡量"好社会"的调查对象，对当前社会的评价越低，越认为当前社会与一个"好社会"的符合程度较低。这可以在一定程度上表明，调查对象认为当前社会体现出了富强、文明、和谐、团结和爱国的特点，但是在公正、人权、法治和诚信这几方面还存在一定不足。

**2. 价值判断与社会信任感知**

在探讨了人们对社会的总体评价之后，我们将分析人们对社会生活的具体方面的感知，如社会上人与人之间的关系、社会制度的公平程度等与价值判断的关联，考察的内容包括对一般的社会信任、对社会群体之间冲突的感知和社会公平感。其中，对社会信任的测量使用成熟量表（Capra, et al., 2008），包括 6 个题目，分别测量了人们有关大多数人的可信程度、待人公平和乐于助人三方面的信念，使用量表总均分衡量信任。五点量表形式，得分越高，一般信任感越强。为分析价值判断与一般社会信任之间的关系，以前述 14 个"好社会"相关的价值判断为因变量，以一般社会信任为自变量，同时控制人口学变量的影响，进行层次线性回归分析。第一层进入性别、年龄、受教育程度和居住地等人口学变量；第二层进入价值判断。每层变量采用 ENTER 进入方式，结果见表 14-7。

在控制了人口学变量的影响之后，调查对象所持有的关于"好社会"的价值判断与其一般社会信任程度有显著关联。具体而言，文明、和谐、团结、爱国、尊重宪法这几个价值判断与一般社会信任成显著正相关，即调查对象越重视这些主要体现团结、和谐性特点的价值，越相信社会上大多数人可以信任；而诚信价值则与一般社会信任成负相关，即调查对象越重视诚信度，越认为当前社会大多数人可信任程度较低。这可以结合之前的分析结果看，前述对社会总体评价的分析显示出，重视文明、和谐、团结、爱国价值的调查对象也都倾向于赞同当前社会符合这些价值标准，因而其更倾向于感知人际关系的和谐性，信任亦是和谐关系的体现。而重视诚信价值的人倾向于认为当前社会符合这一价值标准的程度较低，因而一般社会信任感知也就相应较低。

表 14 - 7　一般社会信任对有关"好社会"价值判断的回归分析

| 自变量 | 标准化系数 Beta(第一层) | 标准化系数 Beta(第二层) | 第二层 T 值 | 第二层 p 值 | 调整后判定系数 R² |
|---|---|---|---|---|---|
| 第一层 | | | | | .038 |
| 　性别 | .017 | .020 | 2.034 | .042 | |
| 　年龄 | .172 | .167 | 15.166 | .000 | |
| 　受教育程度 | .039 | .038 | 3.126 | .002 | |
| 　居住地 | .099 | .097 | 9.113 | .000 | |
| 第二层 | | | | | .045 |
| 　平等 | | - .013 | - 1.318 | .187 | |
| 　民主 | | .009 | .870 | .384 | |
| 　公正 | | - .003 | - .302 | .763 | |
| 　富强 | | - .008 | - .740 | .459 | |
| 　文明 | | .027 | 2.639 | .008 | |
| 　和谐 | | .027 | 2.623 | .009 | |
| 　团结 | | .026 | 2.578 | .010 | |
| 　尊重宪法 | | .043 | 4.189 | .000 | |
| 　尊重人权 | | - .008 | - .765 | .444 | |
| 　诚信 | | - .028 | - 2.738 | .006 | |
| 　爱国 | | .055 | 5.472 | .000 | |
| 　法治 | | .007 | .669 | .503 | |
| 　自由 | | .001 | .091 | .928 | |
| 　创新 | | .000 | .008 | .994 | |
| | | | | | $\triangle R^2 = .008$ *** F = 27.528 *** |

### 3. 价值判断与社会冲突感知

通过 6 个题目测量了人们如何感知社会群体之间的和谐程度,分别询问了调查对象对几组具有代表性对偶群体关系的认识,具体而言是对贫富、老板与员工、官员与百姓、本地人与外地人、不同民族群体之间、不同宗教群体之间社会冲突严重性的感知,四点量表计分,以 6 个题目的总均分作为社会冲突感知得分,分数越高,感知到的群体间冲突越严重。同样通过层次线性回归分析探索价值判断与社会冲突感知之间的关系,以价值判断为因变量,以社会冲突感知为自变量。第一层进入人口学变量;第二层进入价值判断。每层变量采用 ENTER 进入方式,结果见表 14 - 8。

表14－8　社会冲突感知对有关"好社会"价值判断的回归分析

| 自变量 | 标准化系数 Beta(第一层) | 标准化系数 Beta(第二层) | 第二层 T 值 | 第二层 p 值 | 调整后判定 系数 R² |
|---|---|---|---|---|---|
| 第一层 | | | | | .051 |
| 　性别 | .044 | .045 | 4.594 | .000 | |
| 　年龄 | -.119 | -.112 | -10.196 | .000 | |
| 　受教育程度 | .096 | .087 | 7.224 | .000 | |
| 　居住地 | -.086 | -.083 | -7.874 | .000 | |
| 第二层 | | | | | .058 |
| 　平等 | | .035 | 3.387 | .001 | |
| 　民主 | | .011 | 1.062 | .288 | |
| 　公正 | | .043 | 4.234 | .000 | |
| 　富强 | | -.011 | -1.093 | .274 | |
| 　文明 | | -.018 | -1.829 | .067 | |
| 　和谐 | | -.017 | -1.704 | .088 | |
| 　团结 | | .012 | 1.122 | .262 | |
| 　尊重宪法 | | -.001 | -.098 | .922 | |
| 　尊重人权 | | .052 | 5.047 | .000 | |
| 　诚信 | | .019 | 1.811 | .070 | |
| 　爱国 | | -.012 | -1.235 | .217 | |
| 　法治 | | .034 | 3.371 | .001 | |
| 　自由 | | .013 | 1.298 | .194 | |
| 　创新 | | .007 | .717 | .473 | |
| | | | | | $\triangle R^2$ = .009 *** F = 35.547 *** |

　　在控制了人口学变量的影响之后，调查对象所持有的关于"好社会"的价值判断与其社会冲突感知有显著关联。具体而言，平等、公正、尊重人权和法治价值判断与社会冲突感知成显著的正相关，即调查对象越重视这些和公平、法治相关的价值，感知到的群体间的社会冲突越严重。这可能是因为，调查中所询问的几组群体中要么存在一定的阶层差距，如贫富、老板与员工、官员与百姓；要么存在既定的身份差异，如本地人和外地人、不同民族；抑或存在观念差异，如不同宗教，这些差异本身就可能会滋生一定的群体矛盾，而持有上述价值观的调查对象又倾向于关注不同群体之间是否对等、是否得到相同的对待等问题，因而对差异及其所产生的问题可能更为敏感，因而感知到的群体冲突更严重。

**4. 价值判断与社会公平感**

除了社会关系之外,社会的公平程度也是人们常用来描述社会现状的指标。本研究通过 12 个题目考察了人们对当前社会生活各方面公平程度的感知,包括高考制度、义务教育、政治权利、司法与执法、公共医疗、工作与就业机会、财富与收入分配、养老等社会保障待遇、不同地区行业间待遇、党政干部选拔、城乡之间权利待遇和总体公平状况,以四点量表计分,以 12 个题目的总均分作为社会公平感得分,分数越高,公平感越强。以价值观为因变量,以社会公平感为自变量,同时控制人口学变量的影响,进行层次线性回归分析。第一层进入人口学变量;第二层进入价值判断。每层变量采用 ENTER 进入方式,结果见表 14 - 9。

表 14 - 9 社会公平感对有关"好社会"价值判断的回归分析

| 自变量 | 标准化系数 Beta(第一层) | 标准化系数 Beta(第二层) | 第二层 T 值 | 第二层 p 值 | 调整后判定系数 $R^2$ |
|---|---|---|---|---|---|
| 第一层 | | | | | .048 |
| 性别 | .021 | .014 | 1.418 | .156 | |
| 年龄 | .034 | .034 | 3.112 | .002 | |
| 受教育程度 | -.110 | -.085 | -7.172 | .000 | |
| 居住地 | .133 | .126 | 12.022 | .000 | |
| 第二层 | | | | | .068 |
| 平等 | | -.027 | -2.664 | .008 | |
| 民主 | | -.047 | -4.612 | .000 | |
| 公正 | | -.045 | -4.464 | .000 | |
| 富强 | | -.018 | -1.698 | .090 | |
| 文明 | | .045 | 4.545 | .000 | |
| 和谐 | | .033 | 3.220 | .001 | |
| 团结 | | .020 | 1.954 | .051 | |
| 尊重宪法 | | -.012 | -1.209 | .227 | |
| 尊重人权 | | -.078 | -7.746 | .000 | |
| 诚信 | | -.036 | -3.509 | .000 | |
| 爱国 | | .014 | 1.388 | .165 | |
| 法治 | | -.043 | -4.357 | .000 | |
| 自由 | | -.042 | -4.223 | .000 | |
| 创新 | | .000 | .018 | .985 | |
| | | | | | $\triangle R^2$ = .021 *** |
| | | | | | F = 41.656 *** |

　　在控制了人口学变量的影响之后，调查对象所持有的关于"好社会"的价值判断与其社会公平感有显著关联。具体而言，文明、和谐和团结价值判断与社会公平感成正相关，即调查对象越重视这些与和谐相关的价值，社会公平感越强；而平等、民主、公正、尊重人权、诚信、法治、自由这些价值判断则与社会公平感成负相关，即调查对象越重视这些与公平相关的价值，越可能感知到较低的社会公平性。这也与之前的分析结果相映衬，重视文明、和谐和团结价值的调查对象大多认为当前社会与这些标准吻合程度较高，在这种"和"的视角下，也就更可能认为各种社会制度规章为多数人满意和接受，因而感到公平。而对于关注平等、公正、法治等价值的调查对象而言，对公平的界定标准可能更高，对制度规章的公平性程度也较为敏感，前述分析又表明，那些重视公正、尊重人权、诚信和法治价值的调查对象，大多倾向于认为社会现状与这些标准相距较远，即认为社会公正程度较低，这些都可能导致持有平等公正等价值判断的调查对象产生较低的社会公平感知。

### 5. 价值判断与政府工作评价

　　社会的运作离不开政府的治理，好的社会离不开政府的努力，因而，人们有关"好社会"的价值判断，即人们更关注社会哪些方面的特征，可能会直接影响其对政府工作的评价。本研究通过 11 个题目从不同方面询问了调查对象如何评价地方政府在相关方面的工作，如提供医疗卫生服务、提供社会保障、提供廉租房、提供义务教育、保护环境、打击犯罪、廉洁奉公、依法办事、发展经济、扩大就业和信息公开等。四点计分，1 表示工作做得很不好，4 表示做得很好，以 11 个题目的总均分作为政府工作评价得分，分数越高，对政府工作评价越积极。以价值判断为因变量，以政府工作评价为自变量，同时控制人口学变量的影响，进行层次线性回归分析。第一层进入人口学变量；第二层进入价值判断。每层变量采用 ENTER 进入方式，结果见表 14 - 10。

　　在控制了人口学变量的影响之后，调查对象所持有的关于"好社会"的价值判断与其对政府工作的评价有显著关联。具体而言，文明、和谐、团结和爱国价值判断与地方政府工作评价成正相关，即调查对象越重视这些与和谐相关的价值，对政府的工作评价越高；而民主、公正、尊重人权、诚信、法治、自由这些价值判断则与政府工作评价成负相关，即调查对象越重视这些与公正、民主、法治、人权等相关的价值，对地方政府的工作评价越消极。与前面几个分析结果比较类似，以文明、和谐价值来衡量社会的调查对象，可能因为大多调查对象认为当前社会较接近这些标准，因而对政府工作的评价也较高；而关注公正、尊重人权、诚信和法治的调查对象更多地认为当前社会与这些目标有差距，再加上本研究所考察的政府工作涉及的方面很多都与法治和公正有关，因此，这些调查对象更容易认为政府工作尚不到位，评价较低。

表 14 – 10　政府工作评价对有关"好社会"价值判断的回归分析

| 自变量 | 标准化系数 Beta(第一层) | 标准化系数 Beta(第二层) | 第二层 T 值 | 第二层 $p$ 值 | 调整后判定系数 $R^2$ |
|---|---|---|---|---|---|
| 第一层 | | | | | .020 |
| 　性别 | .022 | .018 | 1.760 | .078 | |
| 　年龄 | .078 | .075 | 6.732 | .000 | |
| 　受教育程度 | – .044 | – .023 | – 1.898 | .058 | |
| 　居住地 | .067 | .061 | 5.745 | .000 | |
| 第二层 | | | | | .035 |
| 　平等 | | – .018 | – 1.746 | .081 | |
| 　民主 | | – .036 | – 3.491 | .000 | |
| 　公正 | | – .054 | – 5.201 | .000 | |
| 　富强 | | – .011 | – 1.074 | .283 | |
| 　文明 | | .029 | 2.871 | .004 | |
| 　和谐 | | .029 | 2.768 | .006 | |
| 　团结 | | .021 | 2.071 | .038 | |
| 　尊重宪法 | | – .003 | – .297 | .766 | |
| 　尊重人权 | | – .058 | – 5.580 | .000 | |
| 　诚信 | | – .025 | – 2.463 | .014 | |
| 　爱国 | | .043 | 4.196 | .000 | |
| 　法治 | | – .036 | – 3.505 | .000 | |
| 　自由 | | – .027 | – 2.603 | .009 | |
| 　创新 | | – .015 | – 1.487 | .137 | |
| | | | | | $\triangle R^2$ = .016 *** F = 21.061 *** |

### 6. 小结

上述分析结果一致表明，"好社会"价值判断会影响人们对社会现状的认知和评价，首先，结合人们的价值观和其对当前社会是否符合"好社会"

标准的判断分析，调查对象倾向于认为我国当前社会比较具有富强、文明、和谐、团结和爱国的特征。不太具有公正、尊重人权、诚信和法治的特征。其次，与对社会整体感知的分析结果相一致，具体到各个社会方面来看，持有文明、和谐、团结或爱国这一类价值取向的调查对象更多地表现出下列特征：认为社会上大多数人可信任，不同社会群体之间冲突较少，社会比较公平，地方政府工作做得比较好。而持有平等、公正、尊重人权、法治、诚信或自由一类价值取向的调查对象，则表现出相反的特征：社会信任感较弱，社会群体冲突感知较强，社会公平感较弱，对地方政府工作评价较为消极。

## 三　价值取向与公共参与行为

### 1. 研究结果与讨论

对"好社会"标准的价值判断体现了人们的社会性价值观取向，而价值观取向又会影响人们的行为，因而，人们重视的"好社会"特征，与人们自身的社会行为，尤其是社会参与行为，可能关联密切。为验证这一点，我们探讨了价值判断与公共参与行为之间的交互作用。所测量的社会参与行为涵盖了不同程度的行为，从一般性地与周围人讨论政治问题，参与居委会/村委会选举到较为激进的示威游行、罢工等。分别询问调查对象过去三年是否参与过这些行为以及是否愿意参与，再比较参与行为和意愿不同的调查对象的价值判断情况，即比较行为不同的调查对象所体现出的价值取向的特点，结果见表 14 - 11 和表 14 - 12。

表 14 - 11　价值判断与公共参与行为的交互作用

单位：%

| | | 参与过下述行为的人数百分比 | | | | | | | |
|---|---|---|---|---|---|---|---|---|---|
| | | 与周围人讨论政治问题 | 参加居委会/村委会选举 | 互联网讨论政治问题 | 给报刊电台写信反映意见 | 向政府部门反映意见 | 到政府部门上访 | 参与示威游行 | 参与罢工罢市罢课 |
| 平等 | 否 | 42.6 | 41.2 | 9.4 | 1.9 | 6.7 | 2.9 | 0.8 | 1.2 |
| | 是 | 41.8 | 39.1 | 8.6 | 1.8 | 6.9 | 3.1 | 1.2 | 1.5 |
| 民主 | 否 | 36.8 | 39.9 | 7.2 | 1.7 | 6.5 | 2.8 | 0.9 | 1.4 |
| | 是 | 49.2 | 40.7 | 11.3 | 2.1 | 7.1 | 3.2 | 1.2 | 1.2 |
| 公正 | 否 | 42.5 | 39.7 | 9.5 | 1.9 | 6.4 | 2.6 | 1.0 | 1.3 |
| | 是 | 41.7 | 41.0 | 8.2 | 1.9 | 7.2 | 3.5 | 1.0 | 1.4 |

续表

| | | 参与过下述行为的人数百分比 | | | | | | | |
|---|---|---|---|---|---|---|---|---|---|
| | | 与周围人讨论政治问题 | 参加居委会/村委会选举 | 互联网讨论政治问题 | 给报刊电台写信反映意见 | 向政府部门反映意见 | 到政府部门上访 | 参与示威游行 | 参与罢工罢市罢课 |
| 富强 | 否 | 44.2 | 38.5 | 10.5 | 2.1 | 6.9 | 2.9 | 1.3 | 1.6 |
| | 是 | 39.1 | 42.8 | 6.6 | 1.6 | 6.5 | 3.0 | 0.6 | 0.8 |
| 文明 | 否 | 42.8 | 40.4 | 8.6 | 1.7 | 6.3 | 3.0 | 1.0 | 1.0 |
| | 是 | 41.3 | 39.9 | 9.6 | 2.1 | 7.5 | 2.9 | 1.1 | 1.8 |
| 和谐 | 否 | 42.2 | 39.4 | 9.7 | 1.8 | 6.8 | 2.9 | 1.0 | 1.2 |
| | 是 | 42.3 | 41.6 | 7.8 | 2.0 | 6.7 | 3.0 | 1.0 | 1.5 |
| 团结 | 否 | 44.6 | 39.4 | 9.9 | 2.1 | 6.9 | 2.9 | 1.2 | 1.3 |
| | 是 | 34.6 | 42.7 | 6.0 | 1.3 | 6.3 | 3.1 | 0.6 | 1.3 |
| 尊重宪法 | 否 | 39.4 | 39.5 | 8.2 | 1.8 | 6.1 | 2.8 | 1.0 | 1.4 |
| | 是 | 51.3 | 42.4 | 11.6 | 2.2 | 8.9 | 3.6 | 1.1 | 0.9 |
| 尊重人权 | 否 | 39.8 | 41.6 | 8.0 | 1.8 | 6.6 | 2.9 | 0.9 | 1.1 |
| | 是 | 50.1 | 35.9 | 12.2 | 2.2 | 7.3 | 3.1 | 1.6 | 2.0 |
| 诚信 | 否 | 41.7 | 40.9 | 8.6 | 1.8 | 6.9 | 3.2 | 1.1 | 1.3 |
| | 是 | 43.9 | 37.7 | 10.5 | 2.2 | 6.4 | 2.3 | 0.8 | 1.5 |
| 爱国 | 否 | 42.3 | 39.0 | 9.2 | 1.9 | 6.5 | 2.8 | 1.0 | 1.3 |
| | 是 | 41.7 | 44.4 | 8.4 | 1.9 | 7.6 | 3.6 | 1.2 | 1.5 |
| 法治 | 否 | 40.3 | 40.4 | 8.3 | 1.9 | 6.5 | 2.9 | 0.9 | 1.2 |
| | 是 | 49.6 | 39.6 | 11.6 | 1.7 | 7.9 | 3.1 | 1.4 | 1.7 |
| 自由 | 否 | 41.6 | 41.1 | 8.1 | 1.8 | 7.2 | 3.1 | 1.1 | 1.3 |
| | 是 | 45.0 | 36.4 | 12.9 | 2.0 | 5.0 | 2.4 | 0.8 | 1.4 |
| 创新 | 否 | 40.8 | 41.3 | 8.3 | 1.8 | 6.8 | 3.0 | 1.0 | 1.2 |
| | 是 | 50.5 | 33.9 | 12.8 | 2.6 | 6.7 | 3.0 | 1.3 | 1.9 |

表 14 – 12　价值判断与公共参与意愿的交互作用

单位：%

| | | 愿意参与下述行为的人数百分比 | | | | | | | |
|---|---|---|---|---|---|---|---|---|---|
| | | 与周围人讨论政治问题 | 参加居委会/村委会选举 | 互联网讨论政治问题 | 给报刊电台写信反映意见 | 向政府部门反映意见 | 到政府部门上访 | 参与示威游行 | 参与罢工罢市罢课 |
| 平等 | 否 | 37.8 | 49.5 | 34.3 | 33.4 | 39.6 | 25.3 | 11.6 | 8.7 |
| | 是 | 44.0 | 54.2 | 37.4 | 37.2 | 43.0 | 28.2 | 12.1 | 10.3 |
| 民主 | 否 | 39.5 | 50.9 | 33.6 | 32.8 | 39.1 | 25.7 | 11.0 | 8.7 |
| | 是 | 42.8 | 52.9 | 38.5 | 38.3 | 43.9 | 27.9 | 12.8 | 10.3 |

| | | 愿意参与下述行为的人数百分比 | | | | | | | |
|---|---|---|---|---|---|---|---|---|---|
| | | 与周围人讨论政治问题 | 参加居委会/村委会选举 | 互联网讨论政治问题 | 给报刊电台写信反映意见 | 向政府部门反映意见 | 到政府部门上访 | 参与示威游行 | 参与罢工罢市罢课 |
| 公正 | 否 | 39.3 | 50.6 | 35.3 | 34.4 | 40.0 | 25.6 | 11.7 | 9.3 |
| | 是 | 43.0 | 53.5 | 36.5 | 36.4 | 43.0 | 28.2 | 11.9 | 9.7 |
| 富强 | 否 | 42.5 | 51.1 | 37.4 | 36.6 | 42.1 | 27.5 | 13.1 | 10.4 |
| | 是 | 38.3 | 52.9 | 33.3 | 33.1 | 39.7 | 25.4 | 9.8 | 8.0 |
| 文明 | 否 | 38.4 | 50.7 | 34.5 | 33.5 | 40.1 | 26.2 | 11.0 | 9.0 |
| | 是 | 44.2 | 53.5 | 37.7 | 37.8 | 42.8 | 27.3 | 13.0 | 10.0 |
| 和谐 | 否 | 39.9 | 51.2 | 34.9 | 35.2 | 40.6 | 26.4 | 12.1 | 9.9 |
| | 是 | 42.2 | 52.9 | 37.2 | 35.2 | 42.2 | 27.1 | 11.3 | 8.7 |
| 团结 | 否 | 39.6 | 51.1 | 34.9 | 34.8 | 40.2 | 25.6 | 10.8 | 9.1 |
| | 是 | 44.0 | 54.0 | 38.4 | 36.4 | 44.4 | 30.1 | 14.9 | 10.3 |
| 尊重宪法 | 否 | 40.1 | 50.6 | 34.6 | 33.3 | 39.9 | 26.3 | 11.4 | 9.0 |
| | 是 | 43.5 | 55.7 | 39.4 | 41.2 | 45.5 | 27.8 | 13.1 | 10.7 |
| 尊重人权 | 否 | 39.7 | 51.2 | 34.3 | 33.6 | 39.9 | 25.5 | 10.9 | 8.6 |
| | 是 | 44.8 | 53.4 | 40.6 | 40.4 | 45.2 | 30.4 | 14.6 | 12.2 |
| 诚信 | 否 | 41.0 | 52.4 | 36.2 | 36.1 | 41.8 | 27.1 | 12.0 | 9.6 |
| | 是 | 40.0 | 49.8 | 34.0 | 31.9 | 39.1 | 25.2 | 11.2 | 8.9 |
| 爱国 | 否 | 40.3 | 51.2 | 35.3 | 34.8 | 40.7 | 26.6 | 11.7 | 9.7 |
| | 是 | 42.6 | 54.0 | 37.2 | 36.6 | 42.9 | 26.9 | 12.2 | 8.5 |
| 法治 | 否 | 40.6 | 51.7 | 35.9 | 34.9 | 41.0 | 27.0 | 12.0 | 9.5 |
| | 是 | 41.7 | 52.0 | 35.1 | 36.4 | 41.9 | 25.3 | 11.1 | 9.3 |
| 自由 | 否 | 41.1 | 51.8 | 35.6 | 35.3 | 41.6 | 26.6 | 11.7 | 9.1 |
| | 是 | 39.3 | 51.8 | 36.5 | 35.0 | 39.3 | 26.9 | 12.5 | 10.9 |
| 创新 | 否 | 39.7 | 51.4 | 34.7 | 34.2 | 40.5 | 26.3 | 11.5 | 9.0 |
| | 是 | 48.5 | 53.9 | 42.2 | 40.9 | 45.0 | 28.6 | 13.6 | 12.0 |

我们可以从三方面来理解表 14-11 和表 14-12 所呈现的结果。第一，分析每种参与行为和意愿中，持有哪种价值取向的人实际参与和愿意参与的比例较高。从表 14-11 中看出，首先，无论调查对象的价值判断如何，表现出哪种价值取向，过去三年实际进行过的公共参与较多的是与周围人讨论政治问题和参加居委会/村委会选举，每类价值判断中都有 40% 左右的调查对象参与过上述活动，其中，就与周围人讨论政治问题而言，持有创新、尊重人权、法治和民主价值取向的调查对象参与的可能性更大，有 50% 左右

的人都表示曾参与过；而对于参加居委会/村委会选举而言，不同价值取向的调查对象参与比例差距则不是很大，只是持有创新价值取向的调查对象参与比例相对较低。其次，对于其他几种公共参与，参与过的人数比例都比较低，其中，互联网讨论政治问题的参与比例多在8%～10%，持有尊重人权、自由和创新价值取向的调查对象的参与比例在12%以上，而持有团结价值取向的人的参与比例则只有6%；不同价值取向的调查对象向政府部门反映意见的比例也都比较接近，大多在6%～8%，持有自由价值取向的调查对象参与比例最低，只有5%，持有尊重宪法价值取向的调查对象参与比例最高，为8.9%；而关于给报刊电台写信反映意见、到政府部门上访、参与示威游行、参与罢工罢市罢课，参与比例均不超过4%，不同价值取向的调查对象差异较小。从表14-12中看出，首先，无论调查对象持有怎样的价值取向，参与意愿最强的都是参加居委会/村委会选举，愿意参与的比例都在50%左右。其中，持有尊重宪法、法治、平等价值取向的调查对象愿意参与的比例较高，在52%以上。其次，愿意与周围人讨论政治问题和向政府部门反映意见的人也比较多，比例都在40%左右，对于前者，持有创新价值取向的调查对象愿意参与比例最高，达到48.5%，对于后者，持有创新、尊重宪法和尊重人权的调查对象参与比例最高，达到45%及以上。紧随其后，愿意参与互联网讨论政治问题和给报刊电台写信反映意见的人数比例大都在30%～40%，持有创新、尊重人权和尊重宪法价值取向的调查对象在两种活动的参与意愿上比例都比较高。最后，愿意到政府部门上访的比例多在25%～30%，愿意参与游行示威和罢工罢市罢课的比例多集中在10%～15%，不同价值取向调查对象之间差距较小，在参与游行示威方面，持有团结和尊重人权价值取向的调查对象在这三种活动中愿意参与的比例都相对高一些。

第二，分析具有某价值取向和不具有此价值取向的调查对象，各种公共参与行为和意愿的差异。在参与行为方面，持有和未持有某种价值取向的调查对象之间的参与比例整体上相差不是特别明显，但有几个价值在某些行为上出现了一些较大的差异，这些价值分别是民主、团结、尊重宪法、尊重人权、法治和创新。具体而言，持有民主、尊重宪法、法治或尊重人权价值取向的调查对象和未持有这些价值取向的调查对象相比，曾经与周围人讨论政治问题和互联网讨论政治问题的概率都更高。持有创新价值取向的调查对象，与未持有的相比，与周围人讨论政治问题和互联网讨论政治问题的概率也更高，但是，其参加居委会/村委会选举的概率更低。持有团结价值取向的调查对象，和未持有的相比，与周围人讨论政治问题的概率更高，但互联网讨论政治问题的概率更低。在参与意愿方面，持有和未持有某种价值取向的调查对象之间，在很多活动上都体现出了参与意愿的差异，主要出现差异的价值取向是平等、民主、团结、尊重宪法、尊重人权和创新。其中，尊重人权价值取向的影响范围最广，持有这一价值取向的调查对象，和未持有的调查对象相比，愿意参与互联网讨论政治问题、给报刊电台写信反映意见、向政府部门反映意见、到政府部门上访、参与游行示威、参与罢工罢市罢课的比例都更高。创新价值取向影响范围也较大，持有这一价值取向的调查对象，和未持有的相比，愿意参与与周围人讨论政治问题或互联网讨论政治问题、给报刊电台写信反映意见、向政府部门反映意见、参与罢工罢市罢课的比例都更高。持有平等价值取向的调查对象，和未持有的相比，愿意与周围人讨论政治问题和参加居委会/村委会选举的比例更高。持有民主价值取向的调查对象，和未持有的相比，愿意互联网讨论政治问题、给报刊电台写信反映意见的比例更高。持有团结价值取向的人，和未持有的相比，愿意向政府部门反映意见、到政府部门上访和参与示威游行的比例都更高。持有尊重宪法价值取向的调查对象，和未持有的调查对象相比，愿意参加居委会/村委会选举、互联网讨论政治问题、给报刊电台写信反映意见、向政府部门反映意见的比例都更高。还有一个值得注意的价值是富强，虽然比例差异不是最大的，但是持有富强价值取向的调查对象，和未持有的相比，愿意参与这些公共活动的比例都要低一些，实际参与的比例也表现出类似的特点。

第三，分析公共参与行为和公共参与意愿之间的差异。对比表 14 - 11 和表 14 - 12，从比例上看，人们实际的公共参与行为要弱于其公共参与意愿，尤其是对于给报刊电台写信反映意见和向政府部门反映意见，愿意参与的比例要高出实际的参与比例约 30 个百分点；对于互联网讨论政治问题和到政府部门上访，愿意参与的比例也要高出实际的参与比例约 20 个百分点；对于参加居委会/村委会选举、参与示威游行和参与罢工罢市罢课，愿意参与的比例高出实际的参与比例约 10 个百分点。这些差异可能是因为现实生活中从事这些活动的需要和机会都较少，因而实际参与的比例较低。

**2. 小结**

从上述分析结果中，可以得到以下两方面的结论。第一，公共参与行为具有自身的特点。一方面，调查对象的公共参与行为主要表现为与周围人讨论政治问题和参加基层选举，参与的意愿也最强，这些行为的特点是社会影响小，合理合法，私下讨论不会产生广泛的社会影响，参与选举是行使公民选举权。另一方面，调查对象虽然较少公开表达政治见解或意见，但是，如若需要，其公开反映自身意见的意愿还是较强的，最倾向的方式是给媒体写信反映或向政府部门反映，其次是互联网讨论，再次是上访，最后才是游行示威和罢工罢市罢课。可见，虽然调查对象参与过的公共活动主要是私下的、社会影响较小的，但是，其还是愿意参与公开的、社会影响较大的活动来表达自己意见的，并且倾向于选择平和、保守的方式表达意见。第二，公共参与行为和意愿受到价值取向的一定影响，影响较大的是民主、尊重人权、尊重宪法、法治和创新价值取向。为清晰阐述，根据前述对公共参与行为特点的划分，将公共参与行为分为私下和公开表达自己的意见和诉求，其中公开表达方式又可从保守到激进不断升级。根据这一划分，民主、尊重宪法和法治价值观主要影响的是私下的和较为平和、保守的参与行为和意愿，一方面，持有民主和尊重宪法价值取向的调查对象，参与过与周围人讨论政治问题或互联网讨论政治问题的人数比例在本组行为中都是较高的，强调尊重宪法的调查对象在向政府部门反映意见这一行为上的参与比例也相对较高。另一方面，持有这两种价值取向的人要比没有持这两种价值取向的人更愿意参与互联网讨论政治问题、给报刊电台写信或向政府部门反映意见。此外，持有法治价值取向的调查对象参加居委会/村委会选举的概率较高，意愿也更强。尊重人权和创新这两种价值取向的影响更为深远和广泛，对私下和公开的参与行为，乃至激进的公开参与行为都有影响，一方面，持有这两种价值取向的调查对象，实际参与和愿意参与与周围人讨论政治问题、互联网讨论政治问题、给报刊电台写信反映意见的概率，在本组行为中都相对较高，持有尊重人权价值取向的调查对象愿意参与上访、示威游行和罢工罢市罢课的比例也较高。另一方面，持有这两种价值取向的人，与未持有这两种价值取向的人相比，愿意参与互联网讨论政治问题、给报刊电台写信反映意见、向政府部门反映意见、参与罢工罢市罢课等的人数更多，强调尊重人权的调查对象和未持有这种价值取向的调查对象相比，愿意上访和参与示威游行的人数比例也更高。

## 四 结论和讨论

根据本次调查结果，我们可以就有关"好社会"的价值判断形成以下几方面的结论。

第一，人们有关"好社会"的价值判断主要表现为终极性的、社会性的价值取向，部分调查对象也表现出对工具性、社会性价值的关注，很少有调查对象将个体性的价值视为衡量社会发展的准则。

第二，有关"好社会"的价值判断具有多元化特征，但主要表现为传统价值取向和现代价值取向的稳定差异，这就具有了构建共识性价值的基础，即通过协调、整合传统与现代价值凝聚共识。

第三，"好社会"价值判断可以影响人们对社会的总体评价。总体上，人们倾向于认为我国社会比较符合富强、文明、和谐、团结和爱国的特点，但在公正、尊重人权、诚信和法治等方面尚须进步。

第四，"好社会"价值判断还会影响人们对社会的感知，选择文明、和谐、团结或爱国这类价值理念的人社会信任感、社会公平感都较强，对社会群体的冲突感知较弱，对地方政府工作的评价较好。而选择平等、公正、尊重人权、法治、诚信或自由一类价值理念的调查对象则相反，大多是社会信任感、公平感较弱，社会群体冲突感知较强，对地方政府工作评价较为消极。这一结果可能与人们如何看待相关社会价值目标的实现程度有关，促进积极的社会认知不仅要使特定价值取向的群体改变其对社会的看法，还要着力实现其相关社会价值。

第五，从研究中所讨论的公共参与行为看，当前人们主要是参与私下的、社会影响小的活动，如与周围人讨论政治问题和参加基层选举；虽然较少公开表达政治见解或意见，但仍然愿意参与其中，并且倾向于选择平和、保守的方式表达意见。

第六，"好社会"价值判断会影响公共参与行为和意愿，其中影响力较大的是民主、尊重人权、尊重宪法、法治和创新价值取向。民主、尊重宪法和法治价值取向主要影响的是私下的和较为平和、保守的参与行为和意愿；尊重人权和创新这两种价值取向不仅会影响私下和公开的参与行为，还会影响激进的公开参与行为，可能体现出现代价值理念对公共参与行为的意义。

# 参考文献

埃里克·方纳，2010，《给我自由：一部美国的历史》（下卷），王希译，北京：商务印书馆。

柏维春、邵德门，1994，《试论政府评价问题》，《东北师大学报》（哲学社会科学版）第 5 期。

包庆德、王志宏，2003，《走出与走进之间：人类中心主义研究述评》，《科学技术与辩证法》第 2 期。

包宗华，2003，《关于房价收入比的再研究》，《城市开发》第 1 期。

彼特·布劳，1991，《不平等和异质性》，王春光、谢圣赞译，北京：中国社会科学出版社。

边燕杰、刘勇利，2005，《社会分层、住房产权与居住质量——对中国"五普"数据的分析》，《社会学研究》第 3 期。

边燕杰、肖阳，2014，《中英居民主观幸福感比较研究》，《社会学研究》第 2 期。

边燕杰、约翰·罗根、卢汉龙、潘允康、关颖，1996，《"单位制"与住房商品化》，《社会学研究》第 1 期。

C. 莱特·米尔斯，2006，《白领——美国的中产阶级》，周晓虹译，南京：南京大学出版社。

蔡昉，2005，《为什么劳动力流动没有缩小城乡收入差距?》，《理论前沿》第 20 期。

蔡昉、都阳、王美艳，2001，《户籍制度与劳动力市场保护》，《经济研究》第 12 期。

蔡禾、黄建宏，2013，《谁拥有第二套房? ——市场转型与城市住房分化》，《吉林大学社会科学学报》第 4 期。

曹大宇，2011，《环境质量与居民生活满意度的实证分析》，《统计与决策》

第 21 期。

曹明德，2002，《从人类中心主义到生态中心主义伦理观的转变——兼论道
　　德共同体范围的扩展》，《中国人民大学学报》第 3 期。

陈剑澜，2003，《非人类中心主义环境伦理学批判》，赵敦华主编《哲学门》
　　第四卷第一册，湖北：湖北教育出版社。

陈婉婷、张秀梅，2013，《我国居民主观幸福感及其影响因素分析——基于
　　CGSS2010 年数据》，《调研世界》第 10 期。

陈尧，1998，《政治评价论》，《南京社会科学》第 1 期。

陈宗胜、周云波，2001，《非法非正常收入对居民收入差别的影响及其经济
　　学解释》，《经济研究》第 4 期。

代锋、吴克明，2009，《社会资本对大学生就业质量的利弊影响探析》，《教
　　育科学》第 3 期。

丹尼尔·贝尔，2010，《资本主义文化矛盾》，赵一凡等译，北京：人民出
　　版社。

邓曲恒，2007，《城镇居民与流动人口的收入差异：基于 Oaxaca-Blinder 和
　　Quantil 方法的分解》，《中国人口科学》第 2 期。

方纲、风笑天，2009，《城乡居民主观幸福差异及其影响因素研究——以成
　　都市为例》，《人口与发展》第 6 期。

风笑天，2007，《生活质量研究：近三十年回顾及相关问题探讨》，《社会科
　　学研究》第 6 期。

风笑天、易松国，2000，《城市居民家庭生活质量：指标及其结构》，《社会
　　学研究》第 4 期。

弗朗西斯·福山，2001，《信任：社会美德与创造经济繁荣》，彭志华译，
　　海口：海南出版社。

付昊、王益民，2014，《大学生主观幸福感现状调查研究》，《河北农业大学
　　学报》（农林教育版）第 4 期。

高红英、苗元江，2006，《国外幸福感研究的发展轨迹》，《井冈山学院学
　　报》（自然科学版）第 4 期。

高瑾瑾，2007，《环保 NGO 如何提升自身发展能力》，《绿叶》第 5 期。

格奥尔格·齐美尔，2001，《时尚的哲学》，费勇译，北京：文化艺术出版
　　社。

格雷汉姆·加尔顿，2014，《抽样调查方法简介》，上海：格致出版社。

巩英洲，2006，《国外民间环保组织发展对我们的启示》，《社科纵横》第
　　6 期。

官皓，2010，《收入对幸福感的影响研究：绝对水平和相对地位》，《南开经
　　济研究》第 5 期。

郭晓艳，2014，《农村居民就医行为及影响因素分析——以安徽省巢湖市为
　　例》，《安徽农业科学》第 33 期。

国福丽，2008，《国内就业质量研究述评：含义、量化评价及影响因素》，
　　《中国集体经济》第 24 期。

国家发改委社会发展研究所课题组，2012，《扩大中等收入者比重的实证分
　　析和政策建议》，《经济学动态》第 5 期。

国家统计局，《2013 年度统计数据》，http：//www. stats. gov. cn。

国家统计局城调总队课题组，2005，《6 万 ~ 50 万元：中国城市中等收入群
　　体探究》，《数据》第 6 期。

韩俊主编，2009，《中国农民工战略问题研究》，上海：上海远东出版社。

何艳玲，2009，《"中国式"邻避冲突：基于事件的分析》，《开放时代》第
　　12 期。

亨利·法雷尔，2013，《互联网对政治的影响》，郑颖、李莉编译，《国外理
　　论动态》第 1 期。

洪大用，2005，《中国城市居民的环境意识》，《江苏社会科学》第 1 期。

洪大用，2006，《环境关心的测量：NEP 量表在中国的运用评估》，《社会》
　　第 5 期。

洪大用，2007，《中国民间环保力量的成长》，北京：中国人民大学出版社。

洪大用，2008，《试论改进中国环境治理的新方向》，《湖南社会科学》第 3
　　期。

胡洪曙、鲁元平，2012，《收入不平等、健康与老年人主观幸福感——来自
　　中国老龄化背景下的经验证据》，《中国软科学》第 11 期。

胡连生，2006，《从物质主义到后物质主义——现代西方社会价值理念的转
　　向》，《当代世界与社会主义》第 2 期。

胡蓉，2011，《区域差异视角下城镇居民的住房产权获得机制——基于
　　CGSS2006 数据的实证研究》，《广州大学学报》（社会科学版）第 12
　　期。

胡蓉，2012，《市场化转型下的住房不平等基于 CGSS2006 调查数据》，《社

会》第 1 期。

加尔布雷斯，1965，《丰裕社会》，徐世平译，上海：上海人民出版社。

加里·贝克尔，1987，《家庭经济分析》，彭松建译，北京：华夏出版社。

加里·贝克尔，2007，《人力资本理论：关于教育的理论和实证分析》，郭
　　虹等译，北京：中信出版社。

金成武，2009，《城镇劳动力市场上不同户籍就业人口的收入差异》，《中国
　　人口科学》第 4 期。

金桥，2012，《社会质量理论视野下的政治参与——兼论西方概念的本土化
　　问题》，《社会科学》第 8 期。

赖德胜，1996，《论劳动力市场的制度性分割》，《经济科学》第 6 期。

赖德胜，2011，《2011 中国劳动力市场报告》，北京：北京师范大学出版社。

李斌，2009，《分化的住房政策：一项对住房改革的评估性研究》，北京：
　　社会科学文献出版社。

李斌、王凯，2010，《中国社会分层研究的新视角——城市住房权利的转
　　移》，《探索与争鸣》第 4 期。

李春玲，2012，《80 后大学毕业生就业状况及影响因素分析——基于 6 所
　　985 高校毕业生的调查》，《江苏社会科学》第 3 期。

李春玲，2003，《文化水平如何影响人们的经济收入——对目前教育的经济
　　收益率的考查》，《社会学研究》第 3 期。

李春玲，2011，《中产阶级的消费水平和消费方式》，《广东社会科学》第
　　4 期。

李德明、陈天勇、吴振云，2007，《中国农村老年人的生活质量和主观幸福
　　感》，《中国老年学杂志》第 12 期。

李军峰，2003，《就业质量的性别比较分析》，《市场与人口分析》第 6 期。

李培林，2004，《中国社会分层》，北京：社会科学文献出版社。

李培林，2007，《扩大中等收入者比重的对策思路》，《中国人口科学》第
　　5 期。

李培林，2014，《社会治理与社会体制改革》，《国家行政学院学报》第 4
　　期。

李培林、田丰，2011，《中国新生代农民工：社会态度和行为选择》，《社
　　会》第 3 期。

李培林、张翼，2000，《消费分层——启动经济的一个重要视点》，《中国社

会科学》第 1 期。

李实，2012，《理性判断我国收入差距的变化趋势》，《探索与争鸣》第 8 期。

李实，1997，《中国经济转轨中劳动力流动模型》，《经济研究》第 1 期。

李实、丁赛，2003，《中国城镇教育收益率的长期变动趋势》，《中国社会科学》第 6 期。

李实、李文彬，1994，《中国教育投资的个人收益率的估计》，载赵人伟、基斯·格里芬主编《中国居民收入分配研究》，北京：中国社会科学出版社。

李越、崔红志，2014，《农村老人主观幸福感及其影响因素分析——基于山东、河南、陕西三省农户调查数据分析》，《中国农村观察》第 4 期。

梁仲明，1999，《关于政府评价问题的几点思考》，《陕西省行政学院、陕西省经济管理干部学院学报》第 1 期。

林卡，2010，《社会质量理论：研究和谐社会建设的新视角》，《中国人民大学学报》第 2 期。

林智理，2002，《生态环境问题对政治活动的影响》，《重庆师院学报》（哲学社会科学版）第 3 期。

刘福森，1997，《自然中心主义生态伦理观的理论困境》，《中国社会科学》第 3 期。

刘计峰，2008，《大学生环境行为的影响因素分析》，《当代青年研究》第 11 期。

刘精明，2006，《劳动力市场结构变迁与人力资本收益》，《社会学研究》第 6 期。

刘军强、熊谋林、苏阳，2012，《经济增长时期的国民幸福感——基于 CGSS 数据的追踪研究》，《中国社会科学》第 12 期。

刘素华，2005，《就业质量：内涵及其与就业数量的关系》，《内蒙古社会科学》（汉文版）第 5 期。

刘素华、韩春民，2007，《对就业质量评价和定期发布制度问题探析》，《学术交流》第 1 期。

刘祥军，2010，《试论公民评价政府的途径》，《社会科学论坛》第 8 期。

柳士顺、凌文辁，2009，《多重中介模型及其应用》，《心理科学》第 2 期。

卢春天、洪大用、成功，2014，《对城市居民评价政府环保工作的综合分析

——基于 CGSS2003 和 CGSS2010 数据》,《理论探索》第 2 期。

卢思骋,2011,《改善 NGO 的生存条件是不可回避的现实》,《绿叶》第 3 期。

陆学艺,2003,《农民工体制需要根本改革》,《中国改革》(农村版)第 12 期。

陆学艺、李培林主编,1991,《中国社会发展报告》,沈阳:辽宁人民出版社。

陆学艺主编,2002,《当代中国社会阶层研究报告》,北京:社会科学文献出版社。

陆玉龙,2005,《共有产权:经济适用房制度创新研究》,《中国房地信息》第 9 期。

罗楚亮,2009,《绝对收入、相对收入与主观幸福感——来自中国城乡住户调查数据的经验分析》,《财经研究》第 11 期。

罗斯托,2001,《经济增长的阶段》,郭熙保、王松茂译,北京:中国社会科学出版社。

马得勇,2008,《信任、信任的起源与信任的变迁》,《开放时代》第 4 期。

马光红、田一淋,2010,《中国公共住房理论与实践研究》,北京:中国建筑工业出版社。

马克斯·韦伯,2008,《儒教与道教》,南京:江苏人民出版社。

马亮,2013,《城乡居民主观幸福感比较与幸福甘肃建设研究》,《今日中国论坛》第 17 期。

玛格丽特·米德,1988,《代沟》,曾胡译,北京:光明日报出版社。

美国卫生和公共服务部,2013 年 11 月 15 日,http://aspe.hhs.gov/poverty/13poverty.cfm。

孟大虎、苏丽锋、李璐,2012,《人力资本与大学生的就业实现和就业质量——基于问卷数据的实证分析》,《人口与经济》第 3 期。

苗元江,2007,《幸福感概念模型的演化》,《赣南师范学院学报》第 4 期。

诺曼·尼、西德尼·伏巴,1996,《政治参与》,载格林斯坦、波尔斯比编《政治学手册精选》(下卷),储复耘译,北京:商务印书馆。

彭泗清,1999,《信任的建立机制:关系运作与法制手段》,《社会学研究》第 2 期。

彭远春,2011,《我国环境行为研究述评》,《社会科学研究》第 1 期。

齐美尔,2001,《时尚的哲学》,费勇译,北京:文化艺术出版社。

祁玲玲、赖静萍，2013，《政府行为、政治信任与主观幸福感》，《学术研究》第 7 期。

乔明睿、钱雪亚、姚先国，2009，《劳动力市场分割、户口与城乡就业差异》，《中国人口科学》第 1 期。

秦琼，2014，《老年人主观幸福感性别差异的元分析》，《才智》第 27 期。

让·波德里亚，2001，《消费社会》，刘成富、全志刚译，南京：南京大学出版社。

任莉颖，2002，《环境保护中的公众参与》，引自杨明主编《环境问题与环境意识》，北京：华夏出版社。

塞缪尔·P. 亨廷顿、乔治·I. 多明格斯，1996，《政治发展》，载格林斯坦、波尔斯比编《政治学手册精选》（下卷），储复耘译，北京：商务印书馆。

沈立军，2008，《大学生环境价值观、环境态度和环境行为的特点及关系研究》，山西大学硕士学位论文。

史耀疆、崔瑜，2006，《公民公平观及其对社会公平评价和生活满意度影响分析》，《管理世界》第 10 期。

史耀疆、崔瑜，2006，《公民公平观及其对社会公平评价和生活满意度影响分析》，《管理世界》第 10 期。

苏丽锋，2013，《我国新时期个人就业质量研究——基于调查数据的比较分析》，《经济学家》第 7 期。

苏士尚，2007，《就业质量问题研究——国内外就业质量研究的理论和政策综述》，首都经贸大学硕士学位论文。

孙春梅、张宁、田瑾，2014，《上海市某社区居民就医行为调查》，《上海医药》第 18 期。

孙欢、廖小平，2010，《政治参与主体的伦理维度——兼及环境伦理的视角》，《北京师范大学学报》（社会科学版），第 6 期。

孙慧，2012，《城镇居民收入结构转型实证研究》，《统计研究》第 10 期。

孙琳、张爱芹、楚新艳、陈婕、潘庆忠，2012，《农村居民主观幸福感影响因素分析》，《江苏农业科学》第 3 期。

孙文凯、白重恩、谢沛初，2011，《户籍制度改革对中国农村劳动力流动的影响》，《经济研究》第 1 期。

孙晓飞、田三果，2010，《当代大学生主观幸福感的性别差异研究》，《河北工程大学学报》（社会科学版）第 3 期。

孙昕、徐志刚、陶然、苏福兵，2007，《政治信任、社会资本和村民选举参
　　与——基于全国代表性样本调查的实证分析》，《社会学研究》第 4 期。

唐丹、邹君、申继亮、张凌，2006，《老年人主观幸福感的影响因素》，《中
　　国心理卫生杂志》第 3 期。

唐立健，2014，《新型农村合作医疗制度下农村居民门诊就医行为分析》，
　　《卫生软科学》第 12 期。

唐明皓、周庆、匡海敏，2009，《城镇居民环境态度与环境行为的调查》，
　　《湘潭师范学院学报》（自然科学版）第 1 期。

田丰，2009，《改革开放的孩子们——中国"70 后"和"80 后"青年的公
　　平感和民主意识研究》，《青年研究》第 6 期。

田丰，2010，《城市工人与农民工的收入差距研究》，《社会学研究》第 2 期。

田永坡、满子会，2013，《就业质量内涵及测量：基于国际对比的研究》，
　　《第一资源》第 4 辑（总第 26 辑）。

童燕齐，2002，《环境意识与环境保护政策的取向——对中国六城市政府官
　　员和企业主管的调查》，载杨明主编《环境问题与环境意识》，北京：
　　华夏出版社。

童志锋，2014，《变动的环境组织模式与发展的环境运动网络——对福建省
　　P 县一起环境抗争运动的分析》，《南京工业大学学报》（社会科学版）
　　第 1 期。

童志锋，2008，《快速转型期下的环境群体性事件研究》，《秩序与进步：浙
　　江乡村社会巨变历程与经验理论研讨会论文集》。

托马斯·海贝勒，2005，《中国的社会政治参与：以社区为例》，鲁路译，
　　《马克思主义与现实》第 3 期。

王甫勤，2010，《人力资本、劳动力市场分割与收入分配》，《社会》第 1 期。

王建平，2007，《中国城市中间阶层消费行为》，北京：中国大百科全书出
　　版社。

王俊、昌忠泽、刘宏，2008，《中国居民卫生医疗需求行为研究》，《经济研
　　究》第 7 期。

王俊秀，2011，《OECD 的幸福指数及对我国的借鉴意义》，《民主与科学》
　　第 6 期。

王俊秀，2014，《社会心态理论：一种宏观社会心理学范式》，北京：社会

科学文献出版社。

王俊秀、杨宜音，2011，《2011 年中国社会心态研究报告》，北京：社会科学文献出版社。

王美艳，2003，《转轨时期的工资差异：工资歧视的计量分析》，《数量经济和技术经济研究》第 5 期。

王美艳，2005，《城市劳动力市场上的就业机会与工资差异——外来劳动力就业与报酬研究》，《中国社会科学》第 5 期。

王民，1999，《环境意识及测评方法研究》，北京：中国环境科学出版社。

王宁，2009，《从苦行者社会到消费者社会》，北京：社会科学文献出版社。

王书明、杨祥凤，2011，《国内环境组织研究综述》，《佳木斯大学》（社会科学学报）第 6 期。

王小鲁，2007，《灰色收入与居民收入差距》，《比较》第 31 期。

王小鲁，2010，《我国国民收入分配现状、问题及对策》，《国家行政学院学报》第 3 期。

王阳，2014，《我国就业质量水平评价研究——兼析实现更高质量就业的政策取向》，《经济体制改革》第 5 期。

魏敏、肖锦铖、杨善发、吕震，2014，《2003 ~ 2013 年农村居民就医行为相关影响因素文献计量分析》，《医学与社会》第 3 期。

魏明凯、房保安，2006，《我国就业质量状况分析》，《产业与科技论坛》第 12 期。

温晓亮、米健、朱立志，2011，《1990 ~ 2007 年中国居民主观幸福感的影响因素研究》，《财贸研究》第 3 期。

温忠麟、张雷、侯杰泰、刘红云，2004，《中介效应检验程序及其应用》，《心理学报》第 5 期。

吴建南、庄秋爽，2004，《"自下而上"评价政府绩效探索："公民评议政府"的得失分析》，《理论与改革》第 5 期。

武俊平，1998，《第五代人》，天津：天津教育出版社。

武向荣，2009，《中国农民工人力资本收益率研究》，《青年研究》第 4 期。

西尔维·德姆希尔、马克·格甘特等，2009，《农民工是中国城市的二等工人吗？——一种相关的数学解析模型》，李贵苍译，《国外理论动态》第 8 期。

肖文韬，2004，《户籍制度保护了二元劳动力市场吗？》，《中国农村经济》

第 3 期。

肖勇，2002，《论政府评价的标准》，《乐山师范学院学报》第 1 期。

谢桂华，2007，《农民工与城市劳动力市场》，《社会学研究》第 5 期。

谢嗣胜、姚先国，2006，《农民工工资歧视的计量分析》，《中国农村经济》第 4 期。

邢占军，2004，《城市居民的主观幸福感影响因素》，《新东方》第 11 期。

邢占军，2008，《基于六省会城市居民的主观幸福感研究》，《心理科学》第 6 期。

邢占军，2011，《我国居民收入与幸福感关系的研究》，《社会学研究》第 1 期。

修燕、徐飚、朱成仁、高蔚华、杨本付、姜庆五，2003，《性别因素对农村结核病患者就医行为的影响研究》，《中国公共卫生》第 5 期。

徐家良，1994，《论政府评价》，《杭州大学学报》（哲学社会科学版）第 4 期。

徐建华、陈承明、安翔，2003，《对中等收入的界定研究》，《上海统计》第 8 期。

许浩，2008，《"同工不同酬"源于用工"双轨制"——专访人保部劳动工资研究所所长苏海南》，《中国经济周刊》第 25 期。

鄢斌，2008，《社会变迁中的环境法》，武汉：华中科技大学出版社。

严标宾、郑雪、邱林，2003，《大学生主观幸福感的影响因素研究》，《华南师范大学学报》（自然科学版）第 2 期。

杨德才，2012，《论人力资本二元性对城乡收入差距的影响》，《当代经济研究》第 10 期。

杨明、孟天广、方然，2011，《变迁社会中的社会信任：存量与变化——1990 - 2010 年》，《北京大学学报》（哲学社会科学版）第 6 期。

杨彦春、何慕陶、朱昌明、马渝根，1988，《老人幸福度与社会心理因素的调查研究》，《中国心理卫生杂志》第 1 期。

杨宜音，1998，《社会心理领域的价值观研究述要》，《中国社会科学》第 2 期。

杨宜勇，2001，《劳动力市场的行政分割》，《经济研究参考》第 27 期。

杨中芳，1994，《中国人真的是集体主义的吗？——试论中国文化的价值体系》，杨国枢主编《中国人的价值观——社会科学观点》，台北：桂冠图书公司。

姚先国、赖普清，2004，《中国劳资关系的城乡户籍差异》，《经济研究》第 7 期。

姚兆余、张蕾，2013，《新型农村合作医疗制度模式对农民就医行为的影响——基于苏南三市的比较分析》，《南京农业大学学报》（社会科学版）第 1 期。

于洪生，2001，《公民政治评价及其作用与意义》，《文史哲》第 5 期。

张车伟，2006，《人力资本回报率变化与收入差距："马太效应"及其政策含义》，《经济研究》第 12 期。

张向和，2010，《垃圾处理场的邻避效应及其社会冲突解决机制的研究》，重庆大学博士学位论文。

张翼，2003，《中国阶层内婚制的延续》，《中国人口科学》第 4 期。

赵斌、刘米娜，2013，《收入、社会资本、健康与城市居民幸福感的实证分析》，《统计与决策》第 20 期。

赵人伟、李实、卡尔·李思勤主编，1999，《中国居民收入分配再研究：经济改革和发展中的收入分配》，北京：中国财政经济出版社。

郑准镐，2004，《非政府组织的政策参与及影响模式》，《中国行政管理》第 5 期。

"中国公众环境素质评估指标体系研究"项目课题组编著，2010，《中国公众环境素质评估指标体系研究》，北京：中国环境科学出版社。

钟毅平、谭千保、张英，2003，《大学生环境意识与环境行为的调查研究》，《心理科学》第 3 期。

周长城、任娜，2006，《经济发展与主观生活质量——以北京、上海、广州为例》，《武汉大学学报》（哲学社会科学版）第 2 期。

周建初、何震寰、杨德琪、何慕陶，1988，《幸福度量表在 114 名彝族老人中的应用》，《老年学杂志》第 1 期。

周晓虹主编，2005，《中国中产阶层调查》，北京：社会科学文献出版社。

周怡，1994，《代沟现象的社会学研究》，《社会学研究》第 4 期。

周志家，2011，《环境保护、群体压力还是利益波及 厦门居民 PX 环境运动参与行为的动机分析》，《社会》第 1 期。

周志家，2008，《环境意识研究：现状、困境与出路》，《厦门大学学报》（哲学社会科学版）第 4 期。

朱迪，2012，《混合研究方法的方法论、研究策略及应用——以消费模式研究为例》，《社会学研究》第 4 期。

庄子希，2009，《政府评价中的公民参与研究——以上海政风行风测评为例》，上海交通大学硕士学位论文。

Adler, Jonathan H. 2001a, "Let 50 Flowers Bloom: Transforming the States into Laboratories of Environmental Policy." *Environmental Law Reporter*, 31 ELR 1 1284 n. 101.

Adler, Jonathan H. 2001b, "Free and Green: A New Approach to Environmental Protection." 24 *Harvard Journal of Law and Public Policy* 653.

Alaimo, Katherine, Christine M. Olson and Jr. Edward A. Frongillo, 2001, "Low Family Income and Food Insufficiency in Relation to Overweight in Us Children: Is there a Paradox?" *Arch Pediatr Adolesc Med* 155.

Appleton, S., J. Knight, L. Song and O. Xia. 2004, "Contrasting Paradigms: Segmentation and Competitiveness in the Formation of the Chinese Labour Market." *Journal of Chinese Economic and Business Studies* 3.

Appleton S. and L. Song. 2008, "Life Satisfaction in Urban China: Components and Determinants." *World Development* 36 (11).

Becker, G. 1975, *Human Capital*. Cambridge, Mass: HarvardUniversity Press.

Bertakis, K. D., Azari, R., Helms, L. J., Callahan, E. J., and Robbins, J. A. 2000, "Gender Differences in the Utilization of Health Care Services." *Journal of Family Practice* 49 (2).

Blinder, A. 1973, "Wage Discrimination: Reduced Form and Structural Estimates." *The Journal of Human Resources* 8 (4).

Bourdieu, P. 1984, *Distinction: A Social Critique of the Judgement of Taste*, London: Routledge.

Braithwaite, V. and Scott, W. 1990, Values. In J. Robinson, P. Shaver, and L. Wrightsman (eds.), *Measures of Personality and Social Psychological Attitudes*. San Diego CA: Academic Press.

Capra, C. M., Lanier, K., and Meer, S. 2008, "Attitudinal and Behavioral Measures of Trust: A New Comparison." *Working paper*, Department of Economics, Emory University.

China Adult Literacy Survey Team. 2002, "The Design, Implementation and

Relevance of Adult Literacy Tests in China. " *A Report in International Workshop on Use of Adult Literacy Tests in Urban China.*

Clark, A. , Georgellis, Y. , and Sanfey, P. 2001, " Scarring: The Psychological Impact of Past Unemployment. " *Economica* 68 (270).

Cobb, Roger W. , Charles D. Elder. 1983, *Participation in American politics: The Dynamics of Agenda-building*, Johns Hopkins University Press.

DeNavas-Walt, Carmen, Bernadette D. Proctor and Jessica C. Smith. 2014, " Income, Poverty, and Health Insurance Coverage in the United States: 2012. " http: //www. census. gov /prod/ 2013 pubs/p60 – 245. pdf.

Diener, E. 2006, " Guidelines for National Indicators of Subjective Well-being and Ill-being" *Applied Research of quality of life* 1.

Diener, E. , R. A. Emmons, R. J. Larsen and S. Griffin. 1985, " The Satisfaction with Life Scale. " *Journal of Personality Assessment* 49 (1).

Diener, E. and E. Suh. 1997, " Measuring Quality of Life: Economic, Social, and Subjective Indicators" *Social Indicator Research* 40.

Diener, E. and M. E. P. Seligman. 2004, " Beyond Money: Toward an Economy of Well-Being. " *Psychological Science in the Public Interest* 5 (1).

Diener, E. and R. Biswas-Diener. 2003, *Findings And Subjective Well-being and their Implications for Empowerment.* World Bank in Washington, DC.

Diener, Eunkook, S. and Shieghiro, O. 1997, " Recent Findings on Subjective Well-being. " *Indian Journal of Clinical Psychology* 1.

Diener E. and R. Biswas-Diener. 2002, " Will Money Increase Subjective Well-being? A Literature Review and Guide to Needed Research. " social indicators research 57.

——, 2003, *Findings And Subjective Well-Being and their Implications for Empowerment.* World Bank in Washington, DC.

Diener E. Eunkook M S. Richard E. et al. 1999, " Subjective Well-being: Three Decades of Progress. " *Psychology Bulletin* 125 (2).

Diener, E. and R. Biswas-Diener 2002, " Will Money Increase Subjective Well-being? A Literature Review and Guide to Needed Research. " *Social Indicators Research* 57.

Dietz, T. , E. A. Rosa and R. York. 2009, " Environmentally Efficient Well-being: Rethinking Sustainability as the Relationship between Human Well-being and Environmental Impacts" *Human Ecology Review* 16.

Di Tella R., R. J. Macculloch and A. J. Oswald. 2001, "Preferences Over Inflation and Unemployment: Evidence From Surveys of Happiness", THE AMERICAN ECONOMIC REVIEW 91 (1).

——, 2003, "The Macroeconomics of Happiness." *The Review of Economics and Statistics* 85 (4).

Di, Tella R., R. J. Macculloch and A. J. Oswald 2001, "Preferences Over Inflation and Unemployment: Evidence From Surveys of Happiness." *The American Economic Review* 91 (1).

Di Tella R., R. J. Macculloch and A. J. Oswald. 2003, "The Macroeconomics of Happiness" *The Review of Economics and Statistics* 85 (4).

Dolan, P., Layard, R., and Metcalfe, R. 2011, "Measuring Subjective Well-being for Public Policy".

Dolan, P., T. Peasgood and M. White 2008, "Do We Really Know What Makes Us Happy? A Review of the Economic Literature on the Factors Associated with Subjective Well-being." *Journal of Economic Psychology* 29.

Dorceta, E. Taylor. 1997, "American Environmentalism: The Role of Race, Class and Gender in Shaping Activism 1820 – 1995." *Race, Gender and Class* 5 (1).

Dorceta E. Taylor. 1997, "American Environmentalism: The Role of Race, Class and Gender in Shaping Activism 1820 – 1995." *Race, Gender and Class* 5 (1)

Dunlap, Riley E., Van Liere, Kent D., Mertig, Angela G., and Jones, Robert Emmet. 2000, "Measuring Endorsement of the New Ecological Paradigm: A Revised NEP Scale." *Journal of Social Issues* 56 (3).

Dunlap, Riley E. and Kent. D. Van Liere. 1978, "The 'New Environmental Paradigm': A Proposed Measuring Instrument and Preliminary Results." *Journal of Environmental Education* 9.

Easterlin, R. A. 1974, "Does Economic Growth Improve Human a Lot?" Nations and Households in *Economic Growth: Essays in Honour of Moses Abramovitz*. New York, Academic Press.

Easterlin R. A. 2001, "Income and Happiness: Towards A Unified Theory." *Economic Journal* 111.

Easterlin R. A. , R. Morgan, M. Switek and F. Wang. 2012, "China's Life Satisfaction, 1990 - 2010." Proceedings of the National Academy of Sciences of the United States of America 109 (25).

Easterlin R. A. , R. Morgan, M. Switek and F. Wang. 2012, "China's Life Satisfaction, 1990 - 2010." *Proceedings of the National Academy of Sciences of the United States of America* 109 (25).

Einwohner, Rachel L. 1999, "Gender, Class, and Social Movement Outcomes: Identity and Effectiveness in Two Animal Rights Campaigns." *Gender and Society* 13 (1).

Evans, Gary W. and Lyscha A. Marcynyszyn. 2004, "Environmental Justice, Cumulative Environmental Risk, and Health Among Low-And Middle-Income Children in Upstate New York." *American Journal of Public Health* 94 (11).

Fazio, R. H. , and Zanna, M. P. 1981, "Direct Experience and Attitude-behavior Consistency." *Advances in Experimental Social Psychology* 14.

Ferrer-I-Carbonella A. and J. M. Gowdyb. 2007, "Environmental Degradation and Happiness." Ecological economics 60.

Green, C. A. , and Pope, C. R. 1999, "Gender, Psychosocial Factors and the Use of Medical Services: A Longitudinal Analysis." *Social Science and Medicine* 48 (10).

Hansson, A. , Hilleräs, P. , and Forsell, Y. 2005. "Well-being in An adult Swedish Population." *Social Indicators Research* 74 (2).

Helliwell J. , R. Layard and J. Sachs. 2013, "World Happiness Report 2013".

Inglehart, Ronald. 1995, "Public Support for Environmental Protection: Objective Problems and Subjective Values in 43 Societies." *Political Science and Politics* 28.

Inglehart, Ronald. 1977, *The Silent Revolution: Changing Values and Political Styles among Western Publics*, Princeton: Princeton University.

Inglehart, Ronald. 1997, "The Trend towards Postmaterialist Values Continues." In: Clark Nichols, Terry and Rempel, Michael (ed.)

1997, *Citizen Politics in Post-industrial Societies.* Boulder and Oxford: Westview Press.

Inglehart R. and H. D. Klingemann. 2000, "Genes, Culture, and Happiness." in Diener E. and Suh E. M., *Subjective Well-being across Cultures.* Cambridge, MA: MIT Press.

Jacob J., E. Jovic and M. B. Brinkerhoff. 2009, "Personal and Planetary Well-being: Mindfulness Meditation, Pro-Environmental Behavior and Personal Quality of Life in a Survey from the Social Justice and Ecological Sustainability Movement." *Social Indicators Research* 93.

James R. Townsen. 1968, *Political Participation in Communist China.* Berkeley and Los Angeles: University of California Press.

Jenkins J. C. and Wallace Michael. 1996, "The Generalized Action Potential of Protect Movements: The New Class, Social Trends, and Political Exclusion Explanation." *Sociological Forum* 11 (2).

Jenkins Stephen P. and Philippe Van Kerm. 2009, "the Measurement of Economic Inequality." in Wiermer Salverda, Brian Nolan and Timothy Smeeding ed., *the Oxford Handbook on Economic Inequality*, Oxford University Press.

J. Friedman. 1992, *Empowerment: The Politics of Alternative Development*, Cambridge: Blackwell, p. 33. 转引自金桥, 2012, 《社会质量理论视野下的政治参与——兼论西方概念的本土化问题》, 《社会科学》第 8 期。

John P. Burns 1988, *Political Participation in Rural China.* Berkeley and Los Angeles: University of California Press.

Jones, C., and Goulding, A. 1999, "Is the Female of the Species Less Ambitious than the Male? The Career Attitudes of Students in Departments of Information and Library Studies." *Journal of Iibrarianship and Information Science* 31 (1).

Kaase, Max and Marsh, Alan 1979, "Political Action: A Theoretical Perspective." In Samuel H. Barnes, Max Kaase, et al., *Political Action: Mass Participation in Five Western Democracies*, Sage Publications, Beverly Hills.

Kharas, Homi 2010, "The Emerging Middle Class in Developing Countries." *OECD Development Centre Working Paper* 285.

Knight K. W. and E. A. Rosa 2011，"The Environmental Efficiency of Well-being: A Cross-National Analysis." *Social Science Research* 40.

Kuznets, Simon 1955，"Economic Growth and Income Inequality." *American Economic Review* 45.

Lintott John，2013，《可持续消费与可持续福利》，埃德温·扎卡伊，《可持续消费、生态与公平贸易》，鞠美庭等译，北京：化学工业出版社。

Maccoby, E. E. 1998，*The Two Sexes: Growing Up Apart, Coming Together*, Harvard University Press.

Mackerron G. and S. Mourato 2009，"Life Satisfaction and Air Quality in London." *Ecological Economics* 68.

Matheson, F. I., Smith, K. L., Fazli, G. S., Moineddin, R., Dunn, J. R., and Glazier, R. H. 2014， "Physical Health and Gender as Risk Factors for Usage of Services for Mental Illness." *Journal of Epidemiology and Community Health*.

Nolen-Hoeksema, S. 1987，"Sex Differences in Unipolar Depression: Evidence and Theory." *Psychological Bulletin* 101 （2）.

Oaxaca, R. 1973，"Male-Female Wage Differentials in Urban Labor Markets." *International Economic Review* 14 （3）.

Oaxaca, R. and M. Ransom. 1994，"On Discrimination and the Decomposition of Wage Differentials." *Journal of Econometrics* 61.

OECD 2013a，"How's Life? Measuring Well-being." http：//www. oecd. org/statistics/how-s-life － 23089679. htm.

OECD 2013b，*OECD Guidelines on Measuring Subjective Well-Being*, OECD Publishing. http：//dx. doi. org/10. 1787/9789264191655 － en.

Opp, K. 1996， "Aufstieg und Niedergang der kologiebewegung in der Bundesrepublik." in *Umweltsoziologie*. A. Diekmann und C. C. Jaege （Hrsg.）. Opladen：Westdeutscher Verlag.

Parish, William L. 1984，"Destratification in China." In J. L. Watson （ed.）, *Class and Social Stratification in Post-Revolution China*, Cambridge：Cambridge University Press.

Penning, M. J., and Strain, L. A. 1994. "Gender Differences in Disability, Assistance, and Subjective Well-being in Later Life." *Journal of Gerontology*

49 (4).

Peter Hermann, 2004, *Empowerment: Processing the Processed. Discussion Paper on the Domain Empowerment*, submitted to the Project European Network on Indicators of Social Quality of the European Foundation on Social Quality, Amsterdam. Aghabullogue /Brussels: January/ February, p. 8.

Piketty, Thomas 2013, *Le Capital au XXIe Siècle*, Seuil.

Preacher, K. J., and Hayes, A. F. 2008, "Asymptotic and Resampling Strategies for Assessing and Comparing Indirect Effects in Multiple Mediator Models. " *Behavior Research Methods* 40 (3).

Rainey, Shirley A. and Johnson, Glenn S. 2009, "Grassroots Activism: An Exploration of Women of Color's Role in the Environmental Justice Movement. " *Race, Gender and Class* 16 (3/4).

Redondo-Sendino, Á. , Guallar-Castillón, P. , Banegas, J. R. , and Rodríguez-Artalejo, F. 2006, "Gender Differences in the Utilization of Health-care Services among the Older Adult Population of Spain. " *BMC Public Health* 6 (1).

Rokeach, M. 1973, *The Nature of Human Values*, NY: Free Press.

Russo, N. F. , and Green, B. L. 1993, "Women and Mental Health. " *Psychology of Women: A Handbook of Issues and Theories*.

Seghieri C. , G. Desantis and M. L. Tanturri 2006, "The Richer, the Happier? An Empirical Investigation in Selected European Countries. " *Social Indicators Research* 79.

Smyth R. , V. Mishra and X. Qian 2008, "The Environment and Well-being in Urban China. " *Ecological Economics* 68.

Stern, Paul C. , Thomas Dietz and Linda Kalof. 1993, "Value Orientations, Gender, and Environmental Concern. " *Environment and Behavior* 25.

Thompson, William and Joseph Hickey2005, *Society in Focus*, Boston, MA: Pearson.

Veenhoven R. 1991, "Is Happiness Relative?" *Social Indicators Research* 24.

Verlag.

Wang, P. , and Vander Weele, T. J. 2011, "Empirical Research on Factors Related to the Subjective Well-being of Chinese Urban Residents. " *Social*

*Indicators Research 101* （3）.

Wolfinger, Raymond E. , and Rosenston, Steven J. 1980, *Who Votes? New Haven*, CT: Yale University Press.

Wolfson, Michael C. 1994, "When Inequalities Diverge." *The American Economic Review* 84 （2）.

Xin Meng 2000, *Labour Market Reform in China*, Pitt Building: Cambridge University Press.

# 附录一
# 调查数据和调查方法的说明

李 炜 张丽萍

本书的研究和分析依据的主要数据资料，来自中国社会科学院社会学研究所开展的2013年度"中国社会状况综合调查"（CSS2013）。这是一项全国范围内的大型连续性抽样调查项目，目的是通过长期纵贯调查，来获取转型时期中国社会变迁的数据资料，从而为社会科学研究和政府决策提供翔实而科学的基础信息。

CSS2013年度调查的主题是"中国梦与社会质量"，于2013年6~10月在全国30个省的596个县（县级市/区/旗）进行，设计样本量为10268份，共回收成功访问问卷10206份。现将调查设计及实施步骤说明如下。

## 一 抽样设计及抽样过程

### 1. 抽样设计

全国调查采用了多阶段复合抽样（multi-stage composed sampling）的方法，即PSU（县/县级市/区/旗）、SSU（村/居委会）、居民户、被访人4个阶段抽样，每个阶段采取不同的抽样方法（见附表1）。

附表1 全国分阶段抽样样本单位分布及抽样方法设计

| 抽样阶段 | 抽样单元SU | 数量（个） | 抽样方法 |
| --- | --- | --- | --- |
| 阶段一 | PSU | 151 | 隐含分层 + PPS抽样 |
| 阶段二 | SSU | 604 | PPS抽样 |
| 阶段三 | 居民户 | 10268 | 简单随机抽样 |
| 阶段四 | 被访人 | 10268 | 简单随机抽样 |

根据地理 – 行政区域的分布，有东北、华北、华东、中南、西北、西南6大地理 – 行政区域划分方法，为满足研究需要，把6大地理 – 行政区域划分为6个子总体（见附表2），要求样本既能分别推断不同区域，也能加总推断全国。

附表2　6大区地域划分

| 区　域 | 省、自治区、直辖市 |
| --- | --- |
| 东北地区 | 辽宁、吉林、黑龙江 |
| 华北地区 | 北京、天津、河北、山西、内蒙古 |
| 华东地区 | 上海、江苏、浙江、安徽、福建、江西、山东 |
| 中南地区 | 河南、湖北、湖南、广东、广西、海南 |
| 西南地区 | 重庆、四川、贵州、云南、西藏 |
| 西北地区 | 陕西、甘肃、青海、宁夏、新疆 |

## 2. PSU 抽取

以全国区/县为初级抽样单元（PSU），抽样框中全国县/市/区（PSU）数量为2870个，目前设计PSU抽取数为151。按东北、华北、华东、中南、西北、西南省份划分为6个子总体，确定每个子总体的PSU样本数（见附表3）。

附表3　抽样框初级抽样单元数

| 区　域 | PSU数 | 常住人口数 | 常住人口比例 | PSU样本数 | PSU样本比例 | 居民样本比例 |
| --- | --- | --- | --- | --- | --- | --- |
| 东北 | 292 | 109513129 | 8.2 | 12 | 7.9 | 7.9 |
| 华北 | 424 | 164823663 | 12.4 | 19 | 12.6 | 12.6 |
| 华东 | 642 | 392862229 | 29.5 | 44 | 29.1 | 29.1 |
| 中南 | 641 | 375984133 | 28.2 | 42 | 27.8 | 27.8 |
| 西北 | 360 | 96646530 | 7.3 | 12 | 7.9 | 7.9 |
| 西南 | 511 | 192981185 | 14.5 | 22 | 14.6 | 14.6 |
| 总计 | 2870 | 1332810869 | 100 | 151 | 100 | 100 |

每个子总体内的PSU，按照下述指标分层：

A. 经济发展类指标：

　　a）人均GDP

　　b）非农人口比重

c）第二、第三产业产值比重

B. 人口结构指标：

d）常住人口数

e）少儿比（0~14 岁人口）

f）劳动人口比重

g）60 岁以上人口比例

C. 教育水平指标：

h）文盲率

i）高中以上文化程度比重

j）平均受教育年

对上述指标采用隐含分层（Implicit stratified）方式综合排序，而后按照 PPS[1]（与单位大小成比例的概率抽样）方式，在每一子总体中，抽取相应数目的县/市/区。

需要说明的是，除了区域分层，大多数全国性社会调查的抽样设计中，一般都会考虑城乡之间的分层。这种考虑的主要出发点是为了在样本量不变的前提下提高样本精度。其基本假设是认为在我国，城镇居民所占人口总比重虽然较低，但他们之间具有很强的异质性；相反，农村居民虽然是我国人口的大多数，但是他们的同质性更强。在这种情况下，根据城乡进行分层，并对城镇居民进行适当的过度抽样（oversample），会提高样本的效率。但是，考虑到目前城镇化速度非常快，而作为一个具有长期规划的调查项目，它虽然不是纵向追踪调查，但是对历年调查数据的比较分析仍然将是反映我国社会变迁趋势的重要途径。因此，保证抽样设计的长期性和稳定性以使得历次调查数据之间具有较高的可比性非常关键。随着我国城市化水平的快速推进，未来的城乡人口比重很可能迅速继续变化。另外，虽然很多研究都强调农村人口的相对同质性，但是这种状况也在不断发生变化。事实上，目前我国很多农村人口也不以从事农业劳动为主，其异质性在迅速增强。基于以上原因，本方案不基于城乡进行分层。

### 3. SSU 抽取

第二阶段抽样单位村（居）委会（SSU）的抽取，是根据从上一级抽中

---

[1] PPS 方法可参见：格雷汉姆·加尔顿《抽样调查方法简介》，上海：格致出版社，2014，第 52~63 页。

的县（县级市/区/旗）相关部门获得的村（居）委会户数、人数统计名册作为抽样框，以 PPS 的方法在每一个二级抽样单位内抽取出 4 个村（居）委会，全国共抽取 604 个。

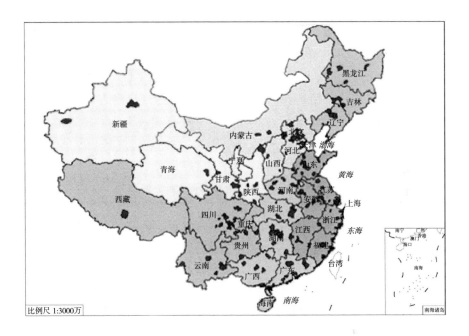

**图1　6大区抽样框 PSU 分布图**

### 4. SSU 区域地图地址抽样框建立

第三阶段居民户的抽取采用的是简单随机抽样，采用了区域地图地址抽样方式。考虑到流动人口难以在调查点的村（居）委会住户名单中涵盖的问题，我们对所有抽中的村（居）委会进行了地域绘图和地址抽样，即将村/居委会辖区内的所有建筑物一一绘制并列举出住户地址，形成了区域地图地址抽样框数据库。抽样时以随机数在每个 SSU 内抽取 17 个样本户地址。在一址多户情况下还规定了户抽样规则，即给予一个地址中的每一个住户一个编号，用随机数表抽选其中一户访问；对于无家庭关系的多人共居（如企业员工合租的宿舍）的集体户，以每一个居住房间为单独一户的方式记录，用随机数表抽取一个居住房间。

为了防备下一阶段入户访问的不成功，除规定样本量外，我们还另外抽取了 2~3 倍于设计样本量的备访户以供替换。

## 5. 入户抽样

最后一阶段的入户选取被访人的工作由访问员在访问现场进行。对于家庭户访问员入户后首先将家中所有人员的状况填写在"住户人口登记表"中（见附表4），而后将符合访问条件的人口（调查中的界定是年龄在18周岁及以上，在此家中居住1周或将要居住1周以上的人口）按性别和年龄排序填入"选样表"中。我们采用的入户"选样表"是国际调查界通用的"KISH选样表"，它共有8种类型，对应着当家中有多位符合调查条件的被访成员时，分别应该采用的选取被访人的随机方法（见附表5）。对于集体户，将该户中所有人的情况填在《集体户人口登记表》中，使用随机数表选取能够接受访问的被访者。

**附表4 调查使用的住户人口登记表**

住户人口登记表

| 人数 | X1<br>与答话人的关系 | X2<br>性别<br>1 男<br>2 女 | X3<br>年龄 | X4<br>是否在户内居住？<br>1 是<br>2 否 | X5 不在户内居住原因（适用于 X4 – 回答2 的）<br>1 在外出差<br>2 在外工作/打工<br>3 外出上学<br>4 外出参军<br>5 其他（请注明） | X6 外出地点（适用于 X5 – 回答1、2 的）<br>1 本乡镇<br>2 本县市其他乡镇<br>3 本省内其他县市<br>4 外省/自治区/直辖市,请注明<br>5 大陆以外国家/地区 | X7<br>选样序号 |
|---|---|---|---|---|---|---|---|
| 1 | 答话人 | | [__|__] | | | | |
| 2 | | | [__|__] | | | | |
| 3 | | | [__|__] | | | | |
| 4 | | | [__|__] | | | | |
| 5 | | | [__|__] | | | | |
| 6 | | | [__|__] | | | | |
| 7 | | | [__|__] | | | | |
| 8 | | | [__|__] | | | | |
| 9 | | | [__|__] | | | | |
| 10 | | | [__|__] | | | | |

**附表 5　调查使用的家庭现住人口登记表及 KISH 选样表**

| KISH 选样表 | | | | | | | | | | |
|---|---|---|---|---|---|---|---|---|---|---|
| Y1 | Y2 | Y3 | A | B | C | D | E | F | G | H |
| 序号 | 性别 | 年龄 | | | | | | | | |
| 1 | | | 1 | 1 | 1 | 1 | 1 | 1 | 1 | 1 |
| 2 | | | 1 | 1 | 1 | 1 | 2 | 2 | 2 | 2 |
| 3 | | | 1 | 1 | 1 | 2 | 2 | 3 | 3 | 3 |
| 4 | | | 1 | 1 | 2 | 2 | 3 | 3 | 4 | 4 |
| 5 | | | 1 | 2 | 2 | 3 | 4 | 3 | 5 | 5 |
| 6 | | | 1 | 2 | 2 | 3 | 4 | 5 | 5 | 6 |
| 7 | | | 1 | 2 | 2 | 3 | 4 | 5 | 5 | 6 |
| 8 | | | 1 | 2 | 2 | 3 | 4 | 5 | 5 | 6 |

# 二　调查实施方式和过程

### 1. 调查实施

调查实施自 2013 年 6 月中旬到 9 月中旬在全国展开。为了保证实地调查各流程的质量控制，调查采用了"现场小组"的工作方法，即每个村（居）委会调查点由 1~2 名督导员和 5~10 名访问员共同完成。每组 2~7 天左右完成一个村（居）委会的调查；访问员平均 1~1.5 小时访问 1 份。完成一个调查点的工作，"现场小组"再移向下一个调查点。这种操作方式的目的，便是要把问卷调查可能发生的问题，在第一时间、第一地点解决。另外，由于督导员和访问员共同工作，最大程度上消除了违反规程的访问。实施访问的具体流程如下。

第一步，督导员根据该村（居）委会的抽样名单给访问员分配问卷。为控制访问质量，正式调查问卷是在调查现场才发放给访问员的，并且逐份发放、调查、回收、再发放。这样就可以使一旦出现的访问误差不至于扩大。

第二步，访问员持抽样名单、选样表和问卷进入被调查户选择被访人；如果选样顺利，则继续进行访问；如果选样失败，则需要告知督导员，由后者向课题组值班中心报告，并领取备访户名单进行更换，再度入户选样；如果对于名单跟当地实际情况出入很大，在村（居）委会以及联络人的协助下也不能找到的，督导员向课题组说明情况缘由，课题组予以认可后，方可进行实地地址抽样。进行实地抽样绘图及抽样地址详细列举完毕后，督导员应把完整的抽样信息反馈给课题组，由课题组把抽好的地址反馈给督导员进行调查。

第三步，访问员确认被访对象合适的访问时间、进行访问环境控制之后，开始一对一的问卷调查（Face to face interview）。问卷采用念读访问方式，即问卷始终掌握在访问员手中，访问员逐题发问并记录答案，被访人逐题回答。被访人不能自填问卷，除个别题目外，也不能看到问卷内容。

第四步，访问完成后，访问员在现场全面检查问卷的回答有无漏答、误答、意义含混、逻辑相悖等情况，确认无疑后，向被访人致谢，并签名上交问卷。

第五步，督导员在现场回收访问员交来的问卷，并立即审阅。如果没有问题，就发放下一份住户地址和问卷；发现问题，则令访问员立即返回访问家庭再度补充。所有调查问卷均经过访问员和督导员的双重审阅后，再进入编码流程。

为加强现场的控制，保证访问质量，调查中还采取了下列措施：（1）限定访问时间。为保证被访家庭中成员均能入选，城镇居民调查时间安排在周末或下班以后（晚6：00～9：30），乡村区域居民大都没有上下班的时间限制，则不对入户时间做具体要求。（2）督导员对访问员进行陪访。为保证访问员正确地执行访问规程，督导员对每一位访问员的访问总量的10%进行陪同访问，以便发现问题及时纠正。（3）采用回执信来复核访问员的访问情况。在调查结束时，访问员必须将一封贴好邮票的回执信交给被访人，回执信中询问了访问的一些主要环节，由被访人填写好后寄回课题组。（4）课题组进行技术支持。在调查执行期间课题组设立了总值班室，通过电话为全国各地的调查进行技术指导和管理协调。其中主要的工作是对各地样本更换情况进行审核。按照调查规程，样本更换必须由总值班室提供备选户名单，而不能由访问员或督导员自己更换。

**2. 资料复核**

调查中采用了多次复核的方式来保证问卷信息的准确性。（1）访问员现场检查问卷是否合格；（2）督导员在现场进行2次100%的问卷审阅；（3）地方执行机构抽查30%的完成问卷进行电话复核和实地复核；（4）调查代理机构对所有问卷在北京都做了100%的三审工作；（5）课题组在北京独立进行 10% 的问卷复核。复核内容包括：被访者是否是被抽中的地址户；事实性数据，如年龄、职业等事实性问题回答是否一致；问题之间的深层逻辑关系是否合理；有无漏问或跳答错误；各种代码是否正确；检查数据差异是否录入的错误；是否访问中提问了某些方面的问题；访问完成所需的大致时间；是否赠送礼品，派发回执信。课题组实际复核共计 2100 余份，复核率高达 20.6%。

调查后统计结果表明，原设计 10268 份问卷除新疆的 2 个 PSU 的 136 份未能进行调查外，实际完成 10240 份问卷①，共使用地址记录 18917 条，应答率为 53.9%，剔除未能接触地址，应答率为 70.6%；在 10240 份回收问卷中，合格问卷 10206 份，合格率为 99.6%。随问卷发放的回执信最终收到 6528 封，回收率为 64.0%。

### 3. 数据处理与加权

10206 份合格调查问卷采用双录入的方式，形成调查数据库。而后先后两次采用频数分析和变量关联的逻辑校验方式对所有完成的数据进行校验、清理。并以国家统计局 2010 年第六次人口普查数据进行比照，并进行了加权处理。

由于本次调查是在 2013 年进行的，无法直接与 2010 年人口普查数据同龄组进行比较，因而对数据进行适当调整，不考虑死亡因素，2013 年 18 岁人口对应 2010 年 15 岁人口，以此类推，2013 年 69 岁人口对应 2010 年的 66 岁的人口（在下文表述中按 2013 年的实际年龄）。

第一，分年龄段、分性别人口的分布情况。与 2010 年的人口年龄结构相比，CSS2013 数据 39 岁及以下人口比例偏低，尤其是 24 岁及以下的被访者比例远低于普查数据。而 40 岁及以上各年龄组比例偏高；分性别看，CSS2013 的男性人口比例占被访者的 44.73%，要低于 2010 年人口普查的 50.91%，女性为 55.27%，高于 2010 年人口普查（见附表 6）。此类原因一方面是由于我们是在固定时间周期内进行入户调查（一般在一个调查点的访问日程不会超过 7 天），尽管严格控制了抽样过程，但实际的调查总体是在调查期间居住在家中的人口，一般而言年轻人比老年人、男性比女性更有可能不在家中，因而入选的概率就会偏低。另一方面，是由于人口普查的数据获得方式与我们调查不同所致。人口普查中的家庭人口信息，来自于被访

---

① 部分省份多做出 108 份问卷。

家庭中某位成员的代答，因此并不表示其他被调查者在调查时点均在家中。而我们的调查获得的是实际在场的个人信息数据，二者之间必然存在差距。低年龄段、男性人口比例偏低，是所有在规定时点进行入户调查的普遍情况，因此我们视之为系统偏误（system error），也需要以加权的方式来予以校正。

附表6　CSS2013 调查与 2010 年人口普查的人口年龄性别分布比较

单位：%

| | | 2010 年人口普查 | CSS2013 |
|---|---|---|---|
| 年龄段 | 18～19 岁 | 3.64 | 1.91 |
| | 20～24 岁 | 11.65 | 6.24 |
| | 25～29 岁 | 11.13 | 7.03 |
| | 30～34 岁 | 9.91 | 7.79 |
| | 35～39 岁 | 10.14 | 9.49 |
| | 40～44 岁 | 12.50 | 13.35 |
| | 45～49 岁 | 11.85 | 12.38 |
| | 50～54 岁 | 8.43 | 10.83 |
| | 55～59 岁 | 8.63 | 11.03 |
| | 60～64 岁 | 7.19 | 11.21 |
| | 65～69 岁 | 4.92 | 8.73 |
| 性别 | 男性 | 50.91 | 44.73 |
| | 女性 | 49.09 | 55.27 |

第二，城乡居民人口分布情况。2013 年 CSS 调查的调查对象为 18～69 岁人口。在成功访问的被访者中，城镇与乡村人口分别占 51.84% 和 48.16%，而 2010 年人口普查数据中，18 岁及以上城乡人口比例分别为 51.77% 和 48.23%，城乡人口比例非常相近。但从城乡人口年龄结构看，调查样本的城乡分布与普查数据相比还是有一定的差别的（见附表7）。

附表7　CSS2013 调查与 2010 年人口普查的城乡人口分布比较

单位：%

| 年龄段 | 2010 年城镇人口 | 2010 年乡村人口 | CSS2013 城镇人口 | CSS2013 乡村人口 |
|---|---|---|---|---|
| 18～19 岁 | 1.84 | 1.80 | 1.30 | 0.61 |
| 20～24 岁 | 6.51 | 5.14 | 4.04 | 2.20 |
| 25～29 岁 | 6.18 | 4.96 | 4.69 | 2.33 |
| 30～34 岁 | 5.74 | 4.17 | 5.36 | 2.43 |

续表

| 年龄段 | 2010 年城镇人口 | 2010 年乡村人口 | CSS2013 城镇人口 | CSS2013 乡村人口 |
|---|---|---|---|---|
| 35～39 岁 | 5.76 | 4.38 | 6.13 | 3.36 |
| 40～44 岁 | 6.74 | 5.76 | 7.75 | 5.60 |
| 45～49 岁 | 5.95 | 5.90 | 6.16 | 6.22 |
| 50～54 岁 | 4.31 | 4.12 | 5.50 | 5.33 |
| 55～59 岁 | 4.15 | 4.48 | 5.37 | 5.66 |
| 60～64 岁 | 3.24 | 3.94 | 4.51 | 6.70 |
| 65～69 岁 | 2.15 | 2.77 | 3.90 | 4.83 |

第三，根据普查数据年龄性别城乡分布对调查数据加权。由于调查数据与人口普查的年龄结构和城乡结构都有所差别，因此要根据 2010 年人口数据结果对我们的调查数据进行事后加权。具体是通过计算 2010 年人口普查与 CSS2011 数据中 18～69 岁分年龄、分性别、分城乡的人口比例得出加权标准，对本次数据进行加权。加权后的比照结果如下（见附表 8）。

附表 8　加权后的 CSS2011 调查与 2010 年人口普查的人口特征比较

| | | 2010 年人口普查比例 | CSS2011 比例 |
|---|---|---|---|
| 城乡 | 城镇 | 52.57 | 52.57 |
| | 农村 | 47.43 | 47.43 |
| 性别 | 男性 | 50.91 | 50.91 |
| | 女性 | 49.09 | 49.09 |
| 年龄段 | 18～19 岁 | 3.64 | 3.64 |
| | 20～24 岁 | 11.65 | 11.65 |
| | 25～29 岁 | 11.13 | 11.13 |
| | 30～34 岁 | 9.91 | 9.91 |
| | 35～39 岁 | 10.14 | 10.14 |
| | 40～44 岁 | 12.50 | 12.50 |
| | 45～49 岁 | 11.85 | 11.85 |
| | 50～54 岁 | 8.43 | 8.43 |
| | 55～59 岁 | 8.63 | 8.63 |
| | 60～64 岁 | 7.19 | 7.18 |
| | 65～69 岁 | 4.92 | 4.93 |

由此可见，经过加权调整的数据在城乡、性别、年龄等人口特征上和 2010 年人口普查数据的结果非常吻合。因此，此次调查数据可以用来推断全国居民、城乡居民和 6 大行政区域居民。

# 附录二

# 2013 年中国社会状况综合调查问卷

1. 问卷编号：[＿＿｜＿＿｜＿＿｜＿＿｜＿＿]
2. 样本序号：[＿＿｜＿＿｜＿＿｜＿＿｜＿＿]
3. 抽样页类型：＿＿＿＿＿＿
4. 访问地点：

    省/自治区/直辖市名称：＿＿＿＿＿＿＿＿＿＿

    市＋县/区名称：＿＿＿＿＿＿＿＿＿＿＿

    乡/镇/街道名称：＿＿＿＿＿＿＿＿＿＿

    居委会/行政村委会名称：＿＿＿＿＿＿＿＿＿＿＿

5a. 督导员记录：受访者居住的地区类型：（单选）

5b. 访问员记录：受访者居住的社区类型：（单选）

| 5a. 督导员记录:受访者居住的地区类型:(单选) | | 5b. 访问员记录:受访者居住的社区类型:(单选) | |
|---|---|---|---|
| 市/县城的中心城区 | 1 | 未经改造的老城区（街坊型社区） | 1 |
| 市/县城的边缘城区 | 2 | 单一或混合的单位社区 | 2 |
| 市/县城的城乡结合部 | 3 | 保障性住房社区 | 3 |
| 市/县城区以外的镇 | 4 | 普通商品房小区 | 4 |
| 农村 | 5 | 别墅区或高级住宅区 | 5 |
| 其他(请注明)＿＿＿＿ | 6 | 新近由农村社区转变过来的城市社区（村改居、村居合并或"城中村"） | 6 |
| | | 农村 | 7 |
| | | 其他(请注明)＿＿＿ | 8 |

6. 访问户类型：　　1. 家庭户　　2. 集体户

7. 受访者是不是答话人：　　1. 是　　2. 不是

8. 访问员（签名）＿＿＿＿＿　代码：[＿＿｜＿＿｜＿＿]

9. 陪访督导员（签名）＿＿＿＿＿代码：[＿＿｜＿＿｜＿＿]　　巡视

督导员（签名）＿＿＿＿＿＿　代码：[＿＿＿ ｜ ＿＿＿ ｜ ＿＿＿]

　　10. 一审（签名）＿＿＿＿＿＿　代码：[＿＿＿ ｜ ＿＿＿ ｜ ＿＿＿]　　巡视督导

员（签名）＿＿＿＿＿＿　代码：[＿＿＿ ｜ ＿＿＿ ｜ ＿＿＿]

二审（签名）＿＿＿＿＿＿　代码：[＿＿＿ ｜ ＿＿＿ ｜ ＿＿＿]

　　11. 现场复核类型：　1. 入户复核　2. 电话复核　3. 未复核

　　复核（签名）＿＿＿＿＿＿　　　代码：[＿＿＿ ｜ ＿＿＿ ｜ ＿＿＿]　　巡视督导员

（签名）＿＿＿＿＿＿　代码：[＿＿＿ ｜ ＿＿＿ ｜ ＿＿＿]

　　12. 访问开始时间：　[＿＿＿ ｜ ＿＿＿] 月 [＿＿＿ ｜ ＿＿＿] 日 [＿＿＿ ｜

＿＿＿] 时 [＿＿＿ ｜ ＿＿＿] 分（24 小时制）

　　结束时间：[＿＿ ｜ ＿＿] 日 [＿＿ ｜ ＿＿] 时 [＿＿ ｜ ＿＿] 分（24 小时制）

　　13. 访问总长度：[＿＿＿＿＿＿ ｜ ＿＿＿＿＿＿ ｜ ＿＿＿＿＿＿]（分钟）

　　**下面访问正式开始。**

　　先生/女士：您好！

　　我叫＿＿＿＿＿＿，是中国社会科学院的社会调查员。我们正在进行一项社会调查，目的是了解民众的就业、工作和生活情况，以及对当前一些社会问题的看法。经过严格的科学抽样，我们选中了您作为调查对象。您的合作对我们了解有关信息和制定社会政策，有十分重要的意义。

　　问卷中问题的回答，没有对错之分，您只要根据平时的想法和做法回答就行。访问大约要一个小时。对于您的回答，我们将按照《统计法》的规定，严格保密，并且只用于统计分析，请您不要有任何顾虑。希望您协助我们完成这次访问，谢谢您的合作。

# A 部分：住户成员情况

　　首先，我想了解一下您家庭及您个人的一些基本情况，仅供分析使用，希望您不要介意。

　　A1. 首先，请您告诉我您家有几口人？他们和您是什么关系？

　　　　　　　　　　　　　　　　记录：[＿＿＿＿＿＿ ｜ ＿＿＿＿＿＿] 口人

　　【访问员追问】除了刚才谈到的人，您家庭的成员有没有不在这所房子居住的（比如在外上学的学生、打工的家人）？如果有，请您说说他们的一些简单情况。

　　【访问员追问】如果您的父母以及配偶父母不住在这里，请您也告诉我他们的一些简单情况。

| a. 人口身份<br>1. 家庭成员<br>2. 非家庭成员 | b. 与受访者关系:<br>01. 配偶<br>02. 子女<br>03. 祖父母<br>04. 媳/婿<br>05. 孙辈子女<br>06. 孙辈子女的配偶<br>07. 兄弟姐妹<br>08. 兄弟姐妹的配偶<br>09. 其他亲属 | c. 性别:<br>1. 男<br>2. 女 | d. 出生年份:<br>[去世不适用<br>9998. 不清楚] | e. 政治面貌:<br>1. 中共党员<br>2. 共青团员<br>3. 民主党派<br>4. 群众<br>5. 其他<br>8. 不清楚 | f. 教育程度:<br>01. 未上学<br>02. 小学<br>03. 初中<br>04. 高中<br>05. 中专<br>06. 职高技校<br>07. 大学专科<br>08. 大学本科<br>09. 研究生<br>10. 其他<br>98. 不清楚 | g. 婚姻状况:<br>[出示卡片第页]<br>1. 未婚 [跳问i]<br>2. 初婚有配偶<br>3. 再婚有配偶<br>4. 离婚 [跳问i]<br>5. 丧偶 [跳问i]<br>6. 同居 [跳问i]<br>8. [不清楚] | h. 此次结婚的年份:<br>[填写年份的后两位数]<br>DK. [不清楚] | i. 目前就业状况:<br>01. 全职务农<br>02. 非农就业<br>03. 兼业(农和非农)<br>04. 无业<br>05. 退休<br>06. 学前儿童或在校学生<br>07. 其他(请注明)<br>98. [不清楚] | j. 调查时居住地:<br>1. 此村/居委会<br>2. 此乡(镇、街道)其他村(居委会)<br>3. 此县(县级市、区)其他乡(镇、街道)<br>4. 此省其他县(县级市、区)<br>5. 外省<br>6. 国外/境外<br>8. [不清楚] | k. 这个居住地属于哪类地区<br>1. 城区<br>2. 镇<br>3. 农村<br>4. 国外/境外<br>8. [不清楚] | k. 他/她的户口是:<br>1. 农业户口<br>2. 非农业户口<br>3. 居民户口(之前是非农业户口)<br>4. 居民户口(之前是农业户口)<br>5. 其他<br>8. [不清楚] | m1. 同住:<br>1. 住在一起<br>2. 住一起,但不在一起<br>3. 吃在一起,但住不在一起<br>4. 吃住都不在一起 | m2. 共同收支:<br>1. 收支都在一起<br>2. 收支不在一起 |
|---|---|---|---|---|---|---|---|---|---|---|---|---|---|
| 1 受访者本人 〔_〕 | 〔_〕 | 〔_〕 | [_|_|_|_]年 | 〔_〕 | [_|_] | 〔_〕 | [_|_]年 | 〔_〕 | 〔_〕 | 〔_〕 | 〔_〕 | 〔_〕 | 〔_〕 |
| 2 受访者父亲 〔_〕 | 〔_〕 | 〔_〕 | [_|_|_|_]年 | 〔_〕 | [_|_] | 〔_〕 | [_|_]年 | 〔_〕 | 〔_〕 | 〔_〕 | 〔_〕 | 〔_〕 | 〔_〕 |
| 3 受访者母亲 〔_〕 | 〔_〕 | 〔_〕 | [_|_|_|_]年 | 〔_〕 | [_|_] | 〔_〕 | [_|_]年 | 〔_〕 | 〔_〕 | 〔_〕 | 〔_〕 | 〔_〕 | 〔_〕 |
| 4 配偶父亲 〔_〕 | 〔_〕 | 〔_〕 | [_|_|_|_]年 | 〔_〕 | [_|_] | 〔_〕 | [_|_]年 | 〔_〕 | 〔_〕 | 〔_〕 | 〔_〕 | 〔_〕 | 〔_〕 |
| 5 配偶母亲 〔_〕 | 〔_〕 | 〔_〕 | [_|_|_|_]年 | 〔_〕 | [_|_] | 〔_〕 | [_|_]年 | 〔_〕 | 〔_〕 | 〔_〕 | 〔_〕 | 〔_〕 | 〔_〕 |
| 6 〔_〕 | 〔_〕 | 〔_〕 | [_|_|_|_]年 | 〔_〕 | [_|_] | 〔_〕 | [_|_]年 | 〔_〕 | 〔_〕 | 〔_〕 | 〔_〕 | 〔_〕 | 〔_〕 |
| 7 〔_〕 | 〔_〕 | 〔_〕 | [_|_|_|_]年 | 〔_〕 | [_|_] | 〔_〕 | [_|_]年 | 〔_〕 | 〔_〕 | 〔_〕 | 〔_〕 | 〔_〕 | 〔_〕 |
| 8 〔_〕 | 〔_〕 | 〔_〕 | [_|_|_|_]年 | 〔_〕 | [_|_] | 〔_〕 | [_|_]年 | 〔_〕 | 〔_〕 | 〔_〕 | 〔_〕 | 〔_〕 | 〔_〕 |
| 9 〔_〕 | 〔_〕 | 〔_〕 | [_|_|_|_]年 | 〔_〕 | [_|_] | 〔_〕 | [_|_]年 | 〔_〕 | 〔_〕 | 〔_〕 | 〔_〕 | 〔_〕 | 〔_〕 |

续表

**列标题说明：**

a. 人口身份：
1. 家庭成员
2. 非家庭成员

b. 与受访者关系：
01. 配偶
02. 子女
03. 祖父母
04. 媳/婿
05. 孙辈子女
06. 孙辈子女的配偶
07. 兄弟姐妹
08. 兄弟姐妹的配偶
09. 其他亲属

c. 性别：
1. 男
2. 女

d. 出生年份：
7. [去世/不适用]
9998. [不清楚]

e. 政治面貌：
1. 中共党员
2. 共青团员
3. 民主党派
4. 群众
5. 其他
8. [不清楚]

f. 教育程度：
01. 未上学
02. 小学
03. 初中
04. 高中
05. 中专
06. 职高商技校
07. 大学专科
08. 大学本科
09. 研究生
10. 其他
98. [不清楚]

g. 婚姻状况：
[出示卡第 1 页]
1. 未婚(跳问 i)
2. 初婚有配偶
3. 再婚有配偶
4. 离婚(跳问 i)
5. 丧偶(跳问 i)
6. 同居(跳问 i)
8. [不清楚]

h. 此次结婚的年份：
[填写年份的后两位数]
DK. [不清楚]

i. 目前就业状况：
01. 全职务农
02. 非农就业
03. 兼业(农和非农)
04. 无业
05. 退休
06. 学前儿童或在校学生
07. 其他(请注明)
98. [不清楚]

j. 调查时居住地：
1. 此村/居委会
2. 此乡(镇)街道)其他村居委会
3. 此县(区)其他乡(镇,街道)
4. 此省其他县(县级市区)
5. 外省
6. 国外/境外
8. [不清楚]

k. 这个居住地属于哪类地区：
1. 城区
2. 镇
3. 农村
4. 国外/境外
5. 其他
8. [不清楚]

他/她的户口是：
1. 农业户口
2. 非农业户口
3. 居民户口(之前是非农业户口)
4. 居民户口(之前是农业户口)
5. 其他
8. [不清楚]

m. 他/她目前是否与您：
m1. 同吃同住：
1. 吃住都在一起
2. 住在一起,但不一起吃
3. 吃在一起,但不住在一起
4. 吃住都不在一起
m2. 共同收支：
1. 收支一起
2. 收支不在一起

| | a | b | c | d 出生年份 | e | f | g | h | i | j | k | 户口 | m1 | m2 |
|---|---|---|---|---|---|---|---|---|---|---|---|---|---|---|
| 10 | [_] | [_][_] | [_] | [_][_][_][_] 年 | [_] | [_][_] | [_] | [_][_] 年 | [_][_] | [_] | [_] | [_] | [_] | [_] |
| 11 | [_] | [_][_] | [_] | [_][_][_][_] 年 | [_] | [_][_] | [_] | [_][_] 年 | [_][_] | [_] | [_] | [_] | [_] | [_] |
| 12 | [_] | [_][_] | [_] | [_][_][_][_] 年 | [_] | [_][_] | [_] | [_][_] 年 | [_][_] | [_] | [_] | [_] | [_] | [_] |
| 13 | [_] | [_][_] | [_] | [_][_][_][_] 年 | [_] | [_][_] | [_] | [_][_] 年 | [_][_] | [_] | [_] | [_] | [_] | [_] |
| 14 | [_] | [_][_] | [_] | [_][_][_][_] 年 | [_] | [_][_] | [_] | [_][_] 年 | [_][_] | [_] | [_] | [_] | [_] | [_] |
| 15 | [_] | [_][_] | [_] | [_][_][_][_] 年 | [_] | [_][_] | [_] | [_][_] 年 | [_][_] | [_] | [_] | [_] | [_] | [_] |
| 16 | [_] | [_][_] | [_] | [_][_][_][_] 年 | [_] | [_][_] | [_] | [_][_] 年 | [_][_] | [_] | [_] | [_] | [_] | [_] |
| 17 | [_] | [_][_] | [_] | [_][_][_][_] 年 | [_] | [_][_] | [_] | [_][_] 年 | [_][_] | [_] | [_] | [_] | [_] | [_] |

A2a. 您目前的户口性质是：（单选）

农业户口 ……………………………………………………………… 1

非农业户口 …………………………………………………………… 2

居民户口（之前是非农业户口）………………………………… 3

居民户口（之前是农业户口）…………………………………… 4

其他（请注明）_____ …………………………………… 5

A2b. 您目前的户口登记地是：（单选）

此乡（镇、街道）………………………………………………… 1

此县（县级市、区）其他乡（镇、街道）………………… 2

此省其他县（县级市、区）………………… 3→跳问 A2d

外省 ……………………………………………… 4→跳问 A2d

户口待定 …………………………………… 5→跳问 A2e

A2c. 您的户口是哪一年迁到此地（此区/县/县级市）的？（单选）

自最初实行现户籍制度/出生就是 ……………… 1→跳问 A2e

是［＿＿｜＿＿｜＿＿｜＿＿］年迁来的 ……………………… 2

A2d. 您来此地（此区/县/县级市）居住多长时间了？是哪一年来的？（单选）

半年以下 …………………………………………………………… 1

半年以上，是［＿＿｜＿＿｜＿＿｜＿＿］年来的 …………… 2

A2e. 您来此地（此区/县/县级市）居住的原因是：（单选）【出示示卡第 2 页】

出生在本地 ………………………………………………………… 01

务工经商 …………………………………………………………… 02

工作调动 …………………………………………………………… 03

分配录用 …………………………………………………………… 04

学习培训 …………………………………………………………… 05

拆迁或搬家 ………………………………………………………… 06

婚姻嫁娶 …………………………………………………………… 07

随迁家属 …………………………………………………………… 08

投亲靠友 …………………………………………………………… 09

出差 ………………………………………………………………… 10

其他（请注明）_____ ……………………………… 11

# B 部分：个人工作状况

**下面我想了解一下您目前从事生产、工作或经营活动的情况。**

B1. 请问您目前的工作情况是：（单选）

　　有工作 ·················································· 1→跳问 B3a

　　有工作，但目前休假、学习，或临时停工、歇业 ····· 2→跳问 B3a

　　没有工作【请访问员按"工作"定义进行解释、追问及确认】 ······ 3

请访问员核对受访者是否符合"工作"的定义：

这里所说的工作是指最近一周以来：1. 从事过 1 小时以上有收入的工作；2. 在自己/自己家庭或家族拥有的企业/机构中工作，虽然没报酬，但每周工作在 15 小时以上或每天工作 3 小时以上；3. 参加农业生产劳动。符合上述 3 个条件之一，即算作有工作。

注意：1. 离退休人员、下岗失业人员，如果符合上述 3 个条件之一，也算有工作；2. 在校学生的勤工俭学及毕业实习、社会实践不算参加工作。

【访问员注意：查看 B1，如选"3"，即"没有工作"，则问 B2a ~ B2f，否则跳问 B3a】

B2a. 您目前没有工作的最主要原因是什么呢？（单选）【出示示卡第 3 页】

　　正在上学 ·············································· 1→跳问 B8

　　丧失劳动能力 ········································· 2→跳问 B8

　　已离/退休 ·············································· 3

　　毕业后未工作 ·········································· 4

　　料理家务 ·············································· 5

　　因单位原因（如破产、改制、下岗/内退/买断工龄、辞退等）失去原工作 ·················································· 6

　　因本人原因（如家务、健康、辞职等）离开原工作 ·········· 7

　　承包土地被征用 ········································ 8

　　其他（请注明）_____ ······························· 9

B2b. 您目前已经连续多长时间没有工作了：

　　记录：[____|____] 年 [____|____] 个月

B2c. 您目前在找工作吗？（单选）

在找工作 ⋯⋯⋯⋯⋯⋯⋯⋯⋯⋯⋯⋯⋯⋯⋯⋯ 1→跳问 B2e

准备自己创业 ⋯⋯⋯⋯⋯⋯⋯⋯⋯⋯⋯⋯⋯⋯ 2→跳问 B2e

没有找工作，也不打算自己创业 ⋯⋯⋯⋯⋯⋯⋯⋯ 3

B2d. 您还打算工作吗？（单选）

打算工作 ⋯⋯⋯⋯⋯⋯⋯⋯⋯⋯⋯⋯⋯⋯⋯⋯⋯ 1→跳问 B8

不打算工作了 ⋯⋯⋯⋯⋯⋯⋯⋯⋯⋯⋯⋯⋯⋯⋯ 2→跳问 B8

B2e. 您在没有工作的期间内，采取过以下哪些方式寻找工作？（可多选）【出示示卡第 4 页】

在职业介绍机构求职 ⋯⋯⋯⋯⋯⋯⋯⋯⋯⋯⋯⋯ 1

委托亲友找工作 ⋯⋯⋯⋯⋯⋯⋯⋯⋯⋯⋯⋯⋯⋯ 2

利用网络及其他媒体求职 ⋯⋯⋯⋯⋯⋯⋯⋯⋯⋯ 3

参加用人单位招聘或招考 ⋯⋯⋯⋯⋯⋯⋯⋯⋯⋯ 4

其他（请注明）_____ ⋯⋯⋯⋯⋯⋯⋯⋯⋯ 5

都没有 ⋯⋯⋯⋯⋯⋯⋯⋯⋯⋯⋯⋯⋯⋯⋯⋯⋯ 6

B2f. 如果现在有份工作，您能否在两周内去工作？（单选）

能 ⋯⋯⋯⋯⋯⋯⋯⋯⋯⋯⋯⋯⋯⋯⋯⋯⋯⋯⋯ 1→跳问 B8

不能 ⋯⋯⋯⋯⋯⋯⋯⋯⋯⋯⋯⋯⋯⋯⋯⋯⋯⋯ 2→跳问 B8

【访问员注意：查看 B1，如选"1～2"，则续问 B3a，否则跳问 B8】

B3a. 您目前的工作状况是？（单选）

目前只从事非农工作 ⋯⋯⋯⋯⋯⋯⋯⋯⋯⋯⋯⋯ 1

目前以从事非农工作为主，但同时也务农 ⋯⋯⋯⋯ 2

目前以务农为主，但同时也从事非农工作 ⋯⋯⋯⋯ 3

目前只务农 ⋯⋯⋯⋯⋯⋯⋯⋯⋯⋯⋯⋯⋯⋯⋯ 4→跳问 B7

B3b. 请问您目前主要的非农工作（职业）是什么？（请详细说明职务、岗位、工种和工作内容等。如果您的工作活动属于家庭经营、个人单独做事或无具体工作单位就请告诉我，您所做的具体事）【访问员请参照《职业代码表》进行追问并详细记录】

记录工作单位名称（全称）：_____

记录具体职务、职称、行政级别、岗位、工种：_____

记录具体工作内容：_____　　［____｜____｜____］

B3c. 您这份非农工作的单位属于什么行业？（在单位就业者，请说出单位/公司的具体名称、生产和经营活动的类型；由劳务派遣机构派出的保安、劳务工、家政服务员等，劳务派遣机构是其单位；如果没有单位，则个人职业就等于行业）【访问员请参照《行业代码表》进行追问并详细记录】

记录工作单位名称（全称）：_____

记录单位/公司具体生产和经营活动类型（行业）：_____

[____｜____]

B3d. 请问今年以来您这份非农工作平均每月工作多少天？【请访问员将具体数字填写在横线上，并高位补零】

记录：[____｜____] 天

B3e. 请问今年以来您这份非农工作平均每天工作多少个小时？【请访问员将具体数字填写在横线上，并高位补零】

记录：[____｜____] 小时

B3f. 今年以来，您这份非农工作平均每月给您带来多少收入？

【请将具体数字填写在横线上，并在最前面一位加入"￥"；[不适用]为 9999997，[拒绝回答] 为 9999999】

| 项　目 | 钱数(元) | | | | | | |
|---|---|---|---|---|---|---|---|
| | 百万 | 十万 | 万 | 千 | 百 | 十 | 个 |
| a. 工资、薪金(含津贴和补助) | [＿] | [＿] | [＿] | [＿] | [＿] | [＿] | [＿] |
| b. 奖金 | [＿] | [＿] | [＿] | [＿] | [＿] | [＿] | [＿] |
| c. 提成 | [＿] | [＿] | [＿] | [＿] | [＿] | [＿] | [＿] |
| d. 经商办厂和投资所得利润和分红【如果是年终结算，请推算一下每月平均所得；持有本企业股份的职工也应填答】 | [＿] | [＿] | [＿] | [＿] | [＿] | [＿] | [＿] |
| e. 其他收入(请注明)_____ | [＿] | [＿] | [＿] | [＿] | [＿] | [＿] | [＿] |

B3g. 您认为您的这份工作性质属于：（单选）【出示示卡第 5 页】

需要很高专业技能的工作 ·················································· 1

需要较高专业技能的工作 ·················································· 2

需要一些专业技能的工作 ·················································· 3

半技术半体力工作 ··························································· 4

体力劳动工作 ································································· 5

其他（请注明）_____ ·················································· 6

**下面请您告诉我您从事这份非农工作所在的单位/公司的一些情况。**

【访问员注意：单位应该是一个独立核算的机构，有自己的财务和人事管理职权。如果受访者的工作机构分很多层级，无法区别哪一级是自己单位时，可以提示，受访者工资关系所在的那一级，就可能是他/她的单位；由劳务派遣机构派出的保安、劳务工、家政服务员等，劳务派遣机构是其单位；个体经营者也要填答】

B4a. 您从事这份非农工作所在的单位/公司是：（单选）【出示示卡第 6 页】

党政机关、人民团体、军队 ……………………………… 01

国有企业及国有控股企业 ………………………………… 02

国有/集体事业单位 ………………………………………… 03

集体企业 …………………………………………………… 04

私营企业 …………………………………………………… 05

三资企业 …………………………………………………… 06

个体工商户 ………………………………………………… 07

协会、行会、基金会等社会团体或社会组织 ………… 08

民办事业单位（民办非企业单位） …………………… 09

社区居委会、村委会等自治组织 ……………………… 10

其他（请注明）_____ ……………………………… 11

没有单位 …………………………………………………… 12

［不清楚］ ………………………………………………… 98

B4b. 您在目前这份非农就业中的身份是？（单选）【出示示卡第 7 页】

雇员或工薪收入者 ……………………………………… 1

雇主/老板（即企业的所有者/出资人/合伙人） …… 2→跳到 B4e

自营劳动者（如没有雇用他人的个体工商户和自由职业者）

………………………………………………… 3→跳到 B5

家庭帮工（为自己家庭/家族的企业工作，但不是老板）

………………………………………………… 4→跳到 B4d

其他（请注明）_____ ……………………………… 5

B4c. 您目前是否与工作单位或雇主签订了书面劳动合同？（单选）【出示示卡第 8 页】

签订了固定期限劳动合同 ………………………………… 1

签订了无固定期限劳动合同 ……………………………… 2

签订了试用期劳动合同 …………………………………… 3

签订了其他劳动合同（请注明）_____ ……………… 4

没有签订劳动合同 ………………………………… 5

不需要签劳动合同（如公务员或国家机关、事业单位编内人员）

………………………………………………………… 6

［不清楚］……………………………………………… 8

B4d. 在过去 12 个月，您是否参加过单位提供的提高技能方面的培训：（单选）

有 ……………………………………………………… 1

没有 …………………………………………………… 2

B4e. 在您目前的单位中，您的管理活动情况是：（单选）

只管理别人，不受别人管理 ………………………… 1

既管理别人，又受别人管理 ………………………… 2

只受别人管理，不管理别人 ………………………… 3

B4f. 您在目前的单位工作多长时间了？

记录：［____｜____］年 ［____｜____］个月

B5. 您认为自己在未来 6 个月内失业的可能性有多大？（单选）

完全有可能 …………………………………………… 1

有可能 ………………………………………………… 2

一般 …………………………………………………… 3

不太可能 ……………………………………………… 4

完全不可能 …………………………………………… 5

［不清楚］……………………………………………… 8

B6. 请用 1～10 分，来表达您对目前这份工作下列方面的满意程度，1 分表示非常不满意，10 分表示非常满意：（每行单选）

| | | 非常不满意 | | | | | | | | 非常满意 | ［不适用］ |
|---|---|---|---|---|---|---|---|---|---|---|---|
| 1 | 工作环境 | 1 | 2 | 3 | 4 | 5 | 6 | 7 | 8 | 9 | 10 | 97 |
| 2 | 工作轻松程度 | 1 | 2 | 3 | 4 | 5 | 6 | 7 | 8 | 9 | 10 | 97 |
| 3 | 工作的安全性 | 1 | 2 | 3 | 4 | 5 | 6 | 7 | 8 | 9 | 10 | 97 |
| 4 | 收入及福利待遇 | 1 | 2 | 3 | 4 | 5 | 6 | 7 | 8 | 9 | 10 | 97 |
| 5 | 与领导的关系 | 1 | 2 | 3 | 4 | 5 | 6 | 7 | 8 | 9 | 10 | 97 |
| 6 | 与同事的关系 | 1 | 2 | 3 | 4 | 5 | 6 | 7 | 8 | 9 | 10 | 97 |
| 7 | 晋升机会 | 1 | 2 | 3 | 4 | 5 | 6 | 7 | 8 | 9 | 10 | 97 |
| 8 | 个人能力的发挥 | 1 | 2 | 3 | 4 | 5 | 6 | 7 | 8 | 9 | 10 | 97 |

【请访问员注意：B7 只询问 B3a 中回答"2～4"（即目前有务农经历）的受访者；目前没有务农的受访者，请跳问 B8】

B7. 请问您最近一年来所从事的农、林、牧、渔业等劳动是什么（职业）？

【请详细说明工作单位和经营内容等。如果您的工作活动属于农场、林场等企业单位，请告诉我工作单位的名称；如果您的工作活动属于家庭经营、个人单独做事或无具体工作单位就请告诉我，您所做的具体经营内容。访问员请参照《职业代码表》进行追问并详细记录】

记录工作单位名称（全称）：＿＿＿＿＿＿＿＿＿＿＿＿＿

记录具体经营内容：＿＿＿＿＿＿＿＿＿＿　　［＿＿｜＿＿｜＿＿］

【请访问员注意：B8 询问所有受访者】

B8. 您家目前是否有人从事农、林、牧、渔业等劳动？（单选）

是，家里有人从事农、林、牧、渔业等劳动 …………… 1

否，但家里有耕地/林地/水面 ………………… 2→跳问 B11

否，家里也没有耕地/林地/水面 ……………… 3→跳问 B12

B9. 目前您家从事下面哪些农、林、牧、渔业生产经营活动？（可多选）

粮食作物种植 …………………………………………… 1

经济作物种植 …………………………………………… 2

林果药材种植 …………………………………………… 3

渔业/水产养殖 ………………………………………… 4

饲养业或畜牧业 ………………………………………… 5

其他（请注明）＿＿＿＿ …………………………… 6

［不清楚］ ……………………………………………… 8

B10. 2012 年，您家从事农、林、牧、渔业生产经营活动的总收入是多少？纯收入是多少？

【请将具体数字填写在横线上，并在最前面一位加入"￥"；［不清楚］为 9999998，［拒绝回答］为 9999999】

| 项　目 | 钱数（元） | | | | | | |
|---|---|---|---|---|---|---|---|
| | 百万 | 十万 | 万 | 千 | 百 | 十 | 个 |
| a. 2012 年家庭农林牧渔业生产经营总收入 | [＿] | [＿] | [＿] | [＿] | [＿] | [＿] | [＿] |
| b. 2012 年家庭农林牧渔业生产经营纯收入 | [＿] | [＿] | [＿] | [＿] | [＿] | [＿] | [＿] |

B11. 您家共有承包的耕地/林地/水面多少亩？目前实际经营多少亩？闲置多少亩？转入多少亩？转出多少亩？【请将具体数字填写在横线上，并高位补零；［不清楚］为 9998，［拒绝回答］为 9999】

| | a. 承包面积 | b. 实际经营面积 | c. 闲置面积 | d. 转入面积 | e. 转出面积 |
|---|---|---|---|---|---|
| 1 耕地 | [＿\|＿\|＿\|＿]亩 | [＿\|＿\|＿\|＿]亩 | [＿\|＿\|＿\|＿]亩 | [＿\|＿\|＿\|＿]亩 | [＿\|＿\|＿\|＿]亩 |
| 2 林地 | [＿\|＿\|＿\|＿]亩 | [＿\|＿\|＿\|＿]亩 | [＿\|＿\|＿\|＿]亩 | [＿\|＿\|＿\|＿]亩 | [＿\|＿\|＿\|＿]亩 |
| 3 水面 | [＿\|＿\|＿\|＿]亩 | [＿\|＿\|＿\|＿]亩 | [＿\|＿\|＿\|＿]亩 | [＿\|＿\|＿\|＿]亩 | [＿\|＿\|＿\|＿]亩 |

【请访问员注意：B12 为 2012 年受访者个人收入情况。填写要求：请访问员将具体数字填写在横线上，并在最前面一位加入"￥"；"不适用"记录为 99999997；"不知道/不清楚"记录为 99999998；"拒绝回答"记录为 99999999；如有某项目，只是 2012 年此项上无收入，则这项上记录为 00000000。】

B12. 请您告诉我，去年（2012 年）您个人的收入是：

| 项　目 | 金额(元) | | | | | | | |
|---|---|---|---|---|---|---|---|---|
| | 千万 | 百万 | 十万 | 万 | 千 | 百 | 十 | 个 |
| a. 总收入 | [＿] | [＿] | [＿] | [＿] | [＿] | [＿] | [＿] | [＿] |
| b. 工资、奖金(包括提成、补贴等)等劳动报酬收入；兼职收入、业余劳务收入(如稿酬、课酬、各种临时帮工酬劳等) | [＿] | [＿] | [＿] | [＿] | [＿] | [＿] | [＿] | [＿] |
| c. 退休金(单位给的) | [＿] | [＿] | [＿] | [＿] | [＿] | [＿] | [＿] | [＿] |
| d. 养老保险金(社会保险机构给的) | [＿] | [＿] | [＿] | [＿] | [＿] | [＿] | [＿] | [＿] |
| e. 最低生活保障金、困难补助等社会救助收入；村集体提供的福利收入(如分红、补贴等) | [＿] | [＿] | [＿] | [＿] | [＿] | [＿] | [＿] | [＿] |
| f. 个人农业经营纯收入(含各种农业补贴) | [＿] | [＿] | [＿] | [＿] | [＿] | [＿] | [＿] | [＿] |
| g. 经商办厂和投资所得利润和分红(持有本企业股份的职工也应填答) | [＿] | [＿] | [＿] | [＿] | [＿] | [＿] | [＿] | [＿] |
| h. 他人赠与及遗产继承收入 | [＿] | [＿] | [＿] | [＿] | [＿] | [＿] | [＿] | [＿] |
| i. 金融投资理财收入(债券、存款、放贷等的利息收入，股票投资收入及股息、红利收入等) | [＿] | [＿] | [＿] | [＿] | [＿] | [＿] | [＿] | [＿] |
| j. 其他收入(请注明)_____ | [＿] | [＿] | [＿] | [＿] | [＿] | [＿] | [＿] | [＿] |

B13a. 您目前有没有下列社会保障？（每行单选）

B13b. 【如果有养老保险或医疗保险】请问您有下列哪种社会保障？（多选）【出示示卡第9页】

| | a. 您目前有没有下列社会保障？（单选） | | | b. 您有下列哪种社会保障？（多选） |
|---|---|---|---|---|
| | 有 | 没有 | ［不清楚］ | |
| A. 养老保险 | 1 | 2 | 8 | 1. 企业职工基本养老保险<br>2. 城乡居民社会养老保险<br>3. 离退休金<br>4. 农村社会养老保险（即"新农保"）<br>5. 其他（请注明）_____ |
| B. 医疗保险 | 1 | 2 | 8 | 1. 城镇职工基本医疗保险<br>2. 城镇居民基本医疗保险<br>3. 公费医疗<br>4. 新型农村合作医疗保险（即"新农合"）<br>5. 其他（请注明）_____ |
| C. 失业保险 | 1 | 2 | 8 | |
| D. 工伤保险 | 1 | 2 | 8 | |
| E. 生育保险 | 1 | 2 | 8 | |
| F. 城乡最低生活保障（即吃低保） | 1 | 2 | 8 | |

B14. 请用 1～10 分，来表达您对养老保障、医疗保障方面的满意程度，1 分表示非常不满意，10 分表示非常满意：（每行单选）

| | 非常不满意 | | | | | | | | | 非常满意 | ［不好说］ |
|---|---|---|---|---|---|---|---|---|---|---|---|
| 养老保障 | 1 | 2 | 3 | 4 | 5 | 6 | 7 | 8 | 9 | 10 | 98 |
| 医疗保障 | 1 | 2 | 3 | 4 | 5 | 6 | 7 | 8 | 9 | 10 | 98 |

# C 部分：家庭经济情况

下面我们会问您一些您的家庭经济情况，例如家庭居住、收入等问题，如果您对这些问题不是很清楚，也可以由家中其他对上述情况了解的人代为回答。

**C1. 您家目前有几套自有住房？**

记录：有 [ ] 套 【如果没有自有住房，请填写 "0" 套后，跳问 C2】

| | a. 建筑面积（或宅基地面积）：（平方米） | b. 性质：<br>1. 自建住房<br>2. 购买商品房<br>3. 购买保障房<br>4. 购买原公房<br>5. 购买小产权房<br>6. 购买农村私有住房<br>7. 其他<br>8. [不清楚] | c. 所在地区类型：[出示示卡第 10 页]<br>1. 直辖市城区<br>2. 省会城市城区<br>3. 地/县级市城区<br>4. 县城<br>5. 市/县城城区以外的镇<br>6. 农村 | d. 购买（或自建）时间：（年）<br>9998. [不清楚] | e. 购买（或自建）时的价格：（万元）【请估算，不足 1 万元时按 1 万元填写】<br>998. [不清楚] | f. 房屋现值：（万元）【估算，不足 1 万元时按 1 万元填写】<br>998. [不清楚] |
|---|---|---|---|---|---|---|
| 自有住房 第一套 | [_\|_\|_] | [_] | [_] | [_\|_\|_\|_] 年 | [_\|_\|_] 万元 | [_\|_\|_] 万元 |
| 第二套 | [_\|_\|_] | [_] | [_] | [_\|_\|_\|_] 年 | [_\|_\|_] 万元 | [_\|_\|_] 万元 |
| 第三套 | [_\|_\|_] | [_] | [_] | [_\|_\|_\|_] 年 | [_\|_\|_] 万元 | [_\|_\|_] 万元 |

**C2. 您目前所居住的此住房的情况是：**

| | a. 建筑面积（或宅基地面积）：（平方米） | b. 性质：<br>1. 自有住房<br>2. 租/住廉租房<br>3. 租/住亲友房<br>4. 租/住私人房<br>5. 集体宿舍<br>6. 其他<br>8. [不清楚] | c. 这栋建筑是：<br>1. 平房<br>2. 3 层以下楼房<br>3. 6 层以下楼房<br>4. 9 层以下楼房<br>5. 10 层以上楼房 | d. 建筑类型：<br>1. 钢筋混凝土结构<br>2. 混合结构<br>3. 砖木结构<br>4. 其他<br>8. [不清楚] | e. 住房内的厨房是：<br>1. 独立使用<br>2. 与他人合用<br>3. 没有厨房 | f. 主要炊事燃料：<br>1. 燃气<br>2. 电<br>3. 煤<br>4. 柴草<br>5. 不使用燃料 | g. 住房内的自来水是：<br>1. 独立使用<br>2. 与他人合用<br>3. 没有自来水 | h. 住房内的厕所是：<br>1. 独立使用<br>2. 与他人合用<br>3. 没有厕所 | i. 住房内的洗浴设施是：<br>1. 独立使用<br>2. 与他人合用<br>3. 没有洗浴设施 |
|---|---|---|---|---|---|---|---|---|---|
| 此住房 | [_\|_\|_] | [_] | [_] | [_] | [_] | [_] | [_] | [_] | [_] |

C3. 去年（2012 年），您的家庭总体的收支情况是：（单选）

收大于支 ················································································· 1

收支相抵 ················································································· 2

收小于支 ················································································· 3

［不好说］ ·············································································· 8

【请访问员注意：C4 为 2012 年受访者全家生活消费支出情况。填写要求如下。

1. 请访问员将具体数字填写在横线上，并在最前面一位加入"￥"；"不知道/不清楚"记录为 9999998；"拒绝回答"记录为 9999999；如无某项支出，则记录为 0000000。

2. 在询问完家庭各项支出情况后，请访问员比较一下总支出与分项支出之和，如总支出小于各分项支出之和则保持原有记录，如总支出大于各分项支出之和且相差数额较大时，请提示并追问受访者是否有遗漏的分项支出。】

C4. 请您告诉我，去年（2012 年）您全家的生活消费支出情况：

| 项　目 | 金额(元) | | | | | | |
|---|---|---|---|---|---|---|---|
| | 百万 | 十万 | 万 | 千 | 百 | 十 | 个 |
| a. 生活消费总支出 | [＿] | [＿] | [＿] | [＿] | [＿] | [＿] | [＿] |
| b. 饮食支出（包括外出饮食支出；自产食品估算其价格，并计算在内） | [＿] | [＿] | [＿] | [＿] | [＿] | [＿] | [＿] |
| c. 衣着支出（衣服、鞋帽等） | [＿] | [＿] | [＿] | [＿] | [＿] | [＿] | [＿] |
| d. 缴纳房租的支出 | [＿] | [＿] | [＿] | [＿] | [＿] | [＿] | [＿] |
| e. 分期偿还房贷的支出及 2012 年购房首付支出 | [＿] | [＿] | [＿] | [＿] | [＿] | [＿] | [＿] |
| f. 电费、水费、燃气（煤炭）费、物业费、取暖费 | [＿] | [＿] | [＿] | [＿] | [＿] | [＿] | [＿] |
| g. 家用电器、家具、家用车辆等购置支出 | [＿] | [＿] | [＿] | [＿] | [＿] | [＿] | [＿] |
| h. 医疗保健支出（如看病、住院、买药等的费用，不扣除报销部分） | [＿] | [＿] | [＿] | [＿] | [＿] | [＿] | [＿] |
| i. 通信支出（如固定电话/手机/小灵通的话费、电脑上网费等） | [＿] | [＿] | [＿] | [＿] | [＿] | [＿] | [＿] |
| j. 交通支出（如上下班等交通费及家用车辆汽油费、保养费、养路费、路桥费等） | [＿] | [＿] | [＿] | [＿] | [＿] | [＿] | [＿] |
| k. 教育支出（如学费、杂费、文具费、课外辅导费、在校住宿费等，但在校的饮食支出计入家庭饮食支出） | [＿] | [＿] | [＿] | [＿] | [＿] | [＿] | [＿] |
| l. 文化、娱乐、旅游支出 | [＿] | [＿] | [＿] | [＿] | [＿] | [＿] | [＿] |

**续表**

| 项 目 | 金额(元) | | | | | | |
|---|---|---|---|---|---|---|---|
| | 百万 | 十万 | 万 | 千 | 百 | 十 | 个 |
| m. 赡养不在一起生活的亲属(如父母等老人)的支出 | [__] | [__] | [__] | [__] | [__] | [__] | [__] |
| n. 自家红白喜事支出;人情往来支出(如礼品、现金等) | [__] | [__] | [__] | [__] | [__] | [__] | [__] |
| o. 其他支出(请注明)_____ | [__] | [__] | [__] | [__] | [__] | [__] | [__] |

【请访问员注意:C5 为 2012 年受访者全家收入情况。填写要求如下。

1. 请访问员将具体数字填写在横线上,并在最前面一位加入"￥";"不适用"记录为99999997;"不知道/不清楚"记录为99999998;"拒绝回答"记录为99999999;如有某项目,只是 2012 年此项上无收入,则这项上记录为00000000。

2. 在询问完家庭各项收入情况后,请访问员比较一下总收入与分项收入之和,如总收入小于各分项收入之和则保持原有记录,如总收入大于各分项收入之和且相差数额较大时,请提示并追问受访者是否有遗漏的分项收入。】

C5. 请您告诉我,去年(2012 年)您全家的收入情况:

| 项 目 | 金额(元) | | | | | | | |
|---|---|---|---|---|---|---|---|---|
| | 千万 | 百万 | 十万 | 万 | 千 | 百 | 十 | 个 |
| a. 您家的总收入 | [__] | [__] | [__] | [__] | [__] | [__] | [__] | [__] |
| b. 您家的工资收入(含工资、奖金、津贴、节假日福利等,如有实物,请折价计算,注意不含离退休金) | [__] | [__] | [__] | [__] | [__] | [__] | [__] | [__] |
| c. 农业经营收入(请访问员不必问,根据 B10b 填写) | [__] | [__] | [__] | [__] | [__] | [__] | [__] | [__] |
| d. 经商办厂和投资所得利润和分红(持有本企业股份的职工也应填答) | [__] | [__] | [__] | [__] | [__] | [__] | [__] | [__] |
| e. 出租房屋、土地收入 | [__] | [__] | [__] | [__] | [__] | [__] | [__] | [__] |
| f. 家庭金融投资理财收入(债券、存款、放贷等的利息收入,股票投资收入及股息、红利收入等) | [__] | [__] | [__] | [__] | [__] | [__] | [__] | [__] |
| g. 家庭成员退休金、养老保险金、失业保险金、工伤保险金、生育保险金等社保收入 | [__] | [__] | [__] | [__] | [__] | [__] | [__] | [__] |
| h. 家庭成员医疗费报销收入 | [__] | [__] | [__] | [__] | [__] | [__] | [__] | [__] |

**续表**

| 项　目 | 金额(元) | | | | | | | |
|---|---|---|---|---|---|---|---|---|
| | 千万 | 百万 | 十万 | 万 | 千 | 百 | 十 | 个 |
| i. 政府、工作单位和其他社会机构提供的社会救助收入（如最低生活保障、困难补助、疾病救助、灾害救助、学校奖学金/助学金、贫困学生救助等） | [__] | [__] | [__] | [__] | [__] | [__] | [__] | [__] |
| j. 政府提供的生产经营补贴、政策扶持收入（如农业补助、税费减免等） | [__] | [__] | [__] | [__] | [__] | [__] | [__] | [__] |
| k. 居委会、村委会提供的福利收入（如集体生产经营分红、非救助性补贴等） | [__] | [__] | [__] | [__] | [__] | [__] | [__] | [__] |
| l. 其他收入（请注明）_____ | [__] | [__] | [__] | [__] | [__] | [__] | [__] | [__] |

【请访问员注意：C6 为截至调查时受访者全家的家庭资产情况。填写要求：请访问员将具体数字填写在横线上，并在最前面一位加入"￥"；"不知道/不清楚"记录为 999999998；"拒绝回答"记录为 999999999；如无某项资产或投资，则那一项上记录为 000000000。】

C6. 接下来，请您告诉我，截至调查时您家的资产情况。

| 项　目 | 金额(元) | | | | | | | | |
|---|---|---|---|---|---|---|---|---|---|
| | 亿 | 千万 | 百万 | 十万 | 万 | 千 | 百 | 十 | 个 |
| a. 现有储蓄存款余额；手持现金；股票、债券、基金；借出资金 | [__] | [__] | [__] | [__] | [__] | [__] | [__] | [__] | [__] |
| b. 生产经营资产现值（工厂、店铺、设备、股权等） | [__] | [__] | [__] | [__] | [__] | [__] | [__] | [__] | [__] |
| c. 贵重首饰、收藏品、家具、家用电器、家用车辆、IT 产品、体育器械、厨具、卫浴设施等各项家庭动产总值（按购置价计算） | [__] | [__] | [__] | [__] | [__] | [__] | [__] | [__] | [__] |
| d. 债务总额（即截至调查时点尚未偿还债务总额，但不包括以分期付款方式购房、购车等而需要支付的月供） | [__] | [__] | [__] | [__] | [__] | [__] | [__] | [__] | [__] |

# D 部分：媒介使用及生活评价

**下面我们将会问一些您个人及家庭的生活情况。**

D1. 请问您平时从事以下活动的频率是：（每行单选）【出示示卡第 11 页】

| | | 几乎每天 | 一周多次 | 一周至少一次 | 一月至少一次 | 一年几次 | 从不 |
|---|---|---|---|---|---|---|---|
| 1 | 看电视 | 1 | 2 | 3 | 4 | 5 | 0 |
| 2 | 听收音机 | 1 | 2 | 3 | 4 | 5 | 0 |
| 3 | 看报纸、杂志 | 1 | 2 | 3 | 4 | 5 | 0 |
| 4 | 看书 | 1 | 2 | 3 | 4 | 5 | 0 |

D2a. 您平时使用互联网吗？（单选）

使用 ……………………………………………………………… 1

不使用 ………………………………………………… 2→跳问 D3a

D2b. 您平时使用互联网进行下列活动的频率是：（每行单选）【出示示卡第 12 页】

| | | 几乎每天 | 一周多次 | 一周至少一次 | 一月至少一次 | 一年几次 | 从不 |
|---|---|---|---|---|---|---|---|
| 1 | 浏览新闻 | 1 | 2 | 3 | 4 | 5 | 0 |
| 2 | 收发电子邮件 | 1 | 2 | 3 | 4 | 5 | 0 |
| 3 | 查找资料 | 1 | 2 | 3 | 4 | 5 | 0 |
| 4 | 聊天交友 | 1 | 2 | 3 | 4 | 5 | 0 |
| 5 | 使用微博/博客 | 1 | 2 | 3 | 4 | 5 | 0 |
| 6 | 玩网络游戏 | 1 | 2 | 3 | 4 | 5 | 0 |
| 7 | 网上购物 | 1 | 2 | 3 | 4 | 5 | 0 |
| 8 | 网上投资理财 | 1 | 2 | 3 | 4 | 5 | 0 |

D2c. 您是否同意下列说法？（每行单选）【出示示卡第 13 页】

| | | 很同意 | 比较同意 | 不太同意 | 很不同意 | [不好说] |
|---|---|---|---|---|---|---|
| 1 | 与电视、广播、报刊相比，互联网的信息更全面深入 | 1 | 2 | 3 | 4 | 8 |
| 2 | 互联网上的消息不如电视、广播、报纸上的真实可信 | 1 | 2 | 3 | 4 | 8 |
| 3 | 互联网是目前最能表达民意和反映社会真实情况的渠道 | 1 | 2 | 3 | 4 | 8 |
| 4 | 网民仅是老百姓中一小部分，他们的意见不能代表全体老百姓 | 1 | 2 | 3 | 4 | 8 |
| 5 | 互联网对政府工作的确能够起到一定的监督作用 | 1 | 2 | 3 | 4 | 8 |

D3a. 2000 年以来，您最近一次到医疗机构就医是什么时间？

记录：20〔____Ⅰ____〕年从未去过医疗机构就医→跳问 D4

D3b. 您最近一次到过下列哪类医疗机构就医？（单选）【出示示卡第14 页】

村卫生室/社区卫生服务站 ……………………………………… 1

乡镇卫生院 ……………………………………………………… 2

农村县级医院 …………………………………………………… 3

城市一级医院 …………………………………………………… 4

城市二级医院 …………………………………………………… 5

城市三级医院 …………………………………………………… 6

私人诊所/医院 …………………………………………………… 7

其他（请注明）_____ …………………………………… 8

D3c. 您最近一次到医疗机构就医时，是否觉得有下列就医难的问题？（每行单选）【出示示卡第 15 页】

|   |   | 非常严重 | 比较严重 | 不太严重 | 无此问题 | 〔不好说〕 |
|---|---|---|---|---|---|---|
| 1 | 到诊所/医院太远 | 1 | 2 | 3 | 4 | 8 |
| 2 | 看病或手术预约时间太长 | 1 | 2 | 3 | 4 | 8 |
| 3 | 排队候诊时间太长 | 1 | 2 | 3 | 4 | 8 |
| 4 | 医疗费用太贵 | 1 | 2 | 3 | 4 | 8 |

D3d. 您最近一次到医疗机构就医时，对下列方面满意吗？请用 1～10分，来表达您对以下项目的满意程度，1 分表示非常不满意，10 分表示非常满意：（每行单选）【出示示卡第 16 页】

|   |   | 非常不满意 |   |   |   |   |   |   |   |   | 非常满意 |
|---|---|---|---|---|---|---|---|---|---|---|---|
| 1 | 医护人员的态度 | 1 | 2 | 3 | 4 | 5 | 6 | 7 | 8 | 9 | 10 |
| 2 | 医生的水平 | 1 | 2 | 3 | 4 | 5 | 6 | 7 | 8 | 9 | 10 |
| 3 | 医生的医德 | 1 | 2 | 3 | 4 | 5 | 6 | 7 | 8 | 9 | 10 |
| 4 | 医院的环境 | 1 | 2 | 3 | 4 | 5 | 6 | 7 | 8 | 9 | 10 |
| 5 | 医院的设备 | 1 | 2 | 3 | 4 | 5 | 6 | 7 | 8 | 9 | 10 |
| 6 | 就医的秩序 | 1 | 2 | 3 | 4 | 5 | 6 | 7 | 8 | 9 | 10 |

D4. 在过去 12 个月中，您或您家庭遇到下列哪些生活方面的问题？（可多选）【出示示卡第 17 页】

住房条件差，建/买不起房 ………………………………………… 01
子女教育费用高，难以承受 ……………………………………… 02
子女管教困难，十分累心 ………………………………………… 03
家庭关系不和（如离婚、分居、婆媳关系不好等） …………… 04
医疗支出大，难以承受 …………………………………………… 05
物价上涨，影响生活水平 ………………………………………… 06
家庭收入低，日常生活困难 ……………………………………… 07
家人无业、失业或工作不稳定 …………………………………… 08
赡养老人负担过重 ………………………………………………… 09
工作负担过重，吃不消 …………………………………………… 10
家庭人情支出大，难以承受 ……………………………………… 11
遇到受骗、失窃、被抢劫等犯罪事件 …………………………… 12
投资失利（如股票、债务、房产等）或生意失败 ……………… 13
没有这些生活方面的问题 ………………………………………… 14

D5. 与 5 年前相比，您的生活水平有什么变化？（单选）

上升很多 …………………………………………………………… 1
略有上升 …………………………………………………………… 2
没变化 ……………………………………………………………… 3
略有下降 …………………………………………………………… 4
下降很多 …………………………………………………………… 5
［不好说］ ………………………………………………………… 8

D6. 您感觉在未来的 5 年中，您的生活水平将会怎样变化？（单选）

上升很多 …………………………………………………………… 1
略有上升 …………………………………………………………… 2
没变化 ……………………………………………………………… 3
略有下降 …………………………………………………………… 4
下降很多 …………………………………………………………… 5
［不好说］ ………………………………………………………… 8

D7. 您认为您本人的社会经济地位在本地大体属于哪个层次？（单选）

上 …………………………………………………………………… 1

中上 ………………………………………………………………… 2

中 …………………………………………………………………… 3

中下 ………………………………………………………………… 4

下 …………………………………………………………………… 5

［不好说］ ……………………………………………………… 8

# E 部分：幸福感及生活满意度

下面我们想问一下您对自己生活的感受和评价。

E1. 您同意下列说法吗？（每行单选）【出示示卡第 18 页】

| | | 非常<br>不同意 | 不<br>同意 | 不太<br>同意 | 比较<br>同意 | 同意 | 非常<br>同意 | ［不好说］ |
|---|---|---|---|---|---|---|---|---|
| 1 | 总的说来,我的生活和我的理想很接近 | 1 | 2 | 3 | 4 | 5 | 6 | 8 |
| 2 | 我的生活状况非常好 | 1 | 2 | 3 | 4 | 5 | 6 | 8 |
| 3 | 我对我的生活感到满意 | 1 | 2 | 3 | 4 | 5 | 6 | 8 |
| 4 | 我已经得到了我在生活中想得到的重要东西 | 1 | 2 | 3 | 4 | 5 | 6 | 8 |
| 5 | 即使生活可以从头再来,我也没什么想要改变的 | 1 | 2 | 3 | 4 | 5 | 6 | 8 |
| 6 | 总的来说,我是一个幸福的人 | 1 | 2 | 3 | 4 | 5 | 6 | 8 |

E2. 请回想过去一年的生活，您在下列日常生活情境中，总体上，体会到下列五种情绪感受的频率是多少？【出示示卡第 19 页】

| | 情绪感受 | a. 上班(工作/劳动/上学)时(每行单选) | | | | | | b. 在家时(每行单选) | | | | |
|---|---|---|---|---|---|---|---|---|---|---|---|---|
| | | 从来<br>没有 | 很少 | 有时 | 经常 | 总是<br>如此 | ［不适用］ | 从来<br>没有 | 很少 | 有时 | 经常 | 总是<br>如此 |
| 1 | 愉悦、享受 | 1 | 2 | 3 | 4 | 5 | 7 | 1 | 2 | 3 | 4 | 5 |
| 2 | 生气、愤怒 | 1 | 2 | 3 | 4 | 5 | 7 | 1 | 2 | 3 | 4 | 5 |
| 3 | 担忧、害怕 | 1 | 2 | 3 | 4 | 5 | 7 | 1 | 2 | 3 | 4 | 5 |
| 4 | 伤心、悲哀 | 1 | 2 | 3 | 4 | 5 | 7 | 1 | 2 | 3 | 4 | 5 |
| 5 | 厌恶 | 1 | 2 | 3 | 4 | 5 | 7 | 1 | 2 | 3 | 4 | 5 |

E3. 请用 1~10 分来表达您对以下项目的满意程度，1 分表示非常不满意，10 分表示非常满意：（每行单选）

| | | 非常不满意 | | | | | | | | | 非常满意 |
|---|---|---|---|---|---|---|---|---|---|---|---|
| 1 | 您的教育程度 | 1 | 2 | 3 | 4 | 5 | 6 | 7 | 8 | 9 | 10 |
| 2 | 您的健康情况 | 1 | 2 | 3 | 4 | 5 | 6 | 7 | 8 | 9 | 10 |
| 3 | 您的社交生活 | 1 | 2 | 3 | 4 | 5 | 6 | 7 | 8 | 9 | 10 |
| 4 | 您的家庭关系 | 1 | 2 | 3 | 4 | 5 | 6 | 7 | 8 | 9 | 10 |
| 5 | 您的家庭经济状况 | 1 | 2 | 3 | 4 | 5 | 6 | 7 | 8 | 9 | 10 |
| 6 | 您的休闲娱乐 | 1 | 2 | 3 | 4 | 5 | 6 | 7 | 8 | 9 | 10 |
| 7 | 总体来说,您对生活的满意度 | 1 | 2 | 3 | 4 | 5 | 6 | 7 | 8 | 9 | 10 |

E4a. 您在今后 5～10 年内最希望实现的个人愿望是什么?

　　a. 记录:这个个人愿望的具体内容是:＿＿＿＿＿＿＿＿＿＿

E4b. 您的这个个人愿望属于下列哪类?(可多选)【出示示卡第 20 页】

家人健康、团聚,家庭幸福、和睦 ······························· 01

不断提高衣食住行、医疗等生活条件的质量 ················· 02

获得安全、稳定的生活和工作 ································· 03

得到周围人的理解、信任,获得亲情、友情和爱情 ·········· 04

获得周围人及社会的尊重、尊敬 ····························· 05

获得更多的知识、经验和见识 ································· 06

获得社会认可的生活和事业上的圆满、成功、成就 ·········· 07

通过自己的努力影响社会,使社会变得更好 ················· 08

其他 (请注明) ＿＿＿＿＿ ································· 09

[不好说] ······················································· 98

E5. 您认为要实现您的这个个人愿望,下列哪些方面条件最重要?(可多选)【出示示卡第 21 页】

平等、公正的社会环境 ········································· 01

政府好的政策、措施 ··········································· 02

有比较广的社会关系 ··········································· 03

自己勤奋努力 ··················································· 04

自己聪明能干 ··················································· 05

自己敢冒风险的勇气 ··········································· 06

有好的机会和运气 ············································· 07

受到良好教育 ··················································· 08

优厚的家庭条件　·························· 09

其他（请注明）_____　·········· 10

［不好说］　·························· 98

E6. 在您目前居住的地区（区/县/县级市），下列现象严重吗？（每行单选）【出示示卡第22页】

|  |  | 很严重 | 比较严重 | 不太严重 | 没有此现象 | ［不好说］ |
|---|---|---|---|---|---|---|
| 1 | 噪声 | 1 | 2 | 3 | 4 | 8 |
| 2 | 空气污染 | 1 | 2 | 3 | 4 | 8 |
| 3 | 水质污染 | 1 | 2 | 3 | 4 | 8 |
| 4 | 日常生活的卫生环境不好 | 1 | 2 | 3 | 4 | 8 |
| 5 | 其他环境污染（请注明）_____ | 1 | 2 | 3 | 4 | 8 |

E7. 请用1～10分来表达您对目前居住地（区/县/县级市）的环境状况的满意程度，1分表示非常不满意，10分表示非常满意：（单选）

|  | 非常不满意 |  |  |  |  |  |  |  |  | 非常满意 |
|---|---|---|---|---|---|---|---|---|---|---|
| 居住地的环境状况 | 1 | 2 | 3 | 4 | 5 | 6 | 7 | 8 | 9 | 10 |

E8. 就我国整体情况而言，下面的说法和您日常的情况或想法是否符合？是完全符合，比较符合，不太符合，还是完全不符合？（每行单选）【出示示卡第23页】

|  |  | 完全符合 | 比较符合 | 不太符合 | 完全不符合 | ［说不清］ |
|---|---|---|---|---|---|---|
| 1 | 对我国来说，发展经济比保护环境更重要 | 1 | 2 | 3 | 4 | 8 |
| 2 | 我的工作、学习、生活很忙，基本上没有时间关注生态环境问题 | 1 | 2 | 3 | 4 | 8 |
| 3 | 如果周围人都不注意环境保护，我也没必要环保 | 1 | 2 | 3 | 4 | 8 |
| 4 | 保护环境是政府的责任，和我的关系不大 | 1 | 2 | 3 | 4 | 8 |
| 5 | 如果有时间的话，我非常愿意参加民间环保组织 | 1 | 2 | 3 | 4 | 8 |
| 6 | 我不懂环保问题，也没有能力来评论 | 1 | 2 | 3 | 4 | 8 |
| 7 | 我对环保问题有自己的想法，但是政府部门也不会听我的 | 1 | 2 | 3 | 4 | 8 |
| 8 | 政府应该加强环境保护工作，但是不应当由我们普通百姓来出钱 | 1 | 2 | 3 | 4 | 8 |
| 9 | 如果在我居住的地区要建立化工厂，我一定会表示反对意见的 | 1 | 2 | 3 | 4 | 8 |

# F 部分：社会支持及社会评价

下面我们想问您一些对社会现象的看法，例如人们之间的帮助和信任、社会的公平程度等问题。

F1a. 当您生活中遇到困难时，通常您会找下列哪些组织或个人寻求帮助？（可多选）【出示示卡第 24 页】

F1b. 您认为他们对您的帮助大不大？（每行单选）

| | | a. 通常您会找下列哪些组织或个人寻求帮助？（可多选） | b. 您认为他们对您的帮助大不大？（每行单选） | | | | |
|---|---|---|---|---|---|---|---|
| | | | 帮助很大 | 帮助较大 | 帮助较小 | 没有帮助 | ［不好说］ |
| 1 | 各级党政部门及工青妇组织 | 01 | 1 | 2 | 3 | 4 | 8 |
| 2 | 居委会或村委会 | 02 | 1 | 2 | 3 | 4 | 8 |
| 3 | 工作单位 | 03 | 1 | 2 | 3 | 4 | 8 |
| 4 | 宗教组织 | 04 | 1 | 2 | 3 | 4 | 8 |
| 5 | 家人 | 05 | 1 | 2 | 3 | 4 | 8 |
| 6 | 家族、宗族 | 06 | 1 | 2 | 3 | 4 | 8 |
| 7 | 朋友、同乡、战友、生意伙伴等私人关系网 | 07 | 1 | 2 | 3 | 4 | 8 |
| 8 | 慈善机构 | 08 | 1 | 2 | 3 | 4 | 8 |
| 9 | 新闻媒体 | 09 | 1 | 2 | 3 | 4 | 8 |
| 10 | 网友 | 10 | 1 | 2 | 3 | 4 | 8 |

F2a. 过去一年里，您或家人遇到过下列哪些事情？（可多选）【出示示卡第 25 页，逐一提问，并在 F2a 处圈出遇到过的事情】

F2b. 【提问在 F2a 中遇到过的事情】您或家人在办这件（类）事情时，托人说情或请客送礼了吗？（可多选）

F2c. 【提问在 F2b 中遇到过的事情】如果您或家人托人说情或请客送礼了，那么请问最后这件（类）事情是否办成了？（单选）

| | F2a. 过去一年里,您或家人遇到过下列哪些事情?(可多选) | F2b. 您或家人在办哪些事情时,托人说情或请客送礼了?(可多选) | F2c. 请问最后事情是否办成了?(单选) 1. 办成了;2. 正在办; 3. 没办成 |
|---|---|---|---|
| 看病就医 | 1 | 1 | [ __ ] |
| 孩子入园、入学、升学 | 2 | 2 | [ __ ] |
| 求职找工作 | 3 | 3 | [ __ ] |
| 工作调动、提薪升职 | 4 | 4 | [ __ ] |
| 打官司 | 5 | 5 | [ __ ] |
| 办营业执照 | 6 | 6 | [ __ ] |
| 领取社会保障费或报销医药费 | 7 | 7 | [ __ ] |
| 其他(请说明)_____ | 8 | 8 | [ __ ] |
| 没有这些事情 | 9 | 9 | |

**F3. 您是否同意以下的观点:(每行单选)【出示示卡第 26 页】**

| | | 非常不同意 | 不太同意 | 比较同意 | 非常同意 | [不好说] |
|---|---|---|---|---|---|---|
| 1 | 人们在大多数情况下是乐于助人的 | 1 | 2 | 3 | 4 | 8 |
| 2 | 人们在大多数情况下都只顾自己,不管别人 | 1 | 2 | 3 | 4 | 8 |
| 3 | 社会上大多数人都可以信任 | 1 | 2 | 3 | 4 | 8 |
| 4 | 我和别人交往时会非常小心提防 | 1 | 2 | 3 | 4 | 8 |
| 5 | 大多数人都会尽可能公平地对待别人 | 1 | 2 | 3 | 4 | 8 |
| 6 | 大多数人一有机会就占别人的便宜 | 1 | 2 | 3 | 4 | 8 |
| 7 | 在我周围,当前人们的信任状况还是不错的 | 1 | 2 | 3 | 4 | 8 |

**F4. 您信任下列人员吗?(每行单选)【出示示卡第 27 页】**

| | | 完全不信任 | 不太信任 | 比较信任 | 非常信任 | [不适用] | [不好说] |
|---|---|---|---|---|---|---|---|
| 1 | 亲戚朋友 | 1 | 2 | 3 | 4 | 7 | 8 |
| 2 | 邻居 | 1 | 2 | 3 | 4 | 7 | 8 |
| 3 | 单位领导/上司或老板 | 1 | 2 | 3 | 4 | 7 | 8 |
| 4 | 警察 | 1 | 2 | 3 | 4 | 7 | 8 |
| 5 | 法官 | 1 | 2 | 3 | 4 | 7 | 8 |
| 6 | 党政领导干部 | 1 | 2 | 3 | 4 | 7 | 8 |
| 7 | 党政机关办事人员 | 1 | 2 | 3 | 4 | 7 | 8 |
| 8 | 企业家 | 1 | 2 | 3 | 4 | 7 | 8 |
| 9 | 教师 | 1 | 2 | 3 | 4 | 7 | 8 |
| 10 | 医生 | 1 | 2 | 3 | 4 | 7 | 8 |
| 11 | 陌生人 | 1 | 2 | 3 | 4 | 7 | 8 |

F5. 您觉得当前社会生活中以下方面的公平程度如何？（每行单选）
【出示示卡第 28 页】

| | | 非常不公平 | 不太公平 | 比较公平 | 非常公平 | ［不好说］ |
|---|---|---|---|---|---|---|
| 1 | 高考制度 | 1 | 2 | 3 | 4 | 8 |
| 2 | 义务教育 | 1 | 2 | 3 | 4 | 8 |
| 3 | 公民实际享有的政治权利 | 1 | 2 | 3 | 4 | 8 |
| 4 | 司法与执法 | 1 | 2 | 3 | 4 | 8 |
| 5 | 公共医疗 | 1 | 2 | 3 | 4 | 8 |
| 6 | 工作与就业机会 | 1 | 2 | 3 | 4 | 8 |
| 7 | 财富及收入分配 | 1 | 2 | 3 | 4 | 8 |
| 8 | 养老等社会保障待遇 | 1 | 2 | 3 | 4 | 8 |
| 9 | 不同地区、行业之间的待遇 | 1 | 2 | 3 | 4 | 8 |
| 10 | 选拔党政干部 | 1 | 2 | 3 | 4 | 8 |
| 11 | 城乡之间的权利、待遇 | 1 | 2 | 3 | 4 | 8 |
| 12 | 总体上的社会公平状况 | 1 | 2 | 3 | 4 | 8 |

F6. 您觉得当前社会中以下方面的安全程度如何？（每行单选）【出示
示卡第 29 页】

| | | 很不安全 | 不太安全 | 比较安全 | 很安全 | ［不好说］ |
|---|---|---|---|---|---|---|
| 1 | 个人和家庭财产安全 | 1 | 2 | 3 | 4 | 8 |
| 2 | 人身安全 | 1 | 2 | 3 | 4 | 8 |
| 3 | 交通安全 | 1 | 2 | 3 | 4 | 8 |
| 4 | 医疗安全 | 1 | 2 | 3 | 4 | 8 |
| 5 | 食品安全 | 1 | 2 | 3 | 4 | 8 |
| 6 | 劳动安全 | 1 | 2 | 3 | 4 | 8 |
| 7 | 个人信息、隐私安全 | 1 | 2 | 3 | 4 | 8 |
| 8 | 生态环境安全 | 1 | 2 | 3 | 4 | 8 |
| 9 | 总体上的社会安全状况 | 1 | 2 | 3 | 4 | 8 |

F7. 您认为当前我国存在的最重大社会问题是什么？（最多选 3 项，并
排序）【出示示卡第 30 页】

| 问　题 | 第一选择 | 第二选择 | 第三选择 |
|---|---|---|---|
| 就业失业问题 | 01 | 01 | 01 |
| 看病难、看病贵 | 02 | 02 | 02 |
| 养老保障问题 | 03 | 03 | 03 |
| 教育收费问题 | 04 | 04 | 04 |

续表

| 问　题 | 第一选择 | 第二选择 | 第三选择 |
|---|---|---|---|
| 收入差距过大贫富分化问题 | 05 | 05 | 05 |
| 物价上涨问题 | 06 | 06 | 06 |
| 住房价格过高问题 | 07 | 07 | 07 |
| 社会治安问题 | 08 | 08 | 08 |
| 贪污腐败问题 | 09 | 09 | 09 |
| 环境污染问题 | 10 | 10 | 10 |
| 征地、拆迁补偿不公问题 | 11 | 11 | 11 |
| 老板/雇主和员工的矛盾问题 | 12 | 12 | 12 |
| 进城农民工受到不公平待遇问题 | 13 | 13 | 13 |
| 食品安全问题 | 14 | 14 | 14 |
| 社会信任度下降 | 15 | 15 | 15 |
| 其他(请注明)_____ | 16 | 16 | 16 |

F8. 您认为下列社会群体之间的社会冲突严重吗？（每行单选）【出示示卡第 31 页】

| | | 没有冲突 | 不太严重 | 比较严重 | 非常严重 | [不好说] |
|---|---|---|---|---|---|---|
| 1 | 穷人与富人之间 | 1 | 2 | 3 | 4 | 8 |
| 2 | 老板与员工之间 | 1 | 2 | 3 | 4 | 8 |
| 3 | 不同种族/民族群体之间 | 1 | 2 | 3 | 4 | 8 |
| 4 | 不同宗教信仰群体之间 | 1 | 2 | 3 | 4 | 8 |
| 5 | 本地人与外地人之间 | 1 | 2 | 3 | 4 | 8 |
| 6 | 官员与老百姓之间 | 1 | 2 | 3 | 4 | 8 |

F9a. 现在有许多农村外来务工人员来城里打工。对于农村外来务工人员在城里工作，您的看法是？（单选）【出示示卡第 32 页】

只要愿意就可以来，不应有任何限制 ……………………………… 1

如果有足够工作机会，就允许他们在城市工作 ………………… 2

要严格控制来城市工作的农村外来务工人员数量 ……………… 3

不应允许农村外来务工人员在城市工作 ………………………… 4

F9b. 现在有许多农村外来务工人员来城里打工时把孩子也带来了。对于农村外来务工人员子女在城里上公立中小学，您的看法是？（单选）【出示示卡第 33 页】

只要愿意就可以上，不应有任何限制 ……………………………… 1

可以在城里上公立中小学，但要对家庭条件做一些限制 ········ 2

只允许他们到务工子弟学校上学 ·············· 3

不允许他们的子女在城里学校上学 ·············· 4

# G 部分：政府评价及政治参与

**下面我们想了解一下您对地方政府和国家状况等问题的看法。**

G1. 您认为所在地方政府下列方面的工作做得好不好？（每行单选）
【出示示卡第 34 页】

|  |  | 很好 | 比较好 | 不太好 | 很不好 | ［不清楚］ |
|---|---|---|---|---|---|---|
| 1 | 提供医疗卫生服务 | 1 | 2 | 3 | 4 | 8 |
| 2 | 为群众提供社会保障 | 1 | 2 | 3 | 4 | 8 |
| 3 | 提供义务教育 | 1 | 2 | 3 | 4 | 8 |
| 4 | 保护环境,治理污染 | 1 | 2 | 3 | 4 | 8 |
| 5 | 打击犯罪,维护社会治安 | 1 | 2 | 3 | 4 | 8 |
| 6 | 廉洁奉公,惩治腐败 | 1 | 2 | 3 | 4 | 8 |
| 7 | 依法办事,执法公平 | 1 | 2 | 3 | 4 | 8 |
| 8 | 发展经济,增加人们的收入 | 1 | 2 | 3 | 4 | 8 |
| 9 | 为中低收入者提供廉租房和经济适用房 | 1 | 2 | 3 | 4 | 8 |
| 10 | 扩大就业,增加就业机会 | 1 | 2 | 3 | 4 | 8 |
| 11 | 政府信息公开,提高政府工作的透明度 | 1 | 2 | 3 | 4 | 8 |

G2a. 和其他国家相比，您觉得现在我国在下列方面实力如何？（每行单选）【出示示卡第 35 页】

G2b. 10 年之后，我国在下列方面会有怎样的变化？（每行单选）【出示示卡第 36 页】

|  |  | a. 现在,我们国家在国际上处于(每行单选) | | | | | | b. 10 年之后,我们国家下列方面在国际上的地位在国际上会变得(每行单选) | | | | | |
|---|---|---|---|---|---|---|---|---|---|---|---|---|---|
|  |  | 下等 | 中下等 | 中等 | 中上等 | 上等 | ［不好说］ | 下降很多 | 略有下降 | 不会变化 | 略有上升 | 上升很多 | ［不好说］ |
| 1 | 经济实力 | 1 | 2 | 3 | 4 | 5 | 8 | 1 | 2 | 3 | 4 | 5 | 8 |
| 2 | 军事实力 | 1 | 2 | 3 | 4 | 5 | 8 | 1 | 2 | 3 | 4 | 5 | 8 |
| 3 | 文化实力 | 1 | 2 | 3 | 4 | 5 | 8 | 1 | 2 | 3 | 4 | 5 | 8 |
| 4 | 国际地位 | 1 | 2 | 3 | 4 | 5 | 8 | 1 | 2 | 3 | 4 | 5 | 8 |
| 5 | 生态环境状况 | 1 | 2 | 3 | 4 | 5 | 8 | 1 | 2 | 3 | 4 | 5 | 8 |

G3. 下列描述在多大程度上和您实际情况相符？（每行单选）【出示示卡第 37 页】

| | | 很不符合 | 不太符合 | 比较符合 | 很符合 | [不好说] |
|---|---|---|---|---|---|---|
| 1 | 当别人批评中国人的时候，我觉得像在批评自己 | 1 | 2 | 3 | 4 | 5 |
| 2 | 我经常因国家现存的一些问题而感到丢脸 | 1 | 2 | 3 | 4 | 5 |
| 3 | 我经常为国家取得的成就感到自豪 | 1 | 2 | 3 | 4 | 5 |
| 4 | 如果有下辈子，我还是愿意做中国人 | 1 | 2 | 3 | 4 | 5 |
| 5 | 不管中国发生什么事情，即使有机会离开，我也会留在中国 | 1 | 2 | 3 | 4 | 5 |

G4a. 最近三年来，您是否参加过下列事情？（每行单选）【出示示卡第 38 页】

G4b. 如果没有参与过，您是否愿意参与？（每行单选）

| | | a. 最近三年来,您是否参加过下列事情?（每行单选） | | b. 如果没有参与过,您是否愿意参与?（每行单选） | | |
|---|---|---|---|---|---|---|
| | | 参加过 | 没有参加过 | 愿意参与 | 不愿意参与 | [不好说] |
| 1 | 与周围人讨论政治问题 | 1 | 0 | 1 | 2 | 8 |
| 2 | 在互联网上讨论政治问题 | 1 | 0 | 1 | 2 | 8 |
| 3 | 给报刊电台等写信反映意见 | 1 | 0 | 1 | 2 | 8 |
| 4 | 向政府部门反映意见 | 1 | 0 | 1 | 2 | 8 |
| 5 | 到政府部门上访 | 1 | 0 | 1 | 2 | 8 |
| 6 | 参加居委会/村委会选举 | 1 | 0 | 1 | 2 | 8 |
| 7 | 参与示威游行 | 1 | 0 | 1 | 2 | 8 |
| 8 | 参与罢工、罢市、罢课等行动 | 1 | 0 | 1 | 2 | 8 |

G5. 您在多大程度上同意下列说法？（每行单选）【出示示卡第 39 页】

| | | 很同意 | 比较同意 | 不大同意 | 很不同意 | [不清楚] |
|---|---|---|---|---|---|---|
| 1 | 政府搞建设要拆迁居民住房，老百姓应该搬走 | 1 | 2 | 3 | 4 | 8 |
| 2 | 老百姓应该听从政府的，下级应该听从上级的 | 1 | 2 | 3 | 4 | 8 |
| 3 | 国家大事有政府来管，老百姓就不用多管了 | 1 | 2 | 3 | 4 | 8 |
| 4 | 应该让少数人先富起来 | 1 | 2 | 3 | 4 | 8 |

续表

| | | 很同意 | 比较同意 | 不大同意 | 很不同意 | ［不清楚］ |
|---|---|---|---|---|---|---|
| 5 | 现在有的人挣的钱多,有的人挣的钱少,但这是公平的 | 1 | 2 | 3 | 4 | 8 |
| 6 | 现在一心为老百姓着想的干部不多了 | 1 | 2 | 3 | 4 | 8 |
| 7 | 很多老板都是靠政府官员的帮助才发财了 | 1 | 2 | 3 | 4 | 8 |
| 8 | 在我们这个社会,工人和农民的孩子与其他人的孩子一样,都能成为有钱、有地位的人 | 1 | 2 | 3 | 4 | 8 |
| 9 | 农民就应该好好种地,不要都进城来打工 | 1 | 2 | 3 | 4 | 8 |
| 10 | 应该从有钱人那里征收更多的税来帮助穷人 | 1 | 2 | 3 | 4 | 8 |
| 11 | 英明的国家领导人比好的法律、制度更能给人以信心 | 1 | 2 | 3 | 4 | 8 |
| 12 | 有学问和有能力的人,在政治上应该享有比一般人更多的发言权 | 1 | 2 | 3 | 4 | 8 |

G6. 您认为一个好的社会应该包括下列哪些特征？（最多选择 5 项）

【出示示卡第 40 页】

尊重宪法 …………………………………………… 01

富强 ………………………………………………… 02

民主 ………………………………………………… 03

创新 ………………………………………………… 04

文明 ………………………………………………… 05

和谐 ………………………………………………… 06

包容 ………………………………………………… 07

自由 ………………………………………………… 08

平等 ………………………………………………… 09

崇尚科学 …………………………………………… 10

公正 ………………………………………………… 11

法治 ………………………………………………… 12

尊重人权 …………………………………………… 13

爱国 ………………………………………………… 14

敬业 …………………………………………………… 15

集体主义 ……………………………………………… 16

诚信 …………………………………………………… 17

友善 …………………………………………………… 18

团结 …………………………………………………… 19

其他（请注明）_____ ………………………… 20

G7. 您认为目前我们的社会是否符合"一个好的社会"的标准？（单选）

完全符合 ……………………………………………… 1

比较符合 ……………………………………………… 2

一般 …………………………………………………… 3

不太符合 ……………………………………………… 4

完全不符合 …………………………………………… 5

［不好说］ …………………………………………… 8

G8. 您认为目前我国社会中的腐败现象是否严重？（单选）

很严重 ………………………………………………… 1

比较严重 ……………………………………………… 2

不太严重 ……………………………………………… 3

没有腐败问题 ………………………………………… 4

［不好说］ …………………………………………… 8

G9. 您认为目前党和政府的反腐败工作效果明显吗？（单选）

很明显 ………………………………………………… 1

比较明显 ……………………………………………… 2

不太明显 ……………………………………………… 3

很不明显 ……………………………………………… 4

［不好说］ …………………………………………… 8

G10. 就您了解的情况看，目前多大比例的党政干部是廉洁的？（单选）

【出示示卡第 41 页】

占绝大部分（90% 以上） …………………………… 1

占大部分（75% 左右） ……………………………… 2

占一半（50% 左右） ………………………………… 3

占小部分（25% 左右） ……………………………… 4

占极少部分（10% 以下） ·········································· 5

［不好说］ ·················································· 8

G11. 您认为目前在党员干部中下列哪些问题比较突出？（可多选）【出示示卡第 42 页】

对中央的决定不听从、不执行 ··························· 01

不关心群众利益 ·········································· 02

只讲形式，不干实事 ···································· 03

为追求政绩弄虚作假 ···································· 04

公款消费、铺张浪费 ···································· 05

办事拖拉、不尽职尽责 ·································· 06

滥用权力、以权谋私 ···································· 07

买官卖官 ·················································· 08

其他（请注明）_____ ··························· 09

［不知道/不了解］ ········································ 98

G12. 如果您发现腐败行为线索时会举报吗？（单选）

会实名举报 ················································ 1

会匿名举报 ················································ 2

不会举报 ··················································· 3

［不好说］ ·················································· 8

G13. 您认为目前个人举报腐败线索会受到打击、报复吗？（单选）

会 ·························································· 1

不会 ························································ 2

［不知道］ ·················································· 8

G14. 与以往相比，您认为 2013 年以来，党政领导干部中的下列现象有哪些变化？（每行单选）【出示示卡第 43 页】

| | | 明显加重 | 有所加重 | 有所改善 | 明显改善 | 没有变化 | ［不清楚］ |
|---|---|---|---|---|---|---|---|
| 1 | 到基层调研走过场、搞形式主义 | 1 | 2 | 3 | 4 | 5 | 8 |
| 2 | 到基层调研讲排场、前呼后拥、超标准接待 | 1 | 2 | 3 | 4 | 5 | 8 |
| 3 | 频繁召开各类会议和举办庆典活动 | 1 | 2 | 3 | 4 | 5 | 8 |
| 4 | 公款大吃大喝 | 1 | 2 | 3 | 4 | 5 | 8 |
| 5 | 滥发钱物,讲排场、比阔气,搞铺张浪费 | 1 | 2 | 3 | 4 | 5 | 8 |

G15. 总体来说，您对今后 5～10 年我国反腐败取得明显成效是否有信心？（单选）

很有信心 ················································································ 1

较有信心 ················································································ 2

较没信心 ················································································ 3

很没信心 ················································································ 4

［不好说］ ·············································································· 8

［记录］受访者现居住地址：＿＿＿＿＿＿＿＿＿＿＿＿＿＿＿＿＿＿＿

［记录］受访者姓名：＿＿＿＿＿＿　联系电话（0　）＿＿＿＿＿＿

结束时间：［＿＿｜＿＿］月［＿＿｜＿＿］日［＿＿｜＿＿］时 ［＿＿｜＿＿］分（24 小时制）

【访问员注意：读出下列句子，派发感谢信，并将问卷编号标注在感谢信的信封背面。

访问到此结束，感谢您对我们工作的支持。这里有一封给您的感谢信，请您填写完后尽快寄给我们。】

# H 部分：访谈记录

【此部分由访问员填写】

H1. 受访者配合得：（单选）

很好 ······················································································ 1

好 ·························································································· 2

一般 ······················································································ 3

不好 ······················································································ 4

很不好 ··················································································· 5

H2. 受访者回答问题的态度：（单选）

态度积极，并愿意发表评论 ··················································· 1

比较积极 ················································································ 2

一般 ······················································································ 3

不太积极 ················································································ 4

态度消极 ················································································ 5

H3. 受访者的语言表达能力属于：（单选）

很强 ············································································ 1

比较强 ········································································· 2

一般 ············································································ 3

较差 ············································································ 4

很差 ············································································ 5

H4. 受访者的智力水平：（单选）

很高 ············································································ 1

比较高 ········································································· 2

一般 ············································································ 3

比较低 ········································································· 4

很低 ············································································ 5

H5. 受访者对社会和公共事务总的了解程度属于：（单选）

很高 ············································································ 1

比较高 ········································································· 2

一般 ············································································ 3

比较低 ········································································· 4

很低 ············································································ 5

H6. 访问开始以前，受访者对这项研究的疑虑程度？（单选）

没有 ············································································ 1

有一些 ········································································· 2

非常疑虑 ······································································ 3

H7. 总的来看，受访者对此项调查的感兴趣程度：（单选）

很高 ············································································ 1

比较高 ········································································· 2

一般 ············································································ 3

比较低 ········································································· 4

很低 ············································································ 5

H8. 受访者回答问题的可信程度：（单选）

完全可信 ······································································ 1

一般可信 ······································································ 2

有时看起来不可信 ·························································· 3

H9. 请访问员根据自己的印象，估计一下该家庭的经济状况在当地属于哪种类型？（单选）

低收入 ……………………………………………………… 1

中低收入 …………………………………………………… 2

一般收入 …………………………………………………… 3

中高收入 …………………………………………………… 4

高收入 ……………………………………………………… 5

未观察到 …………………………………………………… 6

H10. 受访者家的住房和当地一般情况相比是什么状况？（单选）

好 …………………………………………………………… 1

中 …………………………………………………………… 2

差 …………………………………………………………… 3

未观察到 …………………………………………………… 4

H11. 访问时什么人在场？（可多选）

邻居 ………………………………………………………… 1

亲戚朋友 …………………………………………………… 2

村/居干部 ………………………………………………… 3

督导 ………………………………………………………… 4

其他成人 …………………………………………………… 5

没有其他人在场 ……………………………… 6→跳问 H13

H12. 其他人在场是否影响了访问的质量：（单选）

是 …………………………………………………………… 1

否 …………………………………………………………… 2

H13. 如果问卷没有答完，请解释为什么？

_____

H14. 如果受访者中途退出，他/她的理由是什么？

_____

图书在版编目（CIP）数据

　　当代中国生活质量 / 李培林等著. -- 北京：社会
科学文献出版社，2016.8（2025.1 重印）
　　（当代中国调查报告）
　　ISBN 978 - 7 - 5097 - 9417 - 3

　　Ⅰ. ①当…　Ⅱ. ①李…　Ⅲ. ①生活质量 - 调查报告 -
中国　Ⅳ. ①C913.3

　　中国版本图书馆 CIP 数据核字（2016）第 163086 号

· 当代中国调查报告 ·

# 当代中国生活质量

著　　者 / 李培林 等

出 版 人 / 冀祥德
项目统筹 / 谢蕊芬
责任编辑 / 胡　亮　王　莉
责任印制 / 王京美

出　　版 / 社会科学文献出版社 · 群学分社（010）59367002
　　　　　　地址：北京市北三环中路甲 29 号院华龙大厦　邮编：100029
　　　　　　网址：www. ssap. com. cn
发　　行 / 社会科学文献出版社（010）59367028
印　　装 / 唐山玺诚印务有限公司

规　　格 / 开　本：787mm × 1092mm　1/16
　　　　　　印　张：21.75　字　数：377 千字
版　　次 / 2016 年 8 月第 1 版　2025 年 1 月第 3 次印刷
书　　号 / ISBN 978 - 7 - 5097 - 9417 - 3
定　　价 / 89.00 元

读者服务电话：4008918866